旅游城市

每个城市都包括城市解读、旅游片区、旅游资讯三大版块。

旅游片区

每个城市划分为若干旅游片区，全面介绍。同时突出重要旅游点。

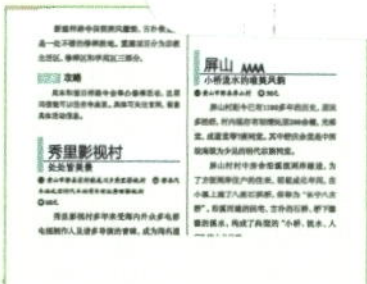

旅游景点

每个旅游景点包括介绍、攻略、链接等版块。力求景点收录全面。

旅游资讯

每个城市旅游资讯版块，包括住宿、就餐、购物、娱乐等内容。

如何使用本书

1 多角度解读

全书从地理、历史、文化等多个角度解读安徽。包括主题地图、分类景观、精美图片等形式，力图给读者呈现出一个更直观、丰富的安徽。

主题地图 精美而实用的地图，是了解安徽的最好窗口。书中还有大量的区域旅游地图、景区导览图。

分色标签 每个城市都有一个特定的检索色，便于翻阅。

2 专题知识

对于认识安徽具有重要意义的关键词条，书中特设专题，图文并茂，让读者迅速读懂词条。

3 精华景点

三维立体图更深度地引导读者鉴赏那些特别重要的必游的景点。

4 攻略

大部分景点配有位置、交通、门票、链接等丰富的实用攻略。

5 资讯

每个城市都包括交通、美食、住宿、购物、娱乐等资讯。

发现者旅行指南

安徽（第2版）

北京 · 旅游教育出版社

目录
CONTENTS

地图目录

专题目录

手绘安徽

▶ **八里河景区**

主园区南湖公园包括世界风光、锦绣中华、碧波游览区、鸟语林4个部分，享有“天下第一农民公园”之美称。

▶ **紫蓬山**

庐阳第一名山，国家森林公园，主要有西庐寺、李典墓、白云寺、文昌阁等景点。

▶ **天堂寨**

大别山第二高峰，境内飞泉瀑布，景色优美。有天塘方海、龙潭飞瀑、云岭天桥、白马寨等景观。

▶ **天柱山**

为古“南岳”，道教在此发祥，佛教在此光大，这里的自然景观也令人叹为观止。

▶ **黄山**

世界文化与自然双遗产。分温泉、云谷、玉屏、北海、钓桥松谷六大景区，有莲花峰、光明顶、天都峰等72峰。以四绝（奇松、怪石、温泉、云海）和日出奇观最为著名。

▶ **齐云山**

中国道教四大名山之一，集道教文化、丹霞地貌、摩崖石刻、山光水色于一身。

安徽山水

▶ **八公山**

因淝水之战而扬名，为国家地质公园。景区内有淮南王行宫、珍珠泉、碧霞元君庙等古迹。另有“淮南虫”化石遗迹以及三叶虫化石等古地质科普景点。

▶ **巢湖**

中国五大淡水湖之一，境内留存了二十多处重点保护文物。有姥山岛、中庙、半汤温泉、紫微洞等诸多景点。

▶ **琅琊山**

皖东最大的旅游胜地，素有“蓬莱之后无别山”之誉。欧阳修一篇《醉翁亭记》让其誉满天下。

▶ **采石矶**

居“长江三矶”之首，被誉为“天下第一矶”。诗仙李白曾多次登临吟咏，留下了许多不朽篇章。

▶ **九华山**

中国佛教四大名山之一，地藏王菩萨的道场，现存古寺庙94座，佛像一万余尊，文物不计其数，人称“莲花佛国”。

▶ **新安江**

被誉为“山水画廊”，一路都有深渡古镇等美丽的乡村风景。

手绘 安徽

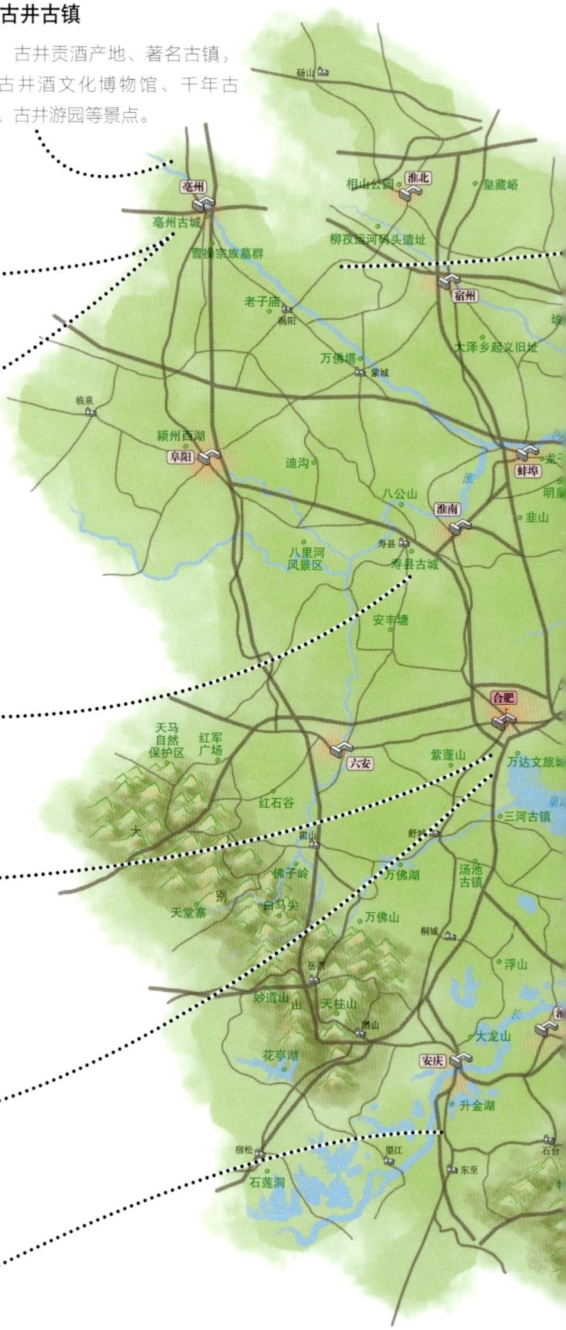

▶ 古井古镇

古井贡酒产地、著名古镇，有古井酒文化博物馆、千年古井、古井游园等景点。

▶ 曹操古运兵道

规模宏大的地下防御工事，以大隅首为中心向四面延伸，结构复杂，设置巧妙。

▶ 花戏楼

国家一级保护文物，旗杆、砖雕、木雕为其三绝，艺术造诣了得。

▶ 寿县古城

国家历史文化名城，现存大量古建筑和文物，寿县古墓也值得一看。

▶ 明教寺

坐落于教弩台故址，又称曹操点将台。史载三国时期，魏主曹操筑此高台教练强弩兵将，以御东吴水军，迄今为止已有1700多年历史。

▶ 李鸿章故居

典型的晚清江淮地区民居建筑，共五进，院内陈列了大量珍贵图片与实物。

▶ 迎江寺·振风塔

迎江寺是千年古刹，规模宏大，有四进殿堂，寺内有著名的振风塔可登高览胜，领略大江东去的浩荡气势。

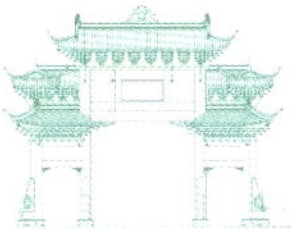

安徽文化古迹

▶ 临涣古城

安徽保存完好、规模最大的先秦古遗址。有古城墙、文昌宫、嵇康旧居、淮海战役总前委旧址等景观。

▶ 明中都鼓楼

建于明洪武八年(1375)，有着中国最大的鼓楼台基，造型宏伟。

▶ 龙兴寺

明朝皇家寺庙，国内名刹之一，现存建筑二百余间，古色古香。

▶ 明中都城遗址

历代都城建筑中的杰作，皇城午门、西华门、护城河和近1100米长的城墙至今保存完好。

▶ 米公祠

由米芾所建宝晋斋旧址改建而成，祠内收藏历代碑刻150多方，祠前有墨池、投砚亭。

▶ 青山风景区

诗仙李白的终老之地，景区内有李白墓园、青莲池、太白祠等古迹。

▶ 中华第一祠

即翟氏宗祠，规模宏大，木石雕刻精美，建于明嘉靖年间，为省级保护文物。

▶ 棠樾牌坊群

棠樾牌坊群共七座，明建三座，清建四座。七座牌坊庄重威严，连成一线。古牌坊周围伴以古祠堂、民居等建筑，气势恢宏。

手绘安徽

▶ 响洪甸水库

国家水利风景区，坐落在齐云山脚，一湖碧水，青绿透底，群山叠翠倒映水中，随着水面的涟漪荡漾，极为美丽。荡舟湖上，还可以闻到齐云山上茶园飘来的阵阵茶香。

▶ 红石谷

由红石谷地质公园、将军湖以及六安瓜片观光茶园三部分组成。自然生态优美，更可品味千古茶文化的悠久韵味。

▶ 白马尖

大别山主峰，山顶布满奇松怪石，春暖花开时，漫山遍野洋溢着华贵之气，令人赏心悦目。著名的金竹坪牌霍山黄芽就源自这里。

六安茶谷

▶ 东石笋

处于皖西黄金旅游线上，交通便利，有“江淮小黄山”之美称。

▶ 舒茶镇

地处大别山东麓余脉，素有舒城“南大门”之称，是全省闻名的“茶叶之乡”，尤以舒城小兰花出名。

手绘 安徽

清溪乡
乌石乡
黄山区
G3
虎林园
黄山北大门
黄山风景区
天都峰
迎客松
九龙瀑
黄山南大门
汤口镇
宏潭乡
打鼓岭
塔川
泗溪乡
木坑竹海
宏村
奇墅湖
赛金花故居
秀里影视村
黟县
皖南古村落
西递镇
九都
石林
南屏古村
关麓古村
西递古村
祁门县
桃花源漂流
S42
齐云山
大熊猫主题乐园
渠口乡
渭桥乡
休宁县
溪口镇
陈霞乡
五城镇
G56

皖南旅游区

旌德县
G205
江村
东黄山
板桥头乡
S01
杨溪镇
徽杭古道
鄣山大峡谷
上庄镇
胡适故居
太极湖村
北村乡
绩溪县
胡雪岩
纪念馆
龙川景区
仁里景区
临溪镇
G56
呈坎古村
G3
皖南古村落
昌溪乡
潜口古村
唐模古村
香山庵
深渡镇
徽州古城
潜口镇
歙县
武阳乡
棠樾牌坊
新安江山水画廊
西溪南古村
雄村
新安江
徽州区
徽州文化园
G205
花山谜窟
街口镇
G56
醉温泉
度假区
黄山站
黄山市
（屯溪区）
屯溪老街
稽灵山
璜田乡
榆村乡
石门乡
G205
源芳乡
徽州大峡谷

花台
戒石
花台景区
小花台
东崖
百岁宫
地藏王菩萨圣像
九华飞天音乐喷泉
弘愿堂
上客堂
百岁宫缆车
东崖宾馆
祇园寺
观音洞
检票口
聚龙大酒店
停车场
花台索道站
山前景区
龙池庵
管委会
地藏王像景区入口
塔院
甘露寺
九华山庄
游客服务中心
文化园入口
门票第二售票处
消防队

九华山风景区

十王峰
天台寺
天台景区
拜经台
天台索道站
凤凰松
中闵园
凤凰松站
下闵园
闵园竹海
闵园景区
万佛塔
回香阁
通慧禅林
龙泉饭店
钟楼宾馆
小天台
协会
工行
大悲楼
九莲苑宾馆
上禅堂
中行
九华街景区
龙庵
肉身宝殿
净洁精舍
白马亭客栈
九华镇
西大门
地藏禅寺
农行
北大门
弥陀殿
三角洲

手绘 安徽

▶ 西海大峡谷

淹没在群峰中的大峡谷，云烟浩渺，风景如梦如幻，是黄山风景区中最秀丽深邃的部分。

▶ 鳌鱼峰

峰前有数石，远望类螺蛳。峰背有一龟形大巧石，近卧几个蛋形小石，构成鳌鱼驮金龟、老鳖下蛋等景。

▶ 莲花峰

黄山第一高峰，海拔1864米。峻峭高耸，气势雄伟，宛如初绽的莲花，故而得名。

▶ 玉屏楼

集黄山奇景之大成的绝处，著名的迎客松就在玉屏楼的右侧。“玉屏卧佛”位于峰顶，峰石上刻有毛泽东草书“江山如此多娇”。

黄山风景区

▶ 始信峰

始信峰雄踞险壑，竖立如削，三面临壑视野特别开阔，古有“始信黄山天下奇”之誉。

▶ 云谷景区

一处地势较低、略显开阔的谷地，主要景点集中在云谷寺一带，附近奇石较多，基本都有石刻。

▶ 黄山温泉

古名朱砂泉，又称汤池，黄山“五绝”之一，已有千年历史。温泉水质清澈，其味甘美，可饮可浴，具有一定的医疗价值。

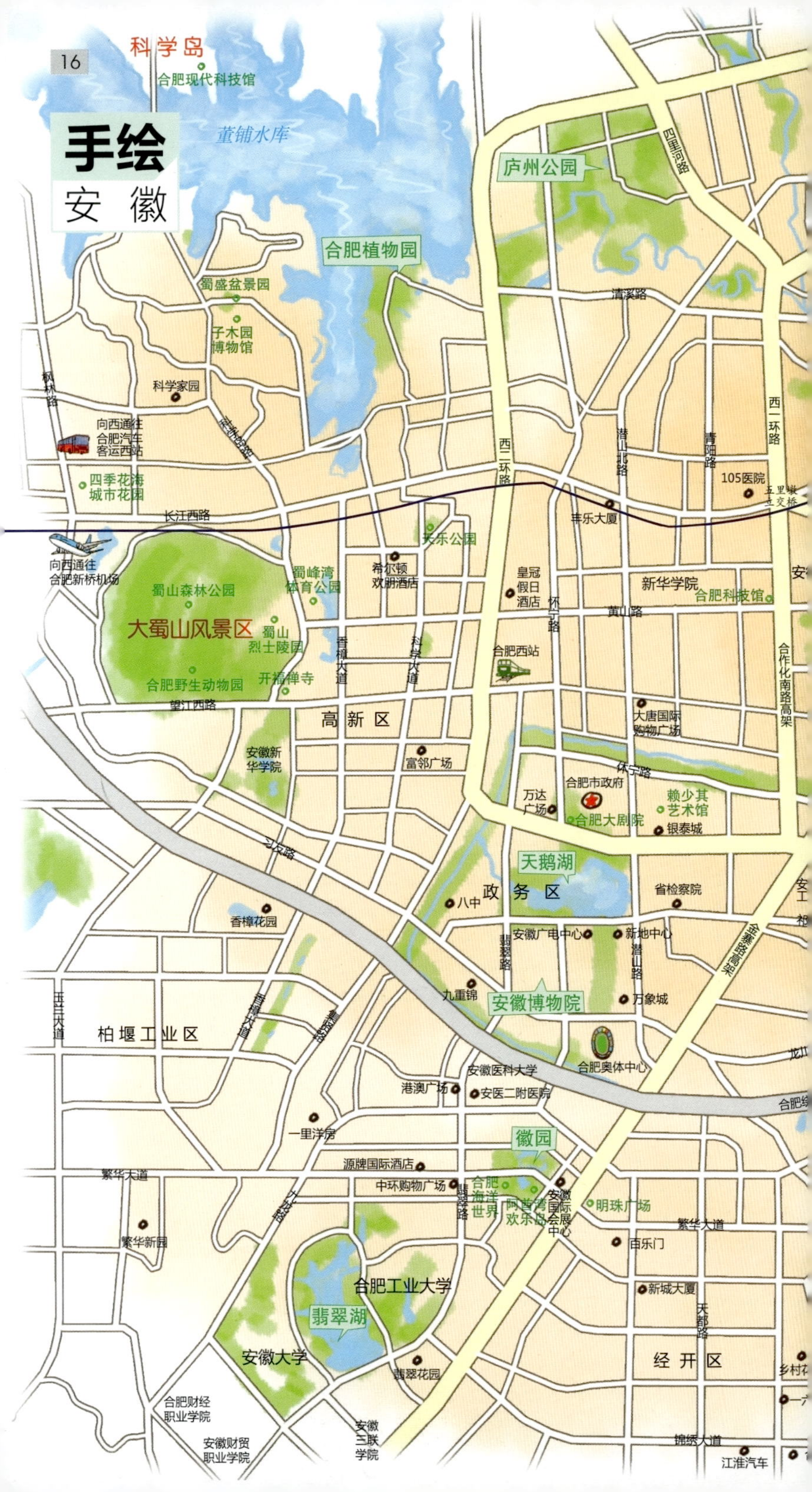
科学岛
合肥现代科技馆
董铺水库
庐州公园
四里河路
合肥植物园
蜀盛盆景园
子木园
博物馆
科学家园
清溪路
枫林路
向西通往
合肥汽车
客运西站
四季花海
城市花园
西二环路
潜山北路
青阳路
西一环路
105医院
五里墩
立交桥
长江西路
丰乐大厦
天乐公园
向西通往
合肥新桥机场
蜀峰湾
体育公园
希尔顿
欢朋酒店
皇冠
假日
酒店
怀宁路
新华学院
合肥科技馆
蜀山森林公园
大蜀山风景区
蜀山
烈士陵园
香樟大道
科学大道
黄山路
合肥西站
合作化南路高架
开福禅寺
合肥野生动物园
望江西路
高新区
大唐国际
购物广场
安徽新
华学院
富邻广场
休宁路
合肥市政府
万达
广场
赖少其
艺术馆
合肥大剧院
银泰城
习友路
天鹅湖
八中
政务区
省检察院
香樟花园
安徽广电中心
新地中心
翡翠路
潜山路
金寨路高架
九重锦
安徽博物院
万象城
玉兰大道
柏堰工业区
香樟大道
合肥奥体中心
安徽医科大学
港澳广场
安医二附医院
一里洋房
徽园
源牌国际酒店
繁华大道
中环购物广场
合肥
海洋
世界
翡翠路
阿尚湾
欢乐岛
安徽
国际
会展
中心
明珠广场
繁华大道
繁华新园
百乐门
合肥工业大学
新城大厦
天都路
翡翠湖
安徽大学
翡翠花园
经开区
合肥财经
职业学院
安徽
三联
学院
安徽财贸
职业学院
锦绣大道
江淮汽车

合肥城区

新海公园
北二环路
彩虹大厦
新蚌埠路
瑶海公园
铜陵北路
当涂北路
生态公园
蓝筹国际
临泉路
蒙城路
阜阳路
胜利大厦
合肥站
包公大道
香格里拉酒店
北一环路
合肥汽车客运总站
希尔顿酒店
临泉东路
环城路
铜凤大厦
古逍遥津
杏花公园
寿春路
明光路汽车站
合肥汽车客运东站
琥珀山庄
长江东路
城隍庙商场
李鸿章故居
教弩台
东一环路
长江东大街
花冲公园
环
长江中路
淮河路步行街
美游城
新华书店
安徽农业大学
园
铜陵路
郎溪路
稻香游乐园
包公园
城
公
芜湖路
东方广场
省体育中心
安徽医科大学
安医一附医院
南一环路
东二环路
安徽国际商务中心
裕溪路高架
合肥工业大学
南
地铁1号线
市二十九中
中国科学技术大学
淝
安徽省立儿童医院
海顿国际广场
望江东路
淝河大厦
河
宿松路
桐城南路
徽州大道
马鞍山路
安徽工商管理学院
安徽工业经济职业技术学院
南二环路
江淮汽车
望湖公园
合肥客运中心站
合肥南站
新能大厦
徽商总部广场
包河工业区
福禄园
包河大道
北京路
重庆路
徽州大道
花园大道
南湖春城
华夏国际茶博城
京台高速
习友路
南艳湖
锦绣大道
滨湖新区
向南通往
万达文旅城

摄影
安徽

黄山归来不看岳

关于黄山实在不想多说什么，这位中国山界“天王巨星”的风采，已经被无数前人吟咏过千万遍。世界上只有两种人，一种是去过黄山的，一种是在去黄山路上的。

摄影
安 徽

皖南古村好风光

踏着老街上斑驳的青石板，与灰白的老墙擦身而过，遥望远处孤立的牌坊，沿着水圳寻找古村的水源。恬静的村落没有高楼大厦，只有白墙青瓦，若是介意，那请继续活在混凝土里。如果想来，记得带上相机。

摄影
安 徽

新安江山水画廊

从皖南青山出发的新安江，一路流淌。她原本只是单纯地想为下游的千岛湖提供几股碧澄的源流，却无奈天生丽质。岸边的油菜花和山坡的野果树是她的粉丝，粉墙黛瓦的古建筑也对她心生爱慕，灰姑娘终于换上新装，那是条优美的山水画廊。

塔川秋色无限好

也许看惯了名山大川，需要寻找一个精致小众的地方。那里秋风不燥，草木不惊。趁着天未放明，踏着拂晓的鸡鸣，顺着清冽的小溪和茂密的古树，看云雾在青瓦白墙的农居抚绕，在古老而幽静的徽州深处，深情地留住这抹宛如仙境的秋色。

千里云海 天柱山

纵观天柱山，奇峰凌云，巍峨峥嵘；断崖绝壁，雄浑厚重；奇洞异景，妙趣横生。天柱峰犹如石笋，拔地入云，顶天立地；千丈崖斧劈刀削，险峻无比，神仙难攀；奇松怪石，状若霹雳，此情此景让人忍不住惊叹大自然的鬼斧神工。

桃花潭里赛龙舟

桃花潭赛龙舟活动是一项传统的民间习俗，最早可追溯到明朝，千百年来深受当地百姓喜爱，“情飞一江水，醉美桃花潭”，端午时节，桃花潭细雨霏霏，雾气氤氲，赛龙舟的选手穿着特色的民族服饰飞快地划着龙舟，这不仅仅是竞赛，更是一种对传统民俗的热爱。

印象
安 徽

文化符号

徽派民居

徽派建筑是中国最重要的建筑流派之一，构思精巧、造型丰富，极具文化气息。

黄梅戏

表演时载歌载舞，富有生活气息，具有清新自然、优美流畅的艺术风格。

茶叶

安徽自古为产茶盛地，中国十大名茶安徽占四席，山水之间茶香四溢。

徽菜

中国传统的八大菜系之一，具有重油、重色、重火功等特点。

徽商

中国商界的一支劲旅，曾活跃于大江南北，在中国商界称雄数百年。

桐城派

中国清朝文坛上最大的散文流派，以其文统的源远流长、文论的博大精深而闻名。

印象
安 徽

锦绣山水

黄山

天下第一奇山，以奇松、怪石、云海、温泉、冬雪“五绝”著称于世。

九华山

中国四大佛教名山之一，山形峭拔凌空，素有“东南第一山”之称。

天柱山

因独特的花岗岩景观而闻名，峰雄、石奇、洞幽、水秀，景色奇秀。

琅琊山

以奇洞、碧湖、流泉为主要特色，宋代以来即为皖东胜境。

新安江

两岸结合了中国独特的徽文化、美丽的自然风光以及古村落，是徽商的母亲河。

万佛湖

湖中岛屿众多，风光旖旎，景色迷人，有“皖中花园”之美誉。

印象
安 徽

皖南古村

宏村

始建于北宋，距今已近千年历史，有“中国画里的乡村”之称。

查济村

四面环山，河水穿村而过，有保存较为完整的古建筑群。

渔梁村

依水而建，以商业闻名，是古时徽商出入徽州府的咽喉要道。

西递村

船形村落，布局极为精巧，保存着历史悠久的徽派古民居。

棠樾村

鲍氏家族的聚居地，棠樾牌坊群是明清时期建筑艺术的代表作。

呈坎村

始建于三国时期，按《易经》中的八卦理论选址布局，被誉为“江南第一村”。

印象 安徽

安徽风物

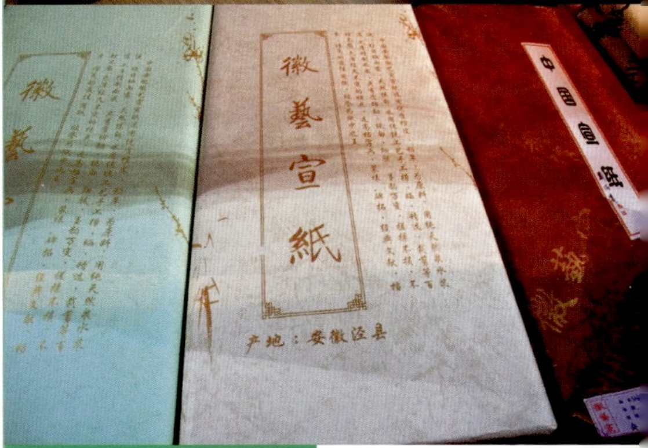

宣纸

有易于保存，经久不脆，不会褪色等特点，是中国传统的古典书画用纸。

徽墨

中国汉族制墨技艺中的珍品，是书画家至爱至赖的物品。

黄山毛峰

外形美观，绿中略泛微黄，色泽油润光亮，是历代贡品茶。

六安瓜片

产于皖西大别山区，尤以金寨县所产“齐山云雾”品质最佳。

祁门红茶

中国著名的工夫茶，品质优异，制造工艺精湛，有“茶中英豪”之称。

古井贡酒

历史悠久，以其独特的风味，赢得了海内外的一致赞誉。

自驾安徽

线路 1

皖西
山水观光之旅

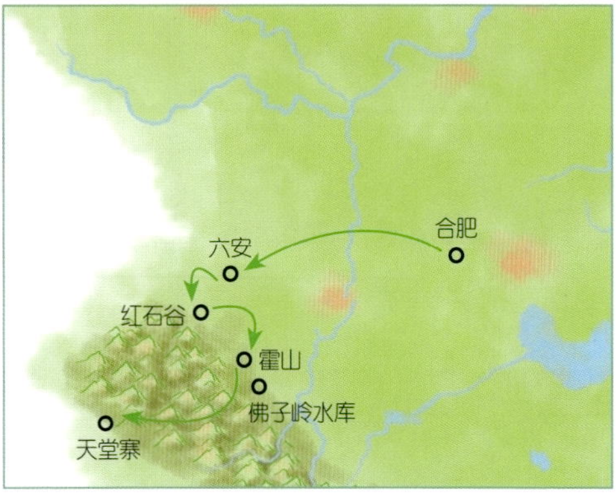

红石谷 六安

南岳山 霍山

佛子岭水库 霍山

白马大峡谷 金寨

天堂寨 金寨

这是安徽大别山最经典的一条游山玩水线路，有高山可走栈道，有秀湖可尝湖鲜，有峡谷可漂流，有古镇可怀古。全线大部分游走在大别山的山岭沟谷里，植被丰茂，空气清新，气候宜人，是观光度假的极佳选择。天堂寨是这条线路当之无愧的重点，壮观的瀑布群会让你心花怒放，白马峰栈道一定会令你惊叹连连。

第一天 ▌从合肥出发，经 G312 至分路口镇，沿 X104 在六安茶谷东谷内向南行驶，一路风景优美，路况良好。可游览独山革命旧址群和风光独特的红石谷。晚上可去霍山县城食宿。

第二天 ▌先游览南岳山，登顶远眺，风光无限。回到霍山县城寻找美食后，驱车到佛子岭水库。泛舟湖上，水面波光粼粼，能看到镌刻的毛主席题词“一定要把淮河修好”。晚上去王家大院吃农家饭菜，夜晚在皎皎月色中入梦。

第三天 ▌上午游玩白马大峡谷，幽深蜿蜒的沟壑宛如游动于两山之间的巨蟒。沿白马峰栈道拾级而上，山风阵阵，清新舒畅。然后去天水涧漂流景区，路上有很多农家乐，随便找一家点个农家菜尝尝鲜。上岸后冲个澡，驱车去天堂寨吃吊锅，夜宿天堂寨。

第四天 ▌在天堂寨亲山亲水。五大常年流水的瀑布脱颖而出，未见其景，先闻其声，像巨大的水帘飞流直下，溅玉飞珠。空气中弥漫着水气和负离子，如同在给灵魂洗澡，顿时心胸舒畅。

线路 2

皖北
人文风情之旅

这条路线以体验人文风情为主，一路可欣赏八公山淮南王行宫、曹操古运兵道、凤阳明皇陵等人文景观，更有诸如八里河、龙子湖等自然美景可赏，精彩纷呈，不容错过。

第一天 早晨从合肥市区出发，前往淮南市八公山风景区，畅游淮南王行宫，傍晚返回市区住宿，有时间还可游览龙湖公园。

第二天 从淮南市区出发，前往颍上八里河风景区，欣赏自然生态风光，傍晚驱车前往阜阳市区住宿。

第三天 上午前往颍州西湖游览，下午前往亳州，参观花戏楼、曹操古运兵道等景点，夜宿市区。

第四天 上午继续在亳州游览，参观古井古镇。下午驱车前往蚌埠，夜宿市区。

第五天 早上从蚌埠市区出发，先去龙子湖，赏青山碧水，观汤和墓，听朱元璋放牛的故事。之后前往参观淮河蚌埠闸水利风景区。下午驱车前往凤阳县，夜宿凤阳县城。

第六天 上午去明皇陵观看刻工精美的石像，接着去鼓楼，欣赏具有中国最大的鼓楼台基的古典建筑。午后去小岗村，参观大包干纪念馆，感受农村改革开放发源地的风采。

淮南 八公山

阜阳 八里河

亳州 亳州古城

亳州 古井古镇

蚌埠 龙子湖

凤阳 明皇陵

自驾安徽

线路3

皖南
世界遗产之旅

池州 杏花村

池州 九华山

黄山 太平湖

黄山 黄山风景区

黄山 宏村

这是皖南非常经典的自驾线路，沿途汇聚了众多的山水胜景和人文古村，佛教名山九华山、集五岳之美于一身的黄山以及两山之间的太平湖共同编织了一条梦幻般的风光带，古老的皖南古村落向你诉说着岁月的沧桑。山河之壮、峰峦之秀、乡村之幽在这里都可以领略到，绝对是一次难忘之旅。

第一天 合肥市区出发前往池州市，上午游览齐山风景区，下午游览杏花村古井文化园，然后驱车前往九华山风景区，夜宿景区附近。

第二天 在九华山游玩一天，赏佛教名山风光。为节省体力，最好选择索道上下山。

第三天 上午前往平湖镇，游览太平湖景区，尽享湖光山色之美好，夜宿平湖镇。

第四天 上午驱车前往黄山风景区游览，观奇峰、怪石、迎客松等景，夜宿黄山景区内。

第五天 上午继续游览黄山风景区，下山后前往宏村，夜宿宏村。

第六天 上午游览宏村古村，下午前往屯溪，游览屯溪老街，夜宿屯溪。

第七天 从屯溪出发前往婺源，游览婺源东线的江湾、晓起和汪口古村。

线路 4

皖西南
休闲度假之旅

万佛湖 舒城

万佛山 舒城

天堂寨 金寨

天柱山 潜山

花亭湖 太湖

迎江寺 安庆

这条线路主要穿行在安徽西南部，一路可领略风景如画的天堂寨、奇峰耸立的古南岳天柱山以及风光旖旎的花亭湖等景点。皖西南山水的精致秀美一定让你流连忘返。

第一天 从合肥市区出发，前往舒城县万佛湖景区，看湖光山色，碧波万顷。在万佛山上尽享休闲，夜宿景区。

第二天 早晨从舒城县出发，前往金寨县天堂寨，观九影瀑、林海长廊等景，在森林密布的林间栈道与瀑布群之中，享受一路的畅快清凉，夜宿景区。

第三天 上午驱车前往潜山市，游览天柱山风光，夜宿潜山市区。

第四天 早晨从潜山市出发前往太湖县花亭湖，看山奇石秀，观层峦叠翠，傍晚前往汤湾村泡温泉，洗去一路疲乏。

第五天 上午驱车前往安庆市区，游览菱湖公园，可乘船欣赏菱湖风光，听太平天国的故事。随后前往世太史第，观览徽州古建筑。午后去迎江寺，晚上在市区住宿。

解读 安徽

地 理

九华山

面积和区划

安徽简称皖，位于中国大陆东部，全省东西宽约450千米，南北长约570千米，土地面积约14万平方千米，占全国的1.45%。安徽与江苏、上海、浙江共同构成的长江三角洲城市群已成为国际六大世界级城市群之一。

安徽辖合肥、淮北、亳州、宿州、蚌埠、阜阳、淮南、滁州、六安、马鞍山、芜湖、宣城、铜陵、池州、安庆、黄山16个地级市，下辖44个市辖区、7个县级市、54个县。省会合肥。

人口和民族

截至2018年年末，安徽全省常住人口约为6323万，淮河沿岸和豫皖接壤地区人数较多且集中，皖南人数较少而分散。安徽是中国人口较多、人口密度较高的省份之一，同时也是中国较大的劳务输出省份之一。

安徽基本属于汉族聚居区，汉族人口占总人口的99%以上，少数民族众多，其中回族人口较多。少数民族居住特点是大分散、小聚居。

呈坎古村

地形

安徽省全省地势西南高、东北低，地形地貌南北迥异，复杂多样。长江、淮河横贯省境，分别流经安徽省长达416千米和450千米，将全省划分为淮北平原、江淮丘陵和皖南山区三大自然区域。

安徽境内主要山脉有大别山、黄山、九华山、天柱山，黄山主峰莲花峰海拔1860米，为安徽省最高峰。全省共有河流2000多条，湖泊110多个，著名的有长江、淮河、新安江（钱塘江正源）和全国五大淡水湖之一的巢湖。

气候

安徽省地处暖温带过渡地区，以淮河为分界线，北部属暖温带半湿润季风气候，南部属亚热带湿润季风气候。全省气候主要表现为季风明显、四节分明；气候温和，雨量适中；春温多变，秋高气爽；梅雨显著，夏雨集中。

安徽省的风景以自然风景为主，不同的季节和天气会有不同的景致。每年的4—11月是去安徽旅游的最佳季节。黄山是安徽旅游景点的代表，一年四季黄山美景各有不同。

黄山

淠史杭灌区

淠史杭灌区位于安徽省中西部和安徽省东南部，横跨江淮两大流域，是淠河、史河、杭埠河三个毗邻灌区的总称。从1958开工兴建至1972年基本建成通水的14年里，在经济极端困难、物资十分匮乏、技术设备落后的条件下，安徽人民用十字镐、独轮车等简单工具，肩挑手抬，开挖了6亿立方米的土方量，建起了纵横皖西、横贯皖中的庞大灌溉系统，创造了新中国水利建设史上的奇迹。

史河灌区 位于淠河灌区以西，控制面积3526平方千米，设计灌溉面积285万亩，相当于史河灌区内耕地总面积的92%

蓄洪区 淠史杭灌区境内还有城东湖、城西湖和瓦埠湖，均为淮河中游的蓄洪区

淠河灌区 由横排头渠首枢纽、淠河总干渠、淠东干渠、淠杭干渠、瓦西干渠、潜南干渠、瓦东干渠、滁河干渠等渠道设施组成

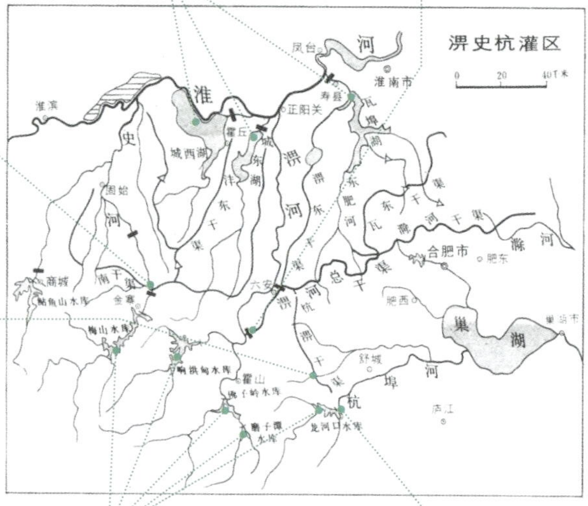

将军山渡槽 是杭淠分干渠与张母桥河的交叉建筑物，长89米，是目前全国最长的渡槽

五大水库 大别山位于皖西地区，水系发育较好，山下建有龙河口水库（万佛湖）、佛子岭水库、磨子潭水库（别山湖）、响洪甸水库、梅山水库等五大水库，是淠史杭灌区重要水源地

杭埠河灌区 属长江流域巢湖水系，由舒庐干渠和杭北干渠两大渠系构成，龙河口水库既是其水源工程，也是渠首工程

佛子岭水库

淠河

灌区效益

防洪灌溉：其受益范围涉及安徽、河南2省4市17个县区，设计灌溉面积8000平方千米，实际灌溉面积约6670平方千米，是全国三个特大型灌区之一。使得淠史杭灌区粮食产量占全省1/4，水稻产量占全省1/3，奠定了安徽粮食主产省的重要地位。

城市供水：地处灌区内的合肥、六安及一些县镇的城市工业和生活用水，部分或全部依靠灌区供给。

水力发电：灌区小水电的经济效益十分显著，在灌区综合经营收入中占有较大比重。

水产养殖：皖西白鹅是淠史杭灌区重要的水产养殖品种，这里已经成为全国最大的白鹅养殖和羽绒集散地。

黄山归来不看岳

黄山是世界文化与自然遗产，与长江、长城、黄河同为中华壮丽山河的杰出代表，被世人誉为“天下第一奇山”，素以奇松、怪石、云海、温泉、冬雪“五绝”著称于世。明代大旅行家徐霞客曾两次登临黄山，赞叹道：“薄海内外无如徽之黄山，登黄山天下无山，观止矣！”

黄山雄踞于安徽南部黄山市境内，集八亿年地质史于一身，融峰林地貌、冰川遗迹为一体，兼有花岗岩造型石、花岗岩洞室、泉潭溪瀑等丰富而典型的地质景观。前山岩体节理稀疏，多球状风化，山体浑厚壮观；后山岩体节理稠密，多柱状风化，山体峻峭，形成了“前山雄伟、后山秀丽”的地貌特征。黄山境内群峰竞秀，怪石林立，有千米以上高峰88座，莲花、光明顶、天都三大主峰，海拔均逾1800米。

黄山植物群落完整而垂直分布，保存有高山沼泽和高山草甸各一处，是绿色植物荟萃之地，素有“华东植物宝库”和“天然植物园”之称，有黄山松、黄山杜鹃、红豆杉、南方铁杉等珍稀植物，首次在黄山发现或以黄山命名的植物有28种。黄山也是动物栖息和繁衍的理想场所，有红嘴相思鸟、棕噪鹛、白鹇、短尾猴等珍禽异兽。

黄山处于亚热带季风气候区内，山高谷深，气候呈垂直变化，局部地形对气候起主导作用，形成特殊的山区季风气候，这里常年云雾缭绕，恍若仙境，再加上独特的黄山迎客松和怪异的黄山石，使得这里成为理想的寻幽探胜之地。

淮河中游的沃土

淮河地处中国东部，介于长江和黄河之间，大体自西向东流，跨湖北、河南、安徽、山东、江苏5省，是华东地区一条重要的河流。淮河安徽流域面积6.69万平方千米，占

淮河

淮河流域总面积的35.8%，处于淮河中游，上自豫、皖交界的洪河口起，下至皖、苏交界的洪山头止，河道长度430千米。

淮河主要流经安徽北部的阜阳、淮南、蚌埠等地区，淮河在安徽境内支流众多，北岸有颍河、西淝河、茨河、涡河、漴潼河、濉河等，南岸有史河、淠河、池河等河流，淮河干流以及南北众多的支流共同组成了水量充沛的淮河流域。淮河与秦岭一起组成了中国的南北地理分界线，界线两边气候迥异，无论是自然条件、农业生产方式，还是地理风貌或是人们的生活习俗，都有明显的不同。

淮河还直接造就了肥沃的淮北平原。淮北平原是华北平原的一部分，分布在淮河干流以北到沙颍河以南的地区。淮北平原由淮河所带来的大量泥沙沉积而成，土地沉积厚达数百米，自然条件较为优越，是我国重要商品粮生产基地之一。

八百里皖江

皖江是长江在安徽境内的称呼，长江流经安徽省境内416千米，被称为八百里皖江。长江干流在宿松进入安徽省境内，由西南向东北斜贯安庆、贵池、铜陵、芜湖、马鞍山5个市12个县，至和县乌江附近流入江苏省境内。皖江流域面积6.6万平方千米，占安徽省总面积的47.3%，约占整个长江流域的4%。皖江两岸支流众多，比较对称。自西向东，北岸较长支流有皖河、裕溪河和滁河等；南岸有青弋江、水阳江等。

皖江水系可通航河段总长度4147千米，通航里程2526千米，通航河流、渠道共63条。皖江两岸密集地坐落着黄山、九华山、天柱山、小孤山等国家级风景名胜，以及安徽池州杏花村、泾县桃花潭、黟县古民居、乌江霸王祠、当涂李白墓等人文胜景，青山绿水，诗情画意。如今，将万里长江看作一个完整的旅游产品已日趋成为新的时尚，坐长江豪华游轮，游历八百里皖江，一定会得到超值享受。

皖江

安徽的自然景观

国家级自然保护区

- 鹞落坪国家级自然保护区
- 牯牛降国家级自然保护区
- 扬子鳄国家级自然保护区
- 寨天马国家级自然保护区
- 升金湖国家级自然保护区
- 铜陵淡水豚国家级自然保护区
- 古井园国家级自然保护区

国家地质公园

- 黄山国家地质公园
- 齐云山国家地质公园
- 淮南八公山国家地质公园
- 浮山国家地质公园
- 祁门牯牛降国家地质公园
- 大别山（六安）地质公园
- 天柱山国家地质公园
- 九华山国家地质公园
- 凤阳韭山国家地质公园
- 广德太极洞国家地质公园
- 丫山国家地质公园
- 灵璧磬云山地质公园
- 繁昌马仁山地质公园

国家森林公园

- 黄山国家森林公园
- 琅琊山国家森林公园
- 天柱山国家森林公园
- 九华山国家森林公园
- 皇藏峪国家森林公园
- 徽州国家森林公园
- 大龙山国家森林公园
- 紫蓬山国家森林公园
- 皇甫山国家森林公园
- 天堂寨国家森林公园
- 鸡笼山国家森林公园
- 冶父山国家森林公园
- 太湖山国家森林公园
- 神山国家森林公园
- 妙道山国家森林公园
- 天井山国家森林公园
- 舜耕山国家森林公园
- 浮山国家森林公园
- 石莲洞国家森林公园
- 齐云山国家森林公园
- 韭山国家森林公园
- 横山国家森林公园
- 敬亭山国家森林公园
- 八公山国家森林公园
- 万佛山国家森林公园
- 青龙湾国家森林公园
- 水西国家森林公园
- 上窑国家森林公园
- 马仁山国家森林公园
- 合肥大蜀山国家森林公园
- 合肥滨湖国家森林公园

解读安徽

历 史

陈胜墓

揭竿而起，大泽乡起义

前209年，陈胜、吴广领导的大泽乡起义，点燃了推翻秦王朝的熊熊烈火，成为秦末大暴动下的导火索。陈胜的那句“王侯将相宁有种乎”从此流传千年，成了底层人民反抗暴政的响亮口号。

陈胜又名陈涉，秦二世元年七月，秦朝廷征发贫苦农民900人去渔阳（今北京密云区）戍边。陈胜和吴广都在这支九百人队伍中，他们行进到蕲县大泽乡的时候遇到了大雨，道路不通，他们被迫停留，耽误了朝廷规定的到达渔阳的期限。按照当时大秦的法律，戍卒不按期报到，就要被斩首。于是陈胜吴广就在一起商量，认为与其等着被处死，不如为国家大事而死，为起义而死。

在陈胜和吴广的带领下，戍卒们“斩木为兵，揭竿为旗”，我国历史上第一次农民大起义正式爆发。陈胜率领起义军接连攻克安徽和安徽诸县，当起义军攻抵陈郡（今安徽淮阳）的时候，已拥有兵车六七百乘，骑兵千余，步兵数万。起义军的胜利，鼓舞了分布在各地的革命力量，他们纷纷举起反秦的义旗，其中就包括后来楚汉的项羽和刘邦。

陈胜率军占领陈郡以后，正式称王，定国号为“张楚”，这是我国历史上第一个由农民建立起来的政权。前208年，起义军在渑池（今安徽渑池县）遭到秦军镇压，陈胜和吴广均被害。大泽乡起义虽然没能取得最终的胜利，但起义从根本上动摇了秦朝的统治，为之后项羽、刘邦灭秦创造了有利条件。

项羽乌江自刎

前207年秦朝灭亡后，项羽和刘邦为争夺帝位，进行了数年战争，史称“楚汉相争”。在近五年的楚汉战争中，项羽由强大转为弱小，最终为后来的汉高祖刘邦所灭，项羽本人也自刎于乌江，为后世留下了“至今思项羽，不肯过江东”的千年慨叹。

历史大事记

远古时期

距今约三四十万年前的旧石器时代，就有被称为“和县猿人”古人类在安徽地区活动。

安徽薛家岗遗址出土文物证明，距今五六千年，安徽有新石器时代人类活动的痕迹。

先秦时期

前278年，楚国的郢都（今湖北荆州）被秦国攻占，于是迁都寿春（今安徽寿县）。

前223年，楚军被秦国的王翦60万大军击败，寿春被秦国占领，楚国灭亡。

前202年，经过数年的楚汉之争，由张良、韩信、萧何等人辅佐的刘邦已经占据了战争的主动权，他亲率30万大军，追击西楚霸王项羽，项羽退至垓下（今安徽灵璧东南），筑垒安营，整顿部队，恢复军力，此时楚军尚有约十万人。汉军进攻垓下受阻，僵持中，汉军夜间高唱楚歌，楚军自项羽以下莫不以为汉已尽得楚地，乃士气崩溃。项羽眼见大势已去，便乘夜率领八百精锐骑兵突围南逃，汉军派遣五千骑兵追击。

项羽渡过淮水后，仅剩百余骑相随，行至阴陵被汉军追及，项羽突至东城（今安徽定远东南），手下仅剩二十八骑。项羽指挥这二十八骑，来回冲阵，再次杀开一条血路，向南疾走，至乌江（今安徽和县东北长江边的乌江浦）边，项羽自觉无颜见江东父老，乃令从骑皆下马，以短兵器与汉兵搏杀，杀汉军数百人后最终自刎而死，年仅31岁。一代西楚霸王，至此结束了他辉煌壮烈的一生。

项羽死后，汉军全歼八万楚军，楚地大多降汉。至此，历时4年半之久的楚汉战争终以刘邦的胜利而告终。

秦晋淝水之战

西晋末年，政治腐败，社会混乱，中国历史进入了分裂割据的南北朝时期。在南方，司马睿于317年在建康（今江苏南京）称帝，建立东晋，占据了汉水、淮河以南大部分地区。在北方，前秦国先后灭掉前燕、前凉等割据国，统一了黄河流域，前秦皇帝苻坚信心倍增，想一举拿下偏居江南的东晋政权，完成统一大业。

淝水古战场

383年8月，苻坚亲率90万大军从长安南下，同时，苻坚又命梓潼太守裴元略率水师7万从巴蜀顺流东下，向建康进军，近百万行军队伍分水陆两路浩荡向东晋进发。东晋王朝在强敌压境，生死存亡的危急关头，以丞相谢安为首的主战派决意奋起抵御。经谢安举荐，谢安之侄谢玄为先锋，率领强兵8万沿淮河西上，迎击秦军主力。晋军在淝水畔的八公山边扎下大营，与秦军隔岸对峙。

谢玄派使者去见苻坚的弟弟苻融，叫他将阵地后撤少许让晋军过河双方好一决胜负，苻坚想等晋军半渡过河时以骑兵冲杀，于是表示同意。苻融开始指挥秦军后撤，本来秦军就士气低落，撤退时更是阵脚大乱，谢玄率8千多骑兵迅速渡水向秦军猛攻。此时，原先被秦军抓捕的寿阳守将朱序则在秦军阵后大叫“秦兵败了！”无心恋战的秦兵

秦汉时期

前209年，陈胜、吴广在蕲县大泽乡（今宿州市郊）发动农民起义，后被镇压。

秦末楚汉相争，前202年，项羽在今安徽固镇县历垓下之战败给刘邦，自刎于乌江。

前196年，汉高祖刘邦封儿子刘长为淮南厉王，后刘安以长子身份袭封淮南王。

383年，前秦苻坚军南侵，东晋名将谢玄以少胜多打败苻坚，史称“淝水之战”。

隋唐时期

隋唐经济的发展为文化事业的进步奠定了基础，被誉为“文房四宝”的宣纸、徽墨、宣笔、歙砚闻名全国。

宋元时期

1140至1141年，南宋军队在顺昌（今阜阳）之战和柘皋（今巢湖柘皋镇）之战中击败金军。

1351年，韩山童、刘福通等人领导农民在安徽颍州起义，史称“红巾军起义”。

信以为真，全军溃逃，死伤无数。苻坚本人也中箭负伤，狼狈地逃走了。

淝水之战，前秦军被歼和逃散的共有70多万，苻坚的统一大业彻底破灭，北方暂时统一的局面也随之解体。此战的胜利为江南地区社会经济的恢复和发展创造了条件，而这场著名的以少胜多战例，也永载中国战争史册。

徽商的辉煌

徽商是明代中叶至清道光年间中国最具实力和影响的一支商帮，曾创造了雄踞华夏商界三百年之久的辉煌。在明清时期的江浙一带，徽商云集，势力盛极，称雄市场，有“盖扬之盛，实徽商开之”之说。

徽商是徽州（府）籍商人的总称，来自古徽州歙、休宁、婺源、祁门、黟、绩溪六县，即古代的新安郡。宋代时，徽纸已远销四川，南宋则开始出现拥有巨资的徽商。元末明初的徽商资本，较之宋代大为增加，成化年间，徽商相继打入盐业领域，一向以经营盐业为主的山西、陕西商人集团受到严重打击，于是徽商以经营盐业为中心，雄飞于中国商界。

明代中叶以后至清乾隆末年的300余年是徽商发展的黄金时代，无论是从商人数、活动范围、经营行业与资本，都居全国各商人集团的首位。当时，经商成了徽州人的“第一等生业”，成人男子中经商的占70%。徽商的活动范围遍及城乡，东抵淮南，西达滇、

合肥徽园徽商馆

黔，北至幽燕、辽东，南到闽、粤。徽商的足迹还远至日本、东南亚各国以及葡萄牙等地。这一时期，徽商主要经营食盐、茶叶和木材等商品。

清乾隆末年，封建统治日趋没落，徽商处境愈来愈困难，盐业和典当业由于朝廷政策而开始没落，茶、木两商则由于鸦片战争和太平天国运动的影响，连年亏损。加之随着帝国主义入侵，外资渗入，国外商品倾销，徽商经营的行业大多被其所替代。

徽商的崛起称雄与徽商本身素有“徽骆驼”之称的吃苦耐劳精神、善于经营理财的精明头脑不无关联，但讲道义、重诚信的经营理念却是其最核心的因素，也是徽商能够延续数百年辉煌的秘诀。

小岗村的“大包干”

1978年冬，安徽省小岗村18位农民以“托孤”的方式，冒险在土地承包责任书按下鲜红手印，实施了“大包干”。这一

明清时期

1368年，安徽人朱元璋推翻元朝统治，建立明朝。

1858年，太平军在今合肥市肥西县大败湘军，史称“三河大捷”。

1860年，湘军围攻安庆，太平军与湘军进行一系列战斗，后安庆失守，史称“安庆保卫战”。

1861年，曾国藩在安庆创办安庆内军械所，制成我国第一台蒸汽机和第一艘木壳轮船“黄鹄”号。

近现代时期

1905年，中国第一个资产阶级革命组织岳王会在安徽芜湖成立，会长为陈独秀。

1947年8月，刘伯承、邓小平率晋冀鲁豫解放军主力挺进大别山。

1948年11月至1949年1月，淮海战役打响，安徽是重要战场之一。

皖南事变

皖南事变是国民党第二次反共高潮的高峰。皖南事变发生后，周恩来在《新华日报》上愤然写下了“千古奇冤，江南一叶；同室操戈，相煎何急?!”的题词。中共中央军委还发布重建新四军军部，整编全军，继续坚持抗战。

1940年10月19日，何应钦、白崇禧以国民政府军事委员会的名义，强令黄河以南的新四军、八路军在一个月内全部撤到江北；中国共产党从维护抗战大局出发，答应将皖南的新四军调离。

1941年1月4日，新四军军部和所属皖南部队9000余人由云岭出发北移。

1月6日，蒋介石得知新四军开始北移，下令第3、第5战区“采取行动”。第3战区于6日下午命令第32集团军“迅速部署所部开始进剿”，并强令“彻底加以肃清”。

1月7日拂晓，当新四军北移部队行至泾县茂林以东山区时，即遭到国民党军层层堵截和进攻。新四军指战员在军长叶挺的指挥下，被迫奋起自卫，浴血苦战8昼夜。

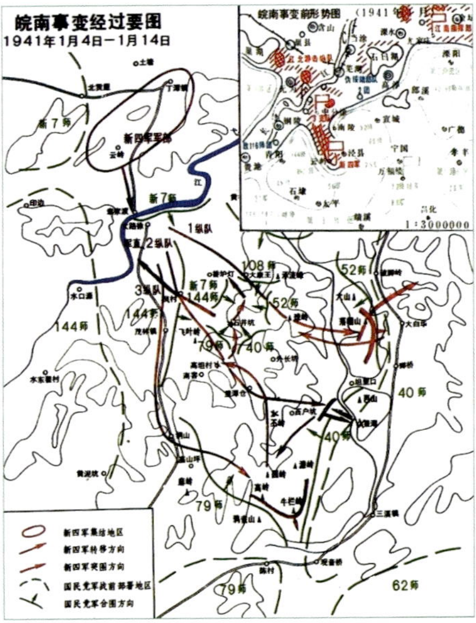

1月14日，终因寡不敌众，弹尽粮绝，除约少部分人分散突出重围外，其余分别被打散、被俘或牺牲。

叶挺雕像

皖南事变烈士陵园

叶挺档案

原　名：叶为询
出生地：广东惠州惠阳区
生卒年：1896年9月10日—1946年4月8日
职　业：军事家
主要成就：参与汀泗桥和贺胜桥等战役并获胜
参与领导南昌起义、广州起义
新四军首任军长
诗　作：《囚歌》

纪念地

“上饶集中营”是皖南事变的直接产物，主要用于关押在皖南事变中被俘的新四军官兵，后来很多官兵在此遇害。

“皖南事变烈士陵园”为纪念皖南事变新四军将士殉难五十周年，1990年，在安徽泾县城郊的水西山修建。

“按”成了中国农村改革的第一份宣言，它改变了中国农村发展史，掀开了中国改革开放的序幕。

20世纪70年代后期，位于江淮之间的皖东农村生产停滞、经济困难。1978年，凤阳遭受特大旱灾，饥饿的阴影再次笼罩在小岗人头上。作为一个生产队，小岗“吃粮靠返销、用钱靠救济、生产靠贷款”，“大集体”的弊端不断显现，人们的怨言在私下里扩散。在田间地头，开始有三三两两的村民议论着，干脆分开来干。

1978年11月24日，小岗村队里的三个干部严俊昌、严宏昌、严立学决心“大包干”，在他们的带领下，18位农民按下了鲜红的手印，分田到户，率先实行农业“大包干”，分到土地的农民在次年的农业生产中都取得了大丰收，除了交足公粮外，家家户户都剩下不少粮食，再也不用外出讨饭。

小岗村的“大包干”奠定了家庭联产承包制的基本格局，受到农民的特别拥护，终于成为家庭联产承包的主要形式。到1981年底，安徽实行大包干责任制的生产队已经占了99.5%，并迅速在全国普及开来，为国家的繁荣昌盛做出巨大的贡献。

安徽历史名人

安徽历史悠久，人杰地灵，数千年来涌现出了众多的人才。在安徽的山水平原之间，他们创造了一个又一个传奇。

禹（生卒年不详）：古涂山氏国（今蚌埠怀远）人，传说中古代部落联盟领袖。他奉舜命治理洪水，在治水十几年中三过家门而不入，是历史上的治水英雄。

包公祠

华佗像

管仲（前719—前645）：春秋时齐国颍上（今阜阳颍上）人，名夷吾，又名敬仲。经鲍叔牙推荐被齐桓公任为卿，帮助齐桓公成为春秋时第一霸主。

庄子（约前369—前286）：楚国蒙地（今亳州蒙城）人，战国时期哲学家、文学家。他继承和发展老子“道法自然”的观点，是先秦道家思想的集大成者，与老子并称“老庄”。

华佗（约145—208）：沛国谯（今亳州市）人，三国著名医学家，尤其擅长外科，精于手术，他发明的“麻沸散”是世界医学史上最早用于外科手术的麻醉药。

曹操（155—220）：沛国谯县（今亳州市）人，字孟德，小名阿瞒，东汉末年著名军事家、政治家和诗人，三国时代魏国的奠基人和主要缔造者，其子曹丕称帝后，追尊他为魏武帝。

包拯（999—1062）：庐州（今合肥）人，北宋著名清官，人称“包青天”，以廉洁著称，执法严峻，不畏权贵，断狱英明刚直，开一代清官之风范。

朱元璋（1328—1398）：濠州钟离（今滁州凤阳）人，明朝开国皇帝。1352年参加郭子兴的红巾军反抗元朝暴政，1368年于南京称帝，推翻元朝统治，逐步统一中国。

吴敬梓（1701—1754）：清全椒（今全椒县）人，字敏轩，所著《儒林外史》为中国古代小说中第一部“讽刺之作”，对封建社会，尤其是科举制度进行了无情揭露与抨击。

李鸿章（1823—1901）：合肥人，字少荃，淮军创始人和统帅、洋务运动的主要倡导者之一、晚清重臣，掌管清廷外交、军事、经济大权，是近代史上重要人物之一。

刘铭传（1836—1895）：合肥肥西人，淮军名将，抗法英雄，台湾首任巡抚。1885年台湾设省，被任命为第一任台湾巡抚，对开发台湾多有贡献。

陈独秀（1880—1942）：安庆怀宁人，中国现代著名学者、政治活动家、中国共产党主要创始人之一，首次提出“民主与科学”口号，主编《新青年》杂志，揭开了新文化运动的序幕。

胡适（1891—1962）：安徽绩溪人，新文化运动的重要领导人，中国自由主义的先驱，在五四时期引领了新文学革命、白话文运动、新诗革命和新学术革命，是现代著名学者、哲学家、教育家、文学家。

陶行知（1891—1946）：黄山市歙县人，现代著名教育家、思想家，毕生从事平民教育事业，提出“以教人者教己，在劳力上劳心”的口号。

王稼祥（1906—1974）：宣城泾县人，中国无产阶级革命家，新中国对外工作的开拓者之一，1943年第一次提出和论证了“毛泽东思想”的科学概念。

邓稼先（1924—1986）：安徽怀宁县人，杰出科学家、中国“两弹”元勋，中国核武器理论研究工作的奠基者之一，对中国的核科学事业做出了极其重要的贡献。

邓稼先像

安徽的人文景观

全国重点文物保护单位

合肥市：渡江战役总前委旧址、刘铭传旧居、冯玉祥旧居、银山智人遗址、李氏家族旧宅、安徽省博物馆陈列展览大楼

芜湖市：大工山—凤凰山铜矿遗址、繁昌窑遗址、皖南土墩墓群、人字洞遗址、牯牛山城址、黄金塔、芜湖天主堂、英驻芜领事署旧址、圣雅各中学旧址

淮南市：寿州窑遗址、安丰塘、寿春城遗址、寿县古城墙

马鞍山市：朱然家族墓地、李白墓、和县猿人遗址、凌家滩遗址、太白楼

淮北市：柳孜运河码头遗址、临涣城址、淮海战役总前委和华东野战军指挥部旧址、石山孜遗址、古城汉墓

安庆市：薛家岗遗址、白崖寨、天柱山山谷流泉摩崖石刻、振风塔、世太史第、孙家城遗址、张四墩遗址、张廷玉墓、太平寺、法云寺塔、桐城文庙、安庆南关清真寺、浮山摩崖石刻、安徽大学红楼及敬敷书院旧址、安庆天主堂、陈独秀墓

黄山市：潜口民宅、许国石坊、棠樾石牌坊群、老屋阁及绿绕亭、罗东舒祠、程氏三宅、呈坎村古建筑群、渔梁坝、宏村古建筑群、西递村古建筑群、许村古建筑群、祁门古戏台、南屏村古

建筑群、溪头三槐堂、郑氏宗祠、竹山书院、齐云山石刻、黄山登山古道及古建筑、长庆寺塔、程大位故居、黄村进士第、洪氏宗祠、棠樾古民居、北岸吴氏宗祠、员公支祠、昌溪周氏宗祠、北岸廊桥、兴村程氏宗祠、黄山摩崖石刻群、洪家大屋、岩寺新四军军部旧址

滁州市：明中都皇故城及皇陵石刻、半塔保卫战旧址、琅琊山摩崖石刻及碑刻

六安市：安丰塘、寿春城遗址、寿县古城墙、李氏庄园、六安汉代王陵墓地、淮南王刘安家族墓地、程端忠墓、寿县孔庙、寿县清真寺

亳州市：花戏楼、尉迟寺遗址、曹氏家族墓群、亳州古地道、蒙城万佛塔、古井贡酒酿造遗址、南京巷钱庄

宣城市：新四军军部旧址、龙川胡氏宗祠、广教寺双塔、陈山遗址、水西双塔、查济古建筑群、江村古建筑群、黄田村古建筑群、毛竹山和官山遗址、徽杭古道绩溪段和古徽道东线郎溪段、建平镇土墩墓群、天寿寺塔、仙人塔、奕世尚书坊和胡炳衡宅、上庄古建筑群、旌德文庙、王稼祥故居

蚌埠市：双墩遗址、禹会村遗址、垓下遗址、双墩春秋墓、化明塘严氏墓、汤和墓、怀远教会建筑旧址

宿州市：小山口遗址、古台寺遗址、淮海战役总前委旧址、垓下遗址

池州市：榉根关古徽道、太平山房、九华山只园寺、九华山化城寺、九华山月身殿、济阳曹氏宗祠、上章李氏宗祠、九华山百岁宫、齐山摩崖石刻

铜陵：大工山—凤凰山铜矿遗址

▼ 国家历史文化名城

亳州
歙县
寿县
安庆
绩溪

▼ 中国历史文化名镇

合肥市肥西县三河镇
六安市金安区毛坦厂镇
黄山市歙县许村镇
黄山市休宁县万安镇
池州东至县东流镇
宣城市宣州区水东镇
宣城市泾县桃花潭镇
黄山市徽州区西溪南镇
铜陵市郊区大通镇
六安市裕安区苏埠镇
青阳县陵阳镇

▼ 中国历史文化名村

黄山市黟县西递镇西递村
黄山市黟县宏村镇宏村
黄山市黟县宏村镇屏山村
黄山市黟县碧阳镇南屏村
黄山市黟县碧阳镇关麓村
黄山市歙县徽城镇渔梁村
黄山市歙县郑村镇棠樾村
黄山市歙县北岸镇瞻淇村
黄山市歙县昌溪乡昌溪村
黄山市歙县雄村乡雄村
黄山市徽州区潜口镇唐模村
黄山市徽州区呈坎镇呈坎村
黄山市旌德县白地镇江村
黄山市休宁县商山乡黄村
宣城市泾县桃花潭镇查济村
宣城市泾县榔桥镇黄田村
宣城市绩溪县瀛洲镇龙川村
宣城市绩溪县家朋乡磡头村
宣城市绩溪县上庄镇石家村
黄山市歙县雄村乡雄村
滁州天长市铜城镇龙岗村
黄山市徽州区呈坎镇灵山村
黄山市祁门县闪里镇坑口村
黄山市黟县宏村镇卢村
池州市贵池区棠溪镇石门高村

解读安徽

文化

徽剧水淹七军

品味古徽州文化

徽州文化是现存中华文化的袖珍缩影，是一个极具地方特色的区域文化，其内容广博、深邃，包容了中国后期封建社会民间经济、社会、生活与文化的基本内容，被誉为中国封建社会后期的典型标本。

徽州古称新安，自秦朝置郡县以来，已有2200多年的历史。徽州历经东汉、西晋、唐末、北宋四次北方强宗大族的南迁，获得并吸收了北方先进的生产技术，聚集了很多财富，并且逐渐融入了中原文化的优秀品格。南宋以后，徽州文风昌盛，人文荟萃，被称为“东南邹鲁”“礼仪之邦”。

徽州文化的全面崛起始于北宋后期，明清时期达到鼎盛，在全度独领风骚达800年之久。徽州文化内涵丰富，在各个领域都形成了独特的流派和风格，如新安理学、徽派朴学、新安医学、新安画派、徽派版画、徽派篆刻、徽剧、徽商、徽派建筑、徽菜、徽州茶道等。徽州文化各个时期和各个领域涌现出的著名学者和杰出人物不可胜数。

徽州文化的内涵，不仅体现了中国最正统的儒家思想，也受到了释家、道家思想的深刻影响。因此，徽州文化是中国传统文化的典型反映，被誉为是并列于敦煌学和藏学的中国三大走向世界的地方显学之一，而古徽州则是儒家、释家、道家文化的一个厚实的沉淀区。

文房四宝之乡

皖南地区是中国文房四宝的故乡，宣笔、宣纸、徽墨、歙砚都产于宣城境内的泾县、歙县、屯溪等地，产地集中，历史悠久，技艺精湛，这也使得宣城成为一座飘散着笔墨书香的文化名城。

安徽卷轴

《徽州文化全书》：是一套全面、系统介绍徽州文化的大型丛书，从历史文化学的角度，多层次地研究徽州的文化现象，并探索各种文化现象的形式、演进情况，以及彼此间的互动关系。

《中国黄梅戏》：全面阐述了黄梅戏的历史与现状，理论与作品，声腔与剧目，成果与人物等诸多话题；广泛涉及黄梅戏纵横两度的文史及戏剧知识，是黄梅戏剧种的一部归结性著作。

《中国徽派建筑》：精选800多张徽派建筑照片，配以文字说明，分徽派建筑漫记、古祠堂、古牌坊、古塔、古桥、古亭、古书院、古民居八个部分，展示和介绍了徽派建筑类型及其特点。

《徽商》：书中着重阐明徽商兴起的条件、发展的阶段、经营的主要行业、经营方式及其特点等问题。同时，对徽商中一些具有代表性的人物也做了具体的分析与介绍。

宣笔

歙砚

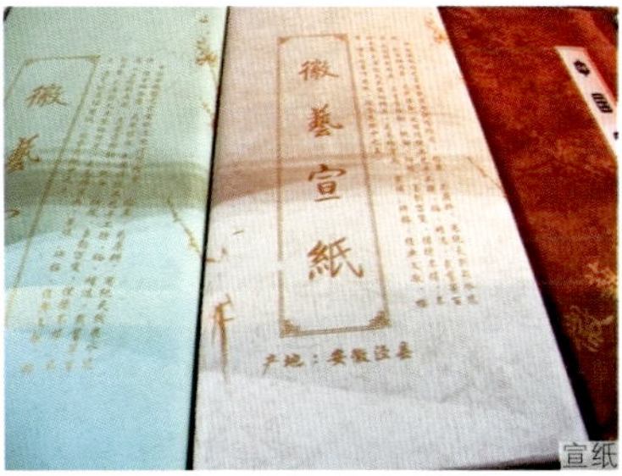

宣纸

徽墨

宣笔

宣笔选料严格，制作精巧，外观雅致，毛纯耐用，刚柔得中。从魏晋到唐宋，宣笔一直被列为贡品，极受书画名家的仰慕和追求。唐代诗人白居易任宣州太守时，曾咏紫毫笔："江南石上有老兔，吃竹饮泉生紫毫，宣城之人采为笔，千万毛中选一毫"。晋唐大书法家王羲之、柳公权曾为得到宣笔而写过"求笔帖"。

宣纸

宣纸有"纸中之王、纸寿千年"之誉，因为它易于保存，经久不脆，不会褪色，19世纪在巴拿马国际纸张比赛会上曾获得金牌。历史上很多名画名作均采用宣纸，宣纸写字则骨神兼备，作画则神采飞扬，成为最能体现中国艺术风格的书画纸。

徽墨

徽墨是我国制墨技艺中的一朵奇葩，因产于古徽州府而得名。徽墨以松烟为基本原料，掺入20多种其他原料，经多道工序精制而成，成品具有色泽黑润、坚而有光、入纸不晕、舔笔不胶、经久不褪、馨香浓郁等特点。其正面一般镌绘有名家的书画图案，美观典雅，是书画艺术的珍品。

安徽影像

《天仙配》（1955）：由石挥执导，严凤英、王少舫主演的一部老电影，讲述了玉帝的七女儿与凡人董永之间真挚的爱情故事。

《西楚霸王》（1994）：由吕良伟、巩俐等人主演的一部影片，讲述了秦朝末年刘邦与项羽争夺天下，最终项羽兵败，在乌江自刎的故事。

《大转折挺进大别山》（1996）：讲述了刘邓大军冒着国民党军队的围追堵截，过黄泛区，渡沙河、汝河、淮河，向大别山英勇挺进，并胜利到达目的地的故事。

《邓小平登黄山》（2014）：影片以纪实的手法，重现了1979年邓小平登黄山，发表"黄山谈话"的全过程，其间穿插了小岗村包干等历史故事。

徽派建筑

徽派建筑是我国一个重要的建筑流派，也是徽州文化的一个重要组成部分。徽派建筑有着高超的建造技艺和浓厚的文化内涵以及独有的地方特色。它始形成于唐末、兴盛于明清时期，民居、祠堂和牌坊也被誉为“徽州古建三绝”，其中又数传统民居最具特色，它集中反映了徽派建筑的主要特征。

徽州古建哪里看

民居：以西递、宏村、呈坎等徽州古村为代表，粉墙、青瓦、马头墙、砖木石雕和依山傍水的景致都能看得到。

牌坊：歙县古牌坊留存最多，被誉为"中国牌坊之乡"，其中棠樾牌坊群规模宏大，是其中的代表。

祠堂：在古徽州，家族观念相当深刻，往往一个村落只生活着一个姓的族人，各个族姓为强化宗族的认同感和凝聚力，大兴土木，修建祠堂。如今在歙县的每一个村落几乎都可以看到祠堂，如北岸村的吴氏宗祠、呈坎村的宝纶阁、昌溪村的吴氏宗祠、叶村的洪氏祠堂以及棠樾村的鲍氏支祠等。

徽州三雕之**木雕**

用于旧时建筑物和家庭用具上的装饰，遍及城乡，其分布之广在全国屈指可数。宅院内的屏风、窗楹、栏柱，日常使用的床、桌、椅、案和文房用具上均可一睹风采，几乎是无村不有。

徽州三雕之**石雕**

主要用于牌坊、门墙、廊柱等处装饰，属浮雕与圆雕艺术，享誉甚高。

喜鹊登梅是中国传统吉祥图案之一，梅花是春天的使者，喜鹊是好运与福气的象征。

徽州三雕之**砖雕**

在徽州盛产质地坚细的青灰砖上精致的雕镂而形成的建筑装饰，广泛用于徽派风格的门楼、门套、门楣、屋檐、屋顶、屋瓴等处，使建筑物显得典雅、庄重。

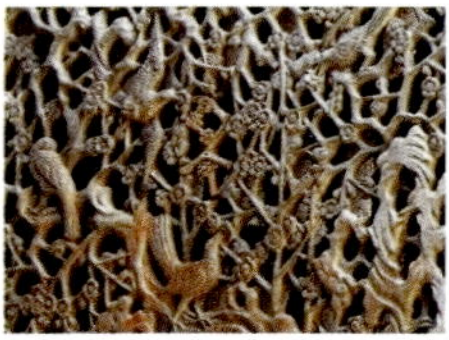

安徽天籁

《摘石榴》：是流传于安徽五河县的汉族民歌，描写了一对青年男女不满父母包办婚姻，追求自由恋爱，追求美好生活的故事。

《八月桂花遍地开》：依据大别山的小调“八段锦”填词而来，是一首在中国大地广为流传的革命歌曲，至今传唱，影响了几代人。

《凤阳花鼓》：是由邓丽君翻唱的一首歌曲，是一首民间小调，曲调婉转动听，节奏明快，旋律优美 。

《女驸马》：黄梅戏的代表作之一，讲述了襄阳道台之女冯素贞冒死救夫，经历了种种曲折，终于如愿以偿，成就了美满姻缘的故事。

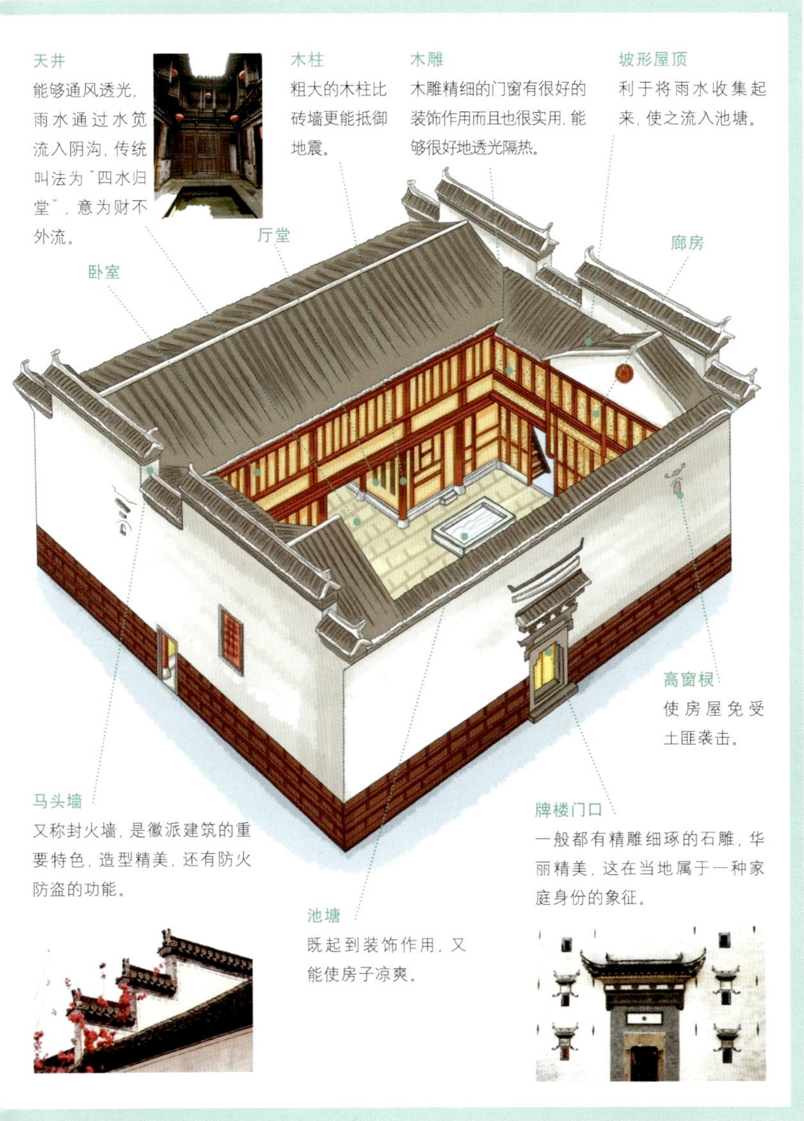

歙砚

歙砚生产始于唐开元年间，石质坚韧，湿润莹洁，纹理缜密。歙砚在雕刻上具有徽派石雕风格，其图案多取黄山胜境、新安风光、小桥流水、名人逸事等，历来被文人墨客视为珍宝。

传唱四海的徽剧

历史上，徽州曾是中国戏曲艺术的一个重要流传地，诞生于这里的徽剧是一种重要的汉族地方戏曲，主要流行于古徽州府（歙县、黟县、休宁、婺源、绩溪、祁门）和安庆市一带，对中国戏曲文化的发展产生过重要影响。

黄梅戏

黄梅戏旧称黄梅调或采茶戏，是中国五大戏曲剧种之一。黄梅戏的起源大约可以追溯到清朝乾隆年间，在近代才形成一个完整的剧种，它吸收了汉剧、楚剧、高腔、采茶戏、京剧等众多戏剧艺术的精华。黄梅戏用安庆语言念唱，唱腔委婉清新，以明快抒情见长，具有丰富的表现力，其表演质朴细致，以真实活泼而著称。黄梅戏来自民间，雅俗共赏、怡情悦性，以浓郁的生活气息和清新的乡土风味感染着观众。

主要唱腔

有花腔、彩腔、主调三大腔系。花腔以演小戏为主，曲调优美欢快，具有浓厚的生活气息；彩腔曲调欢畅，曾在花腔小戏中广泛使用；主调是正本大戏常用的唱腔，有平词、火攻、二行、三行之分，其中平词是最主要的唱腔，曲调严肃庄重，优美大方。

经典曲目

有"大戏三十六本，小戏七十二折"的说法。大戏主要表现的是当时人民对阶级压迫、贫富悬殊的现实不满和对自由美好生活的向往，如《荞麦记》《告粮官》等；小戏则大都表现农村劳动者的生活片段，如《点大麦》《纺棉纱》《卖斗箩》等。

黄梅戏经典曲目主要有《天仙配》《女驸马》《玉堂春》《夫妻观灯》《打猪草》《牛郎织女》等。

其中名剧《天仙配》讲述的是一个古代汉族神话爱情故事，在中国流传甚广。

名家大师

黄梅戏的名家大师主要有严凤英、王少舫、韩再芬、马兰、张云风、潘璟琍等，其中严凤英是杰出的黄梅戏表演艺术家，其塑造的"七仙女"形象深入人心，成为永恒经典。

伴奏乐器

黄梅戏伴奏乐器最初只有大锣、小锣、扁形圆鼓三种，即所谓"三打七唱"。抗日战争时期，曾尝试用京胡托腔；后又试用二胡伴奏，但都未能推广。

到新中国成立初期，黄梅戏才逐渐确定用高胡作主要伴奏乐器，并逐步建立起以民族乐器为主、西洋乐器为辅的混合乐队形式，以增强音乐表现力。

徽剧

徽剧约在明代中叶以后形成于安徽徽州、太平（今歙县）、青阳、石台一带。当时著名的声腔如余姚腔、青阳腔已在这一带流行，统称“徽池雅调”，这也是徽剧的渊源。徽剧在安徽兴起之后，逐渐向外流传，成为京剧、湘剧、滇剧，桂剧等地方剧种的重要来源。

在安徽省内，徽剧又有江南、江北、徽州等各具特色的流派。江南徽剧以唱功见长，声调纯朴浑厚，韵味足；江北徽剧以武功见长，有些筋斗、档子，为其他剧种所少见。徽州的徽班，除正规大班外，还有半职业的“鬼火班”，徽班表演较其他徽剧更细腻，唱做并重。

徽剧的传统剧目很多，具有代表性的有《水淹七军》《义虎报》《齐王点马》《巧姻缘》《借靴》《龙凤扇》《三挡》《醉打三门》等。徽剧的唱腔多姿多彩，既有高雅的高腔、昆腔，优美的昆弋腔，活泼的吹腔，潇洒的四平，又有悲怆、激越的拨子，节奏明快的西皮、二黄，富有乡土气息的花腔小调等。

十 山珍野味，尽在徽菜

徽菜为中国八大菜系之一，起源于黄山歙县一带，绩溪的徽帮厨师将它发扬光大。徽菜以烹制山珍野味、讲究食补而著称，已

中国五大戏曲

京剧（北京）
越剧（浙江和上海）
黄梅戏（安徽）
评剧（河北唐山）
豫剧（河南）

安徽四大优秀剧种

黄梅戏（安徽安庆）
徽剧（安徽黄山）
庐剧（安徽合肥）
泗州戏（安徽宿州）

《天仙配》歌词

树上的鸟儿成双对
绿水青山带笑颜
从今再不受那奴役苦
夫妻双双把家还
你耕田来我织布
我挑水来你浇园
寒窑虽破能避风雨
夫妻恩爱苦也甜
你我好比鸳鸯鸟
比翼双飞在人间

严凤英档案

姓　名：原名严鸿六，艺名凤英
性　别：女
出生地：安徽桐城罗岭
　　　　今属安庆市宜秀区罗岭镇黄梅村
生卒年：1930—1968年
评　价：黄梅戏杰出的表演艺术家
　　　　黄梅戏传承发展重要的开拓者

徽菜麻辣小龙虾

有千年历史。

徽菜的形成与江南古徽州独特的地理环境、人文环境、饮食习俗密切相关。绿树成荫、气候宜人的徽州自然环境，为徽菜提供了取之不尽，用之不竭的徽菜原料。同时徽州名目繁多的风俗礼仪、时节活动，也有力地促进了徽菜的形成和发展。在绩溪县的民间宴席中，县城有六大盘，岭北有吃四盘、一品锅，岭南有九碗六、十碗八等习俗。

徽菜在烹饪时，一是选料严格，刀功细致、讲究火候、佐料恰当，以做到"酸甜苦辣咸，五味调和，色香形味器，五感俱生"；二是烹调技术精湛，主要采用炝拌、爆炒、蒸煮、炖闷、烧烤、杂烩等方法，善于刀刻、装饰、配色；三是将美味与保健结合起来，传统徽菜一般都以《本草纲目》为依据，创造出多种名菜，以补气补身。

徽式鳜鱼

徽菜在制作时善于发挥原料本身的滋味，即保持原汁原味，常用火腿佐料，冰糖提鲜，料酒除腥提香。同时，徽州地处皖南山区，山高背阴，溪水清澈，山珍野味十分丰富，因而徽菜品种繁多，沙地马蹄鳖、雪天牛尾狸、问政山笋、臭鳜鱼、凤炖牡丹等，都是徽菜中的佼佼者。

桐城派的发源地

桐城派是诞生于安庆桐城一带的学派，是我国清代文坛上最大的散文流派，以其文统的源远流长、文论的博大精深、著述的丰厚清正而闻名，在中国古代文学史上占有显赫地位。戴名世、方苞、刘大櫆、姚鼐被尊为桐城派"四祖"，其影响延及近代。

桐城派于清初崛起，桐城派古文创始于方苞。针对清初文坛重道轻文、无病呻吟的不良风气，方苞以复古为革新，倡导"古文义法"的理论原则，并把"雅洁"作为品评文章优劣的标准。方苞在理论上和创作实践上所奉行的义法说，是桐城派文论的基石。

刘大櫆是上承方苞、下开姚鼐的关键人物。在散文理论上，他提出了"神气说"，侧重于对古文自身规律和审美特质的理论探

讨。桐城派进入鼎盛时期的代表人物是姚鼐，他融会方、刘，以古文理论为中心，沟通诗歌、辞赋等文学样式以及时文，建立起相当完整的理论体系，他也因此被公认为桐城派的集大成者。

19世纪末，桐城派进入演变时期，以曾国藩为核心，形成桐城派的变体“湘乡派”作家集团，他们在一定程度上补救了桐城派古文柔弱的流弊，并紧密联系时政，写出了不少改良变法方面的文章。1911年，辛亥革命爆发，新文化运动兴起，胡适、陈独秀、钱玄同等先后向古老的桐城派发起进攻，桐城派也逐步结束了清代文坛两百余年的辉煌。

徽州茶文化

徽州植茶始于南朝，茶文化源远流长，这里优质的茶叶加上精湛的采制工艺，使得徽州成为茶文化的荟萃之地，茶文化也成为博大精深的徽州文化的一个重要组成部分。

安徽省位于长江中下游，西南部是绵延千里的大别山山脉，东南部是此起彼伏的皖南山脉，长江从中间缓缓而过，独特的地理环境加上适宜的气候条件，使得安徽自古就是个产茶大省，中国十大名茶中安徽独占四席，黄山毛峰、祁门红茶、太平猴魁和六安瓜片均为茶中上品。

徽州茶文化涉及茶道、茶文艺、茶礼俗、茶饮习、茶建筑等与茶相关的文化活动，徽州人饮茶十分讲究，甚至要追究到茶叶产于哪个地方、哪座山头、哪片茶园。徽州茶道大致分为静气、烹汤、焚香、涤器、烫盏、赏茶、投茶、洗茶、注汤、闻香、观色、品味等十几个阶段，以求汤清、气清、心清，境雅、器雅、人雅。

安徽的文化景观

国家级非物质文化遗产

民间文学：桐城歌、孔雀东南飞传说、老子传说

民间音乐：当涂民歌、巢湖民歌、五河民歌、大别山民歌、徽州民歌、齐云山道场音乐、凤阳民歌

传统舞蹈：花鼓灯、东至花灯舞、火老虎、祁门傩舞、无为鱼灯舞

曲艺：凤阳花鼓、渔鼓道情

杂技与竞技：埇桥马戏、华佗五禽戏

传统手工技艺：芜湖铁画锻制技艺、万安罗盘制作技艺、宣纸制作技艺、界首彩陶烧制技艺、徽墨制作技艺、砚制作技艺、徽州漆器髹饰技艺、纸笺加工技艺、宣笔制作技艺、黄山毛峰绿茶制作技艺、太平猴魁绿茶制作技艺、六安瓜片绿茶制作技艺、祁门红茶制作技艺、徽派传统民居营造技艺、桑皮纸制作技艺、豆腐传统制作技艺

民俗：洋蛇灯会、肘阁抬阁、界首书会、程大位珠算法、九华山庙会

传统医药：张一帖内科疗法

传统戏剧：青阳腔、徽剧、庐剧、黄梅戏、泗州戏、徽州目连戏、岳西高腔、池州傩戏、坠子戏、文南词、花鼓戏、二夹弦、嗨子戏、淮北梆子戏

传统美术：徽州三雕、徽派盆景技艺、阜阳剪纸、望江挑花、舒席竹编、黄岗柳编、霍邱柳编、刻铜（杜氏刻铜）

行走安徽

带什么

徒步者

来安徽旅游，要想把著名景点全部游览完，需要一定的时间。但好在安徽商业比较繁华，大部分东西都可在各地超市、商店买到。在行李选择上，只需携带一些必要衣物，即可轻装上阵。

常规必带

服装、鞋袜

安徽多数地区气候四季分明，冬寒夏热，日温差较大，衣物选择上可以根据出行的季节携带，一般春秋服装即可。但若是前往黄山等高山地区，最好携带一些保暖衣物。

鞋子方面一双舒适的运动鞋即可，无须太多考虑。袜子选择弹性较好、排汗良好的棉袜即可。

药品、食品

常规旅游准备一些感冒药品、胃肠类药品和一些去热止痛的药品就可以了，如：感冒片剂、感冒冲剂、泻痢停、复方阿司匹林、扑尔敏、抗生素。

安徽美食很多，路上只需简单携带一些喜欢的食品即可，

黄山

纯净水、饮料视消耗情况，可在路上随时补充储量。

洗漱用品

毛巾、牙膏、牙刷、香皂、护肤霜、洗发水、梳子、剃须刀、手纸、湿纸巾等。

特殊选带

防晒霜、太阳镜、帽子

安徽夏季炎热，选择此时出行携带一些防晒霜可以削弱紫外线的影响，一副好的太阳镜和一顶带有边沿的帽子也起着相同的作用。

旅行水壶

随身带个水壶对于饮水来说十分方便。

摄影器材

前往多姿多彩的安徽，相机是一件必不可少的装备。普通旅游需求下，家用卡片机基本满足需要。若是想拍摄高质量的自然美景和当地风土人情，镜头中带上一支广角镜头和一支中焦变焦镜头基本满足需要，一支轻便的三脚架也十分有必要。多带几颗电池和几张容量大点的SD卡是明智之选，此外的偏振镜、UV镜、清洁套装、防尘防御塑料袋等设备也十分有用。

户外旅行必备

何时去

冬季黄山

安徽省处于亚热带向暖温带交替的过渡地带，气候温和湿润，四季分明。一年四季来到安徽都能看到不同的景色，因此四季都可以来旅游观光。

夏季，可到黄山登山避暑。春秋季，可赏九华旖旎风光、览九华经典奇观。九华山云雾迷漫，山峦时隐时现，犹如蓬莱仙境。

冬季，也可选择到黄山游览，黄山的冬季被游客誉为最美的景致。黄山的冬季比较长，每年最早10月下旬左右就会飘雪，12月至翌年2月为最旺雪期，也是冬游的最佳季节，看玉树琼枝，听空谷松涛云海。但仍需注意天气情况，天都峰、白云溪这时会封山。

▼ 安徽旅游月历

月份	节日
1月	合肥动漫嘉年华
2月	琅琊山庙会 粑粑会 大通鱼龙灯会
3月	合肥桃花节 龙头节
4月	中国（铜陵）青铜文化博览会 巢湖牡丹观赏节 合肥春色滨湖旅游节 六安茶文化旅游节 黄山国际山地车节 九华山佛诞节
5月	中国大别山（六安）山水文化旅游节 怀远花鼓灯艺术节 管子文化旅游节
6月	海阳五猖庙会
7月	淮南国际少儿艺术节
8月	九华山庙会 大圩葡萄节
9月	中国豆腐文化节 阜阳火把节 合肥三国文化节
10月	中国（铜陵）青铜文化博览会 中国李白诗歌节 文房四宝文化旅游节 歙县亮船会
11月	黄山国际旅游节暨徽文化节 中国黄山黟县乡村旅游摄影节 九华山地藏法会 黄梅戏艺术节 安徽民俗文化节

吃什么

臭鳜鱼

安徽的传统美食是徽菜，为中国著名的八大菜系之一。旅游者到此，一定要将地道的安徽美味好好品尝一番。

火腿炖甲鱼

以徽州山区特有的“沙地马蹄鳖”为主料，火腿及火腿骨等为佐料。菜成后汤色清醇，肉烂香浓，裙边滑润，无腥味。

黄山炖鸽

以鸽子为主料，佐以黄山特产山药，置砂锅中用炭火炖成。其汤色清白，鸽肉酥烂，山药鲜香。

清蒸石鸡

以山涧石鸡为主料，佐以香菇。成菜汤清见底，肉嫩味鲜，原汁原味不散，香郁诱人。

腌鲜鳜鱼

徽州著名的传统风味，以淡盐水腌制的鲜鳜鱼为主料，佐以猪五花肉、山笋等。菜成后，鱼肉嫩白鲜美。

问政山笋

择著名的歙县问政山竹笋煮后，浇以麻油等佐料制成。笋色玉白，清香脆嫩，鲜甜微酸。

虎皮毛豆腐

徽州特色风味菜肴，以屯溪、休宁一带特产毛豆腐为主料，配以辣椒酱等佐料烧成。鲜醇爽口，芳香诱人，有开胃作用。

杨梅丸子

以肉、蛋和杨梅汁制成，呈玫瑰红色，入口香甜带酸，形、味皆如真杨梅，是徽州的民间菜。

凤炖牡丹

用整鸡为主料，猪肚切成牡丹花形状，火腿片作花蕊，用木炭火细炖。造型美观，汤浓如乳，是体现徽州山乡特色的一道名菜。

双脆锅巴

以猪肚头和鸭肫为主料，调以香菇、火腿，浇鸡汤在油炸锅巴上，锅巴酥中透香，格外鲜美，传说乾隆皇帝下江南品尝双脆锅巴后赞不绝口。

徽州圆子

以生、熟猪肉和炒米、鸡蛋等为主料，配以蜜枣、青梅等，炸成金黄色圆子，浇以汤料。外观金黄，表皮酥脆，馅心味甜，是徽州传统风味菜。

住哪儿

宏村树人堂客栈

安徽的旅游业十分发达，住宿选择相对来说也十分广泛，像合肥、芜湖等城市，无论是青年旅舍、客栈，还是宾馆、酒店，都随处可见，十分便利；若是前往一些清幽偏远的县城及城镇，也有一定数量的小宾馆方便入住。

星级酒店

安徽的星级酒店数量较多，主要分布在合肥、芜湖及省内各热门旅游景点附近。安徽星级酒店的服务设施十分完善，游客可根据需求，放心选择入住。

快捷连锁酒店

如家、汉庭等连锁酒店在安徽绝大多数的地级市区均有分布，各处著名的景点附近也有分布。需注意的是，若是遇上节假日，往往需要提前预订。

普通宾馆

安徽的宾馆遍布全省各个城市，各种类型的都有，服务也十分周到，可以满足各类游客的需求。除去旅游旺季，价格一般都比较实惠。

青年旅舍

安徽作为热门的旅游目的地，吸引了众多的背包青年踏上这片乐土。同样，安徽也不忘青年们的厚爱，为他们提供了众多的青年旅舍，价格低廉的普通床位足以满足探奇为主的青年们的需求，而且还提供做饭、洗衣等设施。具体可参见青年旅舍的中国官网：www.yhachina.com。

野外露营

酷爱户外旅行的游客也能够在安徽找到大量的露营之地。优美的自然风光和丰富的人文风情，一定让你流连忘返。一般情况下，只需携带适合春秋季的野外露营帐篷、睡袋和衣物即可。

滁州度假服务中心

怎么走

安徽铁路

前往安徽的交通方式有多种，方式也较为简单。在安徽省内旅行时，所选择的交通方式不同，也可以领略到别样的安徽风貌，带给我们的人生体验与感受也大不相同。

在安徽坐火车旅行是最为经济安全的选择，虽然“火车没有汽车快”，但也绝不比汽车慢，安徽的铁路交通还是比较便利的。

合肥新桥国际机场、池州九华山旅游机场、安庆天柱山机场、黄山机场是安徽目前最主要的几个机场，游客可根据旅游目的地做出最佳选择。

安徽省内的公路交通也较为发达，因此乘坐汽车或自驾在安徽旅游，也颇为便利，游客可根据实际情况做选择。

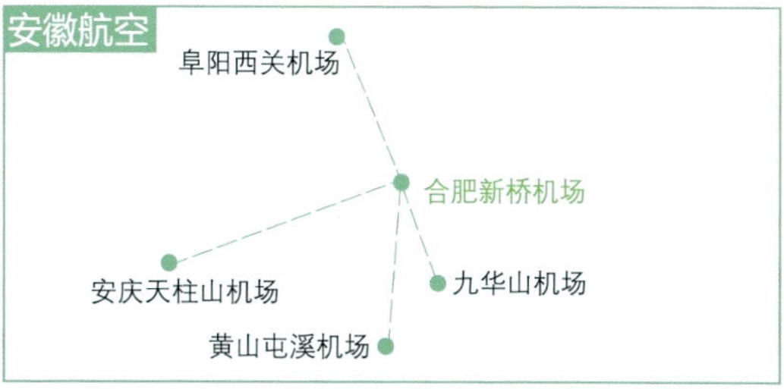

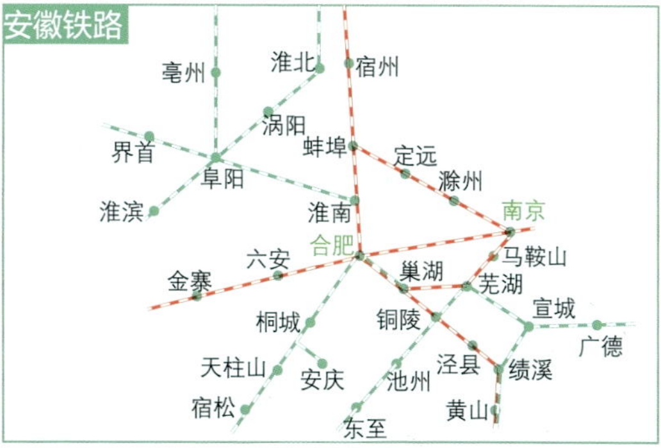

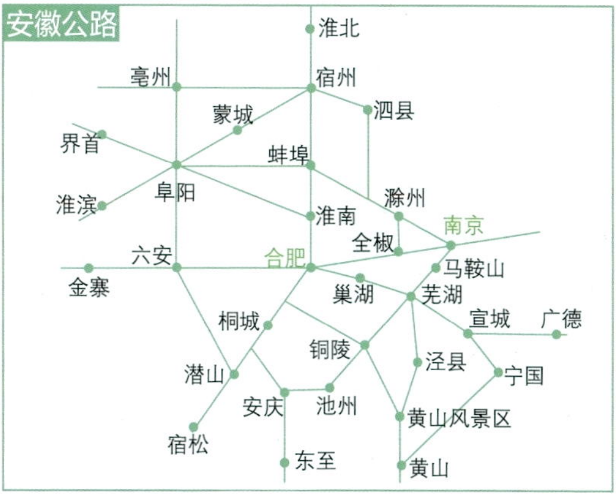

有用信息

旅游通信

通信

安徽全境基本都通手机，信号覆盖全面广泛，从信号强度上来说，三家运营商的信号均表现良好，偏远地区则是移动最强，电信次之，联通最弱。一般除非进入深山老林之中，否则无须担心通信问题。

银行

安徽的众多城市商业银行设施齐备，一般持具有银联标识的银行卡即可使用。但在小城镇，多是农业银行、邮政储蓄及农村信用合作社等机构，若是持有农行银联卡或是邮政绿卡前往，则较为便利。

节约技巧

1.选择入住品牌连锁酒店时，除了订房网站外，不妨到团购网站和酒店官网看看，往往有更多惊喜。此外，数量众多的客栈及青年旅舍往往是比较实惠的选择。

2.要善于利用淘宝、大众点评及各种团购APP应用，不仅能吃到美味，还能得到众多优惠。

3.合理安排行程，不仅可节省时间，又能减少交通费用，可参考第一步等网站的行程攻略。

4.在城市内，尽量选择公共交通。前往较为偏远的地区时可拼车同行。

屯溪老街

5.淡季出行是省钱的撒手锏。淡季不仅门票价格减半，还可避开众多的游人，欣赏到别样的风光。

6.在安徽购买旅行纪念品，大可不必非去商业街区的各种店铺。在当地人开的店铺或是从村民手中，不仅能买到理想的纪念品，而且对当地人的生活有实际的帮助。

突发状况

旅途中总是会出现一些不期待发生的情况，但只要做到“事前认真准备，事后冷静处理”，一切都会迎刃而解的。

汽车抛锚：开车自驾游之前应当掌握一些简单基本的维修技术，若是途中出现汽车抛锚，先依据经验，判断是否可以自己解决。不能解决或无法判断，则要打电话给保险公司，寻求帮助，或拨打114查询最近的修理厂。

钱物丢失：在旅途中是一件十分重要的事，无论损失大小，总会给美好的旅行蒙上一层阴影。为避免财务损失，应以预防为主。最好做到少携带现金，把现金放到贴身衣物中，只把零钱放在包里，银行卡不要与身份证放在一起。若是钱物丢失，马上联系可以联系的朋友求助，切不可拖拉，并准确找到丢失地点，对相关人员进行考察以期获得合适的数据资料。

水土不服、食物中毒或生病：因为水土不服、食物不洁或者天气因素，生病也是会发生的事情，特别是一个人的话，更是需要时刻注意。因此，旅途中应带足相关药品（如感冒类、胃肠类药品等），不随便吃东西、避免在太阳下暴晒、雨里蹚行等。不幸生病的话，要及时吃药或到医院就诊，若是严重的话要联系朋友及家人。

请爱护多彩的安徽

安徽自然风光优美，我们前往安徽获得了旅行带来的快乐，也有义务承担带去的影响。每个人都应做到不随便破坏或是占有当地的各类资源，旅途中尽量减少垃圾的产生，更不能乱丢垃圾，尤其是在名胜古迹和偏远地区，应将其带回城市中，进行回收处理。缤纷多彩的安徽值得我们每个人的爱护。

皖南油菜梯田

发现者旅行指南

合肥

概览

亮点

包公文化园

为纪念北宋著名清官包拯而建，是合肥环城公园中的重要一景，景区庄严肃穆，环境优美，湖面波光涟漪，两岸垂柳婆娑，是人们拜谒先贤、探春游园的好去处。

三河古镇

一座别有韵味的庐南水乡古镇，有着2500年历史，是著名的古战场。三河土菜历来为游客称赞，三河更是闻名遐迩的酿酒之乡，有“鹊渚十里闻酒香，三河美酒醉英王”的美谈。

巢湖

我国五大淡水湖之一，湖光、奇花、温泉、溶洞，被誉为“巢湖四绝”。方圆800里，惊涛拥雪，烟波浩渺，湖蟹、银鱼、虾米、珍珠是这里著名的“水上四珍”。

紫蓬山

庐阳第一名山，尤以怪石、奇树、碧水、珍禽为四大特色，构成了庐阳一幅得天独厚的立体风景画卷。紫蓬山巅西庐寺为皖中名刹，佛事鼎盛。

必逛街道

淮河路步行街：是合肥历史上有名的商业街，也是人文荟萃的老街，围绕原来的李府以及明教寺，渐渐形成融购物、饮食、休闲、娱乐、旅游为一体的商业步行街。被人们称为“合肥的王府井”，是游客来合肥的必去之地。

中隐于市：位于合肥曙光北路55号，堪称合肥首席城市怀旧人文休闲街区。兼具时尚品位与文化创意，是都市潮人、文艺青年必去之地。

线路

合肥经典三日游

第一天在市区游玩，上午游览包公园，中午逛淮河路步行街，寻觅街头美味，下午参观街上的李鸿章故居，再到位于故居附近的明教寺上一炷香，有时间可去徽园，晚上在明珠广场附近的欧洲风情街用餐。第二天坐车前往三河古镇游玩，第三天游览巢湖风景区。

合肥山水两日游

第一天上午前往紫蓬山看群峦叠嶂，下午前往巢湖看烟波浩渺，第二天游玩三

三河古镇

河古镇，品尝三河美食，体味水乡情怀。

合肥蜀山区一日游

上午攀登大蜀山，中午亲自动手在植物园吃烧烤，下午乘车前往参观安徽博物院，晚上游天鹅湖，或者去万达广场的金街寻觅各色美食。

为何去

合肥位于长江、淮河之间、巢湖之滨，襟江拥湖，首批三座中国国家园林城市之一，自然景色锦绣多姿，文化古迹甚多，素有“三国故地，包公家乡”之誉。三河古镇历史悠久，为众多南来北往的游客所青睐。

包公祠

何时去

合肥四季分明，冬寒夏热，春秋两季温度适宜。4月份，巢湖银屏山的牡丹花开放，是这里每年开春的一大盛事。1、2月份到合肥周边泡温泉是最惬意的事。

逍遥津秋景

合肥旅游示意图

区域解读

区号：0551

面积：约11 445km²

人口：约796.5万人

地理 GEOGRAPHY

区划

合肥下辖4个区（庐阳区、瑶海区、蜀山区、包河区）、4个县（肥东县、肥西县、长丰县、庐江县）、1个市（巢湖市）。

地形

合肥市位于长江淮河之间，地处江淮丘陵，江淮分水岭横贯东西，形成较低缓的鱼背状地带。合肥整体地形呈西南、东南和北面高，中南部低缓的特征，市境东南的巢湖是中国五大淡水湖之一。合肥西南有大别山余脉紫蓬山，东北是江淮分水岭，东临巢湖。淝水穿城，有“城在园中，园在城中”的独特城市风貌，自然胜景多处。

气候

合肥全年气温冬寒夏热，春秋温和，属于暖温带向亚热带的过渡带气候类型，为亚热带湿润季风气候。气候特点表现为：四季分明、气候温和、雨量适中、春温多变、秋高气爽、梅雨显著、夏雨集中。春天常时晴时雨，乍暖乍寒，复杂多变。夏季最长，天气炎热，雨量集中，降水强度大，雨量主要集中在5—6月的梅雨季节。秋季气温下降快，晴好天气多。冬季天气较寒冷，雨雪天气少，晴朗天气多。

历史 HISTORY

历史大事记

●古代

秦汉之交，合肥正式建立“合肥县”，属九江郡管辖。

三国时期，合肥是军事重镇，被曹操看中，魏、吴长达三十余年的争夺，发动了十余次战役，建安二十年（215），魏将张辽大败孙权十万大军的逍遥津大战便发生在这里。

明清时期，合肥一直称作庐州。1853—1862年，合肥成为安徽临时省会。1912年改回合肥县。1945年抗战结束，合肥再次被定为安徽省省会。

●近现代

清咸丰八年（1858），湘军悍将、浙江布政使李续宾，率马步兵六千余人进攻三河，太平军陈玉成、李秀成、捻军张乐行率部增援，与清军激战数日，湘军6000余人几乎全数被歼，李续宾自缢，曾国华（曾国藩之弟）等400多名将领被斩，史称“三河

大捷”。

1949年1月21日，合肥解放，同年2月合肥建市。其后，安徽省政府从安庆移至合肥，合肥成为安徽省省会城市。

1972年，中国科学技术大学遵从中央“战备疏散”指令，由首都北京南迁至合肥市。中科大南迁，带动了合肥市科学技术产业的迅猛发展，合肥亦逐渐成为国内著名的科教之城。

2011年8月22日，受国务院批准，安徽省撤销地级巢湖市，新设立的县级巢湖市由合肥市代管，原巢湖市下辖的庐江县划归合肥市管辖。

张辽威震逍遥津

赤壁之战，孙、刘联军大败曹军，从此，各方进入对峙阶段。曹操只好暂且放弃统一江东，派大将张辽等在合肥屯兵息军养士。建安二十年（215）八月，吴主孙权乘曹操西征之际亲自率兵十万进攻合肥。而此时合肥城内仅有张辽、李典、乐进及薛悌等率7000余人驻守。

张辽连夜招募死士800人于次日凌晨攻入敌营。吴军毫无准备，张辽连续击杀数十人，并斩杀了东吴的陈武等两员大将，直逼东吴主公孙权帐下。之后，李典带人接应，双方一直大战到中午，东吴这边伤亡惨重，士气大挫。

孙权吃了败仗心有不甘，于是围城强攻，打了十多天还是没能将城池攻下来，只好撤兵。行至逍遥津桥时，不料南段的桥板被张辽的部下拆掉了三米多长，孙权过不去。还是孙权的部将谷利急中生智，一面叫孙权“持鞍缓控”，一面在孙权马后打了一鞭，那马一跃而起．跳过了桥，孙权才幸免于难。

此战史称“张辽威震逍遥津”，是三国时期魏军创下的一个以少胜多的著名战例，这也是张辽一生中最辉煌的战绩之一。

三河大捷

太平军1853年进驻三河，将它作为太平军供给天京的粮仓，以及守御庐州的据点，一直被清廷视为心腹大患。

1858年，“先清皖北，再图皖南”，一个月时间，湘军第一悍将李续宾连克安徽太湖、潜山、桐城、舒城四县市，打算乘胜追击。11月3日，六千湘军屯兵三河镇外，此时李续宾手上的兵力仅剩6000人，须速战速决。

湘军在抵达三河镇的当天，就发起了进攻，一连数天，城内守军倚仗三河的坚墙和工事，抵住了湘军的攻势。直到陈玉成、李秀成的援军赶到，号称十万之众，此战太平军大获全胜，李续宾阵亡，湘军元气大伤。随后接太平军逐一攻克了舒城、桐城、潜山。太平军将领陈玉成、李秀成不久后被封为“英王”和“忠王”，成为太平天国后期的中流砥柱。

文化 CULTURE

庐剧

庐剧是与徽剧、黄梅戏、泗州戏并列的安徽四大优秀剧种之一。又称“小倒戏”，是安徽省著名地方剧种，已有近200年历史。庐剧是在皖西大别山一带的山歌、合肥门歌、巢湖民歌、淮河一带的花灯歌舞的基础上吸收锣鼓书、端公戏、嗨子戏的唱腔发展而成的，因其创作、演出中心在皖中一带，古属庐州管辖，故最后定名为庐剧。2006年，作为合肥人的本土艺术，庐剧入选首批国家非物质文化遗产保护名录。

庐剧的表演乡土气息较浓，特别是花腔小戏，唱腔来自民歌，边歌边舞，生动活泼。庐剧的传统剧目，可分为花腔小戏、折戏和本戏（包括连台本戏）三类。

花腔小戏以反映劳动人民生活情趣和爱情为主要内容，也有一些讽刺喜剧和闹剧，如《卖线纱》《放鹦哥》等。此外还有部分反映清末人民斗争生活临时编演的剧目，如揭露鸦片鬼丑态的《打烟灯》，反映农民投奔太平军的《下广东》等。

折戏多为本戏中抽出的“戏胆”（具有独立性的精彩部分），如《张四姐闹东京》中的《捣松》，《梁祝》中的《闯帘》。

本戏以家庭悲欢离合、爱情、公案为主要内容，除本剧种独有的《柴斧记》《手巾记》等外，大都移植改编明清传奇、鼓词和其他剧种的剧目，如《彩楼配》《孟姜女》等。

庐剧剧种的主要演出团体是合肥庐剧团，该剧团成立四十八年来，整理创作和演出现代戏147台，古装戏138台，代表剧目《双锁柜》《情仇》（“半把剪刀”改编）拍摄成电视剧，由中央、上海、安徽电视台对全国播放，《借罗衣》拍成电影艺术片在全国放映。

庐剧

景点推荐

合肥城区景点

明教寺

旧日曹操点将台

合肥市淮河路步行街44号

乘坐2、15、801路公交车至逍遥津站下车后步行可达

10元　0551-62656284

明教寺坐落于教弩台故址，又称曹操点将台。史载，三国鼎立时期，魏主曹操四次到达合肥，临阵指挥，筑此高台教练强弩兵将，以御东吴水军，迄今为止已有1700多年历史。

寺始建于南朝梁时，至隋末，寺院荒废。唐大历年间于废墟中挖得丈八高铁佛一尊，庐州刺史裴绢奏闻朝廷，代宗皇帝李豫诏令重建寺庙，定名“明教院”。明代以后，称“明教寺”，沿用至今。相传古教弩台上，昔日松树成荫，松涛有声，寺僧建阁，取名“听松”，于是得“教弩松荫”之誉，被称为庐阳八景之一。

李鸿章故居 AAAA

合肥规模最大的名人故居

合肥市淮河路步行街中段208号

乘坐B1、4路等在市府广场站下车步行可达

20元　0551-62616772

李鸿章故居是晚清军政大臣李鸿章的家宅，是典型的晚清建筑风格，前后共五进，是合肥市仅存的规模最大的名人故居。故居当年规模很大，李鸿章兄弟六人，他排行第二，其余五人也身居高位，在当时非常显赫。他们聚族而居，深宅大院可以覆盖淮河路中段的半条街，时称“李府半条街”。如

今大家所看到的是改革开放后政府在原地修复重建的模样，规模还不及原来的十二分之一。

李鸿章享堂

李氏后人祭祀李鸿章所建墓园

合肥市合裕路415号合钢二厂西侧

乘坐6、15路公交车到李鸿章享堂站下

1902年李鸿章的灵柩从北京辗转运回合肥，1903年葬于合肥东郊的大兴集。李氏家族后人为祭祀他，在墓旁建造了规模庞大的享堂。享堂分为墓园区、享堂区和仓房区。大门前立有一座四柱三间三楼的新建石牌坊，牌坊上刻“钧衡笃祜”四个大字，这是光绪皇帝在李鸿章七十大寿时亲赐的，以示对李的器重和表彰。

玩家 攻略

享堂免费开放，并定时安排免费讲解，时间为9：30、10：30、14：30、15：30。享堂内陈列的血衣即甲午战争时李鸿章赴日谈判遇刺时所身穿的黄马褂，为复制品。

玩家 解说

李鸿章创造了诸多“中国第一”：第一家机器制造局、第一家机器织布局、第一家电报局、第一个海军基地、第一支远洋海军、第一支洋枪队洋炮队、第一家外文翻译馆、第一条铁路、第一批官派留学生，甚至连中国的第一面国旗——龙旗，也是由他创意奏请由原兵船旗改用的。

清风阁

包公园 AAAA

千年正气园，包公纪念地

合肥市芜湖路58号

乘坐地铁1号线到包公园站下

50元　0551-62885950

包公园是为纪念包公千年诞辰，在包河公园原有的基础上重新规划建设的包公文化园，简称“包公园”。主要由包公祠、包公墓、清风阁、浮庄等景点组成。全园从不同的角度，用不同的形式，展示了包公“忠、孝、清、廉”的一生。包公园不仅文化底蕴深厚，自然环境也十分优美。湖面波光涟漪，游船荡漾，两岸垂柳婆娑，佳木葱茏，是拜谒先贤、游园赏花的好去处。

包河公园清风阁

包公祠

包公祠是包拯幼年读书的地方，三面临水，莲荷盈盈，绿树掩映。包公祠为白墙青瓦构筑的封闭式三合院，正殿端坐八尺高的包公塑像，王朝、马汉、张龙、赵虎侍立两旁，并置有龙头、虎头、狗头三铡；祠东六角亭内有一“廉泉”古井，《香花墩井亭记》记载，昔日有一太守游览至此，因天气炎热，喝此井水，即头痛不止。原来这个太守是一贪官，故人们称此井水为廉泉。

玩家 解说

“宋包孝肃公遗像”是清光绪十九年（1893）一位叫徐琪的人，请工匠以包拯在开封府任职时期的一方石刻画像为蓝本雕刻而成，据说是包拯的真容。画上的包拯头戴乌纱帽，身着紫罗袍，脚蹬粉底靴，白脸长须，书生气派。因身材较矮，显得帽翅格外长。据说包拯在开封府时，经常要深入现场办案，百姓为了争看他的风采，往往把他挤得寸步难行。后来，仁宗皇帝知道这事，就赐给他一顶特制的乌纱帽，帽翅比别的官吏要长10厘米，并下令凡碰到包拯帽翅者，杀无赦。但是包拯爱民如子，不忍加害于民，所以每逢他步行办案之时，就由随从高声吆喝：圣上有令，碰到帽翅者杀。百姓听到后，便纷纷让出一条路来。

包公墓

墓园迁安着包拯及其夫人、子孙遗骨。主墓为覆斗形方墓，在其正下方的墓室内安放有包拯墓志铭和2.4米长的金丝楠木棺，棺内安放包拯遗骨（34块）。北侧是附墓区，有包拯夫人董氏及其子、媳等墓5座。

玩家 解说

包公原葬棺具即为金丝楠木，后因年代日久逐渐腐朽，为了寻找还原历史，工作人员跑遍了很多山林，终于在福建省漳州市南靖县的一个高山村里找到了。当年高山村的山林被一位老人承包，真可谓无巧不成书，这位老人也姓包，并且是包公第35代孙。老人一听是为包公找寻棺具用材，便亲自带着儿孙爬上山头，砍伐22棵金丝楠木并执意无偿捐赠，才做成了现在这副棺具，这也是包公的清廉品质在其子孙身上的延续。

清风阁

清风阁是1999年为纪念包拯诞辰1000周年而建的，为一组融纪念、展示、游览、休闲为一体的大型仿宋综合性建筑群。清风阁主体建筑高42米，明五暗四，共9层，登顶可俯视合肥城市风光及整个包公园的秀丽景色。阁内不定期会举办各剧种的包公戏曲演出以及编钟表演。

浮庄

浮庄原为包公书院，它南与包公墓、清风阁相邻，西与包公祠遥相呼应，是一组由茶楼、莲塘、亭榭、曲桥等景组成的依水而建的古典园林。它黛瓦粉墙，色彩素雅，黑白分明，具有江南园林与徽派建筑艺术特色。浮庄四周绿水潆洄，犹如浮在水面上的古代村庄，所以前国防部长张爱萍将军为它取名为“浮庄”。

逍遥津公园

三国古战场

合肥市庐阳区寿春路16号

乘坐2、106路到逍遥津站下

逍遥津公园，毗邻淮河路步行街，因“张辽威震逍遥津”的故事而闻名，古为淝水上的一处津渡。以逍遥津为主体修建的逍遥津公园呈扇形铺开，由水系自然分割为东西两部分。东园水域辽阔，草坪如毡，主要由青少年活动区、文化活动区等组成。西园境内溪流交织，地形地貌多变，主要是安静休息区。

逍遥津公园最大的特色是园内有湖，公园内的逍遥湖水面开阔，湖面面积达0.11平方千米，约占全园面积的四成，凭岸临风，只见湖面波光粼粼、湖岸花香袭人。荡舟湖上，可尽赏公园中的湖光岛色。湖中有三个岛屿，最大的一个岛上建有一座金黄色琉璃瓦双重檐亭，这就是逍遥墅，湖岸与岛有石桥相连。最小的那座岛，叫“螺”岛，还有一岛

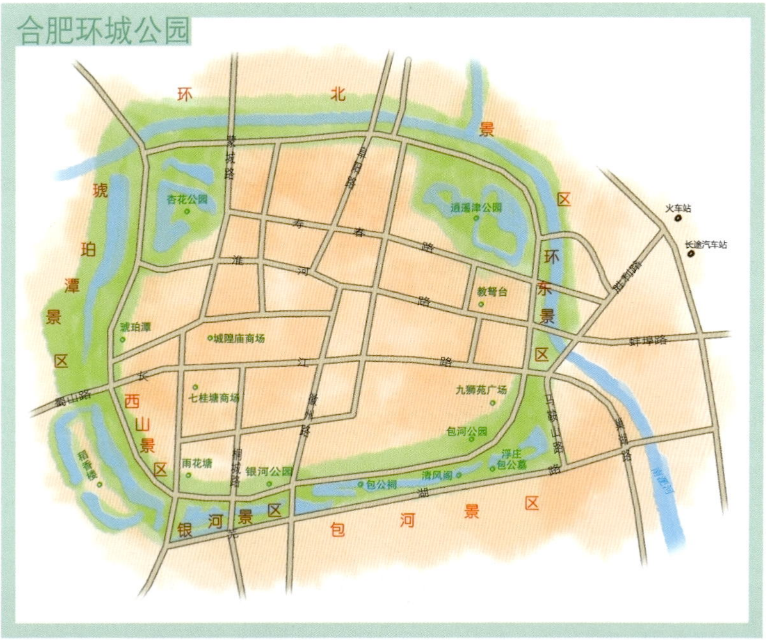

逍遥津逍遥阁

相传为张辽衣冠冢。

链接

张辽威震逍遥津

建安二十年(215)，孙权趁曹操用兵汉中之机，亲率大军直扑合肥。此战东吴精锐尽出，十万大军竟被张辽的七千守军所破，连孙权本人也差点被曹军所俘，幸赖凌统、甘宁、吕蒙等人奋力死战，才得以脱身。合肥逍遥津一役，是张辽毕生最得意之战，演义说“这一阵杀得江南人人害怕，闻张辽大名，小儿也不敢夜啼”。

杏花公园

环城公园一景

合肥市庐阳区淮河西路482号

乘坐2、30路到杏花公园站下

杏花公园位于老城区西北隅，为环城公园的田园风景点。因清代中堂李鸿章之侄孙李国栋为游憩在此建亭台两处，并在四周广植杏树，春杏花开，芳菲烂漫，景色宜人，故这一带统称为杏花村。

园内主干道随园就势，次干道曲径通幽，“养怡亭”“揖秀亭”“悠悠亭”古色古香，西区“欢乐岛”新颖别致，有很多大型娱乐设施，包括摩天轮等，假山小桥巧夺天工，露天舞台堪称一流，鸽舍鸽场嬉戏逗人。特有的近3万平方米的中心大草坪，同240平方米的露天大舞台完美地组合在一起，是合肥市重大节庆活动的主会场之一。

玩家解说

1980年合肥始建环城公园，它抱旧城于怀，融新城之中，绿树碧水宛如丝带，被誉为“一串镶嵌着数颗明珠的翡翠项链”，使得合肥成为中国首批国家级园林城市。东西向穿城而过的主干道长江路把环城公园分成“南环城”“北环城”两部分。南北两环巧妙利用自然地形地貌，形成西山、银河、包河、环东、环北、环西6个风格各异的环城景区。

环西、环北连接杏花公园，以杏花为主，构成春景；包河、银河以荷花为主体形成夏景，包河中还有以包公祠、包公墓、浮庄为主的风景名胜；西山岗峦起伏，枫树成林，形成秋景；环东拥三国古战场逍遥津公园，松柏连片，寒梅绕林，构成冬景。四季分明，景色宜人，也难怪合肥入选“CCTV2015年十大幸福之城”。

安徽博物院 AAAA
省级综合类博物馆

合肥市怀宁路268号 0551-63736658

安徽省博物馆成立于1956年，是当时全国四大样板馆之一，也是毛泽东参观过的唯一一座省级博物馆。安徽博物院作为安徽省博物馆的新馆，建筑造型沧桑厚重，体现了“四水归堂、五方相连”的徽派建筑风格，是安徽省唯一融自然、历史、社教为一体的省级综合类博物馆。

安徽省博物馆现藏文物近22万件套，其中以商周青铜器、楚国货币、汉画像石、文房四宝、元代金银器、新安书画、徽州雕刻和古籍善本、徽州契约文书等最为突出；楚大鼎、吴王光鉴、鄂君启金节（三件）、龙虎纹铜鼓座、金边玛瑙碗、张成造剔犀云纹漆盒被称为安徽博物院的“八大国宝”；在现代艺术品中，馆内藏有著名旅法作家潘玉良创作于20世纪30年代至70年代的作品4000余件。

安徽省博物馆

徽园 AAAA
浓缩的安徽

合肥市经济开发区繁华西路276号（欢乐岛对面）

乘坐20、226、605路等公交车徽园站下

20元

徽园是1999年为欢庆新中国建国五十周年而建设的大型安徽纪念园。全省16个地市都在园内建有自己的馆园，各地在相应的区位上均建有代表地方文化特色的标志性建筑，既相对独立成园，又与相邻园和整个园区相得益彰。游览徽园，既可了解安徽悠久的历史，又如亲临全省各个著名的风景名胜景点游览一般。

徽园大门的5根高32米的花冠状球柱，象征着建国五十周年，全国人民在党的领导下，在改革开放的浪潮中，取得丰硕成果，那5个大理石球，便是硕果累累之意。5根柱子全为玻璃铸造而成，到了晚上，球柱上的灯亮起煞是好看。

合肥科技馆
趣味科普基地

蜀山区黄山路446号 乘坐10路等公交车到合肥科技馆站下车 免费开放（穹幕电影、天象演示片、4D动感电影须购票观看） 0551-65192320

合肥科技馆是全国性科普教育基地，展品汇集了国内科普展品的精华，具有较强的科学性、趣味性、艺术性和可参与性，其中80%可由观众亲自动手操作。常设展厅内共有9个展区近400件展品，除此之外，还拥有一座天象及穹幕影院，一座4D动感影院。定时演示的“高压放电现象”是合肥科技馆的一件标志性展品，演示的电压达10万伏，演示中电闪雷鸣，气势壮观。

景点推荐

合肥郊区景点

大蜀山文化陵园

全国重点烈士纪念园

蜀山区枫林路

76路军官培训中心下车后向南800米

大蜀山文化陵园坐落在风景秀丽，林木葱郁的合肥西郊大蜀山西南麓，前身为大蜀山革命公墓，始建于1965年，2002年改建为大蜀山文化陵园，先后有新四军高级将领高敬亭、新中国空军创始人之一蒋天然，以及全国公安系统一级英模李素珍安葬于陵园；同时，这里还安葬着以著名女诗人宋亦英、作家鲁彦周等为代表的一大批安徽文化艺术科学界的杰出人士。

合肥野生动物园 AAAA

野生动物的快乐家园

合肥市蜀山区望江西路600号

乘坐48、801路野生动物园站下　¥35元

合肥野生动物园位于合肥市蜀山风景区，距离市中心10千米，园内山势起伏，草木茂盛，空气清新，水质洁净。现展出的动物有120种2000余头（只），其中有来自国外的长颈鹿、河马、黑猩猩、斑马、袋鼠、火烈鸟等，也有我国的国家一级重点保护动物大熊猫、亚洲象、东北虎、金钱豹、麋鹿、丹顶鹤等。园内每天都会上演精彩的海狮表演，海狮的卖力演出总让人忍不住拍手叫好。

合肥植物园

植物园看花展

合肥市蜀山区环湖东路125号

乘坐8、108路到植物园站下

10元 0551-65315007

合肥植物园是一个三面环水的半岛园区，以其生态园林风貌与植物文化相融合而著称。目前共收集植物2000余种，其中国家一、二、三级珍稀保护树种29种，拥有梅园、桂花园、竹园、木兰园、石榴园、水景园、园林植物示范区、秋景园、盆景园等9个植物专类园和三叠泉、天下第一磬、湖滨绿色走廊、艺梅馆等景区。其中，石榴品种园荟萃了目前世界上已存最多的石榴品种资源。

合肥植物园每年都举办梅花节、桂花展、荷花展，尤其每年一度的桂花展已成为国内花事节庆的著名品牌。此外，植物园还提供游船、野外烧烤、青青乐园等休闲娱乐服务。

开福禅寺

园林式寺院

合肥市玉兰大道77号

乘坐801、651、665路到开福寺站下车

20元，佛教居士凭皈依证免票入寺

据史料记载，唐贞观（627—649）以前已建有开福寺，距今有1400年左右，相传慧满法师在此大演《法华经》，为百姓祈雨救生，超度渊济龙神，留下弘法利生、世代称颂之佳话。抗战中古开福寺被日军飞机炸毁。

重建的开福寺以宏大的建筑规模、精美的佛像雕塑、精湛的佛教壁画及建筑彩绘、浓厚的宗教氛围、娴雅的园林艺术、完备的教学设施，成为皖中首刹。

蜀山区开福寺

三国遗址公园 AAAA

合肥最古老的历史遗存

合肥市庐阳区三十岗公园路1号

乘300路公交车可直达公园

25元 0551-65714962

合肥素有“三国故地，包公家乡”之誉，位于合肥市西北郊的三国新城遗址，距今约1800年，其土城残基至今犹存，堪称合肥最古老、最完整的历史遗迹。

公园南临肥水（古施水）故道，西邻鸡鸣山、将军岭，东距合淮公路7千米。园内主要景点有新城文物陈列馆、金虎台、聚贤堂、满宠草堂、征东门、东侧门遗址、西侧门遗址、练兵指挥台、兵器铸造窑址、饮马池、时光隧道等。

玩家攻略

每年4月份公园都会举办牡丹节，同时有歌曲、舞蹈、黄梅戏、庐剧、京剧、时装表演、藏族舞蹈、新疆舞、蒙古舞、旱船、花鼓灯、花旦、大头娃娃、空竹等民间艺术表演。此外，节日期间还开展自行车越野友谊赛、野外拓展训练、蔬菜采摘、野外露营、垂钓、三十岗农家土菜美食擂台赛等活动。牡丹节期间开通有从亳州路站（亳州路与北一环交口）至合肥三国遗址公园旅游专线。

三十岗生态农业旅游区

热闹的农家风情园

庐阳区三十岗乡

可乘300路公交车到达

庐阳区三十岗，距合肥市中心15千米，

距合肥新桥国际机场12千米，南临董铺水库，北依滁河干渠，这里有原汁原味的农家菜和清新优美的田园风光。依托良好的区位优势和丰富的旅游资源，三十岗农业旅游区每年定期举办“西瓜节”“牡丹节”“三国文化节”“音乐节”“乡村旅游节”“自行车嘉年华”“土特产年货节”“桃花节”等旅游节庆活动，以节为媒，广邀四海宾朋。

三河古镇 AAAAA

千年水乡古镇

合肥市肥西县三河镇

乘坐699路公交可直达

古镇免费，景点收费。杨振宁旧居30元，刘同兴隆庄20元，鹤庐10元，孙立人故居10元，宗贤根雕馆15元，国粹楼20元，大夫第20元，古娱坊15元。四景联票50元，八景联票75元

三河镇因丰乐河、杭埠河、小南河三条河流贯其间而得名，是具有2500多年的水乡古镇，史称“鹊渚”，至明代始称三河镇。历史上，三河镇既是兵家必争之地，又是商家云集之地。1858年太平天国陈玉成、李秀成在此大败清军，史称“三河大捷”。

三河镇历史文化底蕴深厚，形成了江淮地区独有的“八古”景观，即古街、古巷、古桥、古城墙、古庙宇、古戏台、古民居和古茶楼。镇内五里长街，古建筑飞檐翘壁，雕梁画栋，青石板路光滑清澈，见证着三河所经历的风雨岁月；镇外，河湖环绕，稻花飘香，碧波万里，风光潋滟，一派“‘春秋’古镇，皖中水乡”的美丽风光。

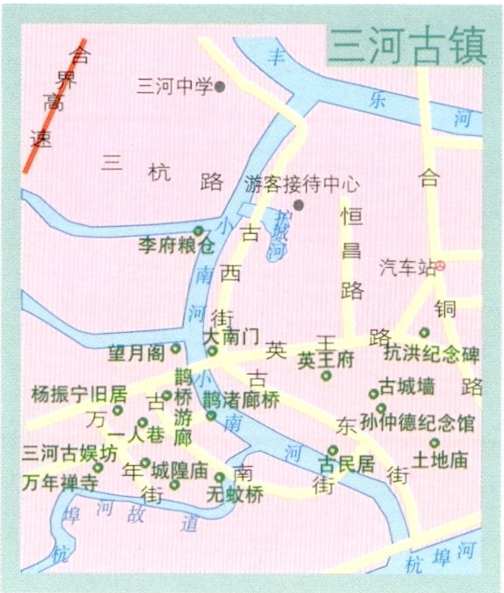

杨振宁旧居

杨振宁旧居是一座始建于明清时期的民间宅院，原是三河孙大生老字号药铺。1937年10月，为避战乱，在母亲罗孟华的带领下，

肥西县三河古镇

杨振宁旧居

杨振宁与弟妹从合肥乘“小火轮”来到外婆家所在地三河镇，租住在“孙大生药房”商号下的3间平房。那时杨振宁每天都要穿过一人巷，前往庐州中学（现三河中学）上课。直至1938年1月，他与父亲杨武之会合辗转去了西南联大。

刘同兴隆庄

刘同兴隆庄又叫作“刘记布庄”“刘记米铺”，为清末古西街的一家著名商家。他是姓刘的人开的庄子，中间的“同兴隆”是这个庄子的商号。庄子的主人刘锦堂（1879—1941）曾任三河商会副会长，兄弟五人。其中刘锦堂与二哥刘锦臣就居住在“刘同兴隆庄”。

当时，刘同兴隆庄生意北起六安的阴山，南至南京、上海，日进斗金。刘同兴隆庄主要经营各种布匹和大米。大米的日运销量可达五百多吨，年收入数万银圆。那时候的“同兴隆”，是古镇最有名气的商家之一。

鹤庐

鹤庐是四川总督刘秉璋的故居。此宅取名叫“鹤庐”，颇有闲云野鹤，良禽择木而栖的意味。刘秉璋是三河人，他是李鸿章手下的御用红人，曾经率兵击退法军，大败捻军，先后做过江西巡抚、浙江巡抚和四川总督，是淮军的著名将领。他曾经在三河有上百处宅院，而此处是后来唯一一个保留下来并重新修葺过的。展览厅主要展示的是他生平的事迹以及一些当时留下的武器设备、图文资料等。

孙立人故居

孙立人故居以图文并茂的方式，详尽展列了将军一生的重要经历。1900年12月8日，孙立人在三河八扇巷降生。在三河生活了8年后，孙立人告别了水乡小镇，踏上成长之路，并以清华学子的身份走出了国门。

链接

孙立人

孙立人，国民党著名抗日将领。1923年毕业于清华大学土木工程系，同年赴美留学，获理学学士学位。后又考入弗吉尼亚军事学院，攻读军事。后成为十大抗日将领之一，人称“东方的隆美尔”。在抗日战争中，他率领新一军远征印缅，成为歼灭日军最多的将领。

宗贤根雕馆

宗贤根雕艺术馆，是安徽省唯一一家自己创作自己开馆展览的根雕艺术馆，创办人为舒城县晓天镇的伍宗贤。伍宗贤的作品以特大型见长，气势磅礴，造型逼真，想象力丰富，物以神取胜，景以奇著称。宗贤根雕艺术馆共收藏展览了数十件伍宗贤的根雕精品。其中“古梅迎春（梅花）”刚柔相济、“神龙出海”出神入化、“笑迎四海（迎客松）”尽显黄山本色、“大展宏图（雄鹰）”形神兼备，特别值得一提的是“世纪绝唱（恐龙）”，这座巨型根雕取材于广西的银微木，长10米，高2.7米，重达2500千克，是作者历时4年完成的，堪称同类作品中的经典。

国粹楼

这座七层楼建筑是三河古镇的最高建

三河古镇鹊渚廊桥

筑，原为忠武阁、望月阁，现为三河古镇博物馆。在国粹楼内展示了古镇传世及民间珍藏的近千件古代艺术珍品，尤其是保存着从当地民间收集的，自明清至民国以来的百余块匾额，每块匾额都蕴藏着一段鲜为人知的故事，是研究民间民俗不可多得的实物资料。其中有一块匾额是著有《阅微草堂笔记》的清代文学家纪昀的手迹，书法苍劲有力，弥足珍贵。

大夫第

大夫第又称三河民俗博物馆，馆内由一位私人收藏家提供了约2000件藏品，有明末官员私宅的厅堂布置、漂亮的木雕、1.5米长的大算盘等，展品精美，让人大饱眼福。

古娱坊

三河自古为商贸重镇，南来北往旅客均在此停脚休憩，因此，近代史上三河的民间娱乐活动异常繁荣昌盛。现古镇风景区搜集整理了古代的一批娱乐器具，恢复建设了三河的古娱坊，古娱坊分两层，一楼为娱乐场，二楼为展览厅。

大捷门

大捷门为4道边门的牌坊，经名匠精雕细刻而成，是进入古镇风景区的大门。1858年，太平军全歼湘军悍将李续宾精锐部队6000余人，取得举世闻名的三河大捷，大捷门因此而建，以纪念这场以少胜多的战役。

万年台

万年台是三河镇的中心点，原是一个古戏台，如今是有2千平方米的文化广场。广场上有十二生肖和梅兰竹菊共十六个石鼓，还刻有三幅三河古民俗的迎亲图。台面的两边有两根大柱子，象征着佛教生生不息。在万年台，每逢节假日及周末都会进行庐剧演出，热闹非凡。

玩家 攻略

在安徽，素有“游在黄山，食在三河”之誉。三河镇的饮食文化发达，当地不论男女都能做

三河古镇

几个拿手好菜。于是三河镇的土菜声名远播，在合肥市还出现有很多冠以“三河”之名的饭店。但要品尝三河的美食，最好在三河镇上。

推荐菜有：“三河虾糊”“酥鸭元宝”“八宝酥鸡”等名菜，不仅皮、肉、骨皆可入口，且营养价值高。米饺、油炸粑粑、油炸烧卖等名点香酥焦脆、鲜美可口，声名远播。

金孔雀温泉 AAAA

华东最大的动感温泉度假村

庐江县汤池镇滨河路

度假村坐落在温泉古镇汤池，园区共有大小温泉保健池48个，另有彩虹滑道、大型海浪池、动感漂流河、温泉石板、SPA水疗馆、中心酒吧等。度假村还具有天然氧吧相思林、田园风情的垂钓中心、新四军纪念馆、孔雀东南飞纪念馆、鸵鸟园、保龄球、网球等娱乐项目，使整个度假村充满迷人的原始风味。

“相思”两字由林木的奇特生长姿态和“孔雀东南飞”的爱情故事偶合而成，林木葱郁，构成了一幅恬静的中国水墨画，林畔建有全国档次最高、极具徽派文化和现代设计理念的怡园，是高端客户理想的度假胜地。

冶父山 AAAA

江北小九华

庐江县县城东北十千米处　¥20元

巍巍冶父，数峰罗列。欧峰是这座山的主峰，它险峻多姿，高耸入云，环顾群峰，皆居其下，可谓“一峰兀立冲霄汉，群峰匍匐似儿孙。”冶父山有八大胜景：湖山一览、冶父晴岚、龙池映月、虎洞吟风、兜率参天、响鼓晴雷、百尺松涛、三春花雨。相传春秋时有个叫欧冶子的在八景之一的“龙池映月”铸过剑，他曾为赵王铸过湛卢、巨阙、胜邪、鱼肠、纯钧五剑；又与干将共为楚王铸过龙泉、泰阿、工布三剑。冶父山的最高峰所以叫欧峰，也是来源于这个传说。

大圩生态旅游景区 AAAA

都市农业公园

包河区大圩镇花园大道1号

可乘坐23路到达

大圩镇位于合肥市东南，为省城“上风口”，古有“合肥粮仓、鱼米之乡”之称。2007年被国家旅游局誉为“大圩都市农业公园”，是“合肥市民的大客厅、滨湖新区的后花园、合肥市的大氧吧”。大圩葡萄可以说是家喻户晓，至今已有23年的种植历史，获得了国家绿色无公害认证。大圩葡萄的“形肥味美”让人唇齿留香，流连忘返。

非物质文化遗产园 AAAA

老少咸宜的文化生态乐园

合肥市长丰县岗集镇

每天7：30（科技大厦）、9：30、13：30有班车直达园区，起始站为市府广场5路公交站牌

非遗园坐落在合肥北部的卧龙山自然生态风景区，它与卧龙山自然生态风景区、城市森林公园、植物园等自然环境和谐相处、相得益彰，构成了合肥北部“U形生态长廊”，形成了独特的“五湖连珠”旅游生态奇观。

非遗园按照历史和形态将文化加以分类，设置了楚汉文化园、千年文房四宝园、佛艺园、大自然玩乐园、中华物产园等子园区，丰富的业态让每个人都可以在非遗园中找到自己的兴趣乐园，感慨受益匪浅。

双凤湖 AAAA

环境优雅的高级旅游度假区

长丰县双墩镇

自驾沿蒙城北路直达度假区 0551-66398888

元一双凤湖国际旅游度假区坐落于合肥北城新区，毗邻5000亩天然双凤湖畔，距市区仅15千米，度假区现拥有合肥市唯一的18洞国际锦标赛级高尔夫球场，由澳大利亚著名高尔夫设计师LesWatts精心设计及建造，球道总长7385码，标准杆72杆，球场顺湖边地势，前9洞球道宽，视野开阔，后9洞自然起伏，变化无穷。历史悠久的高尔夫文化，独特的休闲生活方式，在这里得到了完美的融合。

岱山湖 AAAA

平湖天上落岱山

肥东县古城镇

合肥汽车东站到岱山湖的旅游专线

大自然的鬼斧神工造就了岱山湖的自然风光。“山不高而层峦叠嶂，水不大而气象万千”，“平湖天上落岱山，流水稻花拂云烟”，勾勒出了岱山湖的景色特征。与浩瀚的巢湖相比，湖面5平方千米的岱山湖如江南村女般的纯美娇秀。

景区内现建设有户外活动区、夏季狂欢区、观光参佛区、会务接待区四大主功能区，并提供真人CS、高空滑索、竹筏漂流等娱乐项目。

渡江战役总前委旧址

渡江战役指挥部

肥东县撮镇镇瑶岗村

乘坐355路到瑶岗纪念馆即可到达

瑶岗渡江战役总前委旧址原为清末一五品官宅第，是中国共产党在解放战争渡江战役时成立的指挥部。旧址纪念馆分为九个部分：总前委旧址、中共中央华东局旧址、总前委参谋处旧址、机要处旧址、秘书处旧址、后勤处旧址、警卫营旧址、医院旧址和《渡江颂》书画展厅。纪念馆现有实物、图片（表）700余件，以及将帅题词、书画作品108幅，党政领导题词36幅。

岱山湖

紫蓬山 AAAA

庐阳第一名山

肥西县紫蓬山旅游开发区

乘坐80路公交到紫蓬山站下

紫蓬山风景名胜区有“淮军故里，福地名山，体育王国，生态家园”之称，它森林茂密，名胜古迹众多，自清代开始便有“庐阳第一名山”之美誉。紫蓬山资源丰富，以“一寺”——西庐寺；“二水”——大堰湾水库、磨墩水库；“三山”——紫蓬山、圆通山、大潜山；“四圩”——刘老圩、张老圩、张新圩、周老圩享誉四方，是人们节假日娱乐休闲、享受“森林浴”理想之地。

紫蓬山风景名胜区致力于打造体育名山，现拥有一条4.5千米、一条6.5千米的单圈山地自行车赛道和一条17.5千米的环湖自行车赛道。还拥有可容纳200名运动员、教练员及体育官员的固定生活营地2处，成为全国锦标赛、全国冠军赛等国内山地自行车比赛首选之地。

周公山

周公山，海拔183米，山上绿化苍翠，环境优美。相传三国东吴名将周瑜幼年时在此读书，后人为纪念周瑜，故以“周公”为山名。山顶原有周瑜庙，内塑周瑜像及其坐骑白马。山东南部有周瑜洗砚池，池广丈余。今周瑜庙已圮，洗砚池尚在，池水清澈可鉴。山麓有村，名蒋家湾，为周瑜幼年同窗蒋干故里。

西庐寺

西庐寺位于紫蓬山山顶，始于汉末李陵庙，至李唐年间钦赐额曰：西庐寺。此后，因战乱屡经兴废。同治年间，太平天国失败后，杭州守将袁宏谟投身西庐寺，北上求得一部《龙藏全经》（原经名《大藏法》，此全经达万卷，极为珍贵），使西庐寺成为皖中名刹，可惜“文革”期间全被毁弃。

1995年春，西庐寺的大王殿翻修一新。此殿现坐南朝北，一脊四带，储墙青瓦，大

紫蓬山

紫蓬山西庐寺

红雕栋，观之灿然。殿内供一尊高大的地藏王菩萨，在大王殿两边，还新建了6间瓦房，也供奉了3尊佛像。近几年的庙会，逐年升温，特别是每年农历二月十九的庙会，香客、游人常达二三万人之众，盛况空前。

刘铭传故居

刘铭传故居——刘老圩，金河（东淝河源头之一）环绕而过，圩内古木参天，是方圆百里最大的淮军将领庄园之一。

刘铭传故居原建有房屋数百间，是合肥郊县当时一处规模宏大的私家圩宅，原建筑现多数不存。故居四周清雅静穆，风景怡人，现仍有当年刘铭传亲手栽植的广玉兰，虽经百年沧桑，至今仍高大挺拔，香飘四方。据说，广玉兰是慈禧太后赐给淮军的，后来被刘铭传等淮军将领带回合肥栽种。广玉兰正是合肥的市树。

肥西老母鸡家园 AAAA

鸡文化主题景观

肥西县老母鸡家园三岗村英山林场

0551-68445888

肥西老母鸡家园，占地1.47平方千米，位于肥西县境内三岗区域，距合肥市区仅40分钟的车程。园区在生态养殖和苗木栽培的基础之上，建成融餐饮、住宿、体验、娱乐为一体的农业休闲度假基地。目前已建成了餐饮中心和“农家茅舍”别墅区，正逐渐完善养鸡园、观鸡台、斗鸡场、逮鸡场、鸡趣博览室、百鸡宴会厅……游客可观鸡、斗鸡、吃鸡、购鸡，这一鸡文化主题景观为国内首创。

肥西老母鸡家园

景点推荐

巢湖风景区

紫微洞 AAAA

江北第一洞

巢湖市北郊巢柘路

70元

紫微洞又称双井洞，因洞有大小两个天然井状出口而得名。总长3000米，主洞长达1500多米，是典型的地下河型洞穴，洞穴呈廊道状，以雄、奇、险、幽见长，融自然、人文景观为一体，为“江北第一大洞”。

它是我国罕见的一条典型的廊道式地下河溶洞，共有10大洞天，36主景，72辅景，先陆路游览，后水路荡舟。著名景点有“三奇（双井开天、铁索寒桥、地下长河）”“四绝（玉螺帐、天外飞瀑、天沟天槽、猴子捞月）”等，奇景奇观令人目不暇接、流连忘返。洞旁的王乔迷窟是安徽省内唯一一座摩崖石窟造像溶洞，洞内刻有唐朝早期佛像及动物雕像共计600余尊，独一尊彩雕有首，余皆无首，乃为千古之谜。

银屏山

巢湖第一峰

巢湖市银屏镇

巢湖市区每天有班车直通景区

50元

银屏山是巢湖境内第一高峰，海拔约508米，四周山峦起伏，九峰环抱，姿若雄狮，有“九狮抱银屏”之说。山中谷幽、林密，加上溶洞、奇花构成一幅幅优美的图画。银屏牡丹花，人称“天下第一奇花”，生长在一堵巨大的犹如斧削、光滑如屏的悬崖峭壁之上，为一株天然野生白牡丹花，风姿绰约，历经千年而永葆青春，殊为举世罕见。

玩家 解说

野生白牡丹生长在离地30米高的悬崖石缝中，有着1300多年的花龄，自唐代以来就有文字记载，历尽千年沧桑，风采依然，每到谷雨时节嫣然盛开。此花独具灵性，可以预报年景，人们可根据花的开谢、花朵多少来预测当年年景的旱涝歉稔。花开三朵以下且花期短，预测今年可能干旱；花开四朵则风调雨顺；花开五朵五谷丰登；花开六朵六畜兴旺；花开七朵以上花期长的话，今年可能要发大水。因而民间赞之为“气象花”。据说只有两年牡丹花含苞未放，是1937年和1976年，故而民间又奉之为“神花”。

姥山岛 AAAA

巢湖第一胜境

巢湖市中庙镇巢湖湖心

26元（含船票，若乘快艇则41元）

姥山四面皆水，如同一叶漂于水中，为八百里巢湖唯一的“湖上绿洲”，是巢湖第一胜境。与姥山岛相伴的还有两座礁岛，在碧波之间若隐若现，称作鞋山。在巢湖中心，与姥山遥遥相望的还有一座姑山（同孤山），传说“陷巢州、涨庐州”时期，焦姥的女儿与焦姥一道通知乡邻，女儿先焦姥一步奔走，跑丢了一双鞋子，终又被洪水吞没。后来，鞋子化作一对鞋山，女儿化作姑山，焦姥最终化作姥山。母女相望遥遥无期，万顷波涛诉说着断肠般的母女亲情。

半汤郁金香高地 AAAA

九福之地，度假天堂

巢湖市半汤国际温泉度假区

乘坐27路到郁金香高地入口即到

半汤郁金香高地景区由郁金香高地、大风湾和半汤湖三大区域组成，拥有4处五级优质资源。郁金香高地区，大图景的郁金香结合景观建筑、起伏的地势营造出极具视觉冲击力的大地景观，充分展现了自然山水之美；大风湾区，沙滩、阳光、水库、远山共同构成了别具特色的休闲体验；半汤湖区，现代的生物科技与悠久的温泉文化相伴相成，让游客在半山半水之间，乐享半冷半热的神奇。半城半园之中，品味半古半今的经典。

姥山岛

安徽名人馆

汇集安徽历史重要人物

合肥市滨湖新区包河大道与云谷路交口

乘坐526路至渡江战役纪念馆下

名人馆旧馆位于蜀山西郊，新名人馆分地下一层、地上五层，一个主馆、两个附馆。步入名人馆二层大厅，一抬头，便可见直达顶层的巨型浮雕：背景是一幅安徽地图，通过对应的地理位置用深浅浮雕错落刻画出安徽名人的代表。整个馆内，初步计划展出安徽名人超过800位，除了安徽籍的名人外，在安徽留下重要足迹的人物也将展出，人物较老馆大概要多出几百人之多。

渡江战役纪念馆

百万雄师过大江

滨湖新区云谷路299号

乘坐526路至渡江战役纪念馆下

纪念馆由南向北为五角星胜利塔、总前委群像和纪念馆。胜利塔高达99米，九九八十一，代表着“八一”军队的胜利，整体建设从空中俯瞰呈五角星的形状。渡江战役纪念馆体现的是水与战舰的主题，巨大的馆身犹如两艘雄伟战舰并排行驶在浩瀚的水面，向前直指南方的长江。舰首跨度35米、悬挑高度44米，纪念馆整个馆体地面长度南北长107米，宽39米。馆身以49° 角向前倾斜，象征1949年渡江战役胜利。

滨湖湿地公园 AAAA

天然氧吧

滨湖区滨湖新区环湖北路观景平台北侧（靠近南淝河大桥）

乘坐526路至滨湖湿地公园西门下车

合肥滨湖湿地森林公园地处巢湖北岸，紧邻南淝河入湖口，空气质量优良。据专业机构监测，每立方厘米负氧离子含量2698个，达到国家六级疗养空气水平。此处自古水草丰茂、林地丛生，清朝百姓筑圩防水，围湖造田，2002年退耕还林、广植杨树。公园面积10.67平方千米，集城市森林、湿地森林、文化森林为一体，具有休闲观光、康体健身、科普教育多重功能，是中国独具特色的万亩城市水网湿地森林。

渡江战役纪念馆

攻略资讯

- 交通
- 住宿
- 美食
- 购物
- 娱乐

合肥城市建筑

交通

飞机

合肥新桥国际机场位于合肥市区以西，距离市中心约32千米。

机场大巴：1号线发往汽车客运总站（站前路）；2号线发往城市航站楼（寿春路）；3号线发往汽车客运南站；4号线发往天鹅湖大酒店。

出租车：乘车地点在航站楼3号门门口，机场打车到市区约100元。

火车

合肥目前有三个火车站：合肥站、合肥南站、北城站。

合肥站：位于市中心，是合肥最主要的客运火车站，几乎所有经过合肥的普通列车均会停靠此站。乘坐地铁1号线到合肥火车站。

合肥南站：为高铁站，沪蓉高铁和京福高铁在此交会，车次密集。乘坐108、156、703夜路等公交车到合肥南站下。

合肥北城站：距离市区较远，在长丰县境内，目前停靠的车次较少。

汽车

合肥的长途汽车站较多，可通达省内外许多县市，主要有汽车客运总站、旅游汽车站、南门客运换乘中心、西门客运换乘中心、东门客运换乘中心、新亚汽车客运站。

合肥汽车客运总站：位于市中心，临近火车站。周边省份以及省内的主要城市都有大巴班次到达此站。

南门客运换乘中心：位于包河区宿松南路，靠近火车南站。乘坐1、150、156等路公交车在南门换乘中心站下车。

合肥南站

市内交通

合肥地铁开通了一号线、二号线，可以到达包公园、蜀山森林公园、步行街等景点。同时一号线经过火车站与火车南站，二号线经过汽车客运西站。

住宿

到合肥，一般选择住市区。合肥市的宾馆酒店业发展很快，如今已有众多酒店、宾馆和旅馆、招待所，高中低档次齐全，大多服务良好，能够满足不同层次的需要。县城住宿较合肥市相对逊色，但各档次宾馆数量不少，都能满足需求。游肥西三河古镇，直接住镇上的旅馆、招待所即可，晚上还可赏水乡古镇夜景。

●富力威斯汀酒店

五星级酒店，拥有310间优雅而时尚的客房和套房，其中包括一间336平方米的总统套房和21间套房。在这里的客房和套房中，包河美景和城市夜景将尽收眼底。✉ 合肥市包河区马鞍山路150号 ✆ 0551-62989005

●安徽饭店

安徽饭店素以"故乡第一饭店"著称，为合肥市内首家四星级旅游涉外饭店。位于环城公园景区内，距离火车站、机场都不远。饭店拥有311间（套）客房，设备豪华，配套高雅，娱乐设施齐全。✉ 合肥市蜀山区梅山路18号 ✆ 0551-62218888

●乌托邦青年旅社

这家公寓在合肥比较有名，共七层，每间屋子都带有独立卫生间，虽然主要针对长租客，作为旅行者也可以暂时租住。✉ 合作化路与淠河路交叉口向北50米

●到啦主题酒店

特聘曾获国际大奖的新加坡创意大师主笔酒店的设计，设计奢华现代但不失高雅宜人。酒店分店主题样式多样，具有富有诗情画意的风情主题，风格迥异的国家主题，前卫绚丽的时尚主题等，使顾客体验不同美景，足不出户环游世界，心情愉悦品味时尚。✉ 长江西路297号万科金域华府（五里墩立交桥西200米） ✆ 0551-67373333

●更多住宿去处

合肥e家快捷酒店宿州路店/宿州路140号（淮河路步行街口北50米）

合肥锦江之星金寨路中科大店/金寨路133号（近中科大）

合肥天庭商务酒店（步行街店）/宿州路撮造山巷内（近李鸿章故居）

合肥速8酒店（城隍庙店）/安庆路155号

合肥的酒店

合肥如家快捷酒店汽车站店/滁州路252号(近汽车站)

美食

包公鱼、曹操鸡、葡萄鱼、怀胎鱼、油爆虾、安庆素火腿、素烤鸭等特色名菜都是游人必尝的美味佳肴。同时到合肥不可不吃“李鸿章大杂烩”。相传为李鸿章在访问美国期间宴请美国宾客时，厨师急中生智的发明，具有醇香多味、鲜咸可口等特点。合肥的点心小吃也颇有名气，以四大名点麻饼、烘糕、寸金、白切著称。

美食小吃

●包公鱼

原名“红酥包河鲫鱼”。包河所产鲫鱼背乌，人称“包公鱼”。1958年毛泽东主席视察安徽时，名厨梁玉刚为毛主席做了红酥包河鲫鱼这道菜，深得赞赏。这道菜是冷菜，鱼经醋等调味和小火长时间烧焖，骨酥肉嫩，回味无穷。

推荐店铺：同庆楼 ✉ 合肥市马鞍山中路皖能大厦北侧

包公鱼

●李鸿章大杂烩

李鸿章大杂烩是合肥名菜。相传李鸿章在访问美国期间，曾宴请美国宾客，因中国菜可口美味，深受欢迎。李即命厨师加菜，但正菜已上完，厨师只好将所剩海鲜等余料混合下锅，烧好上桌，外宾尝后赞不绝口，并询问菜名，李用合肥话说：“杂碎”(即杂烩谐音)。此后，“大杂烩”便在美国传开。

推荐店铺：庐州太太 ✉ 庐阳区宿州路(鼓楼商厦南侧)

●庐州烤鸭

庐州烤鸭原系宫廷御膳美食，明时流入豪门至民间。该产品选料严谨，加工考究，香气浓郁、皮酥肉嫩、咸淡适宜、肥而不腻、味道鲜美，脍炙人口。1987年分别荣获安徽省和商业部优质产品称号。1983年荣获首届中国食品博览会金奖。

推荐店铺：庐州烤鸭店 ✉ 庐阳区宿州路107号

庐州烤鸭

美食去处

●淮河路步行街

淮河路步行街位于合肥市中心地带，各类美食小吃和商场穿插交错，在这条街上你可以捕捉到合肥最时尚的潮流，也可以品尝到合肥最可口的美食。《舌尖上的中国》中榜上有名的老字号耿福兴，创造吉尼斯世界纪录的詹记宫廷桃酥王都可以在这儿找到。

●宁国路美食街

合肥最早的美食聚集地——宁国路，

淮河路步行街

无人不知无人不晓，尤其是夏天夜晚露天的龙虾街摊。龙虾是当地知名的美味，一般都是现杀现做，合肥的大龙虾绝对是值得一提的，色香味俱全，再配上合肥本地产的雪花啤酒，那才带劲呢。吃龙虾是合肥人的传统，每年的6月会举办一次龙虾节。

购物

合肥主要土特产品有火笔画、羽毛扇、发绣、虎皮金橘蛋、竹黄雕刻等。此外，作为省会，安徽各地的土特产、有名工艺品尽皆云集于此，如黄山毛峰茶，歙县的徽墨、歙砚，芜湖铁画，亳州古井贡酒，巢湖银鱼、泾县的宣纸、宣笔，界首陶瓷、符离集烧鸡、淮北口子酒、砀山酥梨、安徽祁红茶、安徽屯绿茶、安徽猴魁茶等，应有尽有。

特产推荐

●火笔画

又称烙画、烫画。古代烙画起源于西汉，兴盛于东汉宫廷，距今已有2000多年的历史。后来，由于连年灾荒战乱，烙画工艺曾一度失传。直到400多年前的明末清初，才真正走进民间并流传开来。安徽火笔画是江淮地区独具特色、流传甚广、极具群众基础的一种民间工艺美术。主要是用特制高温铁笔，借鉴国画技法，运用远近虚实、浓淡相间的方法，烙灼而成，很有特色。

火笔画

●羽毛扇

羽毛扇是合肥所辖肥西县水乡古镇三河的传统手工艺品。三河周边地区有许多“换毛”的人，挑着货郎担，摇着拨浪鼓，走村串户，用糖果百货、针头线脑换购鹅毛，为三河的羽毛工艺品业提供源源不竭的原料。鹅毛分白鹅毛、雁鹅毛两种，因雁鹅毛稀少，尤其珍贵。

●竹黄雕刻、发绣

竹黄雕刻，系在竹黄上刻画花鸟、人物、山水而成。表面光滑细腻，呈象牙色，别有风格。

发绣，系以人发或动物长毛代线，以针代笔，绣制而成的手工艺术品。绣制品黑白分明、深浅有度，画面色泽素雅，堪称艺术佳品。

购物场所

之心城：是一家集吃、购、休闲、娱乐于一身的大型综合购物中心，定位于合肥普通收入家庭和追求时尚潮流的年轻消费群体。12万平方米的购物中心，汇聚时尚品牌服饰、主题餐饮、时尚数码、儿童娱乐、护理等多元业态，并有大洋百货、保利国际影院及冠军溜冰场三大主力店鼎力加盟。

詹记：位于淮河路百盛购物中心地下一楼，是购买安徽特产的好去处。各式点心、坚果、安徽名茶都能在这里买到。

之心城内景

娱乐

合肥堪称一座“不夜城”，庐州灯火甚是璀璨，夜晚中的五里飞虹壮观不已。整个城市的娱乐活动也是丰富多彩，传统与现代交错，悠闲与浪漫相伴，常常会有意外的惊喜。

●剧院看戏

令人颇为新奇的是观看合肥市庐剧团演出有名的“庐剧”，或欣赏合肥市曲艺团演出的地方曲艺。庐剧是安徽省著名的地方剧种，已有近200年历史。市内主要观赏地有安徽大剧院、长江剧院、江淮大戏院等。

●护城河散步

合肥的护城河，是一条与合肥的历史文明相伴而生的城市河流，这一片如翡翠项链般的绿色，圈住了合肥老城区最美丽的风景。来到合肥，自然要去环城公园领略一下这城市绿洲的魅力。找一天起个早，趁整个合肥都陷在沉睡之中，慢慢地从护城河畔晃悠而过，感受这片难得的幽静。

●中隐于市泡吧

合肥首席城市怀旧人文休闲街区，根据曙光路老建筑的原有布局，改造成了一个融文化、时尚、创意、消费为一体的城市主题型文化休闲商业街区，与宁国路上喧嚣吵闹的酒吧不同，这里的酒吧大多是静吧。六角形的灯光下，觥筹交错间，很有点纸醉金迷的感受。

节日和重大活动

节日	地点	时间
合肥牡丹节	合肥	4月—5月
大圩葡萄节	合肥大圩	8月
三国文化节	合肥	10月
玩石音乐节	合肥	夏季

安徽大剧院

六安

发现者 旅行指南

概览

亮点

■ **天堂寨**

国家级自然保护区，景区内有大别山第二高峰，共有龙剑峰、白马峰、小西天、圣卦尖、造钱坳5个景区。

■ **燕子河大峡谷**

燕子河大峡谷风光旖旎，以四奇著称。峡谷之中，有“天坑”“九天仙瀑”“天生一个仙人洞”等景点。

■ **万佛湖**

世界上第一人工土石大坝，被誉为“安徽千岛湖”。湖中66岛各具风情，游乐项目丰富。

天堂寨

■ **白马尖景区**

大别山区排名最高的三大高峰均在此处。怪石林立、森林密布、云雾缥缈。

线路

■ **金寨一日游**

早餐后来到金寨红军广场，参观红军烈士墓园、红军广场，随后去梅山湖、大别山、梅山湖、连拱坝，置身山水之间，如临仙境，令人流连忘返；中午在景区内就餐；下午去天堂寨，领略山高风清的畅快之感。

■ **天堂寨二日游**

第一天前往天堂寨，可欣赏瀑布群、龙剑峰、林海长廊、屈原问天、鲸鱼出海、情侣峰等，可宿天堂寨景区。

大别山

第二天早餐后游览大别山最为代表的峡谷景观区——白马大峡谷，可在此采野花、摘野果、摸河虾、捉河鱼等。中餐后，可进行惊险刺激的橡皮筏漂流——天水涧漂流。返程后，可住市区。

为何去

六安位居皖西，是中华民族古文化发源地之一，皋陶墓、安丰塘、周瑜城等遗迹今犹在。六安南部为大别山区，有万佛湖、白马尖等许多山湖美景。同时，六安还是上古“四圣”之一——皋陶的故里。

安丰塘

何时去

六安地处皖西，气候湿润，春、秋季雨水适中，天气晴朗。每年的春、秋两季是到六安旅游的最佳时间。

大别山秋色

每年的谷雨前后，正好是六安瓜片采摘的时候，新鲜的瓜片味道更加清香，口味香甜，值得品尝。此外，六安有许多佛教寺院和道教道观，每年（主要是在重大的宗教节日时）都会定期举行些庙会，内容丰富，在新时代也充满的新的节日内容。

六安旅游示意图

区域解读

区号：0564

面积：约15 451km²

人口：约480万人

地理 GEOGRAPHY

区划

六安市下辖3个市辖区（金安区、裕安区、叶集区），4个县（霍邱县、金寨县、霍山县、舒城县）。

地形

六安地势西南高峻，东北低平，呈梯形分布，分为大别山北坡山地、江淮丘陵、江淮岗地和平原圩畈四大单元。六安市西南部山峦起伏，位于霍山县西南部的大别山主峰白马尖海拔1774米，是全市最高峰；中部为丘陵、岗地；东部和北部为沿淮平原和杭丰圩畈区，是粮、油、棉的主要产区。

淮分水岭使境内形成了淮河、长江两大水系。境内有淠河、史河、杭埠河等7条主要河流，佛子岭、梅山、磨子潭、响洪甸、龙河口、白莲崖六大水库。

气候

六安市属于北亚热带向暖温带转换的过渡带，季风显著，四季分明，气候温和，雨量充沛，光照充足。6—7月间是当地的梅雨季节。

历史 HISTORY

历史大事记

战国后期，楚考烈王迁都寿春，使寿春（今寿县）成为楚国政治、经济、文化的中心。

汉高祖十一年（前196），汉高祖刘邦立少子刘长为淮南王，徙都寿春。汉文帝十六年（前164），以原淮南地封刘安、刘勃、刘赐等三人为淮南、衡山、庐江王。今寿县和六安北属淮南国，金寨、六安、霍山、霍邱属衡山国，舒城县属庐江国。

汉武帝元狩二年（前121），淮南王、衡山王谋反案发，二王自杀。同年汉武帝取衡山国内六县、安风、安丰等县首字，改衡山国为六安国，兼有“六地平安，永不反叛”之意，六安之名由此始（六安之“六”，古为“录”，发音“lù”）。

东晋太元八年（383）10月，东晋迎战前秦，在寿阳（今寿县）淝水取得了中国历史上著名的淝水之战的胜利，改变了北强南弱的局面，开始了南北朝对峙。

1947年6月解放战争时期，刘伯承、邓小平率晋冀鲁豫野战军主力，千里跃进大别山，成为中国革命战争中的重大转折。

名单 六安历史名人

上古司法鼻祖皋陶

霍山风光

西汉六安恭王刘庆

三国东吴名将周瑜

清末名相孙家鼐

辛亥名杰柏文蔚

著名左翼作家蒋光慈

著名的淝水大战

西晋末年中国历史进入了分裂割据的南北朝时期。在南方，晋琅琊王司马睿于317年在建康（今江苏南京）称帝，建立东晋，占据了汉水、淮河以南大部分地区。在北方，由氐族人建立的前秦国先后灭掉前燕、前凉等割据国，统一了黄河流域。

383年8月，苻坚亲率90万大军从长安南下，同时，苻坚又命梓潼太守裴元略率水师7万从巴蜀顺流东下，向建康进军。近百万行军队伍分水陆两路浩荡向东晋进发。

10月18日，苻坚之弟苻融率秦前锋部队攻占了寿阳（今寿县），胡彬被苻融大军阻断困守硖石（今淮南凤台西南），向谢石告急的信件又被苻融手下截获。苻坚得报，把大军留在项城（今河南周口项城），亲率8千骑兵疾趋寿阳。

谢石挥军水陆并进，直抵淝水（今淝河，在寿县南）东岸，在八公山边扎下大营，与寿阳的秦军隔岸对峙。苻坚站在寿阳城楼上，一眼望去，只见对岸晋军布阵整齐，将士精锐。紧张之际就连八公山上的草木，也被他误看成了晋军。

谢玄就派使者去见苻融，使用激将法叫他将阵地后撤少许，让晋军过河好一决胜负。秦军对此都比较反对，但是苻坚认为可以答应，他想等晋军半渡过河时以骑兵冲杀，苻融也表示同意。于是，苻融答应了谢玄的要求，指挥秦军后撤，本来秦军就士气低落，这样撤退更是阵脚大乱，谢玄率8千多骑兵迅速渡水向秦军猛攻。就在此时，原先被秦军抓捕的寿阳守将朱序则在秦军阵后大叫：“秦兵败了！秦兵败了！”无心恋战的秦兵信以为真，转身掉头就跑。一片荒乱中，苻融的战马被乱兵冲倒，被晋军追兵杀死。

淝水之战中，前秦军被歼和逃散的共有

寿县古城

70多万，苻坚的统一大业彻底破灭，北方暂时统一的局面也随之解体。

此战的胜利，有效地遏制了北方少数民族的南下侵扰，为江南地区社会经济的恢复和发展创造了条件。这场著名的以少胜多战例，也永载中国古代战争史册。

文化 CULTURE

传统的抬阁表演

抬阁融造型、彩扎、杂技、戏剧艺术为一体，因由人抬着表演，故称抬阁。抬阁是旧时民间迎神赛会中的一种游艺项目，也是一种综合性的民间文艺活动形式。

抬阁一般只在大型的灯会和庙会上进行表演，分为大架和小架两种，均为长方形。每一架抬阁需用8~16人抬着表演，抬阁的人身着彩衣，在乐曲的伴奏下缓慢前进，抬阁上的小演员们，根据各自扮演的不同人物、情节，做出不同的造型和动作。抬阁后面紧跟着吹打班，演奏着各类乐曲。表演的内容大都是历史故事和神话传说，如《封神演义》《水漫金山》《西游记》《西厢记》等。

除了抬阁，肘阁也是寿县民间灯会的又一种独特形式，所不同的是，抬阁是“抬”出

抬阁表演

来的，而肘阁是“顶”出来的，使灯具高耸空中，所以叫肘阁。皖西的肘阁表演，以寿县正阳关最为有名，每逢重大节日，在寿县、六安的街头，总有抬阁和肘阁的身影。

极品贡茶——六安瓜片

六安瓜片，中国十大名茶之一，因产于安徽六安一带而得名。

早在唐代，在“茶圣”陆羽《茶经》中，就有“庐州六安（茶）”之称。六安瓜片在清朝被列为“贡品”，慈禧太后曾命月奉十四两；大文学家曹雪芹《红楼梦》中竟有80多处提及六安瓜片，特别是“妙玉品茶（六安瓜片）”一段尤为精彩；到了近代，六安瓜片被指定为中央军委特贡茶，周恩来总理临终前还念着六安瓜片；1971年美国前国务卿第一次访华，六安瓜片还作为国家级礼品馈赠给外国友人；2007年国家主席胡锦涛参加“俄罗斯中国年”活动，并将特级六安瓜片、黄山毛峰、太平猴魁和绿牡丹4种名茶作为中国国礼赠送给俄罗斯总统普京。

六安瓜片得惠于其独特的产地、工艺和品质优势。茶叶主产地地处大别山北麓，高山环抱，云雾缭绕，气候温和，适合产茶。同时，六安瓜片的采摘方式也与众不同，茶农取茶枝嫩梢壮叶，肉质醇厚、营养最佳，是我国绿茶中唯一不采梗、不采芽只采叶的片茶。六安瓜片的炒制工具是原始生锅、芒花帚和栗炭，拉火翻烘，人工翻炒，前后达81次，茶叶单片不带梗芽，色泽宝绿，起润有霜，汤色澄明绿亮、香气清高、回味悠长。正因为如此，六安瓜片茶既是消暑解渴的饮品，又能清心明目、提神消乏，更是消食、解毒、美容、去疲劳的保健佳品。

目前，六安瓜片主要品牌有徽六、雾峰、新安印象、茶马御史、黄之江、一笑堂、皖云、六尖、安态等。2008年，六安瓜片被列入国家非物质文化遗产目录。

景点推荐

六安市区景点

昭庆寺

全国四大昭庆古寺之一

六安市金安区孙岗镇昭庆村

从市内坐班车一个小时直达

六安昭庆寺位于金安区孙岗镇，始建于唐贞观年间，系唐太宗李世民敕建的皇家“四大昭庆”之一，由唐开国元勋尉迟敬德奉旨督造，唐三藏法师玄奘曾亲临讲经说法。

建寺1300多年来，几经战火，历尽劫难，先后经过9次重修，特别是宋端平年间、明成化年间、清光绪年间和20世纪80年代4次大修，在保留最初建寺风格的同时，广泛吸收了唐、宋、明、清几代的佛教文化元素，融合了各朝各代佛寺的建筑风格，是世间罕有的保存完好的古代皇封正统古刹。

历史悠久的昭庆古刹，文物古迹甚多，古树、古石、古砖、古井、古塑、古陶、古碑、古铸、古绘、古雕精彩异常，具有非常重要的文化传承和考古价值。

玩家 攻略

昭庆寺每年举办两次庙会。庙会期间，人流如潮。赶会者多达十万众，成为皖西一大奇观。朝山进香的信众来自全国各地，乃至港、澳、台、新加坡、泰国、日本等国家和地区，人流有时竟绵延10余千米，时间长达10天以上。

横排头 AAAA

以水利工程为核心的综合风景区

六安市裕安区苏埠镇以南4千米处

“青山环碧水，绿树映红楼；白鹭蓝空舞，画舫逐浪游”，这就是横排头风景区今天

清源楼

常见的美景，全国人大原常委会副委员长王光英盛赞其为“横排仙境”。

横排头风景区位于六安市以南20千米处的苏家埠，由六安出发，沿淠河总干渠蜿蜒20千米直到横排头。这是皖西人民的母亲河，行走其间犹观一条山水画廊，从高空俯瞰，它宛如一条彩带、一串明珠，为多彩的裕安平添了几分灵气与亮色。

横排头水利枢纽工程及丰源湖为核心，景点包括许继慎将军陵园、苏埠老街、黄莲寺、白鹭洲、清源楼、望江寺、慈云寺、独山革命烈士陵园、六霍起义纪念塔等。还有地形、地貌独特的九公寨、碧水岩、铜山寨。

丰源湖

丰源湖不仅是丰收之源，而且是生命之泉。荡舟湖上，北望溢流坝山色葱翠、银波漾漾，西看情人岛溢绿吐翠、妩媚动人。溢流坝北面的淠河故道，牛羊依依、牧歌阵阵。丰源湖的水东源来自大别山主峰白马尖，西源来自天堂寨，沿岸森林覆盖率90%以上，山高林密，繁花似锦，水流清澈，而且含有数十种对人体有益的矿物质，感谢上天的恩赐，更要感谢勤劳智慧的皖西人民。

白鹭洲

在横排头进水闸和船闸两支水流之间，夹着一个人造的洲屿，因为这儿四季均有白鹭齐飞，所以称为“白鹭洲”。

靠清源楼北200米是著名的“十万白鹭园”。这儿绿树成荫、楼阁掩映、风清人静、环境清幽，池鹭、帕鹭、夜鹭、牛背鹭多达10多万只，盘飞起来遮天蔽日，生态仿佛世外桃源。

清源楼

向东望去，可见号称“江淮第一楼”的清源楼——“楼似滕王江渚临，巍巍七级矗天云。纵天王勃惊人句，却有骚坛百凤鸣”。此楼仿黄鹤楼雄姿，1997年兴建，现用作水利博物馆，取名清源楼，寓意清澈的源泉滋润着皖西大地。登上清源楼，临万顷烟波，观万家风雨，听万壑涛声。

九公寨

九公寨距六安市区30千米，海拔342米。有南北二峰，南峰俗称“小寨”，上有慈云寺；北峰俗称“大寨”，顶有九公庙，又名高峰寺。此寨始建于元代，是一座历史名山，“九公耸秀”为六安古八景之一，此山又是佛教名山，九公圣境自古为众多信徒所景仰，香火不断，因其地势险要，扼大别山门户，又为兵家必争之要寨。如今，主峰大寨上建有高峰寺，小寨上建有慈云寺。

苏埠老街

苏家埠的繁荣，缘于淠河的舟楫之利。因常有一位姓苏的人在淠河上摆渡，人称“苏家渡”。后来，随着社会进步，大批竹木茶麻在此集散、转运，于是渐成码头，由苏家渡而最后定名为苏埠镇。

现苏家埠镇老街仍保留着青砖灰瓦、飞檐斗拱的房屋和铺板斑驳的店面，以及青石板上辙印深深的街道。在镇西淠河沿岸的万亩果园则可以体验到农业生态游的乐趣。

东石笋景区 AAAA

景区山水相映，四季常青

✉ 金安区毛坦厂镇南9千米处

¥ 旺季50元，淡季40元

☎ 0564-2673659

东石笋景区与万佛湖、大华山、南岳山、天堂寨一线串珠，处于皖西旅游黄金线上。

景区山水相映，四季常青，最高峰海拔760多米，风景秀丽，环境清幽，集奇花异草、奇峰怪石、流泉飞瀑，亭、廊、水榭、寺庙和徽派建筑于一身，堪称旅游观光、怀古览胜中的一绝，被喻为“安徽的九寨沟”。

境内群山突兀，溪流环绕。风景区的山石结构非常地怪，它不是一座山整体矗立在平地上的，而是由一片片的片状石垒成的，是自然景观里很奇特的一种现象。景区内有大小瀑布90多条，最高的长达90多米。雨水季节瀑布水流更大，非常壮观，景区内植被良好，四季常青，从山顶到山脚，整个山好像披上了一层绿色的地毯。

玩家 行程

合肥有直达东石笋的旅游客车，也可以选择搭乘汽车或火车到六安，从南站坐到毛坦厂的车，再转到东石笋。

链接

九十里山水画廊

九十里山水画廊主要以六东路为主轴线，自张店至东石笋，全长约45千米，沿线有4个4A级景区（悠然南山度假区、大别山石窟景区、皖西大裂谷景区、东石笋景区）。

画廊地理位置特殊、优越，位处江淮分水岭地区，山川起伏，线条优美，河流洁净，山体植被与自然村落结合完美，田园风光清新怡人。

大别山石窟 AAAA

奇峰秀水，植被茂密

✉ 六安市金安区南部山区张店镇洪山村和太平桥村境内　¥ 80元

☎ 0564-2610555

大别山石窟风景区与皖西大裂谷景区接壤，奇峰秀水、植被茂密、古迹众多。景区内有千姿百态的怪石和巧夺天工的石窟群，幽谷之中还有香气凝人的百花园。石窟内更是

大别山石窟

山清水秀、风光迷人、烟波浩渺，山色湖光，交相辉映。景区山峦秀丽，树茂林峰，森林覆盖率达98%以上，空气清新，沁人心脾，是天然的氧吧。

洪山寨：景区主峰洪山寨，海拔291.2米，为该区第二高峰，三面突兀，多石窟，地势险要。著名的敞岩（皖西第一大岩洞）位于其北侧。其西部有九龙庵遗址。

太平天国洪秀全家族的一个分支曾在此安营扎寨，洪山寨由此得名。景区内物种丰富，沟谷幽深，藤蔓攀缘，怪石众多，不仅有千亩林海，还有碧波荡漾的洪山水库，风光无限。

皖西大裂谷 AAAA

罕见的山裂奇观

六安市金安区张店镇南六千米的崇山峻岭中

70元

7:00~17:00

皖西大裂谷位于六安市南25千米处，是一处国内罕见的山裂奇观。整个景区状如三节莲藕，窄处仅容一人置脚，宽处可藏千万精兵。两侧峭壁直立，高数十丈，有的山体呈负面倾斜，非常壮观。

皖西大裂谷

这里的岩石像是一座大山被神斧劈开，两厢峭壁撑天对峙，中间是一条长约2千米的蜿蜒石阶，峭壁下有天然的石崖回廊，隔涧相对，洞内两旁野花葱郁、青苔染壁、大藤悬挂、清溪跌宕，时有几声鸟啼，营造出清幽、恬淡、深邃的氛围，令人神思遐想，久久不愿离去。

玩家解说

大裂谷风景区原名“避王岩”，当地老百姓俗称“三道闸”，据《六安州志载》，明朝末年，相传有农民起义领袖张献忠（自号八大王）在此屯军避难，故得此名“避王岩”。关于“避王岩”得名还有一种说法，传说张献忠杀人如麻，老百姓听说他来了，便逃到岩内躲避，于是后人便把这里叫“避王岩”。

大王井

据史料记载，明崇祯十五年（1642），农民起义领袖张献忠被明军左良玉部追击到此，避难岩内，因士兵众多，饮水困难，便命令军士挖井取水，因张献忠自号“八大王”，后百姓习惯称此为“大王井”。

一线天·窥天崖

这里只有到中午时分，谷底才能见到一缕阳光，故称为“一线天”。

崖壁上方有一条五米宽的地方经年水滴不断，为瀑布留下的痕迹。每当雨后，50米的瀑布从天而降，人们只能由瀑底通过，那种气势会深深震撼您的心灵，攀上崖顶，抬头上看，只能看到很少的一点天空，所以此处得名“窥天崖”。

雄起岩

又称“点将台”，这里是张献忠在此动员所部，重整旗鼓、冲出重围、点将动员之处，也是他与见死不救的李自成决裂起誓之处，据说张献忠离开此地后，壮大队伍，攻六安破凤阳转战鄂豫皖川陕各省，所向披

独山革命旧址

靡，起义军发展到六十多万人，在成都宣布建立大西国，登基称帝。

悠然南山 AAAA

休闲度假的胜地

六安市金安区中店乡

度假村规划总面积约1.87平方千米，融体育运动、商务会议、休闲度假、生态农业观光等为一体，也是安徽省小球训练基地。

悠然南山度假区以生态山水园林为背景，以地中海建筑风格为特色，拥有南山风情小镇、室内篮球馆、网球馆、游泳馆、南山兴茂酒店等体育运动、旅游接待服务设施，拥有世外桃源、开心农场、神韵水乡等众多旅游景点，集"吃、住、行、游、购、娱"等旅游要素于一身。这里蓝天白云、青山绿水、繁花似锦、环境优美，是旅游观光、休闲度假的胜地。

独山革命旧址群 AAAA

100个红色经典景区之一

六安市裕安区独山镇

0564-2918889

独山革命旧址群景区是全国重点打造的100个红色经典景区之一、全国30条红色旅游精品线路之重要节点。

核心景区内主要有9处革命旧址、1处六霍起义纪念馆、1处革命纪念塔以及龙井沟景区，其中9处革命旧址均是全国重点文物保护单位（分别为苏维埃俱乐部、独山暴动指挥部、经济合作社、列宁小学、苏维埃政府、赤卫军指挥部、革命法庭、中共及少共县委、政治保卫局），分布在西街、中街两条老街上，自然形成了一个相对独立的历史文化保护区。这些革命旧址都是清朝中晚期至民国初年的古建筑，是皖西徽派建筑的典型代表。

大华山

被誉为"江北九华"

六安市金安区东河口镇

0564-2641013

大华山云峰寺始建于唐代。景区内有云峰寺、千亩竹海、古矿泉井和多株70多米高的古枫树，集自然风光、佛教道场之特色，禅寺、古枫、圣泉、怪石依山取势，曲径辗转迂回，掩映在苍松翠竹之中，晨钟暮鼓，香烟缭绕，形成特有的佛家情调，被誉为"江北九华"。

大华山云峰寺

玩家 解说

传说唐永徽四年，古新罗国（今韩国）太子金乔觉西渡中国学经修道，首选六安番山为道场，但因坐禅地陷，改选六南百里大望山建庙一座，名曰云峰寺。几年后，金乔觉又在江南九华山结庵修道，99岁涅槃，肉身不腐，世人将肉身装金贡于庙中，尊为金地藏王。因六安留有他的圣迹，故将番山改名为小华山，并建地藏寺，将大望山改为大华山，以志缅怀。

皋陶墓

省级重点文物

六安市金安区皋陶村

皋陶墓位于六安城东7.5千米、六安至合肥公路北侧15米处，东北35米处为皋陶祠旧址，为清乾隆年间修建，咸丰年间毁于大火，光绪年间重建。

皋陶被孔子列为上古“四圣”之一。皋陶墓为圆形土冢，周长97米，高6.2米，墓顶平面直径4米，上有黄连木一棵，形同华盖，墓前有同治八年（1869）安徽布政使吴坤修手书“古皋陶墓”碑刻一块。

玩家 解说

皋陶又名咎繇（jiù yáo），是黄帝之子少昊之后，生于前21世纪，是中国司法的鼻祖。皋陶生于尧帝之时，卒于夏禹之前，活到106岁。他历经尧舜禹三世，辅佐夏禹理政、治水和发展生产，并为融合夷夏和后来中华民族的形成做出巨大贡献。皋陶与尧、舜、禹齐名，被后人尊为“上古四圣”。禹根据皋陶的品德和功劳而举他为继承人，并授政与他。但皋陶未继位即去世，禹把英、六一带封给其后裔。唐玄宗以李氏始祖皋陶为荣，于天宝二年（743）追封其为“德明皇帝”。皋陶生活的年代是中国原始社会向阶级社会过渡的最后阶段，他的思想成为儒家学术思想的重要源头之一。

皋陶墓

景点推荐

六安北部景点

临淮岗 AAAA

淮河上的“小浪底”

六安市霍邱县临淮岗镇

60元 0564-2729777

临淮岗洪水控制工程位于淮河干流中游，涉及河南、安徽两省，主体工程跨安徽省霍邱、颍上、阜南三县，控制面积4.22万平方千米。该工程是将淮河干流防洪标准提高到百年一遇的关键工程，堪称淮河上的“三峡工程”和“小浪底工程”，它的建成，在治淮历史上具有里程碑的意义。

李家圩庄园

全国4大地主庄园之一

霍邱县马店镇（霍邱县西32千米）

李家圩地主庄园由李图南始建于清咸丰六年（1856），是全国四大地主庄园之一，现为省级重点文物保护单位。

庄园是一个典型的封建城堡，建筑颇有特色。四周深壕固防，二道河护圩，四角炮楼成掎角之势。庄园内一线穿珠，一宅三院，一幢高于一幢，门庭各为三间，檐口内为卷棚，靠墙立柱，横有门楣，两边柱头镶有童墩，配有精雕龙撑。靠门两侧有大型石鼓，黑漆大门下有闸板，门楼房顶为五脊六兽，正脊两端塑有龙头，房川脊装有鳌鱼兽头，脊中有铁铸雄鹰，拱坊上有雕刻彩绘。

玩家解说

大地主李梦庚勾结官府霸占土地达133平方千米，分布在今皖豫的霍邱、金寨、颍上、固始等地。李梦庚曾炫耀“马跑百里不吃人家草，人行百里不喝人家水”。并在上海、南京、天津、青岛、大连等地开设工厂、银行、当铺、学校、戏院45处。李氏家族从清咸丰初年（1851）开始发迹，历经四世，至新中国成立前夕，李家圩地主

李家圩地主庄园

庄园在全国仅次于四川的刘文彩地主庄园。

水门公园

以古水塘为核心的水上休闲中心

霍邱县城东北处新店镇（距县城2千米）

自霍邱县乘出租车可达

30元

城东北两千米处，水面翠岛浮玉，被人们誉为皖西的“千岛湖”。水门公园是依托水门塘水库而建，水门塘水库古称大业坡，是春秋时期楚国丞相孙叔敖所建，至今已有2600多年的历史，是中国历史上兴建最早的古塘之一。

水门塘辟为公园后，保持了“自然水”这一独特的视角景观。长桥卧波、亭台楼榭、曲径通幽、芦荻飘香。以水造景、相映成趣，呈现出锦鳞戏波、荷香莲动、水光潋滟的水上园林盛景。

公园的最大特点是塘中有46个小岛，各岛大小不一，形态万千。水门公园，曲桥幽径，彼此相连。景区以自然景观和人文景观为主，《过大业陂有怀楚相》《筑复水门塘》《县正堂陈示》水门塘碑记等历史遗迹至今犹在。

孙公岛：岛上建有业陂阁，高30米，1楼至3楼分别有“八仙过海”“孙公埋蛇”“二龙戏珠”三幅壁画。

动物岛：岛上母子猴、长颈鹿、孔雀开屏、美国火鸡、斑马、骆驼一律露天放养。

二号岛：岛上的卡丁车、高空车，龙宫岛的恐怖城、八卦阵，三号岛的自控飞机、碰碰车、淘气堡、智慧城、旋转坦克、弹跳飞人，堪称儿童游乐大世界。

水门塘

景点推荐

金寨旅游区

天堂寨 AAAAA

大别山第二峰

金寨县西南角前畈

梅山镇的金寨汽车站（六安市金寨县梅山镇210省道梅山派出所旁）坐到天堂寨的汽车，每天6：30、7：30、12：00、13：00发车

100元，景区公交28元

0564-7528098

天堂寨位于金寨县与湖北省罗田县的交界处，是大别山最主要的景区之一，有“华东最后一片原始森林、植物的王国、花的海洋”的美称。主峰天堂寨（与景区同名，也叫天堂顶）海拔1729米，是大别山的第二高峰，也是长江和淮河的分水岭，所以在天堂寨峰顶北可望中原，南可眺荆楚，巍巍群山尽收眼底。

景区总面积120平方千米，境内千米以上的高峰25座，天堂寨最高峰为大别山主峰之一。其间雄关漫道，崇山峻岭，茂林修竹，龙潭飞瀑，奇松怪石颇多，古称“吴楚东南第一关”，气势雄伟壮观。

位于大别山腹地的天堂寨，独特的花岗石及花岗片麻岩，使其风化成群山环抱，山峰林立的地貌特征，从而形成了天堂寨森林公园特有的山岳风景。

玩家 行程

金寨火车站是离天堂寨最近的火车站，但也有100多千米远，好在这是一个高铁站，路过的班次比较多，上海、武汉、合肥、南京、长沙等地都可以坐动车或高铁到达。然后在火车站旁的公交站坐公交车到梅山镇，梅山镇有去天堂寨的汽车。

六安汽车客运总站（六安火车站旁边，也叫六安南站）坐到天堂寨的汽车，每天7：30、12：30发车，车程约4小时，票价45元。

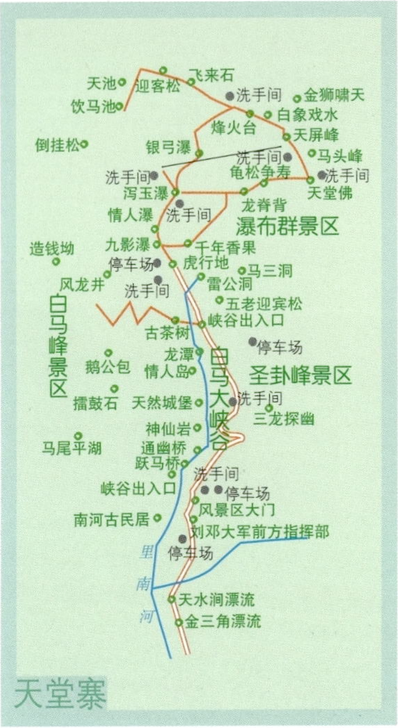

合肥旅游汽车站坐直达天堂寨的汽车，每天7: 20、12: 30发车；或者在合肥汽车客运西站坐直达天堂寨的汽车，每天7: 40、13: 00发车。从合肥到天堂寨的车程约5小时，车票都是85元。

玩家攻略

天堂寨属于大别山深处，天堂寨的美食主要是品尝山里味道，集中体现在当地吊锅和小吊酒上。吊锅是当地一种饮食文化，锅里有当地产的各种山货，如竹笋、山鸡等，小吊酒主要是当地的山泉水酿造，工艺相传千年。

天堂寨有4月份的乐山戏水狂欢月活动、每年一度的农历六月六天贶节，接姑娘回门活动、民间民歌赛、打花棍、挑花篮、舞龙灯、跑旱船、豪迈的霍山锣鼓、激情飞扬的篝火晚会等。

瀑布群景区

天堂寨森林公园的水景则主要表现在瀑布与溪水潭池上，区内瀑布成串，几乎等间距地分布着银弓瀑、淑女瀑、泻玉瀑、情人瀑和九影瀑五大常年流水瀑布，其所处的海拔自950米至1300米，瀑布落差30米至80米，峡谷深达数百米；潭池水溪清澈，均属优良水景景观，其中尤以一号瀑布、三号瀑布、龙井河溪为最。

一号瀑布（九影瀑布）：瀑布高挂，落差71米，水帘幅宽8米，瀑布下有深潭，潭面30平方米，终年不涸，雨季更甚，瀑布水帘凌空而下，潭内雾气腾腾。

三号瀑布（泻玉瀑布）：垂直高度62米，水帘宽11~13米，瀑岩呈淡紫色，略倾斜且岩面凸凹、参差不齐，水流其上似滚珠泻玉，独特壮观，瀑布下滑跌落在石坪上，可谓是“清泉石上流”。瀑布周围绿树陡峰，景色宜人。

龙井河溪：龙井河溪是一号瀑布至五号瀑布的主要水源溪河，河溪两岸峰峦起伏，植被成荫，山花遍布，瀑布、溪水、潭池各类水景，景色迷人。

白龙马大峡谷

天堂寨白龙马大峡谷位于海拔1600米的白马峰山脚下，全长约6千米，它是淮河的主要源头之一，更是安徽省省会合肥的水源地。

峡谷天凿地造，气象万千。谷内深潭遍布，间有瀑布，迥异神秘；溪涧怪石散布，空气清新。峡谷谷底较宽，两岸多为陡立的悬崖峭壁，是较典型的“U”形谷。谷底露出的岩层为深度变质的大别杂岩和花岗岩，各类景观丰富多彩。

天堂寨瀑布

龙剑峰景区

龙剑峰位于天屏峰与泻玉瀑之间，整座山峰以石为骨体，其形酷似一柄巨剑，横亘在景区中间，故名龙剑峰。龙剑峰景区融奇松、怪石、绝壁为一体，以险、奇著称，特别是龙脊背处，游走时需手脚并用，在龙剑峰上既可以探险炼志，沿途还可饱览西边洼核心保护区原始森林的美丽风光。

燕子河大峡谷 AAAA

令人神往的绿色旅游佳境

金寨县燕子河镇西南部茶铺村境内

从金寨县乘出租车或包车前往

65元　0564-7527058

燕子河大峡谷位于六安市金寨县境内，由著名书画家启功先生题字，与华东最后一片原始森林天堂寨毗邻，峡谷奇峡绵延，以险崖、奇石、幽谷、秀水而著称。

燕子河大峡谷是冰川运动遗留下来的，以“四奇”“五趣”著称：“奇坑、奇柳、奇瀑、奇洞”“趣石、趣潭、趣滩、趣谷、趣峡”，真乃“奇趣相生第一谷”。

峡谷为长度约2000米的步道游览空间，集中分布着鬼斧神工、险不可攀的天坑绝景；深不可知、天设地造的“仙人洞”；如雪似烟、若雾是水、变幻无穷的神韵瀑布。天然奇石、石纹、石穴千姿百态，色彩斑斓，无不让人感叹大自然的神奇造化；奇峡异滩，大大小小的潭、池、湖、岛，奇观胜景，令人惊叹不已，恍若步入人间仙境。

玩家攻略

大峡谷内游人非常少，很清静，以水景为主、辅以奇石，所以最好春、夏的雨后来，若逢冬天枯水季，景色会逊色许多。

峡谷内得天独厚的气候土壤条件，孕育了桑、栗、茶、竹、灵芝、菌、麻等多种珍稀特产，是一个天然的资源宝库。

其中名茶六安瓜片、金寨翠眉历来是茶中之珍品，具有“色翠绿、香清高、味甘鲜、泡次多”等特点。山核桃、猕猴桃、板栗、白蒜、黄姜、麻黄鸡、银鱼等山珍野味，味道鲜美纯正，真正绿色无污染。

天堂寨风光

天坑

在燕了河大峡谷一座海拔600多米的山峰上有一座四周悬崖绝壁的山坑，它便是号称“华东傲世奇坑”的天坑。不同季节天坑会展示出不一样的景象，每种都让人震撼。

坑深达280米，悬空直径180余米，坑的三面半皆悬崖绝壁，陡不可攀，站在天坑里仰头观望，只见云天，仿如天陷之坑，故名“天坑”。

听愿柳

路边有棵千年柳树，树的主干高约20米，需5人方能牵手合围。树冠浓荫如盖，冠径约30米。此柳的下半部像是成千上万个“佛的耳朵”长成，树干里面是空心的，用手敲击突起的耳朵，可听到清脆的“咚咚”声。柳树已有上千年的历史，所以又被称为“千年奇柳”，而且至今仍在生长。

梅山水库 AAAA

国家级水利风景区

六安市金寨县梅山镇

合肥、上海、南京、武汉、六安至梅山均有专线

15元　0564-7053474

梅山水库风景区位于鄂、豫、皖三省交界处的大别山腹地，坐落于有将军县之称的

金寨县。景区丰富的“绿色”旅游资源同县域“红色”革命传统紧密相连，形成了自己独特的旅游文化。

金寨县境内的梅山水库，碧波荡漾、群峰侧映、植被茂盛、风光旖旎，被誉为“高峡平湖”。湖区内有天鹅岛、万鸡山、九王寨、梳妆台、风动石、狮子口等70多处大小不同、形态各异的岛屿、山峰。如今的梅山湖区，自然景观巧夺天工，人文景观品位高雅。游客在欣赏气势恢宏的大坝和湖光山色秀丽美景的同时，还可以领略到观蛇、观鸟、观鱼、观民俗文化带来的乐趣。

马鬃岭

国家自然保护区

金寨县西南部

从金寨县乘出租车或包车前往

马鬃岭自然保护区位于安徽金寨天马国家级自然保护区内，地处大别山北麓、金寨县西南部，总面积48平方千米，森林覆盖率95.9%。

境内最高峰1671米，景区入口海拔600米以上，有高等植物1576种、动物185种、珍稀动植物42种，自然条件得天独厚，是一座原始、古老、完美的绿色宝库。

马鬃岭自然保护区核心区及周边自然鉴赏点多达60处，奇峰、奇松、奇花、怪石遍布全区，山景、水景、林景错落有致，相互辉映。这里有气势恢宏的百米飞瀑，核心区内深藏着三叠泉和一望无际的原始森林，还有一座石佛遗址，其间还残存着四尊石佛像、一块石匾，相传其古寺为宋朝年间所建，是善男信女求神拜佛之场所。

红石谷

红石、碧水、茶圣地

金寨县东部的响洪甸镇

于六安乘车前往大别山国家地质公园红石谷风景区（车程约1小时）

40元

6：00~17：30

红石谷风景区位于大别山北麓，景区面积60平方千米，位居皖西五大水库之首、气势恢宏的响洪甸水库就坐落在景区之内，这里还是中国十大名茶六安瓜片的原产地。

红石谷原称龙井河峡谷，自古以“28峰、18岩、72洞、36怪石、12道瀑布”著称，因为茶王六安瓜片的原产地而扬名海内外。红石

红石谷

谷齐山所产“齐山云雾”自唐代既有记载，直至今日，红石谷仍以“红石、碧水、茶圣地”为特色。

红石谷风景区由六安瓜片生态观光茶园、情人谷、红石板河、洞天福地四大区域构成。其中，情人谷、红石板河、福天洞地三大区域为融大别山独有的丹霞、火山岩等为一体的板块，极有代表性的大别山岩石构造群和红石岩体遍布峡谷两侧，红色巨石间或其他岩石群遍布其中，地质运动遗留景观清晰可见。

玩家 解说

六安瓜片，十大名茶之一，绿茶中唯一不含枝梗的片茶，据说是慈禧太后的贡茶，其制茶工艺也堪称我国茶类制作工艺一绝，因其外形形似瓜子，故称“瓜片”。

对于六安瓜片原产地，最让人沉醉的不在于满山漫谷的茶园，而是茶季山中茶厂中飘出的浓浓茶香。六安瓜片茶的制作与众不同，采摘即采摘茶叶的叶面，没有枝干，炒作的时候工序相当复杂，据说有80余道工序，以“火工”和“火攻”独特工艺制作而成，十分精致。

六安瓜片茶有着浓郁的茶文化。郑板桥手书“六安瓜片”流传至今，茶圣陆羽著书记载。明代大学者李东阳等学士更是联句赞咏六安瓜片茶，广为流传。

玩家 攻略

红石谷的美食，离不开这里的山水民风。如果说到红石谷不喝茶，到响洪甸水库不吃鱼，回去则会被人笑了。喝着地道的瓜片茶，就要等着吃水库的深水鱼了。鱼的吃法有很多种，红石谷的响洪甸水库烤鱼最有味道。

链接

六安茶谷

六安茶谷规划面积约5696平方千米，主干线长约260千米，建设范围涉及5个县区、46个乡镇、2个风景区、5个水库。茶谷以六安瓜片为产业基础，全面反映六安茶产业的特色，将六安瓜片、霍山黄芽、金寨翠眉、舒城小兰花、华山银毫原产地和主产区全部纳入茶谷，“500里茶谷孕育五朵金花”，可以客观全面地反映茶产业的鲜明特色和六安茶谷茶旅游的独特魅力。

茶谷拥有二类以上优质水源70多亿立方米，气候适宜、降水充足，森林覆盖面广，负氧离子含量高，生态环境秀美，堪称“天然氧吧”。这里有中国十大名茶六安瓜片、历史名茶霍山黄芽，有“中华仙草”之称的霍山石斛和断血流、天麻、茯苓、杜仲等名贵中药材，有非物质文化遗产六安瓜片传统制作工艺。

走进茶谷，沿线的旅游资源也十分丰富，有被国家林业局授予“中国竹子之乡”称号的万亩竹海；自然遗产大别山（六安）国家地质公园；全国罕见的红色文化遗产、安徽唯一完整保存的苏维埃时期独山革命旧址群；有新中国第一坝佛子岭水库，十八盘竹海、六万寨、龙井沟、蝙蝠洞等天然景点和自然保护区。

情人谷

终年流水淙淙、四季不息，流水和红石山体以及河床相互依存，红石外露的河床，久经流水冲刷后，形成座座龙潭和瀑布，潭水深不可及，绿如翡翠。代表景点有大龙潭、天河瀑布、静卧听溪、试心桥等，把情人谷装点成世外静地。

响洪甸水库

响洪甸水库是淮河支流西淠河上的一座大型水库，20世纪50年代新中国治理淮河水患的枢纽工程之一，亦是淠史杭灌区的主要水源之一。响洪甸水库水质纯净，清澈甘洌，

六安茶谷

水边群山倒映在水中，宛若镜面屏风，行走其中若在画中。这里又被誉为皖西小桂林。

齐头山

齐头山蝙蝠洞被誉为六安瓜片的起源地，大诗人李白诗云“扬子江中水、齐头山上茶”，赞誉瓜片茶。

红石板河景区

红石板河位于红石谷峡谷的终端，是红石谷最为代表性的红石景观。红石板河被保护性开辟为原始步道游览区，供游客探索游览，受到野外探险、徒步行走、户外运动的人群欢迎。

红石板河是天然石板河床。流水终年流淌在红色石板之上，阳光照耀之下，流星溢彩，可赤脚、可倚坐河边巨石之上，与大自然神奇造物亲密接触。

生态观光茶园

红石谷内遍布的茶园存在已久，然而，以桐子林为主的植被分布却是另一番景色。茶园大多为无公害茶园基地，每到春季，茶园绿芽抽动，桐子花开。绿的茶园，白的筒子花，一绿一白，春山春色竞满山。

金寨烈士纪念塔

金寨烈士博物馆

革命斗争历史展示馆

金寨县梅山镇红军村

金寨革命烈士博物馆建于1983年，占地8300平方米。前有广场假山，后有回廊庭院，松柏掩映，花草扶疏。正门头上的馆名由邓小平题写，门外镶嵌着江泽民题写的“全国爱国主义教育基地”匾额。馆内分为序厅、革命历史陈列厅、革命烈士事迹陈列厅和将军馆。

陵园中央的金寨县革命烈士纪念塔，建于1960年，塔高24米，塔身正面镌刻着刘伯承题写的“燎原星火”四个镀金大字。烈士纪念塔后是1993年建成的“红军纪念堂”，由洪学智题名。纪念堂为八角形，似红军八角帽。

红石谷丹霞风光

景点推荐 霍山旅游区

大别山主峰景区 AAAA
国家地质公园

六安市霍山县磨子潭镇 95元
6:00~18:00 0564-5757777

整个景区涵盖四大景点白马尖、龙井峡、四望堡、别山湖以及大别山庄度假村、面积达340平方千米。已对外开放的景点有白马尖、别山湖、龙井峡以及海拔950米的大别山庄度假村。

玩家 攻略

冬季的白马尖一片银装素裹，你能观赏到冰柱、冰河、冰瀑，一片冰雕玉砌的世界。四、五月份正是杜鹃花开时，千年的杜鹃绽开了新颜，满山遍野的姹紫嫣红；秋季无数无名的小野花点缀着白马尖，细心的你会不时发现成熟的野生猕猴桃、葡萄、山楂等，让你一饱口福，偶尔还会与下山的猴子不期而遇。

玩家 解说

大别山为革命老区，新民主主义革命时期，大别山区是中国红军第四方面军诞生的摇篮。1947年，刘邓大军千里跃进大别山，人民解放军转入战略进攻，刘邓大军开辟大别山根据地，严重地威胁了国民党统治中心南京和湖北重镇武汉。1948年，刘邓总部在天堂寨脚下的九资河召开战略部署会议。鄂豫皖这片大别山里走出了共和国的1位元帅、2任国家主席和300多个开国将军。

白马尖

白马尖海拔1777米，为大别山第一高峰，位于六安市霍山县和安庆市岳西县的交界处，系大别山主峰，同时也是大别山国家地质公园的核心园区——白马尖园区。

白马尖距霍山县城90千米，位于太阳、磨子潭、大化坪三个乡镇交界处。白马尖成山于燕山运动晚期，为花岗石山体。山势磅礴，巍峨壮丽，融高、雄、峻、特为一体。山峰形似白马，一峰独秀，群山俯首，且常年白云缭绕，故称白马尖。

白马尖是大别山主峰景区的核心景点，山上怪石林立，鬼斧神工。白马尖上还覆盖着原始森林，常年云雾翻飞缥缈，浩瀚似海，其内奇松遍地，蕴藏着丰富的动植物资源。

登峰俯视，东方岳西的千脉群山，南面英山的鄂水故道，西北金寨的万顷桑园尽收眼底。信步山间，看潺潺溪水，听清脆鸟鸣，嗅扑鼻花香，闻阵阵松涛，令人心旷神怡，大有返璞归真之感。天高云淡之际，登顶远眺，极目四周，一览众山小。

别山湾

大别山腹地深处有两个湖泊，人称别山湾，也就是"水上大别山"。两湖泊分别长30千米和40千米，蜿蜒曲折，时而周转，时而豁然开朗，湖面平均宽度两千米，大别山崇山峻岭，矗立在一望无际的湖面上，湖上有游船，湖边有公路，无论在船上还是车上，都可以游览水上大别山的风光，探索淮河的源头。

龙井峡

龙井峡长15千米，深400米，宽40~300米，峡谷内瀑布成群，怪石遍地。它在大别山旅游区具有"海拔最高、植被最好、瀑布最大、风景最美、峡谷区内生态环境完好"的特点，堪称"大别山旅游第一峡谷"。

景区内共有四个瀑布，四季流水不断，它们名字比较有特色，都是以龙为主题命名的。最高的70米瀑布叫作龙门跳，瀑布从两峰之间夺路而出，气势磅礴；其他的分别叫龙井潭、龙王樽、神龙手。

铜锣寨 AAAA

江北小黄山

霍山县太阳乡

霍山至太平、霍山至太阳、霍山至漫水河班车均可达景区县城至景区 50元

铜锣寨地处大别山腹地，距县城68千

米，风景区总面积92平方千米，因前122年汉武帝巡视衡山国（今霍山县）梦见一轮明月化作铜锣落于此山而得名。

铜锣寨始建于明代，山寨孤峰耸起，主峰海拔1096米，峭拔险峻，松奇石怪，有姐妹松、天伦松、石托迎客松和南天门石、情侣石、神象戏水石等景点，寨下有供沐浴的温泉。因奇松、怪石、云海、温泉而享有“江北小黄山”之美誉。

常言道：仁者乐山，智者乐水，大凡壮美的风景区，都是山水相映。山无水无韵，水无山无趣，靓丽幽美的铜锣湖，被游客亲切誉为“山寨西子”。

玩家攻略

铜锣寨山野人家的将军菜、黄芽菜、小河鱼、红灯笼辣椒是地道又地道的农家产品、百合粉、香菇木耳、小吊米酒、烟熏红豆腐，是祖传家制的特色食品，风味与众不同，游人品后回味无穷，同时又是赏亲馈友的理想佳品。

小南岳 AAAA

省级风景名胜区

霍山县南郊衡山镇　0564-5022021

自合肥市或者六安市乘长途汽车均可达

小南岳省级风景名胜区位于霍山县城南郊，景区内绿荫蔽日，古木参天，有动植物2000余种。相传前122年，汉武帝南巡曾登临此山览胜，敕封为“副衡”。

山顶有建于汉代的南岳祠（俗称南岳庙），现题额由赵朴初题写，其西门楼留存石刻“汉帝敕封”4个大字，东门楼为明代建筑，正门题额“小南岳”为于右任手迹。庙内有前殿、后殿、三官殿、观音殿。主要景点有南岳天池、试心崖、旗杆夹、左慈洞、珍珠湖、大风洞、小风洞、九桠古枫和烈士陵园等。

南岳山

南岳山四面众山拱卫，一峰突起，如柱擎天，故又名天柱山。晚唐诗人皮日休漫游

佛子岭水库

皖西时，曾写下著名的《南岳赋》，对山水洞石作了细致的描绘。此山将山、石、寺、洞、池等多种自然景观融为一体，水软山温，秀色可餐。山顶原有岳祠、万卷堂等古建筑。祠旁有一水池，口方丈许，池水清冽，俗称“南岳天池”，旧为“霍山八景”之首。

南岳祠·万卷堂

南岳山顶有南岳祠、万卷堂等古建筑。

南岳祠，俗称南岳庙，现有16间砖木结构的小瓦庙，系1937年重修。此地保留诸多石刻，现题额由赵朴初题写，其西门楼留存清朝石刻“汉帝敕封”4个大字。

万卷堂则相传是宋代状元焦氏兄弟中考前的读书处，至今遗址尚存。

佛子岭 AAAA

长三角旅游的后花园

霍山县佛子岭镇　50元

0564-5232531

佛子岭镇地处霍山西南腹地，距县城15千米。新中国第一坝佛子岭水库、霍山黄芽原产地乌米尖、全国白酒十五强安徽迎驾集团坐落境内。

佛子岭是历史名镇，汉武帝刘彻曾南巡至此，留下了晾甲广场等许多美妙传说。佛子岭也是旅游重镇，山清水秀，风光秀丽。亚洲第一坝、千顷人工湖、万亩竹海、卧大佛、夫妻树、石笋冲、湖心岛等众多自然风景与丰富的人文资源浑然天成，相得益彰，成为大别山旅游区的门户、皖西旅游的中心、长三角旅游区的后花园。

景点推荐 舒城旅游区

万佛湖 AAAAA

安徽的北戴河，合肥的后花园

舒城县万佛湖镇

合肥市、舒城县都有前往万佛湖的班车

105元(含船票)　0564-8535069

万佛湖位于舒城县城西南，距省会合肥不足80千米。以龙河口水库为主体，南有万佛名山，东有万佛温泉(西汤池温泉)，山水相依，树拥花簇，被誉为“省城后花园”。

万佛湖是一个闻名于世的湖泊型观光旅游风景区，环湖皆山，湖面50平方千米。这里一碧万顷，波光潋滟，绿岛浮动，百鸟翔集，舟帆点点。湖中66岛，已有燕子、万佛、钓鱼、风情、藏仙、双龙等11个岛屿开发了风情表演、野生动物观赏、水上飞机等游乐项目。

万佛湖自然景观和人文景观众多，有万佛石林、摩崖石刻、海市蜃楼、左慈钓台、天池、观音洞、人头马、杉木林、翠竹岭、马尾松坡、白鹭洲、湖滨沙滩等。世界上第一人工土石大坝——龙河口水库大坝，就屹立于湖东大小梅山之间。亚洲铁人三项赛和国际龙舟邀请赛曾在这里举办。

玩家攻略

“万佛湖砂锅鱼头”是以地道的万佛湖鳙鱼头为原料，加上纯净的湖水，配以独特的佐料，以文火炖制而成。其味鲜美，口感独特，鲜而不腥，肥而不腻，腴嫩汁浓，汤色乳白，属真正的绿色食品。

龙河口水库大坝

龙河口水库1958年动工兴建，1960年建成受益，以后陆续兴建配套设施，1969年最

后竣工，历时十一个春秋。修水库实现千年理想——“锁蛟龙造福万代子孙”。

水库大坝为“黏土心墙沙壳坝”，全长1000多米，海拔高度75.4米，总计完成土方160万立方米，巍然耸立在龙河寨和栲栳山之间。令人惊叹的是，它完全是以人工肩挑手推的土法而筑成，堪列“世界之最”。

万佛岛

万佛岛处于湖上绝佳水域，全岛林木蓊盛，花草交辉。它提供餐饮、娱乐和高中档住宿，同时是湖上游客休闲、拜佛之地。此岛建有万佛塔，塔高七层，临波闻浪。岛上建有“清心桥”，铁索悬于水上，索上铺陈桥板，可登桥上“湖心亭”和高达三层的“清心阁”。

燕子岛

燕子岛状如一只展翅的燕子依于湖面。该岛是融观赏、游乐、餐饮、休闲为一体的综合性开发岛屿，颇具古典徽派园林风格。修建在该岛码头的“观湖廊”，便是将徽派建筑的牌楼、亭榭融为一体。燕子岛整洁清静，楼台亭居设置疏密有致，花木繁茂，绿叶扶疏，由大门沿着五彩石铺就的石径道步步登高，一步一景。

钓鱼岛

钓鱼岛包括钓鱼岛、半月岛、长岛三个大岛和一些小岛。该岛在浓荫覆盖之下，泊船码头两旁，筑有旧城墙式的建筑，水上有精美的浮台，可供多名游客同时垂钓。离开

燕子岛

钓鱼岛向东，走过70米长的石拱鹊桥可进入半月岛，半月岛上有日本榻榻米宾馆和多功能厅。

万佛温泉

与万佛湖相伴的万佛温泉，原名“西汤池”，与庐江县“东汤池”遥相呼应。清著名文学家戴名世曾沐浴于此，盛赞不已，作有《温泉记》，使之名扬天下。温泉面积达1.5万平方米，与庐江东汤池温泉、巢湖半汤温泉同属一个泉系，而万佛温泉地处上游，水质极好，常年水温68度左右，在此洗浴，可健肤强身。

万佛山 AAAA

避暑疗养胜地

舒城县晓天镇小涧冲（距万佛湖景区60千米）

50元　0564-8342158

7：00～18：00

与万佛湖相依的万佛山，以山高、峰险、松奇、石怪、瀑多、洞幽、林深、佛真而著称于世。主峰老佛顶海拔1539米，峤巅鸟瞰，群峰峭矗，形似一尊尊弥佛，拱卫于“佛祖”——老佛顶脚下，得“万佛山”之名，也有因万佛山中，悬崖绝壁之上拥有天然“万佛山”三字奇观而得山名之说。

万佛山植被丰富，仅木本植物就有2000余种，其中香果树、银缕梅、鹅掌楸、珍珠黄杨等30多种为国家级珍稀树种。这里还是动物的乐园，有鸟类近百种，兽类50多种，其中属国家级一、二类保护的有金猫、金钱豹、灵猫、斑狗、锦鸡、娃娃鱼等。万佛山有大小36峰，北登主峰，可游览险峰奇景，如流沙崖、试心石、鲤鱼背、关刀口和滑石坡等。

周瑜城

大度风流说周瑜

舒城县干汊河镇

周瑜古城坐落在一个东西走向的小岗丘上，南濒杭埠河，沿土城墙绕城一周约1500米，有四个对称的城门豁口，城中有一高台地，许是当年的城中体建筑台基，一畦油菜花开的金黄。环城是阡陌纵横地平畴，平畴之上疏落点缀着几座绿树荫浓的村庄。

周瑜城为24岁以前的周瑜在家乡修建的兵营，供练兵习武及驻军之用，距今已有

万佛山

1800多年的历史，原建有兵营、养马场、周瑜井、拜母堂、净梵寺、古塔等。城的西北方向有呈鼎足之势的三个土墩，名曰“练三墩”，传为当年周瑜练兵牧马处。

玩家 解说

周瑜（175—210），字公瑾，舒城县干汉河镇人。我国古代著名的战略家、军事统帅，三国时东吴名将。舒城有关周瑜的遗址、遗迹和民间传说十分丰富，相传他的祖坟，就在万佛湖大堤北岸的栲栳山上。

百丈岩瀑布

华东地区最大的瀑布

舒城县庐镇乡

百丈岩瀑布地处大别山腹地安莱山，舒城、桐城、潜山三县市交界处，处于万佛湖旅游风景区和天柱山旅游风景区的连线地带，被旅游专家确认为华东地区最大的瀑布。

百丈岩瀑布三瀑连叠，落差136.7米，中国地理、地质学专家、北大教授杨景春考察后赞叹“银波三叠，气势恢宏”。第一瀑布被百丈岩环拱，飞流直下，水声轰隆，下有深潭，清澈见底，潭中矗立巨石。登上巨石观瀑，激流涛声中更能感受到瀑布雄壮而又飘逸。潭前水流间怪石嶙峋，柳抱石、藏蛇石等造型各异。中瀑水势渐缓，岩上水波荡漾，绵长深远。

百丈岩风景区内瀑布、幽潭、险谷、奇峰、怪石、云海、洞穴、天然拱桥、原始林区等应有尽有，移步换景，美不胜收。

飞霞公园

飞霞晚照为舒城八景之一

舒城县城关镇龙津大道

原为宋代画家李公麟及其堂弟李德素老宅故址。“飞霞晚照”为古舒城八景之一。公园设东、西两道大门，朝迎东升旭日，暮送夕照飞霞。园内有一阁二桥三井四亭横压中轴，北有归来宅和龙眠书院等仿古建筑，以展示先贤业绩与风范；南有根雕盆景供游人欣赏；东有儿童游乐园，西有游廊藤萝花卉。

慈母宫

慈母宫

规模为城市道观之首

舒城县城关镇龙舒路西段启德文化院内

慈母宫为启德文化院的主体建筑，位于舒城县城关镇原观音寺旧址。尊老子“天地之始，有名万物之母”而得名。

道观为三层仿宫廷式建筑，黄瓦红墙，雕梁画栋，金碧辉煌，庄严宏伟。内供道教玉清元始天尊、上清灵宝天尊、太清道德天尊，神话传说的玉皇、王母娘娘、观音、马祖、土地、城隍、孙悟空，以及历史人物孔子、包公、文天祥、彭公、施公等。该宫陈列道家典籍，营造道家历史文化氛围，供人们瞻仰参观。

附属建筑有慈航殿、珍藏馆、根雕馆、字画展览馆及写字楼等，是一个融宗教活动和旅游观光为一体的场所。

晓天老街

青砖灰瓦，古色古香

舒城县晓天镇

在安徽省舒城县西南的大别山深处，有一个古老的小镇——晓天镇，其中的老街具有300多年历史，至今古韵犹存，青砖灰瓦、

晓天老街

雕梁画栋、古色古香，是皖西地区保存较为完整的徽派古建筑群。

老街长700米，宽3米，临街两侧是典型的徽派建筑，高大的马头墙内隐藏着一个个封闭的小世界。老街上，一家家老字号店铺、一扇扇残旧的铺门，构成了一幅幅老街特有的画面。

鹿起山

舒城四大名山之一

舒城县南港镇鹿起村

鹿起山因佛教文化兴盛，被誉为舒城四大名山之一。山上植被丰茂，空气清新，是登高望远的好去处。每逢天气晴朗，朝阳初照，地下水分蒸发，形成雾气，透过阳光，岚气漫开，带围山腰，随风舞动，飘忽不定。巅峰上古寺，云遮雾罩，忽隐忽现，虚无缥缈，形成了一道奇特的气象景观，被称作“鹿起晴岚”，为“龙舒八景”之一。

南岳行祠始建于清朝初期，巍峨壮观，号称有99间半房屋，数百年长盛不衰，四方香客慕名云集。今山顶存一龙泉寺。山上还有二坡、试心石、洗剑池、金牛脚、狮子岩等名胜。“洗剑池”泉水清澈晶莹，终年不竭，传说太平天国将领石达开曾在此磨剑，操练兵马。“苦读庵”相传为王安石读书处。

仙女寨森林公园

山青、水秀、石怪

舒城县南港镇郭店村

仙女寨森林公园属于大别山余脉。原称玉泉山，该山峥嵘峻拔，突兀神奇；其峰陡峭，石崖如壁。壁上有天然石洞，内供关羽及周仑、关平神像，名曰关圣洞。据说元代末年，江西元老十三太保童仙德避乱至此，见这里山奇、水秀、石怪、岩洞天成，群众虔诚。他崇拜武圣关羽，于是筹资建庙，名曰慈仁寺，供奉关圣。现有大雄宝殿、关圣洞、观音洞等庙宇，塑关公、观音和释迦牟尼等金身，供信徒烧香膜拜。山中还有仙人寨、玉泉峰、斗笠寨、金鸡报天门、玉泉井、仙人田、月泉池、翡翠谷、聚仙台、古寨城墙等诸多名胜。

鹿起山

攻略资讯

- 交通
- 住宿
- 美食
- 购物
- 娱乐

六安市区

交通

六安被国家交通部确定为陆路交通枢纽城市。合武高速铁路贯穿全境，与合肥、南京、上海、武汉这些大城市之间通行便利。六安火车站位于六安市裕安区三一二国道，乘公交车9、11、201路均可达到。

六安市共有4个长途汽车客运站，有发往北京、常熟、杭州、南京、合肥、安庆、蚌埠、淮北、淮南等各大中城市的班车。六安汽车客运总站位于312国道旁，与火车站毗邻，乘坐7、9路公交车可到

住宿

六安地处大别山区，旅游资源丰富，景点分布广泛，住宿最好据景点就近选择。六安市区近年来，宾馆酒店等旅游服务业有了长足的进步。各类宾馆，档次齐全，设施完备，可基本满足不同层次需要。另外，在分布广泛且零散的众多自然景区一般可做两种选择，一是度假山庄（酒店），二是清洁的本地农家旅馆。

●六安金陵皖西宾馆

金陵皖西宾馆目前本区域软硬件设施最新、最好的五星级商务会务型酒店。宾馆处于市区，旁边有个似锦年华，还有一个西都百货，那边还有新建的红街，交通购物都方便。并且提供早餐，都是六安当地的小吃。✉ 六安市皖西西路108号

●六安伯爵商务酒店

伯爵国际商务酒店位于六安市中心，酒店整体设计秉承欧式风格，高贵典雅、豪华气派。餐厅装饰考究，风味独特，还设有六安市最具特色的融观赏、点菜为一体的自选点菜厅。✉ 裕安区解放路明珠广场A区

●六安霍山县迎驾山庄

这儿曾是历史上著名的“汉武帝狩猎之地”，山庄体现了汉代宫廷建筑风格，庄重典雅，古朴大方。内设具有汉代风格的“汉宫瑶池”洗浴中心、“大汉飞歌”演艺广场以及棋牌室、健身房，配套设施完善，服务细致周到。✉ 霍山县佛子岭风景区内

六安的酒店

●六安霍山县大别山度假村

度假村位于大别山主峰腹地海拔950米处，周边环境优美。建筑元素为大别山山居、自然、时尚三者的结合，主要消费群体定位中高端，同时也有三分之一的普通客房。这里建筑物和自然环境融为一体，树从屋顶穿越，石从墙中生长，水从房中潺流。整个度假村三面环山，实现了自然和现代的完美结合。✉霍山县太阳乡

美食

六安地处大别山区，特色菜和特色小吃都较具山区特色。在山区各景点，当地特色美食做法最地道，味道最佳。其中，铜锣寨景区有铜锣寨小黄鱼、万佛风景区有万佛湖鱼头、天堂寨有天堂寨泡菜和天堂寨小吊酒。另血豆腐、吊锅宴等都是山区独具特色的美食，在山中的餐馆都能品尝到。此外，六安素有“麻鸭之乡”盛名，六安酱鸭是传统的美食之一。

●胡店咸鸭蛋

卤料以蓼叶灰、腊鹅汤、腊肉汤等配制。浸泡一夜后，取出晾晒，直至表皮渗油。成品呈淡绿或淡黄色，乍闻有点臭，吃起来醇香细嫩，表皮柔韧。可凉拌、油炸、炒菜。

咸鸭蛋

●铜锣寨小河鱼

铜锣寨山高岭大，小河溪流众多，盛产无污染的小河鱼。小河鱼长15厘米左右，先去内脏，洗净，再炕干，最后曝晒数日即可。铜锣寨名菜“青椒小河鱼”，色香味形俱佳，鲜爽可口，回味悠长。

●天堂寨泡菜

泡菜以“薇菜”“珍珠菜”“将军菜”、野藕、野竹笋等30多种野菜和红绣球辣椒等高山蔬菜和天堂寨百尺岩泉水为主要原料，用传统的手工制作方法生产，不加任何添加剂，原汁原味，微甜略辣，口感香脆，好看好吃，回味悠长，也是馈赠佳品。

●吊锅宴

金寨山区农户冬季烧树根、木材取暖，在屋内挖一直径50~70厘米，深约20厘米的火笼，同时，在屋梁上悬木质滑竿吊一铁锅在火笼上，可以调节升降。吃饭时将几样烧熟的菜分别倒进锅内，所以又称“一锅熟”或“一锅煮”。

吊锅

购物

六安著名的土特产有：皖西绿茶、舒城贡席、皖西白鹅、苏埠大麻、霍邱柳编、一品斋毛笔、金寨推光漆器、板桥草席、瓦埠湖银鱼等。

六安特产

●六安瓜片

六安瓜片是国家级历史名茶，中国十大经典名茶之一，清为朝廷贡茶。六安瓜片沿袭传统工艺，在谷雨前后十天采摘。早上采，下午

扳片，去梗去芽，而后炒生锅，炒热锅，拉毛火，拉小火，拉大火，直至起霜有润，香味扑鼻。

●霍山黄芽

产于霍山海拔600米以上的金竹坪、金鸡山、金家湾、乌米尖等山区。史书记载，“寿春之山，有黄芽也，可煮而饮，久服得仙”。从唐至清历代举为贡品，色绿微黄，形似雀舌，白毫显露，汤色黄绿，滋味醇厚，沁肺益神。

●一品斋毛笔

一品斋毛笔“只研朱墨作春山”，与浙江湖笔齐名，与徽墨、歙砚、宣纸并称为文房四宝，受到国内外书画艺术家的青睐。

●舒城兰花茶

舒城兰花茶产于舒城。作为安徽的名茶，兰花茶历史悠久，在唐朝时被列为进贡品。该茶色泽翠绿，毫锋显露，内质香气清新怡人，而色浅绿明亮，叶底嫩匀成朵。兰花茶产于高山茶区，植被完好，土质肥沃，气候温和，属无污染的绿色产品。

六安购物场所

新都会超级购物广场，是目前最豪华和规模最大的时尚购物广场。另有鼓楼步行街，地址靠近老六安州的鼓楼街，分五大洲风情而各为风格，根据不同的主题，分为学生街、女人街等不同的街道。

娱乐

戏剧：庐剧是六安主要剧种，皖西庐剧主要是西路庐剧，又称“上庐”，唱腔高亢、奔放，保留了较多的小嗓子唱法，接近山歌韵味。1953年，专区建立场团合一的“六安地方戏实验剧场”（后改称皖西庐剧团），随后，庐剧艺术之花在皖西大地竞相绽放。

民歌：六安民歌多以山歌、茶歌、灯歌、秧歌、劳动号子为主，同时还流行许多轻松愉快、曲调优美的民间小调。革命战争年代，六安人民创作了一大批红军歌曲和革命民歌，如《八月桂花遍地开》《红军到金寨》等。

曲艺：六安民间曲艺独具特色，有“四弦书”“锣鼓书”“花鼓”“大鼓书”“淮词”“寿州锣鼓”等。锣鼓书唯六安独有，早期的锣鼓书伴奏仅一锣一鼓，后来逐渐加入民族管弦乐器，传统曲目有《休丁香》《杜十娘》等。

剪纸：六安民间剪纸的特点是线条圆润、流畅、舒展，艺术夸张得体，人物形态丰满，栩栩如生。新型剪纸在传统艺术手法上融入刀刻、手撕新工艺，创作内容、形式都有很大发展，艺术作品清新别致，布局奇特，尤以手撕纸令人叫绝。

六安风光

发现者旅行指南

安庆

概览

亮点

天柱山

峰无不奇，石无不怪，洞无不杳，泉无不秀，正所谓“峰雄、石奇、洞幽、水秀”。既有充溢阳刚之气的“擎天一柱”及挺拔峻峭的45峰，还有奇松怪石、流泉飞瀑、峡谷幽洞、险关古寨、高山人工湖。

迎江寺振风塔

振风塔位于迎江寺内，坐落在长江之畔，为振兴安庆文风而建，享有“万里长江第一塔”“过了安庆不说塔”的美誉。塔始建于明朝，高达83米，共七层，嵌空玲珑。

桐城古城

桐城历史悠久、人文荟萃、文风昌盛、风光优美，人文和自然资源丰富，为江淮文化圈的发祥地和集中地。城中几乎每走一步，就有一处名人遗存，众多古迹都展示了古城的特有风姿。

花亭湖

花亭湖

景区山清水秀，古迹众多。风景区以花亭湖水库为主，湖中岛屿星罗棋布，湖岸迂回曲折，港湾幽深。

必逛街道

皖街：一条以文化艺术、地方特产、茶艺咖啡、特色餐饮、名品专卖、宾馆酒吧为主体的景区休闲、娱乐、购物街，是安徽最具徽派建筑风格的新建商业步行街。

线路

安庆景点二日游

第一天游玩安庆市区，去菱湖公园漫步散心，去繁华热闹的人民路闲逛购物；第二天一早坐车前往岳西县，去“天仙配”故事发生地，“安徽第一漂”——天仙河乡村生态漂流风景区，乘橡皮艇漂流，夜宿白云度假村或温泉度假村。

天柱山景区二日游

第一天去攀登素以“峰雄洞幽、松奇石怪”而著称的天柱山，去看奇松，赏云海，晚上住在山下的农舍里，品味山野佳肴；第二天去白马潭漂流，惊而不险的旅程，顺便领略两岸的旖旎风光。

白马潭

古都桐城一日游

先参观桐城文庙，内有桐城市博物馆（此馆每周一闭馆）可观珍贵藏品。有春秋时的面环带纹兽耳铜尊和南宋的龙泉窑洗。下午可去龙眠山寄情山水，品茶吟诗。

为何去

安庆，古称舒州，别称宜城，简称"宜"。安庆素有"万里长江此封喉，吴楚分疆第一州"的美誉，是国家历史文化名城，素有中国"黄梅戏乡"之称，也是国粹京剧的起源地。

黄梅戏《天仙配》

何时去

安庆地处长江北岸，四季分明。春季青山绿水，乡野开满油菜花，是郊外踏青的好时机；秋季多晴朗天气，气温适宜，可登高远眺，赏满山秋色。11月初举办的黄梅戏艺术节精彩纷呈，是当地最大的地方节日，但秋季早晚温差较大，外出旅游需要注意保暖防寒。

安庆－天柱山秋色

安庆旅游示意图

区域解读

区号：0556

面积：约13 590km²

人口：约464.3万人

地理 GEOGRAPHY

区划

安庆市辖3个市辖区（大观区、迎江区、宜秀区）、5个县（怀宁县、太湖县、宿松县、望江县、岳西县），代管2个县级市（桐城市、潜山市）。

地形

安庆位于长江中下游北岸，境内地貌丰富多样，总体特征西北部是大别山中低山区，东南部为长江洲圩滩地，中部丘陵起伏，间有低山、湖泊。

在安庆城的东南，长江与皖河两江汇合，绕城而过。菱湖、莲湖和秦潭湖如珍珠般镶嵌在安庆城区，北部是连绵起伏的大、小龙山，整个城市风光美不胜收。

安庆夜色

气候

安庆地区属北亚热带湿润季风气候区，具有季风明显、四季分明、气候温和、雨量充沛、光照充足、无霜期长等气候特点，适宜农林牧副渔全面发展。

历史 HISTORY

历史大事记

●先秦至南北朝

考古发掘资料证明，早在5000多年前就有先民们在此劳作、生息、繁衍。新石器时代属薛家岗文化。

周朝，今安庆地区存在着皖国（今潜山）、桐国（今桐城）小诸侯国。安徽省简称“皖”即由此而来。因此，安庆被称为安徽之源。

●宋元明清

南宋嘉定十年（1217），安庆知府黄干在“盛唐湾宜城渡之阴”（今安庆城区所在地）建筑新城，以备战守抵抗金军南下，到景定元年（1260），安庆城正式建成。

明代中叶以后，桐城学术兴起，士人多结社讲学，“能振笔为古文者，代有传人”。明末清初，桐城人方以智、钱澄之、戴名世等人致力于古文振兴，开桐城派先河。清顺治

天柱山

雍正年间，出生于桐城一士大夫家庭的方苞提出“义法”主张，为桐城文派的发展奠定了基础，经弟子、再传弟子刘大櫆、姚鼐等推动而发展成为一个声势显赫的文学流派，独领中国文坛风骚二百余年。

清乾隆五十五年（1790），怀宁石牌的曲艺艺人程长庚引“四大徽班”晋京，催生了“国粹”京剧，并赢得了“无石不成班，冠盖满京华”的美誉。

●近现代

1861年，曾国藩在安庆创办安庆内军械所，云集了诸如徐寿、华衡芳、李善兰等中国一流的科学家，制造了中国第一台蒸汽机和第一艘机动船。

1949年4月23日，人民解放军参战部队及地方党政军机关入城，安庆解放。同年设立安庆市，由安庆专署领导。

1952年，在上海举行的第一次华东戏曲会演，桐城罗家岭黄梅戏艺人严凤英以黄梅戏传统小戏《打猪草》和折子戏《路遇》，获广泛赞誉；她主演的黄梅戏电影《天仙配》（1954）、《牛郎织女》（1963）更是风靡全国，奠定了黄梅戏为全国五大剧种之一的地位。

文化 CULTURE

香飘四海黄梅戏

说到安庆，大多人首先想到的就是黄梅戏，这是安庆最具特色的城市名片。黄梅戏原称黄梅调或采茶戏，是中国五大戏曲剧种之一，也是与徽剧、庐剧、泗州戏并列的安徽四大优秀剧种之一。

黄梅戏发源于以安庆市为中心的皖江流域，上至皖鄂两省交界的大别山地区，下至安庆下辖各区县以及临近池州市在内的广大皖江流域，并最终以完整的独立剧种的形式诞生于安庆、成长兴盛于安庆。

黄梅戏是由山歌、秧歌、茶歌、采茶灯、花鼓调演变而成，源于农村，后入城市，逐步形成发展起来的一个剧种。它的起源，大约可以追溯到清朝乾隆年间。这时期的黄梅戏，用山歌、茶歌等结合旱船、龙舟民间歌舞形式，在庙会上或过年过节时演出、演唱。由一人牵头把爱好者联络在一起，演唱完毕，各自散去，下次演唱，再重新组合。这种演出、演唱，可谓是自娱自乐、与人同乐。

黄梅戏形成一个完整的剧种，还是近代的事。在发展过程中，它吸收了汉剧、楚剧、高腔、采茶戏、京剧等众多姐妹艺术的精华，在表演的过程中又结合了安庆一带各地

黄梅戏

方戏曲剧种的精华，糅合成一种具有独立体系的黄梅调，逐渐完善起来而成为著名剧种之一。

著名黄梅戏表演艺术家严凤英把安庆的黄梅戏推向了全国乃至全世界。在二十多年的艺术实践中，严凤英在唱腔和表演方面都有新的创造，为黄梅戏艺术的发展做出了重大贡献。

如今的安庆，城市的大小公园里到处都能看到黄梅戏票友在一起听戏说戏，在城市的大小茶楼里，还有专业的黄梅戏表演。茶客们在下面一边品茶，一边咿咿呀呀地跟着调调轻轻合唱，无比惬意。

桐城文派——独步中国二百年

“天下文章其在桐城乎！”这是清朝乾隆年间世人对桐城文章的赞誉。

桐城派，又称“桐城古文派”，因其主要代表人物均是清代安徽桐城人，所以得此名。桐城派是清代文坛上最大的散文流派，以其文统的源远流长，文论的博大精深，著述的丰厚清正，在中国古代文学史上占有重要地位。

桐城派的代表人物戴名世、方苞、刘大櫆、姚鼐被尊为桐城派“四祖”，师从他们的作家，遍及全国19个省（市）计1211人，传世作品2000余种，主盟清代文坛200余年。

明代中叶以后，桐城学术兴起，“能振笔为古文者，代有传人”。明末清初，方以智、钱澄之等人致力于古文振兴，开桐城派先河。

桐城派古文创始于方苞。针对清初文坛重道轻文、无病呻吟的不良风气，方苞以复古为革新，倡导“古文义法”的理论原则，并把“雅洁”作为品评文章优劣的标准。方苞授徒数十年，成为推动桐城古文运动的中心人物。

乾隆年间至1840年鸦片战争之前，桐城派代表人物是姚鼐，以及其弟子梅曾亮、管同、方东树、姚莹、刘开。姚鼐是桐城派集大成者，他中、晚年先后主讲钟山、梅花、紫阳、敬敷书院四十余年，传授古文法，培养写作人才。桐城派于姚鼐时期举国闻名，形成所谓“家家桐城”“人人方姚”的局面。姚氏门下梅曾亮、管同和桐城方东树、姚莹影响较大，世称“姚门四杰”。

19世纪末，桐城派进入演变时期，以曾国藩为核心，形成桐城派的变体“湘乡派”作家集团，他们在一定程度上补救了桐城派古文柔弱的流弊，并紧密联系时政，写出了不少改良变法这方面的文章。

1911年，辛亥革命爆发，新文化运动兴起，胡适、陈独秀、钱玄同等先后向古老的桐城派发起进攻，桐城派也由此败下阵来，结束了它称霸清代文坛两百余年的辉煌历史。

景点推荐

安庆城区景点

菱湖风景区 AAAA

安庆市的市民公园

安庆市迎江区菱湖南路

乘坐8、10路公交车即可抵达

0556-5514407

菱湖风景区位于安庆市老城东北，环菱湖而建，菱湖以多菱而得名，这里原是一片天然湖泊，清康熙后期挖掘康熙河隔开，引种红、白莲，形成风景区，后建园成游览胜地，至今已有二百六十多年的历史。

景区总占地4.50平方千米，其中水面2.11平方千米、陆地2.39平方千米。目前包含菱湖公园、莲湖公园、皖江公园和文化广场四大景区，共由五个湖泊组成，分别是菱湖、莲湖、小菱湖、东湖、西湖，其中东湖和西湖并称为大湖。

菱湖公园

菱湖公园位于安庆市菱湖南路，环菱湖而建，与石塘湖、破罡湖相通。辛亥革命前后建园，面积0.39平方千米，是安徽省建成最早的园林式公园，以菱荷景观和“菱湖夜月”景点闻名。

在公园内夜月亭的东北边，筑有由黄梅阁门楼、纪念堂、严凤英塑像、园林小品组成的著名黄梅戏表演艺术家严凤英纪念馆，存展了海内外四十多位著名书画家题赠的作品。此外园内还设有儿童游乐园、盆景园、花圃、动物园和茶社等设施，目前已成为游人各得其乐的综合性公园。

玩家解说

菱湖曾是历代必争的兵家重地，太平军三克安庆及著名的安庆保卫战都曾在这里留下遗迹。当年太平军在菱湖北岸修筑了13座营垒，南岸修筑了5座营垒。1985年北岸杨家嘴营垒出土了太平军兵器18件，分别被中国军事博物馆和安庆市博物馆收藏。

菱湖以水取胜，尤其是夏秋时节，菱荷茂盛、莲花斗艳，四处飘散着醉人的清香。若逢采菱季节，皓月当空，泛舟湖面，意境幽美，景色分外迷人，素有“菱湖夜月”之称，亦是安庆胜景。

莲湖公园

莲湖公园位于湖心中路以东，与菱湖公园仅一路之隔。园内小路蜿蜒曲折，雪松林、银杏林高大浓密，水边垂柳依依，极具风情。景点有抗洪英雄吴良珠纪念雕像、日出亭、黄石假山、儿童活动场等。

公园的一大特色是灯饰照明系统相当完善，各种灯饰多达700余盏，夜晚华灯开放，整个莲湖公园五彩缤纷，美不胜收。

皖江公园

皖江公园位于莲湖和东湖之间，公园在功能上划分为娱乐观景区、商业文化区、黄梅戏艺术园区和生态景观区四个大区。商业文化区是市民公园的核心区域、是功能性较强的城市公共活动中心，也是市民休闲、娱乐的主要去处。皖江广场平面为椭圆形，总面积26 100平方米，建有大型喷泉，四周竖有12根浮雕立柱，柱上雕刻安庆新十二景。小菱湖景观区占地53 000平方米，沿岸有阳光沙滩、观景平台、木栈桥等景点。

迎江寺与振风塔

濒临长江的千年古刹

安庆市迎江区沿江东路148号

市区乘坐1路公交车前往

10元，登塔另付10元　0556-5583310

迎江寺，原名“万佛寺”，始建于北宋开宝七年（974），清代改称“迎江寺”。寺院占地3公顷，由天王殿、大雄宝殿、振风塔、毗庐殿、藏经楼、人士阁、法堂、广嗣殿等建筑组成。整座寺院建在长江岸边的高地上，殿堂巍峨，从十里开外即能见其雄姿。

数百年来，迎江寺香火奇旺，久盛不衰，僧徒曾达千人，历代名流名宦纷纷莅寺览胜，吟诗作赋。寺内文物珍藏十分丰富，最有价值者为明朝金粉写经《妙法莲华经·观世音普门品》，被国家定为一级文物。

振风塔坐落在长江之畔，为振兴安庆文风而建，享有“万里长江第一塔”“过了安庆不说塔”的美誉，是七层八角楼阁式的建筑。振风塔下，一面墙上描述着它的模样：一大、二高、三妙。除此之外，该塔还有佛塔和导航引渡的功能，具有很高的历史、艺术和科学价值。

迎江寺与振风塔

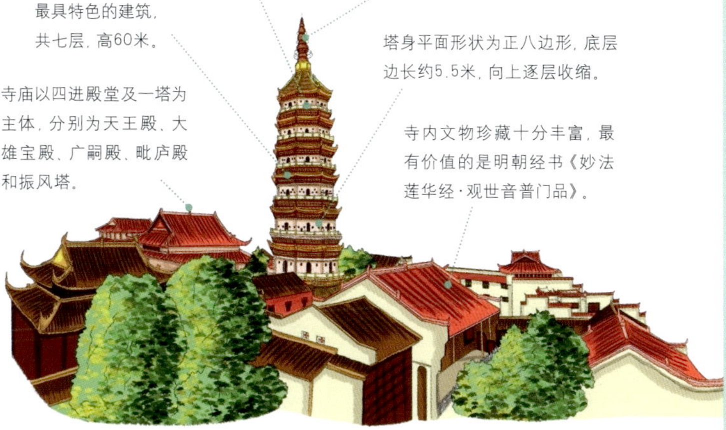

玩家攻略

寺内有供香客、游人用膳休憩的迎江阁楼。还有素菜馆，精制各种素菜400余种，风味独特，前去游玩的旅客可不要错过。

黄梅戏会馆

香飘四海黄梅戏

安庆市迎江区人民路633号

可乘坐7、11路公交前往

18705669550

黄梅戏会馆成立于2006年，占地总面积1200平方米，内部装修以徽派建筑为基调，飞檐雕栏，古色古香，质朴素雅，庄重中透出浓郁的戏曲韵味。

整个会馆构造分为前后两部分：会馆前区为公益性艺术展厅，陈列着大量与黄梅戏相关的老照片，让观众、茶客们可以初步了解黄梅戏的发展历程。会馆中心为会馆演出厅，演出专用的中型舞台两侧悬挂着喜庆的大红灯笼，大堂借鉴古代茶楼艺术，红木桌椅庄重典雅。

赵朴初故居

爱国宗教领袖故居

安庆市迎江区天台里街

乘坐28路公交车即可抵达

赵朴初故居，又名世太史第，始建于明万历年，清代续修续建。因赵氏族中自赵文楷始，赵畇、赵继元、赵曾重四代翰林，故又称“世太史第”“四代翰林宅”。清光绪三十三年（1907），赵畇曾孙、全国政协原副主席赵朴初诞生于此。

故居占地4000平方米，建筑面积2773平

黄梅戏会馆

方米。广场由花岗石铺成，造型别致的赵家古井置于其间；建筑群坐北朝南，外墙为青砖勾缝清水墙，古朴典雅；马头墙高低起伏，富有韵律。整个建筑群风格融北方古建的恢宏、粗犷及徽州古建的细腻、精致为一体，有着浓郁的地方特色和历史、科学、艺术价值，亦是我省保存较好、面积较大的一组明清古建筑群。

玩家 解说

赵朴初，1907年11月5日生于安庆，是卓越的佛教领袖、杰出的书法家、著名的社会活动家与伟大的爱国主义者。

赵朴初是杰出的爱国宗教领袖，在国内外宗教界有着广泛的影响，深受广大佛教徒和信教群众的尊敬和爱戴。他佛学造诣极深，《佛教常识答问》等著述深受佛教界推崇，多次再版，流传广泛。

皖江文化园

万里长江第一文化艺术城

安庆市沿江东路

乘坐10路公交车可到达

园内设有中国乡土艺术馆、中国根雕艺术馆、周宏兴教授美石艺术珍藏馆、五千年精品收藏馆、安庆市名家盆景园、安庆市古玩市场等，总体建筑面积15 000多平方米。该园是国内首家集文化、艺术、历史于一身的专业博览园，同时也成为反映皖江人文历史、风土人情、民间人情、民间艺术、戏曲成就的大观园。

皖江文化园

狮子山公园

依山而建的森林公园

安庆市大观区大王庙街

乘坐8、12、19路公交车可到达

0556-5550116

安庆市狮子山公园隶属安庆市园林局，坐落在宜城西部，北依大龙山，南临长江，西连皖河，东接城区，占地面积近0.4平方千米，整个园区由狮子山、脚踏岭、大小营盘山、乌龟山等12座小山组成。

春天，园内万物复苏、山花烂漫，是登山郊游的极佳场所；夏日，浓荫蔽日，山风习习，是避暑消夏的好去处；深秋，枝头硕果累累，迎秋风，赏秋景，采野果，别具风味；寒冬，踏雪痕，观雪景，听林涛，林中探险，又是一番情调。

狮子山公园

景点推荐

安庆郊区景点

大龙山 AAAA

国家森林公园

安庆市宜秀区大龙山镇

安庆市区坐巨石山专线、3路公交车可到

50元

大龙山屹立于安庆城北，横跨市郊和怀宁、桐城二县市，自西向东绵亘起伏，山势雄伟，秀嶂叠峙，蜿蜒似龙，故得名龙山。乌龙溪景区，位于国家森林公园东南部，是大龙山森林公园总体规划的核心景区之一。景区内有乌龙溪、幽龙溪和卧龙溪三大主要溪流。

龙山四面环水，东依石塘湖，南临长江，西饮石门湖，北靠菜子湖。这里四季风光如画，春季万物复苏，山花浪漫；夏天峰峦滴翠，泉瀑欢鸣；秋时满山红遍，层林尽染；冬日银装素裹，晶莹剔透。尤其是朝霞初升或雨后乍晴，远望云雾缭绕，峰峦时隐时现，被誉为“龙山晓黛”，乃安庆胜景之一。著名的日照峰，怪石嶙峋，山涧溪水，云雾变幻莫测，景色壮观。立足山顶，可览四面胜景，鸟瞰石塘湖粼粼碧波，长江风光和安庆市的新姿也全收眼底，此处历来为游人怀古抒情的胜地。

玩家攻略

安庆的饮食属于徽菜系，著名风味小吃有江毛水饺、迎江寺素锅贴、韦家巷汤圆、蒋大顺粉蒸肉、肖家桥油酥饼等。

大龙山的最佳旅游季节为春季，此时青山绿水，百花争艳，是外出踏青的好时节。

独秀园 AAAA

国家级重要人文景观

安庆市大观区十里乡

0556-5368589

独秀园是以陈独秀墓为核心的大型人文景观，建成后的安庆市独秀园将成为兼有纪念、教育、游览、生态、研究等多种功能的富有风格和地方特色的名胜区，成为国家级重要人文景观、红色旅游基地、光荣传统教育基地和陈独秀思想研究基地。

独秀园在总体规划上分为"生态密林区、独秀园区、生态旅游区"三大功能区。生态密林区结合自然山水设置科普教育、登山望远等项目；生态旅游区适当设置游憩娱乐、接待中心、苗圃等项目；园内核心区则充分结合自然地形地貌条件，围绕纪念主题，形成"一轴、二区、三园"的功能结构。

玩家 解说

陈独秀安葬于安庆市北门外十里乡叶家冲的一块坡地上。这是陈独秀灵柩于1947年从四川江津迁回家乡后与原配夫人高晓岚的合冢，墓坐北朝南，由墓冢、墓碑、墓台、护栏、墓道构成。墓的两侧各排列32株杉树，喻示着陈独秀走过的64个春秋；5棵龙柏松，则代表他曾经担任过中国共产党一大至五大的总书记或执行委员会委员长。

鲍冲湖

安庆小桂林

安庆市宜秀区杨桥镇鲍冲湖村

15元

素有"安庆小桂林"之称的鲍冲湖位于安庆市宜秀区杨桥镇境内，距安庆市区24千米，地貌特点为"两山夹一湖"。湖中岛屿众多，湖水清洌，鱼美虾肥；沿湖林木葱茏，峰峦峭拔，洞谷幽奇，空气清新，素有"天然氧吧""小桂林"的美誉。

整个风景区总面积33 000平方米，分别由山、湖、岛组成。景区山水相连，岛屿密布，滩平岸曲，与湖相连的花山苍翠葱郁。在这里可荡舟湖中，饱览湖光山色，也可体验高空滑索的惊险刺激。

巨石山 AAAA

世界第九大奇观

安庆市宜秀区罗岭镇小龙山村

安庆迎江寺汽车站有直达景区的专车

90元 4007998666

巨石山，又名小龙山，位于安庆市区以

独秀园

北20多千米处，因地球亿万年前火山运动，在地壳内、外应力作用下形成特殊形态的巨石地质景观而得名。景区原始生态保存良好，负氧离子含量极高，是难得的天然氧吧，山中云雾缭绕，风景秀丽，巨石千姿百态，道路曲径通幽，四季景色变幻多样，古迹遗址保存完好。美奂绝伦的自然风光与深厚独特的文化底蕴，赋予了巨石山特有的神秘气质。

巨石山素以奇峰、秀谷、神石、幽洞、花海"五绝"闻名于世，山环水绕，生态资源丰富，有众多珍禽异兽。这里竹林似海，松风如涛，枫叶胜火，更有满山遍野的野生白玉兰，在华东地区绝无仅有，亦属全国罕见。

玩家 攻略

巨石山特色餐饮食料考究，果蔬鱼肉均采用安庆、桐城农村天然无污染食材，用传统徽菜制作工艺烹饪而成，色香味形俱全，实为徽菜精品。龙山土匪鸡、龙凤双白花、菜子湖鱼头、龙山状元饼、罗岭馄饨等"美食五绝"，以天然原汁、原味特色加上当地农家土菜，深受广大游客喜爱。

独秀山

与天柱山齐名的青山秀水

安庆市怀宁县石镜乡邓桥村

8：00~17：00

独秀山矗立在怀宁县中部，与天柱齐名，孤峰兀立，笑傲天穹，山绝水长，独具特色。民初《怀宁县志》记述"西望如卓笔，北望如覆釜，为县众山之祖，无所依附，故称独秀"。

独秀山览胜堪称一绝，伫立峰顶，极目远望，群山起伏如腾龙，江河奔流如走蛟；遥望西北，天柱耸崎刺苍穹，丘陵岗地涌壮景；俯瞰脚下，井田畈田园风光锦绣，观音洞水库碧波荡漾，风光四时变幻，美不胜收。

独秀山东北一千米，雄伟的观音洞水库大坝下，乃神秘莫测的岩溶洞穴——观音洞。这座地下迷宫遍布玉树琼花、长蛇吞象、仙人弈棋等美景异观，洞顶中嵌"金龙腾飞"图案，整个洞府宛如一座规模宏大的天然雕塑馆。

孔雀东南飞雕塑

孔雀东南飞文化园 AAAA

孔雀东南飞，十里一徘徊

安庆市怀宁县小市镇孔雀东南飞故里景区

80元

孔雀东南飞旅游景区是焦刘爱情故事发生地，主景区占地0.2平方千米，在前后城楼汇聚了汉代古建筑118幢，多处游览景点再现了焦刘爱情故事的动人场景。

孔雀东南飞文化园以爱情为主题，集历史文化旅游和观光休闲旅游于一身，主要分为爱情博览园区、情侣河畔休闲区、王家山新石器遗址保护区、休闲购物区和农业观光五个功能区，园内自然景点十多个，古文化旧址多处，永镇寺大佛殿的重建落成，为孔雀东南飞文化旅游又增添了新的亮点。

《孔雀东南飞》故事凄婉动人，曾被国家文化部列为"安徽省亟待挖掘的三个优秀民间故事"之一，在国内外文坛均享有崇高的声誉。近年来，随着孔雀东南飞影视基地的建成和同名电视连续剧的播出，当地文化旅游日渐升温，永镇寺香火也愈发旺盛，香客长年络绎不绝。

巨石山

景点推荐

安庆南部景点

五千年文博园 AAAA

中国十大文化旅游景区

安庆市太湖县经济开发区

从火车站乘坐2路公交车到达工商局再乘坐1路公交车 一梦千年景区120元（夜游80元）；十里画廊景区100元；联票200元。

8：00~18：00

中国最大的中华文化主题公园——五千年文博园总规划占地2平方千米，园内古典徽派建筑与苏州园林风格相结合。亭台楼阁、小桥流水、碑廊石刻，文化名景尽含其中，人文气息浓郁，融旅游、展演、研讨、休闲、娱乐等多种功能为一体。

五千年文博园由中华百工坊、五千年文化走廊、四大艺术馆、千人表演艺术馆、天人合一景区、天上人间景区、摩崖石刻景区、文化安庆景区、皖江文化景区以及皖江第一街——皖街等十大景区组成，并每天免费演出两场黄梅戏经典折子戏。文博园浓缩了五千年华夏文明，彰显了五千年文化经典，拥有深厚的中华文化内涵。

五千年文化走廊

五千年文化走廊是文博园的核心组成部分，在两千米的走廊中，将华夏五千年文明按历史朝代的更迭，以代表性的文化、艺术、历史、名人为表现内容，以汉白玉浮雕墙、青石雕塑、艺术造景、情景再现等多种艺术形式，从盘古开天、三皇五帝开始，到夏商西周、春秋战国，一直延伸到宋元明清，最

后以“劳动创造历史”创意景区结束。

四大艺术馆

四大艺术馆指的是“中国根雕艺术馆”“中国烙画艺术馆”“国家大师作品艺术馆”和“皖江民俗艺术馆”。展馆建筑面积15 000多平方米，馆内藏有数十件获得大世界基尼斯之最的艺术大作。数万件无一雷同、品味高雅、艺术厚重的根艺作品将是中国根雕文化的最高体现。具有两千多年历史的烙画艺术，因“中国烙画艺术馆”的创办而名声大震，其中获得大世界基尼斯之最的世界第一部手工烙画书《中国烙画艺术大典》也将收藏于馆内。

皖街

皖街是一条以文化艺术、地方特产、茶艺咖啡、特色餐饮、名品专卖、宾馆酒吧为主体的景区休闲、娱乐、购物街，全长约800米，商铺有500余家，它同时也是安徽最具徽派建筑风格的新建商业步行街。

花亭湖风景区 AAAA

皖西南明珠

安庆市太湖县城北4千米　5路公交车可达

30元　0556-3253908

花亭湖风景区地处大别山南麓、长江北岸，自然景观和人文景观相得益彰，与皖西南其他景区地域相连、资源相补、人文相缘。境内山清水秀人文荟萃、物产富饶，自然景观清新绚丽，湖光山色独具特色。

景区面积198平方千米，分为花亭湖、西风洞、佛图寺、狮子山、龙山五大景区和一个汤湾温泉疗养度假区，人文景观底蕴深厚，禅宗文化博大精深，是集观光、度假、疗养、娱乐、休闲于一身的综合风景区。

玩家 解说

法华方竹、天华杜鹃、中华蜂岛被称为花亭湖“三奇”，汤湾温泉、佛图石塔、千年罗汉松、亿年榴辉岩被称为花亭湖“四绝”。

玩家 攻略

花亭湖中岛屿密布，周边物产丰富，盛产茶叶、板栗、柑橘，是农业生态环境游的好去处；湖中鲫鱼、武昌鱼、银鱼、螃蟹等湖鲜丰富，适宜开展垂钓、野炊等活动；另有汤湾温泉，水质纯正，清澈透明，可浴可医，具有极高的科研和医疗价值。

花亭湖

花亭湖又名花凉亭水库，与黄山太平湖齐名，是安徽省第二大水库，始建于1958年。

100多平方千米的湖面碧波荡漾、气势磅礴，湖内岛屿星罗棋布，港汊纵横幽深。月亮湾、情人岛、橘子洲、寺前庄苑等宛如一颗颗亮丽的明珠，坐落在绿树繁花丛中，倒映在湖光山色的图画里，大小高低相映成趣。泛舟湖上，清新亮丽的湖光山色尽收眼底。

情人岛

情人岛位于凤凰山脚，由伸向湖中的半岛和一个孤立的小岛组成，占地0.02平方千米，岛上原有许多野生合欢树，地形如一对依依惜别的情人，故而得名。

景区有一个高2米、周长2.4米的巨型茶壶，壶口下放着一个巨大的茶盏，水从壶口滴入茶盏中，满后漫漫渗入周围的草地，意在弘扬皖西南茶文化和赵朴初先生“行愿无尽”的思想。

月亮湾

月亮湾一面依山，三面傍水，岸线曲折，

花亭湖

似一轮弯弯的月亮，故而得名。岛上夏坞峰高高耸立，森林茂密，开辟有林场、茶园、栗园、狩猎园、品茗阁、接待厅、民俗风情园等旅游景点。

风情园内有茅草房，还有充满农家田园生活气息的水车、木碓、石磨、风车，设有茶座、茶园、茶坊。可以在此采茶、制茶或品

茶，也可观看民俗风情表演，尽情地享受皖西南民俗风情和文化艺术。

橘子洲

“橘子洲”一词取自毛泽东《沁园春·长沙》，是典型的农业生态观光游览区。

岛屿三面环山，一面临水，生长着数千种花草藤蔓植物，有鹳、鹭、鸥、狐、獾等珍稀动物。此处的橘子园现已成为高科技柑橘基地，所产柑橘鲜艳光亮，皮薄汁浓，酸甜适度，连续多年在安徽省优质水果评比中名列第一。李子园、板栗园、茶园和枇杷、桃、梨、杏均已形成经济林带，傍生着山楂、猕猴桃、金樱子、野葡萄、山海棠等成片的野生林果。

赵朴初文化公园

公园又名寺前河文化公园，位于花亭湖畔寺前镇内。寺前镇是全国政协原副主席、中国佛教协会会长赵朴初先生的故乡，2004年赵朴初遗骨回乡树葬于陵园内。

文化公园选址于寺前镇万年冲，背倚峰峦竞秀的凤凰山，面临碧波荡漾的花亭湖，周围树木葱茏，环境极其优美。

赵朴初文化公园

西风洞

唐代古刹西风禅寺，原名狮子庵，坐落在太湖城北的凤凰山上，寺东怪石松竹相间，寺前岩石上刻有“高山流水”四字，寺后山崖上大石壁立。

禅寺有三重，青砖小瓦，砖木结构，坐东向西，为佛教禅宗五祖的道场。1987年，中国佛教协会会长赵朴初先生为该寺题写了寺名。殿内供有释迦牟尼佛、阿弥陀佛、消灾延寿药师佛三尊坐像，殿中长年香烟缭绕，钟磬长鸣，鼓声不断，善男信女往来不绝。

佛图寺

禅寺地处花亭湖风景区北岸，山高险峻，苍松覆盖，翠竹参天，景色奇异。

佛图寺是外来僧人在太湖县所建的首座佛教寺院，也是太湖县乃至江淮地区有文字记载的首座佛教寺院。寺庙现已毁坏，仅有庙基。天柱塔、飞来泉、天就门、披云石、八正桥、生白洞、一线天、祖师洞为佛图寺著名八景。

狮子山

狮子山位于花亭湖西北边，这里山峦起伏，群峰逶迤，薛义河绕山流过，远看群山似九龙腾云，近看像狮子戏水，山清水秀，云雾缭绕，灵气十足。这里既是禅宗二祖坐禅之处，也是中国禅宗文化的发祥地。

链接

二祖慧可

二祖慧可是北魏的高僧，卓越的禅宗学者。他为了师从达摩，求得心安，曾不惜长夜立雪，断臂残身，以诚心感动达摩，继承达摩衣钵。561年前后，二祖慧可为躲避北周武帝宋文邕“断佛道二教”之灾，继承光大禅宗，虽年逾古稀，仍离开嵩山少林寺，跋涉千里，来到太湖狮子山，在此坐禅达三十余年，后将衣钵传于惠心独具的三祖僧璨。

二祖的衣钵经代代相传，最终传至六祖慧能，实现了达摩来华“一花结五果”的心愿。二祖最大的功绩是将印度禅宗与中国传统文化结合起来，创造了华夏的佛教禅宗文化。

龙山

龙山北依四面尖，西临长河，山势绵亘浑厚，蜿蜒磅礴，势若游龙，故名“龙山”。龙头俯临深潭，整个大山就像一条俯首汲水的龙。民间传说，深潭下有大穴，通达“龙宫”。每到夜晚，河雾凝结于悬崖壁之上，次晨观之，岩石如经宿雨，名曰“龙山夜雨”，为太湖四景之一。

依山先后建有“览秀亭”“观风亭”“龙山宫”“智果庵”“观音阁”等多处亭台楼榭。经过岁月的变迁，龙山的古建筑历经沧桑，现仅存“观音阁”，但龙山依旧，夜雨常存。

汤湾温泉疗养度假区

花亭湖畔汤泉乡汤湾村，是一个风光秀丽的小山村，享有“温泉润凝脂、浴汤赛华清”之美誉。

汤湾地下热水日涌流量超过1500吨，日补给量达1670吨。水温稳定，水质纯正，清澈透明，化学性质稳定，含有偏硅酸、锶、氡、硒、锂和钾、钠、钙、镁等人体必需的宏量元素和对健康有益的微量元素。在该泉浴洗，可达到消除疲劳、镇静安神、促进体内新陈代谢的效果，对治疗皮肤病、风湿病、心血管病，尤有特效。

罗河谷漂流

神奇刺激的漂流

安庆市太湖县晋熙镇

140元

罗河谷漂流全程长约3.5千米，漂流时间约2个小时，全程河流水流量大，河道大小落差十多处，融惊险、刺激、休闲、娱乐为一体。

景区内群峰叠翠、云缭雾绕、奇花异木，河道途经多个自然景观。沿途松林扶风相掩，深邃的峡谷奇石星布成趣，高含量的负离子使幽谷空气清新，清澈的溪水散发着自然灵气，让人有如置身于仙境一般，领略“激情穿越、仙境畅游”的独特神韵。

罗河谷漂流

海会寺

省级重点佛寺

安庆市太湖县小池镇月龙村

海会寺坐落于太湖县白云山麓，距105国道约3千米处。寺背倚白云峰，有清泉飞瀑自云崖而下，响声如雷，因名响水崖。激流绕寺而过，名玉带河，河上有石拱桥，建于宋，名玉带桥。海会寺前殿、中殿毁于“文革”，1984年重建。主体建筑为一组仿唐建筑群，红墙黄瓦，在山围绿绕中熠熠生辉，环境清幽宜人，山门匾额“海会寺”为赵朴初所书。

三尖寨

世外仙境三尖寨

安庆市太湖县弥陀镇田家村

三尖寨，又名山尖寨，海拔846米，是本区内最高峰。三尖寨以其雄奇山势，峥嵘怪石，云山雾海，清清溪流，声声鸟语，暮鼓晨钟之景，给人一种世外桃源，神仙佳境之感。

周边还有嵩尖寨、石家陇岩等山峰，在

山顶能俯瞰司空山风景区和二祖山风景区。同时三尖寨地区也是佛教和道教集聚地，各种道观和寺院在这里修建，其中较大的是三千寺。

玩家 解说

三千寺始建于隋唐年间，分为上寺庵、中寺庵和下寺庵，每寺皆有佛殿三层，故名三千寺，它的历史在日本也有记载，据说曾有“和尚三千道八百”的香火鼎盛时期，可惜均毁于兵荒马乱。

龙潭寨

皖西南建筑的典型代表

安庆市太湖县汤泉乡龙潭寨村

龙潭古寨坐落在美丽的花亭湖畔汤泉乡境内，东连天柱一隅，北依岳西山水，人文历史悠久，建筑古朴淡雅，是中国徽派建筑艺术和皖西南建筑的典型代表。

龙潭古寨现完好保存着明清民居二十余幢，大多遵循“枕山、环水、面屏”的居住理念，布局、巷道、外形、水系等十分考究，山水风光拱秀壮丽，乡土民情敦厚朴实，集青山绿水、幽谷曲径、飞泉翠竹于一身，融田园美景、乡村风情、传统建筑文化为一体，自然旅游资源、社会旅游资源与人文旅游资源相得益彰。

小孤山

江上第一奇景

安庆市宿松县复兴镇 ¥30元

小孤山，又称小孤矶，孤峰独耸，屹立江心。山上竹木郁郁葱葱，山下江水滔滔滚滚，被誉为长江绝岛，素有“海门第一关”“长江天柱”“江上蓬莱”之美称，被历代诗家学者吟赞为“长江绝岛、中流砥柱”。

小孤山无处不景，无景不奇，上有奇花异草，下有长江湍流。这里不光风景优美，地势也非常险要，为历代兵家必争之地。南宋后，曾在此设立烽火台和炮台，元代红巾军与余阙，明代朱元璋与陈友谅，清朝彭玉麟的湘军与太平军均在此对垒交锋，故又有“安庆门户”“楚塞吴关”之说。

宿松县小孤山

玩家 攻略

可在山上的寺庙里品尝一下僧人为上香的施主所准备的素斋，对于经常饮食油腻的城市人来说，素净的斋菜不失为一种新鲜的佳肴。也可乘车到复兴街上，到位于长江边上的小镇就餐，美味的水产品当然少不了，特别是8、9月份，可品尝到新鲜的螃蟹。

如果有山上寺庙里的皈依证就可以免费住在山上。如果没有也不用担心住宿问题，山下有很多农家旅社，干净且实惠，很方便。

玩家 解说

小孤山，原是长江中一座石屿，形成于第四纪冰川时期。它孤峰独峙，三面环水，直插江心，气势险峻。巨石悬立奇峭，大有“障百川于千里，纳群山于足下”之势。大别山恭其俊秀，五老峰逊其不峙，而引得历代诗家学者对小孤山的青睐。千百年来，小孤山以奇、险、独、孤而著称。“东看太师椅、南望一支笔、西观似悬钟、北眺啸天龙”为对其最形象的描写。

石莲洞 AAAA

回归自然的理想乐园

安庆市宿松县石莲洞国家森林公园

¥80元

石莲洞国家森林公园地处大别山余脉，

以森林景观为主，自然景观为依托，建设了休闲、度假等旅游设施，是兼有城市娱乐区功能的多功能综合型的森林公园。

公园有河西山、孚玉山、仰角尖、罗汉尖四大景区，景点主要有九曲莲池、荷衣古池、龙啸石、对酌亭、一线天、九龙禅林、洞山寺、滴水观音、脚鼓石等。

主景点石莲洞又称十里洞，位于河西山半腰。洞顶有一石，宛若青色鞭蓉，相传唐罗隐避地至此曾题“石莲洞”三字于右上端，被《安庆府志》载为古迹。洞内石室嵌空，碧苔萦绕，清泉滴答，钟乳倒悬，烟霞缥缈，深邃莫测。这里的人文景观和神话传说亦很丰富，给景区披上了一丝神秘的色彩。

白崖寨

南国小长城

安庆市宿松县趾凤乡　30元

白崖山位于宿松县城西北趾凤乡境内，主峰雁恋坡海拔467米，窄径凌空，飘崖百例。“南国小长城”白崖寨就盘卧于向崖山上，寨墙环绕东峰、西峰、西阳尖、雁恋坡、大印坡五大山峰，长达5千米，逶迤起伏，巍峨壮观，宛如长城。

远处眺望白崖寨，只见碧峰高耸，峭壁摩天，逶迤起伏，盘踞山腰，直插云端，宛如一条静卧山间的巨龙。白崖寨地势险要，易守难攻，为历代兵家必争之地，自元末开始，宿松先后建有48个寨，相继被毁，唯白崖寨巍然独存，成为古今名人浏览之胜地。如今寨墙内外还有众多文物古迹。

钓鱼台

三河汇集而成的人工湖

安庆市宿松县孚玉镇宿松路7号

0556-7821777

宿松县老陈汉地区位于安徽西陲、皖鄂交界，这里群山逶迤，林木苍翠，山花争艳，溪流淙淙，众多溪水汇入朱湾河、北浴河和廖家河，三河集一，便形成了人工湖——钓鱼台水库。

钓鱼台水库如同一方巨大的明镜，回映天光，反照山色，好似万山丛中镶嵌着一块碧玉。晴天微风吹来，波光粼粼，水中鱼儿嬉戏，水面白鸥飞翔；雨天云遮雾缭，绿水含羞，青山着黛，又是一番妙景。

武昌湖度假村

湖光旖旎的度假村

安庆市望江县高士镇武昌湖旅游风景区

武昌湖及青草湖统称为武昌湖，位于长江左岸，为古雷池遗迹的一部分，系断裂带局部凹陷洼地，经长江泥沙长期淤塞、积水而成的谷地滞积湖。

景区水域面积达102.5平方千米，水生资源极为丰富，武昌鱼蟹驰名中外。湖光旖旎，并有猴潭映月、龙堪温泉、磨丫白石、渡口红莲、赤湖浴日、正堂碑碣、“双节”陵园等八处盛景。

安庆武昌湖

景点推荐

天柱山风景区

AAAAA ㊞地

天柱山，又名潜山、皖山、皖公山、万岁山、万山等，因独特的自然景观名列安徽省三大名山（黄山、九华山、天柱山）之一。这里山清水秀，素以"峰雄洞幽、松奇石怪"而著称，是世界地质公园。

天柱山景区分天柱峰、三祖寺、马祖庵、虎头崖、九井河、大龙窝、龙潭河、后山八个景区和梅城皖光苑、薛家岗遗址、水吼农业观光园三景点。景区内"峰雄、石奇、洞幽、水秀"，兼有丰富的人文景观，集北山之雄，南山之秀于一身。

这里有号称"花岗岩第一秘府"的神秘谷；有中华禅宗第三代祖庭三祖禅寺；有天下奇观石牛古洞摩崖石刻；有全国第三大高山人工湖"炼丹湖"；还有人称"江淮第一漂"的潜河漂流。这里不但引来了王安石、苏轼、黄庭坚等文人墨客，也走出了"京剧鼻祖"程长庚、"章回小说大家"张恨水，也是杂技皇后夏菊花、黄梅戏新秀韩再芬的故乡。

安庆市潜山市天柱路112号

可坐潜山至天柱山的中巴车至景区　¥ 150元

玩家攻略

到天柱山去游玩，最好是自助游。跟旅行团的话，往往会错过很多景点。一般来说要一天

半时间才能玩遍天柱山。

当地美食有“石耳炖老鳖”“石耳炖鸡”“雪湖浆米藕”“扒蹄髈”“香酥鸡”“三味鱼”等。天柱山的风味小吃多在民间，常见的点心有“盏儿糕”“鸭蛋糕”“糯米欢喜团”“芝麻面糍粑”等，营养健美类有“连浆豆皮”“芝麻糖茶”“雪湖贡藕”等。

玩家 解说

天柱山为古皖文化荟萃地，人文景观博大精深。道教尊天柱山为第14洞天、57福地；佛教禅宗二祖、三祖曾在此往来驻锡；唐佛光寺、南梁山谷寺显赫一时；李白、白居易、苏轼、王安石、黄庭坚等文人墨客存留的近400方摩崖碑刻，集历代文学和书法之精华；石牛古洞摩崖石刻之多之精，名冠安徽全省；薛家岗古文化遗址，将新石器时期原始风光重现。

链接

天柱山世界地质公园

天柱山山体形成演变的历史过程可以追溯到距今26亿年前的太古代时期。当时天柱山地区和整个大别山区一样，在晚太古为海洋优地槽发育时期，在地槽下降过程中，本区堆积了巨厚的复理式建造的大别山群前身。

天柱山地区位于华北板块、扬子板块之间的大别造山带东南侧，由于受节理、劈理、断裂、崩塌、流水及风华等地质作用，形成了雄奇灵秀的峰丛峰林相间地貌和“两河夹一山”的水文地质遗迹。

天柱山奇峰、怪石、洞穴、瀑布等奇特的花岗岩地貌遗迹景观，集中反映了1亿年来天柱山从形成—隆升—剥蚀—侵蚀等地质作用的历史，具有很高的地质地貌科研价值和极高的观赏和美学价值。

天柱峰

道家称为司命真君发祥地

天柱峰，又称皖伯尖，万山尖、朝阳峰，海拔1488.4米，道家称为司命真君发祥地。它与周围岗峦似是断隔却又衔接，如春笋状平地拔起500余米。全身石骨，如钢锥，如石柱，如青莲花，如玉芙蓉，如刺天宝剑，如擎天巨臂。

在天柱峰前正面崖壁上，镌有“孤立擎霄，中天一柱”八个大字。“顶天立地”四个大字直书其下，气魄宏伟，令人惊叹。除左、右侧有飞来、三台两峰外，另有五指、莲花、天池、含珠、飞来、月华诸峰拱卫周边，奇松、怪石、云海、佛光、各领风骚。

飞来峰

天柱山第三高峰

飞来峰在“龙吟虎啸崖”的最西端，一峰独立入云，峰顶巨石如盖，浑身石骨，浅浅的水痕遍布全身，这就是天柱山第三高峰——飞来峰。

飞来峰海拔1424米，整座山峰为一整块巨石构成，顶有一石长约10米，围长100米，高3米多，浑圆如盖压在顶峰，似从天外飞来，石称“飞来石”，峰因石名。

飞来峰，从南面看，如帽如笠；从北面看，如棋如磨；从东看，如球如拳；从西看，则如牛眠虎卧。飞来峰西部的石壁上，由于泉水的长期侵蚀，形成一块石鳞斑斑酷似“龙鳞”的斑块。

玩家 解说

天柱山神秘莫测的洞府中，规模最大、结构最为奇特应首推被誉为“全国花岗岩第一秘府”的神秘谷。

天柱山飞来峰下的神秘谷被游人称为“天柱一绝”。神秘谷由峰巅坠下的巨石，无序叠置于峡谷之中，便形成了这神秘的洞穴。它全长450米，分逍遥宫、迷宫、龙宫三大部分。从狭窄陡峭的洞口而入，左右环绕，上下迂回，时而步道断踪，时而又别开洞天，真是神秘莫测，其乐无穷。

天柱山云海

天池峰

天池峰顶，视野宽阔无比

天池峰主峰区海拔1426米。天池峰一裂为三，由瘦瘦的两段石条连接在一起，这便是著名的“渡仙桥”。

天池峰顶，视野宽阔无比，景色十分壮丽，是观日出、云海、佛光、晚霞的最佳方位。天池平台外沿是悬崖绝壁，称试心崖，是

天柱山飞来峰

观赏“天柱山佛光”最理想的地方。若遇浓雾弥漫山谷，艳阳悬挂碧空，那白色的云雾上将会出现一个赤、橙、黄、绿、青、蓝、紫的七彩光环，光环层层相套，绚丽无比。

炼丹湖

国内第三大高山人工湖

这里原为良药坪，为汉左慈炼丹处，潜阳十景“丹灶苍烟”即为此，1998年辟为炼丹湖，海拔1100米，为国内第三大高山人工湖。

湖内波光山影，幽明幻变，气象万千。炼丹湖水质清澈、碧绿如玉，四周群山罗列，天晴无风，湖如明镜。四周群峰，苍崖青松倒映其中，如锦如织，给这平静的水面增添了生机。微风徐来，湖水荡漾，波光粼粼，又是一番景象，泛舟其上，如入瑶池。

三祖寺

林木葱茏，环境清幽

三祖寺位于天柱山南面景色怡人的凤形山上，从地形上看，三祖山宛如一只蹁跹的彩凤，三祖寺就建在凤项下。这里林木葱茏，环境清幽，李白、苏东坡、王安石等都在此题诗，留有“诗崖”胜迹。

天柱山炼丹湖

从三祖山往上依次为山门殿、通天阶、天王殿、大雄宝殿、千佛殿、祖师殿，千佛殿北有觉寂塔。寺内佛像供置有铜铸佛像、玻璃钢像、石雕佛像、木刻佛像、泥塑佛像、轴裱画像等，寺内藏经阁还珍藏有一套汉译缩印本《大藏经》。

总关寨

山势险峻，洞穴幽深

总关寨位于天柱山飞来峰与三台峰、衔珠峰之间。这里山势险峻，洞穴幽深，奇松掩映，怪石峥嵘，现除几处石阶可寻外，未发现其他遗迹。

在天柱山五寨（包括总关寨、西关寨、东关寨、南关寨、北关寨，南北两寨现仅为自然风景点）中，总关寨最为巍峨壮丽，景色别致。

天柱山大峡谷

秀丽水景的集中展示

天柱山景区环山路中点

¥ 70元

天柱山大峡谷景区介于三祖寺与佛光寺景区之间，是天柱山秀丽水景的集中展示，峡谷全长3.5千米，行程2小时左右。

峡谷集山岳峡谷景观之大全，拥有“华东九寨沟”之美誉，整个峡谷由瀑布、竹海、田园、湖光四大主题组成一幅优美画卷，春夏秋冬四季风景各异。峡谷里的通天瀑落差百米，瀑宽40米，气势磅礴，堪称华东之最。

胭脂井

水清且深

天柱山脚下梅城镇王湾村内

在乔公故宅的后院有一口古井，水清且

天柱山主峰日落

深。相传二乔姐妹常在此梳妆打扮,可谓"修眉细细写春山,松竹箫佩环"。每次妆罢,她俩便将残脂剩粉丢弃井中,长年累月,井水泛起了胭脂色,水味也作胭脂香了,于是,这井便有了"胭脂井"的雅称。有诗赞曰"乔公二女秀色钟,秋水并蒂开芙蓉。"

乔公故址现是梅城镇王湾村综合场的几间旧屋,屋前绿野平芜,能寻到故址痕迹的唯有那口遗在一隅的古井了。

薛家岗文化遗址

有五、六千年历史

潜山市区南7.5千米处的河镇乡利华村与水岗村交界处

薛家岗古文化遗址,即薛家岗新石器文化遗址,至今已有五、六千年历史。该处已出土的一千多件古文物,可供参观凭吊,对研究长江中下游新石器晚期文化,是不可多得的理想场所。

这些器物以新石器时代物品为主,并有少量商代和唐宋年代遗物,它们风格独特、自成面貌,代表了新石器时代独树一帜的一种文化,为研究新石器时代晚期人类在长江中下游地区生活和生产活动,以及与黄河流域诸文化的关系,提供了十分珍贵的文物资料。

天龙关攀岩 AAAA

峡谷幽深,瀑布成群

潜山市水吼镇北侧一千米处 ¥60元

天龙关攀岩基地背依古称皖山的天柱山,面朝皖河支流的潜水,是个难得的好地方。境内狭谷幽深,危崖高耸,瀑布成群,水声隆隆如雷。

天龙关开发建成了垂直高度40米、6条攀岩道和3个抱石攀登点,并培训了8位持证上岗的农民攀登运动员,吸引外地游人经常来此开展攀岩活动。

白马潭漂流 AAAA

惊而不险

潜山市与岳西县的交界处

¥竹筏漂流:120元 皮艇漂流:100元

白马潭位于潜河的上游,此地水流湍急,怪石林立。

白马潭漂流惊而不险,时间长而不枯燥。悠闲地坐在竹筏之上,不仅能领略两岸的迷人风光,还能欣赏到原汁原味的黄梅戏和山歌对唱。游罢再品尝一下地道的农家饭菜,别有一番滋味在心头。

景点推荐 岳西旅游区

司空山

佛教宗禅圣地

安庆市岳西县店前镇

在安庆或潜山搭乘到岳西的车，到岳西换乘至店前镇的车　40元

司空山，又名司空原，位于岳西县城西南40千米冶溪镇、店前镇两镇境内。相传战国时期有位淳于氏，官居司空，一生为官清正，后隐居此山，故得此名。

司空山自古为佛教禅宗的圣地，西汉末年九江名士梅福隐居山中炼丹修道；东汉末，丹鼎派道家祖师左慈在山上首建玄妙观；北周建德三年，周武帝下诏灭佛，禅宗二祖“大祖禅师”慧可携始祖达摩所传袈裟和4卷《楞伽经》，于南陈太建八年（576）隐居司空山，掘石窟而修禅，传衣钵于僧璨，他使印度佛教禅宗中国化，并成为佛教主流教派。到了唐朝，随着李白的避乱暂居司空山，司空山达到了历史上的鼎盛时期，一时间，香火极盛。

景区有二祖禅刹、司空寨、普陀洞、响水寨、千佛塔等9块游览景区。著名的景点有二祖禅堂、太白书堂、司空佛光、北岭松风、南崖瀑布、传衣石、讲经台、应子石等，还有古牌坊及大量摩崖石刻。

链接

李白与司空山

唐代大诗人李白曾两度抵达司空山，其间写下不少赞颂司空山的诗篇。唐至德二年（757），李白为避难，遂隐居司空山中。后人纪念李白，建“太白书堂”，今司空山左山坳的幽壑溪畔即书堂旧址。附近

明堂山

岩壁上刻有李白所作的《避地司空原言怀》诗篇，还有明进士罗汝芳镌刻的“太白仙踪”四个斗字以及他的“莫题诗”警世句。

明堂山 AAAA

多彩明堂秀丽风光

安庆市岳西县河图镇

门票120元，索道上行50元，下行40元。

明堂山位于皖西南大别山腹地的岳西县境内，属大别山体系。相传，汉武帝刘彻封禅古南岳——天柱山时，设祭拜之“明堂”于此山而得名。

明堂山风景区方圆50余平方千米，主峰海拔1563米，景区内古木参天、佳景深藏，集奇松、峻石、云海、瀑布于一身，是中国野生杜鹃最多的地方，被称为“野生杜鹃的王国”。

景区共分为明堂主峰雄奇区、葫芦河景区、东河冲景区、月亮秀崖区、古井庵寻幽探险区等五大景区。其中主峰雄奇区内巨石指天，陡峻异常，岩体和古松形态各异，惟妙惟肖，峡谷幽深，奇花异果遍布山谷，风光尤为秀丽。

玩家 攻略

从安庆市到明堂山，因为岳西有不少山路，在路上要耗去一些时间，所以建议第一天晚上住在岳西县，第二天一早出发去明堂山，这样游玩的时间比较充裕。

主峰景区是最高峰所在，气势宏伟，所以必去。紧挨着主峰景区的古井庵景区是春天看杜鹃花的地方，月亮崖景区是看奇峰怪石的地方，去哪一个景区可以根据自己的体力、时间、喜好而定。

店前古镇

皖西南一座历史悠久的文化名镇

安庆市岳西县城西南店前镇

店前是岳西县西南重镇，也是皖西南一座历史悠久的文化名镇，早在殷商时期就有人类活动。古镇现存窑形凸、徐良桥两处古文化遗址，还有程家老屋、店前老街等多处古建筑群。店前镇还是一片英雄的土地，特别是新民主主义革命时期，这里留下了许多可歌可泣的革命故事。

玩家 解说

窑形凸古文化遗址位于司空山南麓，店前村龚家屋后，面积约1万平方米，文化层深约3米。采集文物有鼎足、鬲足陶片等，据专家考证，为商殷时代文化遗址。

大别山彩虹瀑布景区 AAAA

风光秀丽的山水景区

安庆市岳西县黄尾镇黄尾村 岳西汽车站坐到黄尾的车，在大别山彩虹瀑布下车

大别山彩虹瀑布距岳西县和霍山县均为34千米，猴河穿过景区形成峡谷，黄尾河与猴河在景区内交汇，河中有许多小岛，组成了数千米的山水画廊。

景区最大的看点彩虹瀑布高80米，宽25米，瀑布倾泻入潭水，积起的水花形成薄薄的水雾，气势磅礴，碰上阳光明媚的日子，就能看见瀑布前的彩虹，游人身临其境，人行虹移，如梦如幻。因猴河水量大，四季不涸，无论春夏秋冬，凡有太阳均有彩虹奇观。

玩家攻略

除了自然风光，景区内还有不少需要另外付费的游乐项目，比如双凤洲上有真人CS，猴河峡谷内有攀岩、溜索，彩虹瀑布脚下300米处到游客服务中心码头夏天时有漂流等。

妙道山 AAAA

大别山天然物种基因库

安庆市岳西县五河镇

岳西县旅游汽车站坐直达妙道山的汽车

0556-5698888

妙道山位于岳西县城西南50千米处，主峰聚云峰，海拔1465米，以欣赏自然风光为主。山下小溪流淌，能见到一挂挂瀑布；山坡上植被丰茂，紫柳园中的众多千年紫柳更有“活化石”之称；山顶奇石汇聚，有些看上去摇摇欲坠；松树顽强地生长在奇石上，别有一番险峻的风光。

景区动植物资源十分丰富，被称为“大别山天然物种基因库”。生长在高山之巅沼泽地上的千年紫柳千姿百态，极为罕见，有“中华一绝”之誉。

玩家攻略

游玩妙道山，建议自备干粮。如果你是背包客，那么可以在聚云峰景区的山顶上扎营，第二天一早可以看到瑰丽的日出，由于山顶上多奇松怪石，所以日出景象和黄山的日出有几分相似。

鹞落坪自然保护区

国家级自然保护区

安庆市岳西县包家乡

0556-2173700

这里地处大别山主峰位置，生态环境十分丰富，堪称“天然物种基因库”。自然环境极为优美，区内有海拔1000米以上的高峰60余座，其中驮尖、多枝尖海拔达1750米，分别为大别山的第二、第三高峰。气候特点可以概括为“夏雨冬雪春秋雾”，更有林海、云海、雾海等景观，清秀壮丽。

同时，这里还是一片红色的土地，是中国工农红军第红二十八军坚持鄂豫皖三年游击战争的大本营。

天仙河

安徽第一漂

岳西县东南部

100元

天仙河这条大别山怀抱中古朴自然的水系古称潜水，源于国家森林公园妙道山，集千百条小溪山泉汇流而成，经三县九镇流入

天仙河竹筏漂流

皖河，直奔长江。

天仙河有十大景区，98处风景点，终年不枯，清澈见底。天仙河乡村生态漂流，橡皮艇结对自助冲浪，过险滩、冲激流，其情不禁；古色古香的竹筏集体漂流，身轻如燕，休闲放纵，其情于心；天龙谷探险漫游，挑战自然，其乐无穷。

在天仙河泛舟，人随筏流，尽饱山水风光。住农家小院，食山中野味，赏度假村篝火晚会、七仙女黄梅新唱，古老而淳朴的民间风情令人流连忘返。

睡佛山温泉

优质温泉度假村

安庆市岳西县温泉镇

0556-2292888

岳西睡佛山温泉，又名灵泉，位于大别山东麓。这里四面环山，中央低平，气候湿润，景色宜人，是理想的疗养佳境。

睡佛山温泉水质纯正优良，水量较为丰富，可与陕西西安华清池、河南大营口温泉等历史名泉相媲美，被称为中国的四大历史温泉之一。根据其微量元素种类多，含量微，水温在49℃~59℃左右的特点，岳西汤池温泉用作医疗矿泉是极为合适和理想的，各种疾病患者可根据自己需要进行选择沐浴。岳西睡佛山温泉现被认为是中国最具医用功效的温泉之一。

红军司令部旧址

省重点文物保护单位

安庆市岳西县天堂镇东山村汪氏宗祠

1930年2月，在中共潜山县委的组织领导下，请水寨暴动爆发了，它是当时安庆地区规模最大的一次暴动，影响深远，为皖西革命根据地的创建立下了不朽的功劳。暴动中成立了中国工农红军潜山独立师，同年6月中央军事特派员朱瑞来根据地视察，将红三十四师改称为中国工农红军中央独立第二师，司令部就设在这座汪氏祠堂内。

祠堂坐东朝西，外观气势恢宏、古朴大方，具有北方建筑的特色；青砖黛瓦马头墙，精致秀美，又与徽州古建筑风格相似。因此被专家誉为是皖西南特色建筑，具有十分重要的研究价值。

红军司令部旧址

景点推荐

桐城旅游区

桐城古城

七拐、八角、九弄、十三巷

桐城市城区

古城坐北朝南，背依玉屏、投子、龙眠三山，旁挟石河、龙眠二水，山光水色，分外妖娆。古城初名山城，“民国”时改为孟侠镇，新中国成立后定名为城关镇。

桐城历史悠久，文风昌盛，为江淮文化圈的发祥地和集中地。古城建造典雅，曲折回旋，有“七拐、八角、九弄、十三巷”之称。城中保存完好或经修复的古建筑有宏伟壮观、体现桐城文化特色的“桐城文庙”；飞檐翘角，体现明清建筑特色的“东南二老街”；造型精美，具有江南风韵的“告春及轩”；五垛四孔，横跨龙眠河上的“紫来桥”；幽静肃穆，仿佛置身仙境的“净土莲社”；千年不涸，富有传奇色彩的“仙姑井”等。

讲学园

讲学园位于桐城市桐城古城区北大街讲学园巷内，为明代理学大师方学渐设帐讲学旧址。方学渐（1600年前后在世），字达卿，号本庵。方学渐潜心理学，阐明经义，讲学于桐川秋浦间，筑桐川会馆，从游者达数百人。

桐城派陈列馆

陈列馆位于桐城古城公园路“告春及轩”内。该馆以清代最大的散文流派——桐城派的兴衰为主线，以重要代表作家的师承关系为顺序，纵线排列，以重要代表作家生活的时代背景、文学交流、学术贡献为内容，横向展开。集文物精粹、历史遗存、著作版本、学术研究于一身，融学术性、知识性、通俗性为一体。

啖椒堂、左公祠

“啖椒堂”是明朝官员、斗士左光斗故居，坐落桐城市桐城古城北大街。其故居分三进，前进是门楼；中进明间为堂屋，即“啖椒堂”，两侧次间，为左右“上房”；后进住宅四间。

“左忠毅公祠”简称“左公祠”，位于“啖椒堂”西。左光斗清直敢言，后遭王当祸入狱。明崇祯初，治王当罪，褒左氏，谥“忠毅”，里人建祠以祀之。

桐城文庙

清以来当地祭孔的礼制性建筑群

桐城市龙眠中路2号

乘坐1、3路等公交车可直接抵达　周二—周日9：00~16：30（16：00停止入场），周一闭馆

桐城文庙为明清以来当地祭孔的礼制性建筑群，位于桐城市古城中心，处于丁字街口，构成了大街的端景，这也是古代城市规划中的一项优秀手法。

文庙始建于1314年，正值元延祐初年，后在元末兵火中销毁，在明清两代曾经修葺了19次之多。几度荣辱兴废，后来的文庙已经完全得以修复。整座建筑格局富丽堂皇，处处显现出古朴、典雅、端庄、大气的风格。文庙的四周，不仅有老街三面环拥，还有一些名人的故居或遗址散集于附近的街市风景之中。此庙系悠久丰厚的桐城文化的标志，饮誉海内外的“桐城派”的象征。

玩家解说

文庙也是桐城市的博物馆所在地，馆藏文物有新石器时期以来的许多珍贵藏品，商爵、汉陶、宋瓷、清画等古董文物众多，其中有李公麟的画、方以智的书、雍正御赐保和殿大学士张廷玉的虎铜印、乾隆御题碧玉铭文等等。总计馆藏文物1245件，其中一级文物24件，二级文物125

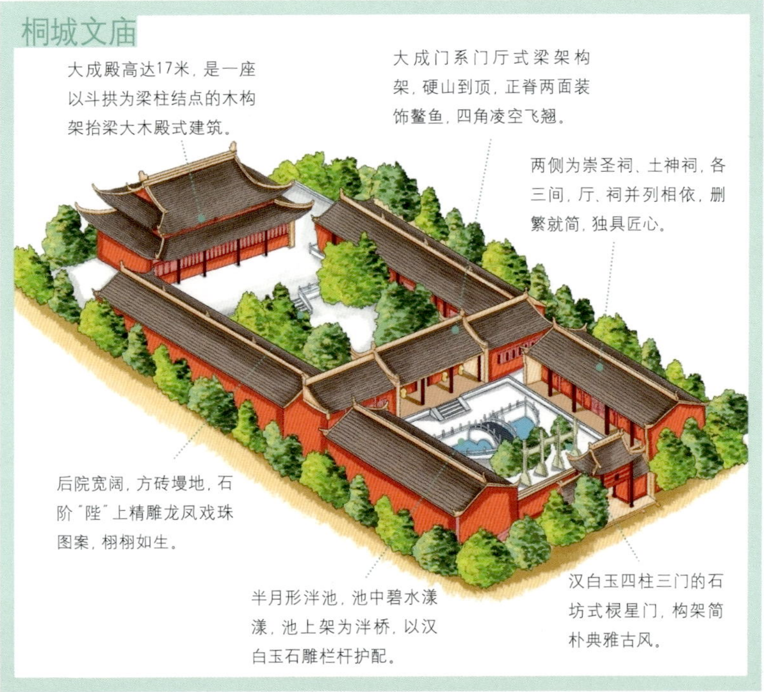

件，另外还有多件的稀世珍宝。

六尺巷
宽容忍让的典范

桐城市城区西环路 乘坐1路公交车可到

六尺巷在“桐城派”的故乡——桐城市的西南一隅，在市区西环城路的宰相府内（省康复医院内）。六尺巷东起西后街巷，西抵百子堂。巷南为宰相府，巷北为吴氏宅，全长100米、宽2米，均由鹅卵石铺就。

链接

六尺巷典故

清代康熙年间，张英的老家人与邻居吴家在宅基的问题上发生了争执，因两家宅地都是祖上基业，时间又久远，对于宅界谁也不肯相让。双方将官司打到县衙，又因双方都是官位显赫、名门望族，县官也不敢轻易了断。于是张家人千里传书到京城求救。张英收书后批诗一首寄回老家，诗曰：“千里家书只为墙，让他三尺又何妨。长城万里今犹在，不见当年秦始皇。”正是这首脍炙人口的打油诗，让张家人豁然开朗，退让了三尺。吴家见状深受感动，也让出三尺，形成了一个六尺宽的巷子。张英的宽容旷达让六尺巷的故事被广泛传诵，至今依然带给人无尽的思索与启示。

龙眠山景区
自然与人文景观并存

桐城市龙眠乡境内

10元

龙眠山为大别山东部余脉，山势自西北向东南逶迤而来，龙眠河绕山而行。龙眠山景区位于市区北面，人文景观和自然景观兼而有之，各具特色。

沿龙眠河溯流而上，叠翠积绿的龙眠山便映入眼帘。山中苍峰翠谷，峭壁清流，无限风光，令人目不暇接。龙眠山擅江北之秀，不仅在于风光优美，更在于历史名人隐居于此，辟有各种山庄。境内秀美的自然风光和历史文化丰厚的积淀交相辉映，构成龙眠山独特的胜迹景致。

六尺巷

文和园

文和园位于龙眠乡双溪村，是清朝保和殿大学士张廷玉的陵园。1755年，张廷玉寿终正寝，归葬于此。

墓区庄严肃穆，气势恢宏。石狮、石虎、石羊、石马鳞次栉比，文俑、武俑、龟跃相对排列，石香炉、石供桌、石烛台陈列墓前，苍松、翠柏、银杏绿树成荫。享堂内陈有张廷玉坐式绣像、香炉、供桌，两侧悬有张英、张廷玉亲笔楹联。

投子山

投子山为龙眠山余脉，位于市区北约两千米，亦名凤凰山，乃因其山形若凤。相传三国时吴将鲁肃兵败后将子投此为僧，故名投子山，山中有寺，即名投子寺。投子寺始建于唐懿宗咸通年间（860—873），是皖北著名的佛教禅院，投子晓钟乃桐城老八景之一。

现山中存有投子禅寺、德柏庵、赵州桥、接官亭、钟楼等建筑。

龙眠山

披雪瀑

披雪瀑又名响雪泉，位于市区西北4千米的碧峰山下，瀑流飞泻直下，如雪帘高悬，故得名。

瀑长900米，全瀑分三段：前为“叠瀑”，长约50米，瀑流滚迭，溅珠飞玉，人称“前瀑”；中为“溪谷”，俗称“披龙”，长约800米，雪浪翻滚，奔腾直前；后为“悬瀑”，高约50米，瀑流长悬，雪崩雷鸣，人称“后瀑”。

后瀑左侧山崖上有一个洞穴，叫“披雪洞”。清桐城派著名作家姚鼐曾来此游玩，撰有《观披雪瀑记》，誉此瀑为“吾邑之奇”。

孔城老街

江北地区保存最完整的一条老街

桐城市孔城镇境内

乘坐201路公交可到　50元

孔城老街坐落于桐城市历史文化名镇孔城镇境内，至今已有1800多年历史。

老街全长2.2千米，沿途分为十甲，整条街呈“S”形，南北走向，一条主街，一条横街，街宽4米左右，另有七巷十三弄，街、巷、弄均由长条麻石铺成。

老街现有古建筑118幢，临街商铺300间，基本保持清末民初徽派皖系建筑向江北延伸的特征，店铺房舍皆为青砖灰瓦，多具飞檐翘角，木镂花窗，鳞次栉比，周边山环水绕，颇具江南水乡特色。孔城老街不仅是江北地区保存最完整的一条老街，其规模也是首屈一指。

凤仪里

方苞故居

桐城市城区龙眠东路寺巷、新巷间

凤仪里即“桐城派三祖”之首方苞的故居，坐落于城区龙眠东路寺巷、新巷间，寓居江宁（今南京市）的方苞回乡应试、祭祖、探亲、访友时，常居于此。

链接

方苞

方苞（1668—1749），字凤九，一字灵皋，号望溪。清代著名文学家，桐城文派创始人。方苞治学为文将道统与文统相结合，首创“义法”说，为桐城派散文理论奠定了基础。方苞作品严谨雅洁，平实自然，其著作以总名《方望溪全集》传世。

姚莹故居

作家姚莹故居

桐城市区寺巷内

深巷古屋、回廊小院，这是昔日姚莹故居的一部分，后裔姚永概曾辟此为“慎宜轩"。故居为木构架抬梁建筑，撑拱承檐，两坡屋面，青灰小瓦，"井"字形大方格木窗，饰以菱形图案。12间瓦房，前后进各5间，东西厢房各1间，前后左右，对称排列。四周环廊，中有长方形小院，用鹅卵石铺设"人"字形小道。

链接

姚莹

姚莹（1785—1853），字石甫，号明叔，晚号展和，桐城人，姚鼐侄孙，系抗英名将，桐城派代表作家之一。姚莹幼承家学，以才著称，为姚鼐著名弟子之一，与梅曾亮、管同、方东树合称"姚门四杰"。为文刚健雄直，长于议论。著有《中复堂全集》《东槎纪略》《寸阴丛录》等，被誉为中国少数民族边疆史编著之始祖。

嬉子湖 AAAA

湖光山色的生态家园

桐城与安庆市交界处，桐城市嬉子湖镇

现已开通前往嬉子湖的公交车，也可在市区可乘班车前往　40元

嬉子湖位于文都桐城与安庆市交界处，桐城市东南边境，这里环境优美、景色秀丽，"嬉子夕照"堪称一绝，拥有"春晴草色如酥，夏汛水天浩渺，秋日白鹭祥云，冬雪平冰千里"之誉。

沿湖湿地连绵，湖水上涨季节，湖中的嬉子墩一山独秀，远近岛屿风光秀丽，渔村古朴，船家生活趣味盎然。

湖中有长形半岛陡起墩，嬉子湖、菜子湖、白兔湖，从东、南、西三面环绕，快捷的江湖航运，使这儿成为上溯湖广、下达苏杭的"九省通衢"之地。

玩家 解说

嬉子湖物产丰富，湖内盛产的鱼类、品种繁多且色质优良，鲤、鲢、鲫、鳅、虾、鳝等，只要是正宗的嬉子湖水产品都受到人们的青睐，不用添任何佐料，即便是湖水煮河鱼，亦堪称美味佳肴，有"过了黄山不看岳，出了嬉子湖不吃鱼"之说。

活海欢乐世界 AAAA

华东地区最大的水上乐园

桐城市桐潜路仙龙湖旅游度假区内

成人票98元，亲子票158元，家庭票248元

活海水上乐园位于桐城市西郊，是华东地区规模最大的水上游乐目的地、亚洲首家魔幻水乐园。

目前活海欢乐水世界一期已初步建成四大主题游乐区域。游乐区域包括激情水迪吧、疯狂活海、疯狂滑梯区、活海探秘区等，其中精心设置了120余个水上体验项目，包括40多项游乐设备。

水世界还将依托游乐项目功能分区，以文都桐城深厚的文化底蕴为剧情设计源头，以疯狂活海—活海探秘为主线，将活海冲浪、活海漂流等游乐设施作为魔幻主题场景，让游客进入一片精彩绝伦的欢乐水世界中。

黄梅酒业文博园

三种文化为一体的工业旅游园区

桐城经济开发区龙腾路（黄梅酒业厂区内）

桐城市内乘3路公交车到终点站下车，然后步行500米左右即可到达

步入文博园，好像进入一座园林式的公园，白墙黑瓦的徽派建筑错落有致地散布其间，假山、水车、精心修剪过的植被装点着文博园。在园区的几个展馆里你可以了解到酿酒工艺、桐城派文化和黄梅戏，还能品一小杯酒厂生产的酒。

在酒文化展区你可以看到货真价实的酿造工坊；桐城派文化展区的展厅里介绍清代的桐城派文人；黄梅戏文化展区的戏楼里有黄梅戏戏台，还展出着一些戏剧服饰。

攻略资讯

- 交通
- 住宿
- 美食
- 购物
- 娱乐

交通

飞机

天柱山民航机场位于安庆城北约6.7千米处，开车仅20分钟车程，为安徽省著名风景区天柱山旅游空中走廊。现已开通北京、上海、广州等航线。

安庆民航售票处位于市区菱湖南路267号，机场到市区可乘坐机场专线。

火车

安庆有两个火车站，分别为安庆站和安庆西站。安庆站有开往合肥、南京、上海等方向的高铁列车及部分始发普通列车。安庆西站每天有始发北京、上海的空调列车，还有发往蚌埠、合肥的普通旅客列车。

安庆站：位于安庆市宜秀区迎宾路，乘坐10路、14路、19路、17路等可直接抵达。

安庆西站：位于安庆市怀宁县县城高河镇。

汽车

安庆有3个汽车站：

安庆汽车站：

宜秀区迎宾东路与龙眠山南路交叉口东南角；

安庆旅游汽车站：

宜秀区黄土坑东路150号；

安庆夜景

安庆自然风光

飞雁快客汽车站：

大观区纺织南路1号。

安庆汽运公司官网可查询各车站车次及订票。网址：

http://www.aqqy.com/

住宿

安庆的酒店、宾馆较多，汽车站附近就有很多宾馆，从几十元到几百元的各个档次都有，即使背包客来到安庆旅游，花50元以下也能找到比较舒服的住处。

●皖源国际大酒店

安庆皖源国际大酒店为四星级，处于市区的交通主干道交汇处，来往交通非常便利，同时背靠安庆最大最美的公园——菱湖公园，是一家可以获得“闹市中的宁静”的酒店。酒店环境、装修、设施、服务都很好。安庆市大观区菱湖南路118号（菱湖公园旁）0556-5502980。

●如家快捷酒店

如家快捷酒店位于市中心，在第二人民医院对面，酒店旁有安庆著名的小吃街——北正街，商业街——人民路。交通便利，房间很新，比较干净，性价比高，服务好。安庆市大观区关岳庙街54号 0556-5520555

●V6连锁酒店水晶店

安庆V6连锁酒店（水晶店）毗邻市民广场和安庆长江江畔大湖风景区。装修比较好，干净整洁高雅。酒店生意很好，餐厅里的生意也不错，服务人员又很忙，有时需要服务要稍微等一下。餐厅是中餐厅，给人一种小家碧玉的感觉，有点像早市茶餐厅。大观区市府路9号（大湖风景区旁） 0556-5011111

●更多住宿去处

安庆大酒店/安庆市迎江区湖心中路66号（菱湖风景区旁）/0556-5399000

双龙大酒店/安庆市经济开发区迎宾路1号/0556-5899990

尊悦酒店/人民路416号/0556-5561111

安庆酒店

美食

安庆位于长江北岸、安徽省西南部，其饮食属于徽菜系。安庆菜擅长烹调家禽、河鲜，如：老鸡汤泡炒米、剑毫鳝鱼、石塘甲鱼，等等。此外，安庆烹饪中的烟熏技术也别具一格，最著名当属蔺蒿炒腊肉，那独特的烟熏风味在腊肉中尽得体现。

来到安庆，还有一些当地风味小吃是不可不尝的，其中比较著名的风味小吃有江毛水饺、迎江寺素锅贴、韦家巷汤圆、蒋大顺粉蒸肉、肖家桥油酥饼等。

美食小吃

●江毛水饺

江毛水饺是安庆市有名的风味小吃。饺馅选料是用山区的黑毛猪后腿肉，佐以虾仁、榨菜制作，用纯鸡汁或骨头汤煮饺，具有皮薄、肉嫩、汤鲜独特风味，深得人们喜爱。现被安徽省旅游局列为“地方风味小吃”。

推荐店铺：江万春水饺 迎江区建设路

江毛水饺

●鸡汤泡炒米

鸡汤泡炒米是徽菜里很有名的一道，一上桌就香味四溢。盛一碗滚烫的土鸡汤，再放勺金黄的炒大米，发出吱吱的声响。炒得干香酥脆的炒米配着醇香的鸡汤一起吃，炒米吸收鸡汤里面的油，鸡汤的美味混着炒米的香味，越嚼越脆，越嚼越香，既像吃零食，又有主食的饱腹感。

●墨子酥

墨子酥是“麦陇香”的名牌糕点。墨子酥的原料：优质芝麻、精制白糖、五香粉、熟面粉、少量精制盐。墨子酥成品色泽乌黑，油润细腻，香甜浓郁，形如古墨，故名墨子酥。

墨子酥不仅老少适宜，营养丰富，而且还具有滋补润肺、止咳平喘等作用。

墨子酥

美食去处

北正街：这是聚集了大量美食的一条街道，老渔村、聚得利、南京陈记酸菜鱼等味道都不错，总体来说算是价廉物美。而且这里的夜市非常繁华，属于市中心区域。

购物

安庆位于长江流域，得天独厚的自然环境为它赢得了“鱼米之乡”的美称。高河大米在明清时就已经是“贡米”；宿松的芝麻也早在民国的时候就远销国外；长江鲥鱼是与河豚、刀鱼齐名的“长江三鲜”；9孔13丝的雪湖藕是朱元璋御封的“贡藕”。

此外，还有枞阳大闸蟹、桐城水芹菜、麦陇香的墨子酥、胡玉美蚕豆酱、虾子腐乳、御膳雪枣、红皮板栗、岳西茯苓、桐城小花、岳西翠兰等都是安庆有名的特产。

安庆特产

●胡玉美蚕豆辣酱

清朝光绪三十二年（1906），胡玉美酱园采用川中辣酱风味，试制成“胡玉美蚕豆辣酱”，色泽泛红，味香细腻，微辣而甜，风味独特。“振风牌”胡玉美蚕豆辣酱为畅销国内外的名牌食品。

●雪湖贡藕

雪湖贡藕产于潜山市天宁寨雪湖，湖中夏莲，皆开白花。荷花盛开，恍如白雪，因名雪湖。雪湖产藕，每根重约3~5千克，藕中有九孔、十三丝，色白如玉，藕质脆嫩香甜，汁水丰富。

●桐城丰糕

桐城丰糕是当地有名的特产，如今已是远近闻名。丰糕是时令糕点，以前多于春节间制作，寓“丰收步步高”之意。蒸熟的糕体晶莹如玉，香气诱人。掰一块放进嘴里，口感细腻、黏滑、清甜。丰糕有荤素之分，荤糕放油，素糕放糖，风味各异。吃时可切片入笼蒸，也可油炸或煎。

安庆购物场所

在安庆，人民路西段是一条比较繁华的街道，它连接着四牌楼、倒爬狮、钱牌楼等传统商业街及吴越街，主要购物场所都集中在这一区域。大型的商场主要有人民路的安庆百货大楼、安庆商都、供销大厦和吴越街上的人民商场、五洲商场。

娱乐

安庆是黄梅戏的故乡，在这里，几乎每个人都能随口唱出一曲婉转动听的黄梅戏，因而黄梅戏就理所当然成为当地最有名气的娱乐项目。在安庆旅游，观看黄梅戏是不可错过的项目之一。

除此之外，安庆还是徽派京剧的发源地之一，来到这里怎么能不听听地道的京剧前身——徽剧呢！

黄梅戏艺术节：每年的11月初是安庆地区的黄梅戏艺术节，在黄梅戏会馆点上几出经典戏曲，边品茶边看戏，如此风雅之事怎可错过。

欣赏徽剧：徽剧起源于安庆，早在明代，徽班就以精湛的演技而蜚声民间，清代徽班又广泛吸收其他剧种优点，不断丰富本身的声腔和表演形式，声腔、音韵、剧目等方面达到了较高艺术成就。看徽剧，推荐去安庆市内剧场，随时都有徽剧上演。

黄梅戏

发现者旅行指南

池州·铜陵

概览

亮点

九华山

素有“东南第一山”“江南第一山”之誉，四大佛教名山之一。四季分明的时景和日出、晚霞、云海、雾凇、雪霰、佛光等天象奇观，美不胜收。

九华山地藏禅寺

牯牛降

国家级自然保护区、国家地质公园。境内有36大峰、72小峰，36大岔、72小岔，以雄、奇、险、秀著称，山岳风光秀美绮丽。

线路

池州二日游

第一天上午前往秋浦河，沿河绿柳碧波，两岸有古石城遗址、昭明钓台、仰天堂等名胜古迹。这里还是漂流休闲的好去处。下午前往牯牛降风景区，可在万里晴空的早晨看日出，云蒸霞蔚的雨后看云海，细雨迷蒙的春秋季节看佛光。

第二天前往九华山风景区，游览景区，然后乘坐百岁宫缆车回九华街，夜宿九华街。

九华山

为何去

池州生态环境优美，是泛“长三角”地区的“后花园”，环境优美，生态优良，自然风光和人文景观交相辉映，是理想的旅游休闲度假胜地。

九华山回香阁

铜陵地处吴头楚尾，位于长江之畔，历代相传有龙舟赛、顺安庙会、钟鸣竹马灯等风俗，可以说铜陵的民俗文化源远流长。

何时去

池州一年四季气候温暖，每年的最佳出游时间为春、秋两季。池州九华山是我国四大佛教名山之一，每年都有许多佛事活动会在此举行。

池州田野风光

铜陵位于长江沿岸，空气潮湿，春季温度适中；秋天气候适宜出行。此外，每年的 9 月到 10 月，铜陵都会举行中国铜陵青铜文化节，将中国古老的青铜文化展现给世界。

池州·铜陵旅游示意图

区域解读

池州区号：0566
铜陵区号：0562
面积：约11 279.7km²
人口：约305.7万人

九华天池

地理 GEOGRAPHY

区划

池州市下辖1个区（贵池区）、3个县（东至县、石台县、青阳县）。

铜陵市下辖3个区（铜官区、郊区、义安区）、1个县（枞阳县）。

地形

池州市域地形为东南高、西北低，自南向北呈阶梯分布。境内地形多样，南部以丘陵山区为主，北部则是长江冲积平原。池州境内有三大水系十条河流，其中秋浦河为境内流域中最长的一条河，流域面积3019平方千米，河长149千米。

铜陵市市区地势由东南向西北倾斜。境内属沿江丘陵平原，平原、丘陵、低山、台地呈交错状分布。水系属长江水系，有众多的支流、湖泊分布，形成网状河系。天门山主峰海拔576.6米，是铜陵境内的最高山峰。

气候

池州地处暖温带与亚热带的过渡带，属于亚热带湿润季风气候，气候温和湿润，温度适宜。受季风、地形等的影响，降水的年际、年内变化较大，年内降雨集中在汛期5—9月。

铜陵属亚热带季风气候，温暖湿润，四季分明。铜陵春季相对多雨，外出最好常备雨伞；初秋多晴朗天气，气温适宜，比较适合旅游。

历史 HISTORY

池州历史大事记

●先秦时期

池州历史悠久，早在石器时代就有先民在这方热土上繁衍生息，并创造了灿烂的古代文化。

战国时代，被楚国打散后的越国人的君、王部落的聚居繁衍于此，因此这里有丰富的越文化遗存。

秦汉时期，这里的冶铁、造船、铸造等手工业比较发达。古石城是当时江南经济较为繁荣的城镇之一，同时也是水陆交通要道、历代屯兵之地。

●魏晋隋唐

晋时，今东流镇地区属江西彭泽，陶渊明任彭泽县令时，曾住东流种菊，并作《劝农》《九月闲居》等诗篇。

519年，池州一直大旱，田间颗粒无收，

发生严重的饥荒。昭明太子萧统亲自安置送粮赈灾，使池州百姓渡过劫难。萧统逝后，池州百姓特向朝廷请来了昭明的衣帽，在昭明生活过的秀山建造了昭明太子的衣冠冢、太子庙。

唐天宝年间大诗人李白曾多次游九华山，在与友人唱和的《改九子山为九华山联句并序》中曰：“妙有分二气，灵山开九华”，因此“九子山”改称为“九华山”。

唐开元末，新罗国僧地藏卓锡九华，苦心修炼数十载，圆寂后肉身三年不腐，僧众认定其为“地藏菩萨灵迹示现”，建肉身塔以供奉，九华山因此成为地藏菩萨的道场。

●宋元明清

南宋末年，池州是抗元重地。池州知州赵昂发，率领军民，奋力守城，抗击元朝伯颜大军，城破之后，全家自尽，后人为其立祠。

明正统十年（1445），知府何绍正修筑府城（旧府址在元伯颜下江南时毁于兵火）。新府城充分反映了当时经济的繁荣，是劳动人民智慧的结晶。

●近现代

新民主主义革命时期，牯牛降山脚处的金竹洞曾是当地红军农民团赖以打制冷兵器的“地下军工厂”，故此金竹洞又被当地老百姓称为“红军洞”。

1935年9月，中共江南特委以高山为中心地带，领导了贵秋东地区的第三次农民暴动。

抗日战争期间，方志敏所领导工农红军北上抗日先遣队在牯牛降主峰以东至石台老县城广阳镇的广大地区内，进行革命活动和武装斗争。

铜陵历史大事记

●先秦至隋唐

春秋时期，这里为吴地，设有“城濮镇”。春秋吴楚的“鹊之战”发生在今铜陵鹊头山一带。吴军在此战役中惨败，后虽经过长期战争，但终被楚吞并。

两汉时分别在铜官山设置“铜官”，在今城关镇设铜官镇。三国时，鹊江一带为孙吴水军活动阵地。六朝时，鹊头山置有“鹊头戍”，且派驻重兵，与望江的大雷戍、当涂的采石戍同为当时沿江兵战要地。

唐朝时，铜陵始置县，后改为铜官冶。并在六朝古戍的基础上设“鹊头镇”，南面筑烽火台，今遗址尚存。

●宋元明清

宋太宗即位第二年（977）2月，大臣刘胡等拥兵谋叛，在占领了芜湖后，又沿江而上至“鹊外挑战”。据守鹊岸的宋军大破叛军。

不久，叛军聚众十万，攻陷鹊岸。该年八月，宋军又"大破贼"，彻底平定此乱。

1852年5月，石达开所部太平军攻克铜陵。7月，太平军西征军又经过铜陵并攻占大通。1861年9月，曾国藩在攻陷安庆之后，挥师水陆并进猛扑向长江下游的太平军，9月14日贵池被攻陷，15日占领了大通沿岸。

●近现代

1900年7月，八国联军侵华时，湖南人唐才常在汉口组织"自立军"，宣布"保全中国自立之权，创造新自立国"。8月9日，大通自立军统领秦力山发动起义，遭到安徽巡抚王之春、两江总督刘坤一的猛攻，终因孤立无援而失败。

1949年4月20日，文兴洲渡江战役打响。21日上午8时，解放军顺利占领铜陵县城，铜陵也因此而成为"江南解放第一城"。

1953年5月1日7时30分，第一冶炼厂第一代炼铜工人为祖国炼出了第一炉铜。其中的一块铜锭被永久地保存着。

铜都矿冶三千年——中国古铜都

铜，是人类最早发现和使用的金属之一。我国是世界上最早使用铜的国家，早在

铜陵城市风光

殷商时期就有了大规模的使用，铜陵就是铜文明史的杰出代表。铜陵的采冶铜历史，悠久而漫长，从古至今数千年都不曾中断，可称作中国古铜都。

铜陵最早属于古扬州，据明代嘉靖年间《铜陵县志》记载："铜地盖古扬（州）之东境也"。早在夏商西周时期（前21世纪—前771年），我国最早的地理著作《禹贡》记载，扬州"厥贡惟金三品"。由此可见，先秦时期的古扬州一直是我国重要的产铜地，而铜陵正是古扬州的产铜地。历代朝廷都对铜陵古采矿给予了高度的重视：从西汉起铜陵设"铜官"；东汉设"铜官镇"；齐梁设"梅根冶"；唐设"义安县"；北宋置"永丰监"；到了南宋时期，由于地表矿被挖完，采铜已经基本停止。元、明两代设"梅根冶"，清代设"铜官监"。

铜陵地区古代矿冶规模宏大，目前已经发现的大小矿冶遗址就有近百处，分布铜陵全境达600平方千米。其时间跨度上至商周，下至唐宋，时间跨度达2000多年。铜陵地区悠久灿烂的冶铜文化，深深地吸引了历代文人墨客。铜陵的民间文学，由于浸润着铜文化，它的故事和传说多少都带有铜文化的色彩，如"金牛洞传说""铜官山传说"等。

如今的铜陵市天井湖景区建有铜文化园，以"铜文化"为核心，"山林文化"与"水文化"为基调，充分展现铜陵的城市形象。铜文化园的广场圆心处有巨型铜雕"青铜之魂"，是广场的主体景观，以抽象、富有动感的造型充分表现了"铜都精神"。

上接两湖，下通苏杭——大通

"江南大通，靠山临江，上接两湖，下通苏杭"，由大通当地民谣可见大通的水上交通优势。

大通镇是一个位于安庆、芜湖之间的江岸小镇，滔滔长江在此被和悦洲自然分成内

外二江。内江成了天然良港，兼有青通河经此注入长江。自明初设大通河泊所以来，大通不仅发展成为以商品流通为主要职能的经济重镇，也是连接城乡的重要商港。“唯闻满江动樯橹”“帆影江声万马奔”，这就是大通港盛极一时的写照。

大通民间以木帆船航运至少有两千多年的历史，官办航运业亦有六个世纪了。据记载，早在明代洪武元年至三年（1368—1370），相继设大通河泊所、大通递运所、巡检司，后设大通驿，置驿站船39只，水夫130名，行驶东流、至德、贵池、青阳等地。由此可见，当时大通已成为地区性的航运中心。清末时，大通成为仅次于芜湖的一大米市和安徽有名的渔盐城市。咸丰八年（1858）六月和咸丰十年（1860）十月，《天津条约》和《北京条约》先后签订，清政府给外国以长江航行权和内地传教权，大通便成为帝国主义猎取的目标之一。同治二年（1863），清政府准许英国轮船暂时在大通港停泊，用民船上下货物。光绪二年（1876）六月，中英《烟台条约》签订，开芜湖商埠，设领事，将大通正式作为外国轮船停泊地点和上下客商货物的“寄航港”。

中华人民共和国成立后，大通航运业得到了恢复和发展。如今，大通港来往船只众多，日益繁荣兴盛，正在为“振兴中华，建设铜陵”发挥着越来越大的作用。

文化 CULTURE

佛教圣地九华山

九华山以峰为主，有名峰70余座，千米以上的就有30余座，最高十王峰海拔1342米。山间遍布深沟峡谷，垂涧渊潭，流泉飞瀑，清代概括有“九华十景”。九华山自然秀色与人文景观相互融合，加之四季分明的时

九华山

景和日出、晚霞、云海、雾凇、雪霰、佛光等天象奇观，有“东南第一山”“江南第一山”之誉。

南朝时，因此山奇秀，高出云表，峰峦异状，其数有九，故号“九子山”。后因大诗人李白的《改九子山为九华山联句并序》更名为“九华山”。李白“天河挂绿水，秀出九芙蓉”诗句成为描绘九华山秀美景色的千古绝唱。唐开元末，新罗国（今朝鲜半岛南端）僧地藏卓锡九华，苦心修炼数十载，圆寂后肉身三年不腐，僧众认定其为“地藏菩萨灵迹示现”，建肉身塔以供奉，九华山因此成为地藏菩萨的道场。历经唐、宋、元各个时期的兴衰更迭，至明初九华山与五台、峨眉、普陀一起位居中国佛教四大名山之列。清代九华山佛教鼎盛时有寺庙300余座，僧尼4000多人，“香火之盛甲天下”。

目前，九华山共有三座肉身殿，分别在神光岭、百岁宫、双溪寺，其中神光岭肉身殿是安葬金地藏金乔觉肉身的地方，即“地藏塔”。九华山“传统庙会”“佛教音乐”等还被列为安徽省首批非物质文化遗产，加以保护传承。九华山各大寺庙春节期间都敞开庙门，迎接游客撞响新年的钟声，并在春节期

间举行佛事活动，让海内外游客亲身参与新春祈福。

另外，有趣的是九华山有荤年、素年之分。为了表示对寺庙僧侣的尊敬，当地居民于春节之际，会先过荤年，后过素年。荤年为每年的农历腊月二十八，当地居民吃荤食。但到了第二天，人们就会用草木灰将锅碗瓢勺洗得干干净净，准备素食，在腊月三十除夕那天吃斋过正年，素食会一直持续到大年正月初三。

九华山的进香也有别于别处：九华山居民农历春节为了祈求新年里平安幸福，会备齐香烛到肉身宝殿、或住家附近寺庙进香。在进香路上，即使彼此熟识的人，也相顾无言。只有在进香完毕之后，才可以彼此致意，问候新年。

“徽池雅调”的青阳腔

青阳腔是明代嘉靖、万历年间（1522—1620）产生于中外闻名的佛教圣地九华山下的青阳县，流行于池州一带的一种戏曲声腔，又称“池州调”。它是在博采余姚腔、弋阳腔及当地佛乐、民曲、土戏之精华的基础上形成的戏曲声腔，曾以其行云流水的“滚调”优势，风靡于大江南北，更借石台、太平梨园班社的传播，足迹遍及赣、鄂、湘、川、黔、鲁、闽等省，享有“南北时尚，徽池雅调”之美誉。

青阳腔属南戏高腔体系，其剧本是曲牌联套传奇体制，继承了古南戏的七角制（生、旦、净、末、丑、外、贴），后发展为九角制（增加小、夫二角）。青阳腔在声腔上属南曲五声系统，特征为：演唱用锣鼓伴唱，不用管弦；一唱众和，独唱与帮腔结合；运用腔滚结合的歌唱方法——滚调。

清代咸丰以后，受战争影响，青阳腔在本土上逐渐绝响，仅有部分剧目声腔幸存于傩戏、目连戏以及本省的岳西高腔、江西的湖口高腔等地方戏中。近些年来，青阳县建立了青阳腔民间业余剧团，后又组建了全国第一家专业青阳腔剧团，在伴奏中加入了管弦等其他乐器，使青阳腔更适合现代人的口味。如今，青阳腔已被国家列入非物质文化遗产名录。

九华山

景点推荐 九华山风景区 AAAAA

九华山古称陵阳山、九子山，因有九峰形似莲花，因此而得名。唐天宝年间（约742—752），诗人李白偕友来到九子山。观其山秀异、九峰如莲花，写了“昔在九江上，遥望九华峰。天河挂绿水，秀出九芙蓉”的佳句，九子山自此更名为九华山。九华山是“众生度尽，方证菩提；地狱不空，誓不成佛”的大愿地藏王菩萨道场，被誉为“莲花佛国”，与浙江普陀山、山西五台山、四川峨眉山并称为中国四大佛教名山。

九华山北俯长江，南望黄山，东监太平湖，以佛教文化习俗和奇丽的自然风光享誉海内外。九华山素有九十九峰之称，千米以上的高峰20多座，为首的是十王峰。九华山主体由花岗岩构成，以峰为主，盆地峡谷，溪涧流泉交织其中。九华山有名峰70余座，千米以上高峰30余座，最高十王峰海拔1342米。山间遍布深沟峡谷，垂涧渊潭，流泉飞瀑，气象万千。山峰如台似柱，耸入云霄，又有芙蓉出水之姿，神工鬼斧。优美传奇的舒印月和九子泉声更富山水之情，给人以美的享受。

池州市青阳县九华镇境内

160元

淡季8：00～17：00，旺季7：00～19：00

从青阳县九华乡柯村的九华山长途汽车站换乘九华山风景区的观光车到达山上

九华街景区

九华山的核心景区

青阳县九华镇境内九华山

九华山的佛事节日

九华山重要佛事节日活动很多，最主要的有佛诞节、佛成道节、观音会、地藏法会、九华山庙会和自恣日六种。

佛诞节为释迦牟尼诞生日，是佛教最大的节日，佛教徒在农历四月初八这一天过佛诞节。逢佛诞节，九华山寺院僧尼齐集大殿供佛、诵经，并以香汤洁洗释迦佛像，称为浴佛法会。浴佛法会期间，寺院除施素供僧外，还举行超度亡魂（放焰口、烧法船）等活动。

佛成道节为释迦牟尼成道之日，时间为农历腊月初八。九华山民此日有喝腊八粥的习惯，用红棘、桂圆、香菇、豆类煮粥，或自食、或施舍，以示对佛祖的感恩。

观音会有观音诞日（农历二月十九）、成道日（农历六月十九）、涅 日（农历九月十九），逢这三个日子女子们就相邀成群，到附近的寺庙烧香拜佛，求签许愿，祈求平安。

地藏法会为地藏菩萨诞生日，传说新罗僧金乔觉亦于此日成道。时间为农历七月三十（月小为廿九），期间九华山各寺庙要举行隆重仪式，诵《地藏菩萨本愿经》、守地藏肉身塔，称地藏法会，一般历时七天（七月三十至八月初六）。法会期间，香客们还组织百子会，朝山进香。

九华山庙会源于唐代，时间为每年农历七月三十。庙会期间，四方信徒、香客云集九华朝山进香、拜塔，朝拜天台，许多山民和手工艺者趁此机会互做买卖，民间艺人也来此献艺。

自恣日，意思是自行检查一年来的修行情况，是佛教又一重大节日，又称盂兰盆节，时间为农历七月十五。每逢此节，九华山寺院僧侣及信徒不仅供佛、拜忏、自恣，还会拜“梁皇忏”、拜“地藏忏”，祭祀祖先和超度十方饿鬼。

九华街开发历史悠久，早在东晋隆安年间（401），就有天竺名僧杯渡在芙蓉岭下创建茅庵，开创了九华山佛教活动先河。唐开元年间，新罗高僧金乔觉来到九华，当地士绅诸葛节等人为他在虎形山下起建寺院，获朝廷赐名“化城寺”，此为九华山开山祖寺。

九华街

九华街景区四山环抱，面积约4平方千米。明、清以来，为香客游人集散地，该区仍保持清代风貌，古色古香。九华老街店铺古朴，寺庙林立，古迹众多；僧俗共处，香烟缭绕；石板道穿街走巷，连接各寺院，一派莲花佛国景象，是九华山人文景观荟萃之地。

玩家攻略

九华街节庆广场会配合九华山各种民俗节事，利用广场举行各种大型文艺表演、民俗活动。

□ 肉身宝殿

肉身宝殿是九华山最精华、最神圣的地方，这里安葬着高僧金乔觉（地藏菩萨）的肉身。肉身宝殿正门高悬“东南第一山”匾额，肉身宝殿南门的“地藏大愿”匾额，北门廊下的黑底金字横匾“众生度尽，方证菩提；地狱不空，誓不成佛”，都出自民国总统黎元洪之手。殿中央七层木结构的“地藏

塔”，塔基用汉白玉砌成。塔内供奉一百多尊地藏菩萨，正面供“金地藏”塑像，骑着涉水如飞的“谛听”。

玩家 解说

金乔觉（696—794），是新罗僧人，俗称金地藏，古新罗国（今朝鲜半岛东南部）国王金氏近族。24岁时，削发为僧，来到九华山，潜心禅修，弘扬佛法，于唐贞元十年（794）圆寂。

根据佛法，金乔觉圆寂后，肉身放入缸中成殓。三年后，僧徒门围着缸建造佛塔，又在塔基上兴建殿宇，这座“殿中有塔，塔中有缸，缸中有肉身”的殿宇，就是著名的肉身宝殿。清光绪十二年（1886），又建造七层八方木质宝塔一座，将三层石塔包裹住。

化城寺

佛经有“指地化城”之说，该寺位于九华山化城峰西南，化城盆地中心，故名化城寺。化城寺是九华山的开山祖寺，历史最悠久，同时也是地藏菩萨道场。寺前高悬赵朴初题写的“九华山历史文物馆”横额，遒劲秀美。

寺内现存四进民居式殿宇，前三进为清代建筑：一进灵官殿，二进天王殿，三进大雄宝殿。二、三进之间有一巨大四落水天井，意为“四水归明堂”。寺庙两旁是一家挨着一家的小商铺，门前的月牙池据说是地藏的放生池，白墙黑瓦的寺庙和商铺倒映在池子里。月牙池附近有一娘娘塔，仅剩塔基，据说是为纪念金地藏的母亲而建。

祇园寺

寺庙始建于明嘉靖年间，规模很大，寺前的石板路上刻满钱币浮雕，传说和印度信徒用金钱铺地买下波斯祇陀太子园林迎请释迦牟尼说法的典故有关，“祇园寺”也因此得名。祇园寺是九华山唯一一座宫殿式庙宇，除弥勒殿和大雄宝殿属宫殿式建筑外，余皆民居式建筑。

祇园寺南端的第一殿正面三层屋檐嵌入黄色墙壁，覆盖黄绿色琉璃瓦，侧面伸出马头墙。庙内布局呈“7”字形，往东北方向是坐东朝西的大雄宝殿。大雄宝殿拥有红色的围墙，顶覆金色琉璃瓦，气势非凡，殿中央供奉的三尊大佛非常高大。由大雄宝殿对面的回廊前进，有僧房、方丈室等寺院附属建筑，房舍之多让人仿佛进入迷宫。

玩家 攻略

九华山的寺庙一般17: 00左右即关门，唯有祇园寺晚上灯火通明，佛事活动多在此举办。

旃檀禅林

旃檀禅林是19世纪末期兴建的规模宏大的寺庙，清康熙年间为化城寺七十二寮房之一，后逐渐扩展成寺。旃檀禅林由并排的三座建筑组成，此殿格调独特，雄伟壮观。殿内供奉9.19米千手千眼四面观世音菩萨像。周围供奉84尊大悲像三十二应身和六位大德禅宗祖师像，殿前常行菩萨塔双九龙壁，系汉白玉精雕细刻而成。旃檀禅林的芙蓉峰下还有殿堂，存有明净和尚肉身。

天台景区

九华山的高山游览区

可以在凤凰松乘索道至天台寺，全程约10分钟；或沿登山台阶步行上山，全程约4小时

天台景区是九华山高山游览区，面积约8平方千米。坐落在峰顶的地藏寺，古名天台寺。来九华山的佛教徒大多到此朝拜，称之为“中天世界”。这里是游客游九华必到之处，自古有“不到天台，等于没来”之说。

峰顶有万佛寺、捧日亭、云峡，沿途寺庙多，风景好，游人和香客都尊它为九华之首。从九华街至天台景区，有石板道直通，也可乘索道上山。

天台寺

天台寺，又名“地藏寺”“地藏禅寺”，是九华山地理位置最高的寺院。天台寺历史悠久，相传唐时金地藏曾在此居住过。这里也是佛教徒朝拜地藏菩萨圣迹的必到之处，所以往往将天台称为九华山主峰。

如今的天台寺，前后共三进殿宇，地藏殿、大雄殿、万佛楼等，殿宇的底部架空，下面有蓄水井。在天台寺周边，有块岩石上有一凹下的巨大脚印，传说为地藏菩萨的足迹。从寺后小门可到天台最高处——云峡，两块巨大岩石之间，只能容一人通行，右边岩石上直镌“云峡”二字，左边岩石横刻“三线天”三字。

吊桥庵

吊桥，古为木桥，横跨两峰之谷，上挂岩壁，下临深渊。桥面即为吊桥庵长廊，庵建在桥上，桥建在庵内，故名吊桥庵。吊桥庵始建于清，现庵为两层民居式建筑，庵旁岩壁上镌有“江南第一山”石刻，为民国时期安徽省省长许世英所书。

观音峰上院

观音峰上院原名圆通庵，建于清代，坐

九华山天台寺

百岁宫

落在海拔1100米高的一块岩体上，民居风格，前傍古道，后接悬崖，东西均为绝壁，独具匠心的设计和巧夺天工的建筑，令游人称奇叫绝。寺前照壁上有一碑刻，记述山东吴老先生受菩萨感应维修寺庙的故事。

拜经台

拜经台因金地藏在此诵经而得名。既是崇山峻岭中一块难得的平台，又是寺。这座建于清代的寺庙，又名大愿庵，俗称古拜经台。大殿坐东朝西，宫殿式，双层重檐翘角，气势雄伟，赵朴初先生为大殿题额。北侧为地藏殿，东为3层徽派建筑万佛楼，南为上下5层民居式寮房。整个建筑古朴典雅，风格协调，堪称佛国明珠。

百岁宫景区

九华山传统重要景区之一

青阳县九华镇境内九华山，九华街与闵园景区之间

百岁宫始建于明代，庙内供奉着明代无瑕禅师的肉身，因其活到124岁才圆寂，所以寺庙得名“百岁宫”，无瑕圆寂后尸身一直不腐，明思宗于天启六年（1626）敕封为“应身菩萨”。

百岁宫的主体建筑白墙黑瓦，沿着山崖呈南北走向狭长形排布，好似城墙，山上的岩石穿插入寺院内，给寺庙增添了古朴自然的韵味。跨过南边的山门，是放有香炉的院子，北边即大雄宝殿，由大雄宝殿的侧门可进入肉身殿。

百岁宫

百岁宫原名摘星庵，又名万年禅寺，始建于明代,与祇园寺、东崖禅寺、甘露寺并称九华山“四大丛林”。百岁宫是典型的皖南民居式寺庙，大殿中有“九龙戏珠”藻井，佛龛则因地就势筑在长4.5米、高2米的岩石上；由大殿侧门可进入同一楼层的肉身殿，肉身殿后则为佛堂和僧舍。它的4个楼层内有巨岩横陈，有磐石镶嵌，岩石与建筑、建筑与山峰有机结合，巧夺天工，令人叹为观止。

链接

应身菩萨——无瑕禅师

明朝万历年间，有僧人海玉，顺天宛平人（今北京卢沟桥）人，字无瑕，嘉靖十五年（1536）在五台山出家。无瑕禅师曾云游参访峨眉等佛教圣地，于万历年来到九华山，“初住东岩摘星亭，见狮子山左右，有龟蛇供护之状，遂卓锡焉”。无瑕禅师戒律精严，刻苦清修，耗用28年，刺舌血拌和金粉抄写《大方广佛华严经》81卷，为国家重点文物，现珍藏于九华山历

史文物馆中。

天启三年（1623）秋，无暇禅师圆寂，年124岁。弟子将其遗体装缸，三年后启缸，肉身面色如生、身体完好，遂装金供奉。其徒慧广随即“建寺宇，造戒堂，立方丈”，时人尊其年高，故改庵名为“百岁宫”。天启六年（1626）明思宗朱由检敕封无暇禅师为“应身菩萨”，题额“为善为宝”，赐无瑕禅师肉身塔“莲花宝藏”四字。

五百罗汉堂

五百罗汉堂为宫殿式结构，是百岁宫的附属寺院。五百罗汉堂总建筑面积为1000多平方米，为宫殿式结构，与百岁宫配套协调，形成一个建在悬崖峭壁上的城堡式建筑群。五百罗汉堂供奉五百尊罗汉，整个堂内千姿百态，气势壮观，为目前我国四大佛山所仅有，在佛教中，罗汉所证的果次于佛和菩萨，因此地位也比他们低，他们住的地方只能叫“堂”而不能叫作“殿”的。

花台景区

九华山新十景之一

青阳县九华镇境内九华山，天台峰北

花台景区由大花台、小花台组成，是九华山高山景区之一，因春天山花烂漫而得名。花台群山组成的形状犹如地藏菩萨仰面朝上的侧脸，“天然睡佛”的造型非常逼真，花台最高处是睡佛的下巴，海拔1299米。

花台景区内峰岭突兀，怪石嶙峋，谷洞幽深，蟠龙虬松，山花浪漫千。经典景点“花台春色”是九华新十景之一，素有“灵山九华，美在花台”的说法。

玩家攻略

每年的五月，景区内有我国品种最为集中的稀有高山杜鹃花，红、黄、白、紫等争相绽放，争奇斗艳，镶嵌在山野绝壁中，宛若“天街花市”，俨然一幅华美的山水画。

闵园景区

融自然景观与人文景观为一体

青阳县九华镇境内九华山，天台景区西麓

闵园景区位于九华山天台景区西麓，与九华街隔峰对峙，为南北走向的大峡谷，面积约6平方千米，是一个融自然景观与人文景观为一体的综合型游览区。这里山庄秀美，环境清幽，四季宜人，既有山庄田园的秀美，又有莲花佛国神秘。

闵园尼庵

尼庵群多集中在中闵园，位于回香阁到天台峰的必经之路上，临河背山。这里有20多座尼庵，建筑特色鲜明。

闵园尼庵为九华山皖南民居式寺庙建筑的代表，小型尼庵仅一、二进，单门独院、庙舍合一，中为佛堂，两厢是居室。中等规模

九华山徽派建筑

的一般为两进厅堂式楼宇，中设天井，内落水。这些尼庵一律白墙褐瓦、小外窗、马头墙，融佛殿、居室为一体，生活十分方便。每座尼庵一般为师徒两人，早、晚诵经礼佛，间或种菜、摘茶，一心护佛，生活恬适。

闵园民居

在闵园峡谷中有上、中、下三处民居，散居与群居相结合，具有鲜明的地方特色。上闵园的十多户人家，沿九闵公路散居，皖南民居风格，依山而建，白墙褐瓦，一律为新建的平房或两层楼宇。中闵园近百户，以山冈为界分两处集中居住。楼宇和平房鳞次栉比，商店林立，巷弄相连，民居与庵堂精舍浑然一体。下闵园20多户集中居住下闵园坡谷，依山而建，朝向不一，高楼耸立，平房点缀。

闵园竹海

闵园区秀竹丛生，遍覆岗峦，竹林依山起伏，碧波荡漾，不是大海胜似大海；林中房舍，白墙褐瓦，如海中珠宝，时隐时现；竹林中小径纵横，花香鸟语。九华山闵园竹海，久负盛名，是九华山生态旅游、绿色旅游最佳境地。

龙溪

龙溪又名九华溪，由东、西山岗诸涧汇集而成，为九华山主干溪流。它穿越闵园峡谷，流经中、下闵园，穿流七贤、鹊仙等十余座大小桥梁，构成了一幅由奇峰峻岭、嶙峋怪石、纵横深涧、飞泻银瀑所组成的山水画卷。每当山洪暴发，溪水奔腾咆哮，峡谷轰鸣，浪花飞溅，十分壮观。

地藏王圣像景区

九华山标志性景观

地藏圣像景区以地藏王菩萨为核心，是九华山著名佛教圣地的标志性景观。景区步步皆景、处处经典，地藏王圣像高99米，佛光池直径99米，地藏宫进深99米，九子袈裟直径99米、且内置9块石头，寓意九华山99座山峰。地藏王圣像景区是礼佛朝拜、养生修禅、静心休闲、观光旅游的人间乐土。

九华山地藏王圣像景区

甘露寺景区
翠竹环抱，峰回路转

青阳县九华镇境内九华山，上接九华街，下连大佛像景区

甘露寺景区上接九华街，下连大佛像景区，境内岗峦起伏，翠竹环抱，峰回路转，风光秀美。传说建寺动工前夜，满山松针尽挂甘露，说是菩萨显灵普降甘露，奏报朝廷赐庙名为“甘露寺”。

寺庙依山岩错落而建，殿宇恢宏。寺内雕梁画栋，辉煌而凝重；曲径回廊，深邃而幽静。寺外茂林修竹，溪流淙淙。仲秋季节，寺内数十株古枫与山中枫林相映，似红霞沐浴，如烈焰燃烧，景色艳丽壮观。

甘露寺

甘露寺原名甘露庵，又名甘露禅林，始建于清康熙年间，为九华山四大丛林之一。相传，该寺动工兴建前夜，忽然满山松针上落满了晶莹露水，一时传言纷纷，说是菩萨显灵普降甘露，奏报朝廷赐庙名为“甘露寺”。

甘露寺四周古木参天，秀竹拥抱，清泉淙淙，岚气蒙蒙。寺旁有一巧石名“定心石”，横卧路东，上平阔刻有“定心”二字，游人拾级而上，常在此定心稍息，顿感神清气爽，脚力倍增。

二圣殿

二圣殿，后历代均有整修。现存殿宇为清末皖南民居式建筑，殿内供二圣像，一文一武，头戴乌纱，身穿朝服，腰束玉带，足蹬朝靴，身高七尺，面庞丰润，黑色的三绺胡须齐胸，两眼炯炯有神。

玩家 解说

相传金地藏从新罗渡海入唐，苦修于九华山中，声名远播后，连新罗国僧人也纷纷前来，拜他为师。金地藏率徒垦荒种植，粮食尚不能自给，便掘白土充饥。众僧憔悴之状，被时人称为“南方枯槁众”。

消息传到新罗，金地藏的母亲痛儿心碎，焦念万分，于是请身为新罗大臣的两位弟弟昭佑、昭普跋涉来山看望。金地藏见到两位舅舅，悲喜交集，施礼问安，并表明自己在九华修持终生的决心。两位舅父深受感悟，也住在山上不走了。但他俩受不住“五戒”清规的约束，常饮酒吃肉，金地藏在规劝其不改的情况下，便将他俩撵下山去。后终老九华山麓，乡民为纪念他们，就在此建庙塑像供奉。

玩家 攻略

旧历七月三十，山上举行“地藏法会”，纪念金地藏成道日；翌日，即八月初一在此地举行“二圣会”，纪念金地藏两位舅舅，供品有荤有素，聚会者还可饮酒。

龙池瀑布

龙池瀑布又称龙潭池。两峰之谷，深渊莫测。千尺泉自东蜿蜒而来，九华溪由南滚滚而下，两溪汇流合力冲击谷壁谷底，形成五池、一潭、一穴，相对高差10余米，统称龙池。

瀑布分为三级，犹如一玉带串挂三大明珠，争相跌入龙池，其中段注入石穴，逆水喷雪吐玉，珠花四射，雨雾蒙蒙，在阳光照射下五彩缤纷。民间传说龙池为龙居，说“池深莫测，四时不竭，为神龙所居”，给龙池涂上了一层神秘色彩。

五溪山色景区
九华山北大门

青阳县九华镇境内九华山北

九华山龙溪、缥溪、澜溪、双溪、舒溪汇注于五溪山色，经贵池梅龙入长江，故名“五溪”。自古有桥，又称“五溪桥”。“江南之秀莫秀于九华，九华之胜实衍于五溪”。

此处山清水秀，有明进士、官户部侍郎汪珊墓。现代释圆道诗曰：“五泉去作出山泉，溪送风光入大川。山岚积翠千岩秀，色即是空空即禅”。

景点推荐

池州市区景点

杏花村 AAAA

千古名村

池州市贵池区西郊杏花村

8：00~17：30

88元 市内2路公交车可到达

杏花村位于池州城西，古有酒肆，产名酒。园区风格朴素、典雅，园内广植花草、杏树成林、溪流纵横，仿唐建筑错落有致，古戏台文艺演出精彩纷呈，淡淡的酒香不时迎面扑来。昔日的杏花村杏林百亩，花艳如云，村中还有一家黄公酒垆，僻静优雅，浓酒飘香。杏花村酒的盛名历久不减。古井仍存，井水清冽，俗称“香泉似酒，汲之不竭”。

玩家 攻略

每天来园的游客均可免费品尝传统手工酿制的大碗茶和千年古井水泡制的大碗茶。每逢周六、周日和重要节日，园内还会举办各种戏曲表演和诗歌、书画大赛。

链接

杏花村的考证

晚唐诗人杜牧，春游池州贵池城西杏花村，写下富有江南风情的杰作《清明》诗，使杏花村美名远扬。贵池秀山门外的杏花村，原只不过是几间“沦为荒烟野草之中”的茅舍酒肆，毫无名气可言。正是杜牧的诗名和他这首千古绝唱，才使杏花村名播青史，饮誉天下。

据《广舆记》载：“池州古迹曰‘杏花村’，在府城秀山门外。杜牧诗‘遥指杏花村’即此。”《江南通志》载：“杏花村在（池州）府秀山门外里许，因唐杜牧有‘牧童遥指杏花村’得名。”曾在明天启末年任池州太守、崇祯末年翟池太兵备道，两度出守池州的顾元镜（字韵秽）赋五律《杏花村》云：“牧童遥指处，杜老旧题诗，红杏添新色，黄垆忆旧时。远山层作画，好鸟解吹篪（古乐器）。偷得余闲在，官钱换酒卮（古盛酒器皿）。”

山西蒲州张邦教，明嘉靖四年（1525）引由进士出任池阳郡同知（郡丞），后官至陕西按察使。他在池州任职期间，“留意山水，赏表杜樊川遗迹，因自号曰‘惜花人’”（见《杏花村志》卷四），并在杏花村教前立亭，撰联曰：“胜地已无沽酒肆，荒村忽有惜花人。”他是明《嘉靖池州府志》记载的第一个建设贵池杏花村的山西人。“白锡壶腰中出咀，黄铜锁腹内生须”，“半亩山林半亩地，一曲牛歌一卷文”，典故就出自这里。这铜锁，还有杜牧喝酒的酒壶，都保存在杏花村村志馆里。

大王洞 AAAA

华东第一洞

池州市贵池区牌楼镇穿山村

门票80元，索道70元

8:30～17:00　0566-4438300

池州高铁站及汽车站坐直达大王洞的汽车

大王洞，古称“穿山洞”，因宋诗人滕宗谅（字子京）与梅尧臣（字圣俞）在此洞赋诗唱和而名传千古。“洞户千年叫不开，白云无主自徘徊，只因种玉人归后，一闭春风待我来”，北宋滕子京的《题穿山洞》写的就是它。

景区为喀斯特地貌，分大王湖、大王洞、霖雨峡谷、天桥奇观四块，主要看的是大王洞内造型各异的钟乳石。整个大王洞规模宏大，奇景天成，堪称“洞中大王”。

玩家攻略

景区周边有农家乐，可以在此品尝山珍野味，也可以参加采茶、制茶等农活，体验劳动的快乐，感受淳朴的民风民俗。

大王洞

九华天池 AAAA

江南的“阿里山”

池州市贵池区马衔境内

80元　0566-4713333

8:00～17:00

池州汽车站有专线公交到达九华天池

九华天池风景区水域面积50多万平方米，自然生态原始，景观奇特。石谷间堆叠着大量的冰川漂砾，地下河暗流涌动、别有洞天，洞洞相连，泉水清澈见底；石谷中树石相抱、古藤缠绕，形成巨型的天然盆景。幽深的树林、清新的空气、静态的巨石、动态的急流瀑布飞流而下，形成了“天河挂绿水”的奇观，可谓江南一绝。

九华天池

莲峰云海 AAAA

养在深闺人未识

池州市青阳县蓉城镇百花村

8：00～17：00 100元

莲峰云海在九华山的北边，相比九华山的盛名，莲峰云海还养在深闺中，因山腰常年云蒸雾绕，形似玉带，若是登至山顶，经常可看见云海奇观，莲峰云海也因此得名。

莲峰云海的主峰莲花峰是九华山脉九峰中的一座，为莲峰云海景区内的最高峰，海拔1048米。景区环境优美，溪涧瀑布、象形山石为景观特色，以皖风徽韵为文化主调，拥有规模宏大的徽派建筑群，青山绿水，粉墙黛瓦，别具一格。

九子岩 AAAA

拥有奇秀的自然景观

青阳县朱备镇境内，距青阳城仅11千米

80元

九子岩景区属于九华山脉的后山，主峰天华峰海拔1084米，据说被认为是地藏菩萨转世的新罗国（今韩国）王子金乔觉，到九华山的第一个修行处就是九子岩。九子岩游人不多，山上坐落着几座寺庙，非常清静，自然景观以看奇峰怪石为主，也有瀑布看。

大兴肉身殿

大兴肉身殿供奉着大兴和尚肉身，他继金乔觉、无瑕和尚之后，被佛教界誉为地藏王第三代应身。其肉身端坐在殿堂正中玻璃龛内，已装金供奉，右墙边陈列着大兴遗像、穿破了的袈裟和僧鞋，以及出缸的罗汉佛珠、指甲、衣帽灰片等。

九子寺

九子寺离索道上站不远，又名华严禅寺、广化院，寺内大雄宝殿门前左侧嵌有明代碑刻，右侧的偏殿供奉着地藏菩萨。九子岩是金乔觉卓锡九华第一修行处，九华山作为地藏道场的渊源就在于此。

玩家 解说

九子岩拥有奇秀的自然景观，唐代大诗人刘禹锡《九华山歌》第一句“奇峰一见惊魂魄”写尽了天华峰的一切。被诗仙李白形容为“天河挂绿水”的七布泉是景区的一道亮丽风景线，落差80余米，七折而下，美丽壮观。

九子岩景区还是九华山佛教文化的发源地、发祥地。远在唐代金乔觉遍游中国名山大川，最后卓锡九子岩，参修佛学，终成正果，至今尚留有“金地藏第一修行处”。随后，九子岩华严禅寺成为九华山历代高僧大德修行参禅的场所。

平天湖

依山傍水，湖光山色

池州市贵池区城南1.5千米处

平天湖如一位静静的少女守护在池城东边，水域面积11平方千米，是杭州西湖的1.5倍，绿水映青山，烟波浩茫茫。传说贵池因水美得名，而平天湖又为该区水美之最。湖西岸有平天湖莲花台，是伸入湖中的莲花形观景台，晚上观景台会亮灯。在湖边停泊着的豪华游轮据说曾经是一家酒店，现已不营业，成为平天湖上一个另类的景点。

玩家 攻略

湖上建有游艇码头、咖啡吧、音乐小广场、亲水沙滩及观湖亭等；水上运动游乐项目有水上快艇、水上步行球、水上摩托、香蕉飞船、滑水、自划橡皮艇、自划小木船及自驾艇等；同时

平天湖

还有休闲观景区。

齐山
与九华之胜，并擅江南

池州市贵池区城南1.5千米处

齐山素有“与九华之胜，并擅江南”的美誉，山自西向东北绵延，形如伏虎昂首。齐山以岩溶地貌为主，遍山岩、洞、石、壑、泉、峡密集丛生。一面青山三面湖，清新秀丽的齐山由十余座峰峦迤逦排列，“参差列岫似围屏，斜压湖天十里青”。

齐山上最出名的是岳飞像和翠微亭，唐代杜牧曾写下《齐山九日登高》，岳飞曾在此写下《池州翠微亭》。山上众多的摩崖石刻也不容错过，以北宋包拯题写的“齐山”最为壮丽。

清源山风景区
清源圣境，美不胜收

青阳县酉华镇金峰村境内

120元　8：00～17：00

从各地都有长途汽车通往清源山

清源山风景区是一处融佛教寺院、五百罗汉山、溶洞等自然景观与人文景观为一体的旅游胜地，清源圣境是景区一大亮点，洞内高达2.8米的财神像历来是人们祈福财运亨通发达所必供养的圣像。相传清源山曾经只有一座山峰，后来被天神劈成两半又叫作两分山，因山中有一清泉井水汩汩而出，永不干涸，自古以来被视为仙水，故名清源，宋末在此建“清源禅寺”至今。

齐山

玩家 解说

五百罗汉山乃唐代高僧金地藏初来九华山时，取道东路，途经此地结庐安歇，并于寺后石山上留下神迹，发愿一切众生都能灭尽三界烦恼，获证罗汉果位，后人根据石山的颜色材质，请能人巧匠雕刻五百罗汉于其上而著名。更有2012年农历六月十九在清源禅寺禅修的慈觉法师发宏愿在此宝地闭关18年，成为佛教界一大盛事。

万罗山
千年古刹，碧绿清溪

池州市里山办事处江潭村

0566-2712198

8：00～17：00

万罗山风景区内山峰挺拔，葱翠秀郁，怪石嶙峋，山腰有千年古刹珍珠寺。山下有呈“S”形走势的碧绿清溪河环绕，宛若画境。江祖山濒临清溪河北岸，小巧娟秀，古木葱茏，景观奇绝。风景区集自然景观和人文景观于一身，生态环境小巧灵秀、植被丰富、风景优美。

十八索自然保护区
鸟类的良好栖息地

池州市贵池区东北沿江圩区，东以青通河为界

十八索自然保护区总面积3600平方米，保护区内湿地生境优越，水质优良无污染，饵料资源丰富，是雁形目、鸻形目、鸥形目鸟类的良好栖息地。国家一级保护的有白头鹤、白鹳、黑鹳，国家二级保护的有白琵鹭、小天鹅、白额雁、鸳鸯。

玩家 攻略

在这里可以品尝味美绝伦的全鱼宴，十八索的鲤鱼、鲫鱼、胖头鱼等，肉质肥美，营养丰富，用这里的鲜鱼烹制鱼菜可达120多种，称为“全鱼宴”。

景点推荐

石台旅游区

牯牛降 AAAA

无声的诗，立体的画

石台、祁门两县交界处，距离石台县城22千米

100元 8: 00～17: 30

牯牛降古称“西黄山”，是黄山山脉向西延伸的主体，以雄、奇、险、秀著称，山岳风光秀美绮丽，其境内有36大峰、72小峰，36大岔、72小岔。牯牛降因其山形酷似一头牯牛从天而降，故名牯牛降。

另外，保护区内动植物资源丰富，国家重点保护的珍稀植物有银杏、红豆杉、香果树、鹅掌楸等18种，国家重点保护动物有黑麂、云豹、金钱豹、梅花鹿等29种。

链接

牯牛降的传说

话说春秋时期的道家创始人老子，曾任东周守藏室之吏，著有《道德经》。为了传授教义，他辞官归隐，云游四方，到各地传经授道。一日，他骑着青牛，路过牯牛降山中。行了半天，天上不见飞鸟，地上不见野兽，水中不见一个活物，甚感奇怪。当他跨下坐骑，准备打尖休息时，忽然听得一声怪叫，顿时狂风呼啸，一头巨大的怪鸟从天而降，直向他和青牛扑来。正在吃草的青牛，对天一声长哞，瞪圆双眼，张开四蹄，腾飞而起，用双角向怪鸟顶去。这雀平日骄横惯了，哪把这只牛放在眼里，不防这只青牛有此神力，一不小心，被牛角顶折了翅膀，怪叫一声跌落在一道山梁上。青牛见状，纵身一跃，将怪鸟紧紧压在身下，让它永世不得翻身。时间一长，青牛化作了巨石，怪鸟的尸骨烂成了泥土，羽毛变成了许多奇形怪状的松树。为了纪念这头大青牛，人们便把这座山起名叫作“牯牛降”。

龙门峡

牯牛降既是我国著名的综合自然保护区，也是一处山岳型旅游风景区。这里青山绿水相依，生态环境极为优美，自然风光集雄、奇、幽、秀于一身。而且，这里人杰地灵，有着浓厚的文化底蕴和光荣的革命传统。

严氏宗祠：严氏宗祠位于严家村，建于清朝光绪二十四年（1898），距今已有100多年的历史。祠堂里有块匾，叫“富春堂”，严家村人是东汉时著名隐士严光的后裔。

红军标语墙：严家古村属于牯牛降旅游景点一组成部分，“英雄村”的发现为其秀丽古朴的自然风光又增添了一份红色遗韵。现在村民陈满平家的老屋墙上留有红军时期的标语墙，上面写着“打倒国民匪党消灭保甲制度”，落款是“红军政宣”；“红军北上抗日先遣队，是你们渡过困难的救星”，落款是“红军北上抗日先遣队宣”。

龙门潭：龙门潭有两山对峙，可望而不可即，其形如门，相传是牯牛降里的龙王出入之所，所以称“龙门”。龙门峡纵深100多米，其下便是龙门潭，清澈见底，河谷中巨石翻滚蜿蜒千米，又被称为滚石滩。旧时有三位隐士经常分坐在这三块巨石之上，笑谈古今事，这石头也就因此得名“三隐笑谈石”。

四叠飞瀑：四叠瀑布的水来自主峰和奇峰，水流终年不断，特别是雨后飞流直下，溅起的水珠，云雾茫茫，气势磅礴壮观。景区负氧离子等级6级，空气质量一级，空气特别清新，具有很好的治疗和康复功效。

玩家 解说

严光曾与汉光武帝刘秀一同游学。刘秀即位后，严子陵为避嫌，隐居在浙江余姚的富春山，垂钓于富春江。光武帝得悉后，多次派人寻访，甚至亲自登门拜访，请他入朝为官，都被他拒绝了。所以严氏后裔把严氏宗祠称作“富春堂”，以示对先祖的怀念。现在祠堂里还挂有严氏家族历代名人画像及其生平简介。

链接

牯牛降的红色历史

新民主主义革命时期，红军在这里设过兵工厂，如今离村口不远的金竹洞内还能找到锻打兵器的铁渣、铁片。抗日战争爆发后，北上抗日先遣队在此驻扎过，播下了革命的火种，先后有数十人参加了各种抗日组织，掩护、帮助抗日部队。共十来户人家、人口不足百人的小村，竟有7人于中华人民共和国成立后被国家民政部追认为烈士。

双龙谷

双河口景区内集牯牛降风景区所有景观之长，进入双龙谷景区会依次经过长涧口、椅子圈、双河口等地，一路上山清水秀，层峦耸翠，峡谷幽深，沟壑纵横，飞瀑流泉，连绵不绝。

双龙谷不仅自然景观优美，人文历史也非常厚重，这里曾经是晚明抗清英雄吴应箕的复营，亦即抗击清军南下的大后方，秀美的山水景观，浓厚的文化底蕴。

灵山

灵山景区由西庠、中庠、东庠、高山田园风光、银杏林、观孝寺、七井泉等景点所组成。所谓“庠”，在当地村民的语言习惯中，实指“坳”或“山谷”，“庠”字主要显示了这三个大山谷的神秘性。

奇峰还有一个别名，叫“灵山”。因旧时山上曾有“观孝寺”有求必应，很灵验，故而得名“灵山”。灵山寺的建筑面积有200多平方米，遗址尚存，部分砖石仍在。

链接

奇峰的传说

关于奇峰村的来历，有一个神话传说：在外婆家做客的外孙因误食龙蛋幻化成龙。虽然成龙，但孝心不改，坚持要帮助外婆“砍柴”，烧菜做饭。很显然，这个龙外孙“砍”柴不会用刀子的，而是用尾巴“绞”。这一绞，满山的树成片成片地连根被绞起来了，但山也被绞塌了半边。这就是一山耸峙的牯牛降的山腰为何出现了这么大一块大平原的来历。半边山峰不“翼”而飞，“奇峰”村就这样被叫开了。

牯牛峰

牯牛降主峰海拔1727.6米，为安徽省南部第三大高峰。这里保存着非常完整的天然森林植被，有“绿色的自然博物馆”之称。巨大的睡佛以山为榻，面向西南，斜仰于众峰之上。众峰形似犁充、犁箭、犁尾、牛头，牛脊背即牯牛降主峰，这些构成了牯牛降独特的景点。

这里烟云飞瀑、佛光晕影，自然景色十分瑰丽，可看日出、云海和佛光，牯牛降佛光出现的频率高，为国内各大名山所不及。

秋浦河

祁门观音堂

观音堂景区的森林覆盖率高达98%，故又有“天然氧吧”之称。这里同时也是新安医学的发源地，是御医的始发地，据历史考证，在祁门县境内，明、清两代，共有19位御医，犹以新安医学奠基人汪机为代表，因而祁门县被誉为中国御医第一县。

怪潭景区 AAAA

一水贯群山，两岸风景秀

石台县横渡镇钓鱼台村　8：00~17：00

怪潭景区以漂流、古钓台、三埭石、怪潭、水上乐园而得名，周边山清水秀，环境清幽，山水相依。极目远眺，一缕碧绿的秋水绕山而逝，近观河岸，千姿百态的枫杨古林像一条巨龙蛰伏于水边，苍翠欲滴。

秋浦河 AAAA

流淌着诗的河

石台县境内，发源于石台县珂田乡，至贵池杏花村杜坞入长江　80元

秋浦河，原名秋浦江，发源于李吴山，至贵池杏花村杜坞入长江，主要由百丈崖、百丈崖峡谷冲浪、秋浦河漂流、女儿村文化体验馆、丛林穿越、真人CS野战、龙宫探宝、水上乐园等景点组成。

沿岸风光旖旎，景色迷人。秋浦河神奇幽幻的美丽景色，曾引得不少文人墨客为之赋诗作词，倾情赞颂。唐代诗仙李白曾五游秋浦河，吟诗40余首，其中有《秋浦歌》17首，历史名人骚客纷纷踏踪而来，寻幽访胜，留下了数以万计的诗文佳作。

玩家攻略

在古树林推石磨、踩水车、捡卵石、砸水鳖；在沙滩浴场游泳、打排球及水上游乐，乘竹筏漂流，沿途可观景，河中水清碧绿见底，河道曲折回环。

大龙湾·李白像

秋浦河流经矶滩乡兴隆村的河段，转了

秋浦河

一个2千米长的龙形大湾，人称“大龙湾”。一年四季，这里的河水深不见底，军鱼、鲶鱼畅游其间，水鸟成群结队在水面嬉戏。

站在大龙湾金水岸漂流起点处仰视正前方山脉，有一棵酷似“李白”的大树高高挺立，人像呈站立姿势，面朝东方，身着长衫，头戴冠帽。尤其是下午，人像在逆光下呈黑色剪影，更是惟妙惟肖、栩栩如生，尽显诗仙风流倜傥、洒脱飘逸的神采。

昭明钓台

在今殷汇镇杨桥村郎山崖下，秋浦河与大王河交汇处有秋浦玉镜潭，昭明太子在池州期间，在石城秀山居住时常去秋浦玉镜潭旁的牯牛石上垂钓，后人尊称这块奇异的牯牛石为“昭明钓台”。古人有诗为证：“萧梁今已远，千古仰风流。犹见高台峙，常怀帝子游。”

玩家 攻略

每年农历正月初七和九月十九，梅龙镇都会为纪念昭明太子而进行“游案”活动，演出誉为“中国戏剧活化石”的傩戏。

链 接

秋浦河漂流

秋浦河皮筏漂流，全长15千米，途经14个险滩，礁石林立形态各异，乘坐皮筏可在水中激情冲浪，追寻诗仙诗踪，体验唐诗神韵。进入景区后可在河岸推石磨、踩水车，在水上餐厅品尝秋浦渔人竹筒饭，在沙滩上自助烧烤，在河湾里嬉水捉鱼，在古柳林中弯弓狩猎。

蓬莱仙洞 AAAA

蓬莱归来不看洞

池州市石台县仁里镇杜村　70元

8：00~17：00

蓬莱仙洞又称罗汉洞，旧名沈家洞。地洞有形态各异的巨石、淙淙不绝的地下河，9米多高的巨型钟乳“落地金钟”宏伟壮观；中洞遍布精美的钟乳石群，若物若人，惟妙惟肖；天洞宏大绮丽，曲折幽深，景观奇异。洞中石壁上有明代以来的题咏石刻多处。

洁白无瑕的“罗纱帐”、晶莹剔透的“天丝”、巨幅立体“山水壁画”、精美雄伟的“千佛山”构成的“蓬莱四绝”被誉为石台溶洞群之首，可称之为天然的地质博物馆。

仙寓山

皖南第四高峰

池州市石台县

50元　7：00~18：00

池州仙寓山是黄山的西脉，主峰海拔1376米，是皖南第四高峰，有着皖南山水的自然属性和文化上的徽派特点。群峰逶迤，峡谷幽深，古道纵横，流泉瀑布。

古徽道

仙寓山中有一条全部用青石板铺就的古徽道，是徽州连通当时安徽省会安庆的要道，历史上一条重要的古道，清志称“徽饶通衢”。穿过山，通向林荫深处，一直望不见这条古徽道的尽头。

大山村

中国富硒第一村——大山村，位于仙寓山镇境内的崇山峻岭之中，村中长寿老人很多，而且近50年来未发现一个村民患癌症，也未曾发现一例肥胖症患者。这里古树苍翠，山谷沟涧纵横，流泉飞瀑，山腰上茶园翠绿，梯田层层。

景点推荐

东至旅游区

升金湖

国家级自然保护区

东至县和贵池区交界处东至县东流镇

50元

可由东至汽车客运站搭乘东至大渡口的巴士，在升金湖下车即可

升金湖水产资源丰富，过去素有“日产升金”之说，湖名由此而来。保护区自然环境优越，物种资源丰富，升金湖是中国一级保护动物白头鹤的最大越冬种群，其越冬期数量占全国的三分之一，在此越冬的国家一级保护动物东方白鹳占世界总数的八分之一，已成为世界濒危动物鸿雁的最主要越冬地之一，数量达3万只左右。

玩家 攻略

鹤倚城为生，城以鹤而荣，每年的11月至次年的1月被定为东至县观鹤节。这是集经贸、旅游、文化、艺术、体育大成的大型国际性商旅文化节庆。

大历山

集尧舜遗迹、佛教文化、岩溶景观于一山

东至县尧渡镇，县城北郊12千米处

30元 8：00~17：00

县城至景区有公交车，15分钟一班

大历山，又名“舜耕山”，集尧舜遗迹、佛教文化、岩溶景观于一山。相传舜居于此、耕于此、渔于此。主峰仙人掌海拔374米，松苍柏翠，竹海深深。

每当樱花盛开，景色迷人，四季游人如织。历山自然风光也很清丽秀美，山上怪石，象形石星罗棋布，绿树荫翳，修篁蔽日，百鸟和鸣，身入其中，宛若仙境。

玩家 解说

远古时期舜帝初耕于此，贤名远扬，尧帝前来访，请求舜下山辅佐朝政，舜始不肯，并愠怒而去。后尧帝再三恳请，舜感其诚，出山理政。后人为纪念尧舜二帝求贤、躬耕胜迹，命此山为舜耕山，命尧帝渡河处为尧渡。唐宋以后，道、

南溪古寨

佛两教徒来此建庙立祠，先后建造了尧祠、舜祠、寻真观、草规庵等庙，供奉尧舜塑像。无数文人墨客前来寻幽访胜，吟诗作赋，写景抒怀。

九天仙寓景区 AAAA

九天仙寓

东至县洪方乡境内，距县城30余千米

九天仙寓景区内有近百处瀑布，有数个相叠的多叠瀑，也有高达百米的单叠瀑，水流四季不断，加之山高林深气温低，冬季更有外冰内水的冰瀑。

另外，旅游区生态完整，野生动植物资源丰富。这里也是革命老区，有许多革命遗址，还有韩世忠梁红玉抗金、郑三俊活动遗址等人文景观十余处，是东至县境内罕见的旅游资源富集区。

金家寨古村落

建村历史可上溯至元朝鼎盛时期

东至县城东30余千米的花园里乡共和金村

金家寨又叫南溪古寨古村落，坐南面北，三面环山，村后有九条山脉象九条巨龙，前面有三座球型山，被称为“九龙戏三珠”。建村历史可上溯至元朝鼎盛时期，村内有十几口古井，九十九条街弄，均是青石铺路基。

村内建筑讲究风水文理，呈太极八卦之势。房屋依山而建，呈梯形走向，绕着小溪有序地排列，溪水从房檐屋脚下流淌。现仍保存部分元朝和明清的民居以及建于1853年、面积达1200平方米的大成祠。

玩家 解说

据金氏族谱记载，金氏鼻祖为匈奴王室休屠王太子金日磾，晚唐末年金氏祖先为避黄巢起义，从徽州迁至南溪定居，距今已1130年。由于位置偏僻，深藏深山，这里民风淳朴。

东流古文化区

千年古城

东至县东流镇

市内长途车站每天有发往东流镇的班车

东流自五代南唐（953）设县以来，历时1000余年，历经战乱浩劫，风雨沧桑。古城址均在老街一带，街为“十”字形，尚存明清徽派房屋建筑1000余幢，粉墙、黛瓦、马头墙、砖木石雕以及层楼叠院、高脊飞檐、曲径回廊、亭台楼榭等的和谐组合，构成徽派建筑的基调。

陶公祠

陶公祠又名靖节祠。晋时东流属江西彭泽，陶渊明任彭泽县令时，曾住东流种菊，并作《劝农》《九月闲居》等诗篇，故东流又雅称“菊邑”，流经东流的长江谓“菊江”。后人仰慕陶公高风亮节，建祠祀之。

东流双塔

天然塔坐落在东流江滨回龙山上，始建于清乾隆十年（1745）春三月，三载而成。塔5层6方，砖木结构，方方有门，塔体飞檐，内画栋。因建塔时万事顺利，时人认为“天然趣事”，故名天然塔。

秀峰塔与天然塔相对，位于靖节祠侧。建于清乾隆二十四年（1759），塔5层6方，高30多米，砖石砌成，似彩笔插天。《东流县志》载，建塔是为“增补文枢，更增秀气”。

玩家 解说

东流古文化区依伴着长江水与东流水，东晋时陶渊明在此任彭泽令，公务之余，采菊东流，吟有“采菊东篱下，悠然见南山”的名句。梁朝昭明太子萧统，游历东流，为陶渊明立传。唐颜真卿，宋陆游、范仲淹、朱熹、辛弃疾，明孔贞运、郑三俊、于谦等朝廷重臣和文人墨客都曾过访东流，留下了难以数计的诗篇。

景点推荐

铜陵旅游区

天井湖公园 AAAA

因湖中有天井而得名

铜陵市长江西路北侧181号

乘坐3、18路到天井湖公园下即可

天井湖俗称天镜湖，清澈见底，波平如镜，公园围绕着大片湖面，两条曲曲折折的长堤将湖分为东湖、南湖、北湖，呈“品”字形排布，所缺西湖，当地人戏称在杭州。

湖中有一口终年高出湖水面2米左右的泉水，名天井，天井湖因此得名，环湖有七座各具特色的山丘。

玩家 解说

相传很久以前，一位仙界窃贼到铜官山盗窃镇山之宝，船行至天井湖，被守山老神发现，遂学鸡鸣，一时四野雄鸡纷纷引吭啼叫，贼神情急逃避，一篙撑穿湖底，成为天井。

天门山

铜陵境内的最高山峰

铜陵市东南方与青阳县交界处

天门山主峰海拔576.6米，是铜陵境内的最高山峰。山脉向西4千米自然断开，与五峰山之间形成一条高大峡口，南面另一道山脉又将天门山与五峰山连接起来，这条山脉在峡口处拱起了一座高于峡口的弧形山峰，像两扇欲开又未开的大门，这个巨大的门户被人们称为“天门”，天门山由此得名。

铜陵风光

铜陵淡水豚自然保护区
国家级自然保护区

铜陵市大通镇和悦洲与铁板洲之间的夹江上

20元

淡水豚自然保护区又称白鳍豚养护场，是世界上首座利用半自然条件对白鳍豚、江豚等进行易地养护的场所。保护区位于铜陵市大通镇和悦洲与铁板洲之间的夹江上。夹江长1600米，宽220米，洲上杨柳依依、云淡风高，江上水鸟逐波戏浪、江岸树影婆娑起舞。

玩家 解说

白鳍豚，亦称“淡水海豚”，鳍豚科，属我国一级保护的野生哺乳动物。其成年体长约2.5米，有齿约130枚，体背面淡蓝色，腹部白色，楚楚动人，十分可爱。它的生存年代已有两千多万年，远比国宝大熊猫还要古老和珍稀，故有“水中大熊猫”之称。

凤凰山风景区
山清水秀，风景如画

铜陵市的东南方向

铜陵有到凤凰山的中巴，景区内有电动游览车

凤凰山形似凤凰，由横山、面山、灵凤山、潭山、金山等构成。境内山清水秀，风景如画，是铜陵家喻户晓的旅游胜地。早在明朝“景泰”年间，诗人周铎就书写“庐外山高播半天，石也孤井聚甘泉，凤凰一饮千年后，尚有遗迹万古传”等十六首“凤凰八景”组诗赞美过凤凰山。

铜陵市博物馆
地方性青铜文化专题博物馆

铜陵市铜官区学院路477号

乘坐26路到市博物馆站下即可

9: 00~11: 30, 14: 30~16: 30, 周一、二闭馆

铜陵市博物馆系地方性青铜文化专题博物馆，主要展示内容为铜陵地方特色的青铜文化。陈列展览采用现代高科技展示方式，模拟采冶铸场景，史料翔实，人物逼真。展览总体构思以青铜文化为创意主轴，运用艺术、新颖先进的展示手段，再现古铜都铜陵三千多年的悠久灿烂的采冶铸历史和文化遗韵。

金牛洞古采矿遗址
国家级重点文物保护单位

铜陵市的凤凰山下新桥乡凤凰村

10元

早先此处为一小山，山腰有一古洞。民间传说天上神牛私下凡间，因迷恋凤凰山风景而不思返。天帝屡屡唤之，神牛钻入此山中，化为金银铜。金牛洞由此得名。自八十年代以来，当地群众在此露采铁矿，久而久之，

山被挖平了，人们继续掘而采之，形成一个数十米深的露天采场，并在边坡上暴露出古代采矿井巷和采掘遗物。

浮山景区 AAAA

安徽五大名山之一

安庆市枞阳县浮山镇

¥120元 8:00~17:00

浮山风景区位于安徽省枞阳县浮山镇，濒临白荡湖畔，三面环水，形成了“山浮水面水浮山”的奇观，因名浮山。现为国家AAAA级旅游景区、国家地质公园、国家森林公园、安徽省风景名胜区，景区包括浮山、白荡湖、白云岩三大景区，总面积76.70平方千米。

浮山

浮山，又名浮渡山，古名符度山，亦作浮度山，与黄山、九华、天柱、琅琊、齐云并列，为安徽省历史名山。浮山是一座沉睡亿年的古火山，奇峰、怪石、巉岩、幽洞为浮山之奇观，均系火山爆发后残留的遗迹，36岩、72洞，洞幽壑奇，峰峦叠嶂，美不胜收。

浮山是一座佛教名山，早在晋梁时期（266—557），浮山就建有寺庙，晋梁以后，经过开发，吸引了大量的文人墨客。浮山石壁上现存480多幅摩崖石刻，已被列为重点文物保护单位，可以从中寻到“唐宋八大家”和孟郊、白居易、范仲淹等文人墨客对浮山的赞美，因此浮山也是一座文山，有“中国文山”的美誉。

铜陵浮山

白荡湖

白荡湖地处枞阳县腹地，是枞阳人的母亲湖，也是枞阳最大的淡水湖。自长江顺流而下，进入八百里皖江第一港——安庆。

白荡湖因湖水清澈白皙，湖面碧波荡漾，故名曰“白荡”。它连通长江，涝季为长江排洪，旱季又放水入江，默默地捍卫着长江，也抚育着它周边的人民。湖中盛产各种湖鲜，除了莲藕、菱角、芡实、茭白、芦苇以外，湖内的大闸蟹、鱼、野鸭等更是产量丰富。

白云崖

白云崖位于枞阳县白梅乡，在距浮山十千米的七家山中，与浮渡山隔水相望。该山奇峻，有“小黄山”“亚浮山”之称。据《传灯录》枞阳县西北方向载：宋高僧守端住山白云寺，以白云山西岩为内院，为白云寺所有，故以“白云”名之。

白云崖有八岩、三洞、十一奇峰、八怪石、二泉、二池，古有五庵、二寺，今白云岩寺尚存。景区内奇峰怪石，山水相间，自然风景与人文景观并存，风光无限。

天峰寺

依山傍水，奇峰怪石

枞阳县西北方向

天峰寺位于菜籽湖畔，依山傍水，奇峰怪石，境内定泉，旱雨水均。有令牌、大印、青蛙之巨石，前有白象、青狮两山锁湖口。

该寺创建于明崇祯七年，始名天峰庵，清乾隆十六年改庵建寺。1923年住持僧殷和尚扩建三进：天王殿、大雄宝殿、观音殿，供养三尊大佛和十八罗汉、四大天王、观音、弥勒等佛像，香火鼎盛，后曾几度沧桑，净土竟成废墟。1984年，尼姑妙容重建宝刹，现有大殿二进。

攻略资讯

- 交通
- 住宿
- 美食
- 购物
- 娱乐

铜陵风光

交通

池州

池州九华山机场已于2013年7月29日通航，机场距池州市城区、铜陵市区和九华山风景区直线距离均约为20千米，北距长江约3千米。目前已开通北京南苑机场直飞池州的航班。

铜陵—池州—九江段铁路已开通，其线路始于南京南站，向西经板桥、江宁区进入马鞍山市，再经当涂县进入芜湖，由芜湖枢纽引出，沿长江南岸经过铜陵市、池州市，跨长江后止于安庆市。

池州以省会合肥为总枢纽，与省内各地级市连接线为主干，构成通往全省各市县的公路网。现有国道9条，省道66条，总长度达1.22万千米。

铜陵

铜陵火车站位于铜陵市铜官区，有到南宁、宁波、南京、杭州、南昌、芜湖、池州、阜阳等地的过路车经过。

铜陵长途客运省内主要集中发往芜湖、安庆、池州、合肥方向（20分钟左右一班），省外主要集中在南京、杭州、上海方向。

住宿

池州

池州、铜陵虽然城市都不大，但酒店宾馆也不算少，三星、四星级的商务酒店或者是无星的经济型宾馆具备，可以满足不同的需求。

●池州168酒店

池州168酒店即莫泰168连锁酒店，周围商场、大型超市、餐饮、娱乐、银行、医院等配套设施齐全。周围交通便利，到火车站、汽车站都比较近。提供早餐，附近也有吃饭的地方，也有几家酒店。✉ 池州市贵池区翠柏中路48号

●速8酒店池州火车站店

速8酒店池州火车站店位于池州市站前区，毗邻市体育馆、平天湖风景区。房间价格实惠，环境也较好，距火车站、汽车站近，交通十分便利。酒店服务态度很好，另外早餐也比较丰富。✉ 池州市站前区长江南路国际汽车城1号楼

铜陵

●铜陵华亭之星商务连锁酒店

铜陵华亭之星商务连锁酒店地处铜陵

池州乡村风光

市最繁华的商业中心，紧挨步行街，毗邻铜陵火车站、长途汽车站和旅游汽车站，购物、交通便利。另外，早餐也不错。✉ 铜陵铜官区金山东路皖江布衣市场

●铜陵逸扬·银湖宾馆

铜陵逸扬·银湖宾馆坐落在风景秀丽的天井湖畔，毗邻中国江南文化园、天井湖中心岛，距铜陵汽车站、火车站仅10分钟路程。宾馆二楼是餐厅，三至六楼为客房，在房间即可一览天井湖美景。餐厅里食物不错，也很干净。✉ 铜陵铜官区观湖大道1号

美食

池州

池州的饮食多为一般常见的徽菜。除此之外，池州九华山一带、秋浦河一带还有一些比较有地方特色的美食，如乡绅家宴、九华素菜、陵阳一品锅、臭鳜鱼等，很值得一尝。

●乡绅家宴

乡绅家宴源于九华山十景之一的五溪山色，田园牧歌式的自然环境孕育出了独特的蕴含泥土气息的饮食文化。乡绅家宴的菜肴均取料于九华山野原生态自然环境，未添加任何工业化调味剂，辅以传统粗拙的制作技

家常菜

法，经山泉水烹调，充分再现了农耕文化环境下的健康饮食精华。

●九华素菜

素菜，亦称素食。素菜素食，是中国菜肴和食品文化的又一个重要组成部分，历史悠久，风格别致。九华素菜具有选料以时鲜为主、制作精细考究、菜名花色繁多、口味清幽素淡等基本特点，是中国烹饪体系中的独特流派。

九华素菜

●陵阳一品锅

陵阳锅是江南一带饮食文化中的一大亮点，古往今来是陵阳人待客的上乘佳肴，极具地域特色，风味醇厚，源远流长，而且经济实惠，一直为广大群众所喜爱，许多外地游客也为能品尝八鲜一品锅而津津乐道。

铜陵

铜陵的饮食没有太多可取之处，除了安徽当地的徽菜外，有代表性的小吃种类寥寥可数。较为有名气的小吃有：大通茶干、月亮牌茶干、胡玉美蚕豆酱、鸭血粉丝、椒盐猪手等。

● “野雀舌”茶叶

五松山茶声位于铜官山东侧，四面环山，绿树成荫，景色宜人，环境优美，冬暖夏凉，非常适宜茶树生长。“铜陵野雀舌”茶叶是铜陵市传统佳品，闻名省内，享誉全国。

●大通茶干

大通茶干早在明朝就开始生产。它的做法是讲究点卤、筛浆。网布眼细，每块干坯用纱布包裹，上板压紧。然后将白干子放进冬菇、八角、甘草、冰糖和原汁酱油配制的汁水里泡八个小时，再放进锅里煮，待捞上来后再拌上麻油。因此形方体薄、有弹性、韧性。

野雀舌茶叶

购物

池州

池州有很多野生特产，如牯牛降野茶、葛根茶、石耳、黑木耳、香菇等，都是山野珍品，为购物的不错之选。

●牯牛降野茶

牯牛降野茶中含有丰富的人体必需的维生素、氨基酸、微量元素及多种强身益智物质，各项卫生指标均符合和优于国家标准，是茶类饮品中不可多得的纯天然珍品。

●石耳

石耳是石台、祁门特产之一，因其形似耳，并生长在悬崖峭壁阴湿的石缝中而得名。在徽菜中，常用石耳煨肉或炖鸽，素为食客称赞。

●徽菇

徽菇是我国最负盛名的四大名菇之一。徽菇作为山蔬珍品，其味鲜美可口，尤以香气浓郁著称，历来为徽菜中的上等原料，且不论作辅料还是作主料，不论红烧清炒还是熬汤，样样皆宜。传统徽菜中，以徽菇为原料的佳肴很多，如油焖香菇、香菇石鸡、香菇菜心等，均令人回味无穷。

铜陵

铜陵市为“铜都”，在这里可以买到各种各样的铜工艺品，还有白姜、凤丹、野雀舌茶、大蒜、茶干等地方特产。除此之外，铜陵苎麻制成的麻纺织品也享有盛誉。

●铜工艺品

铜工艺品是铜陵最有特色的旅游工艺品。主要有仿古铜工艺品，现代各类饰件、摆件等工艺品以及具有装饰效果的生活日用品等，尤以“马踏飞燕”“龟鹤延年”“四喜铜娃”“三羊开泰”等最受人们欢迎。

●铜陵酥糖

铜陵酥糖别名"顺安酥糖"，是铜陵待客少不了的佳品，为铜陵地区的传统风味食品之一。铜陵酥糖采用优质面粉、精细白糖、纯黑芝麻，配以适量的桂花、青梅、金橘饼等精制而成，特点是松柔甜润、成条不散。

●太平街烧饼

太平街烧饼，原名叫"横埂头小酥饼"，因产于铜陵的太平街而得名，已有200多年的历史，是铜陵地区的一种传统风味小吃。它与一般烧饼不同，仅有酒杯口大小，黄澄澄形似烧熟的蟹壳，亮光光犹如刚出油锅一般，里外十八层，层层酥透。它既是饮茶待客的理想食品，又是馈赠亲友的佳品。

●大通茶干

大通镇的大通茶干，形方如牌、体薄如纸，色艳味浓，鲜美耐嚼，饮茶待客、馈亲赠友皆宜。大通茶干在明朝就开始生产，已有400多年的历史。

●大通小磨麻油

大通小磨麻油始创于清朝光绪年间，至今已有一百多年的历史。大通小磨麻油选料考究、制作精良，天然原汁、油色棕红、香味浓郁，有"滴一滴十里香"之美称，是铜陵地区一种传统的风味食品。

铜工艺品

●野生葛根茶

野生葛根茶，是采大山中野生葛根，用手工加物理方法，经农家精心加工制作，不含任何化学成分，更不存在农药残留，属纯天然绿色食品。野生葛根分柴葛和粉葛，粉葛含粉量要高点，柴葛含粉量低点，功效区别不太大，口味各有特色。

铜陵雕塑

发现者 旅行指南

芜湖

概览

亮点

方特欢乐世界

中国最大的第四代主题公园，主题项目、游乐项目、休闲及景观项目共计300多个。

马仁奇峰

省级森林公园、国家4A级旅游区，峰石俊秀，林木森森，素有“皖南门户”之称。

丫山花海石林

我国长三角地区石林分布面积最大的喀斯特地貌景观，区内石林、溶洞、瀑布、峡谷、山顶湖等融为一体。有象形奇峰60余座。

马仁奇峰

赭山风景区

古人称赞赭山是江城的“雄山”，历来享有“玉峰”“百尺浮屠”之美誉，被视为芜湖的象征。

必逛街道

凤凰城美食街：融旅游、休闲、购物为一体，高品位、高水准、规范化经营的以饮食为主的特色商业街。与芜湖中山路步行街、九华广场、吉和广场等城市景点连成一体。

线路

芜湖二日游

第一天游芜湖市区，过镜湖、鸠兹广场，游览滨江公园。第二天游览有“皖南张家界，江滨小黄山”之称的马仁奇峰，最后在芜湖参观非物质文化遗产“铁画”。

芜湖三日游

第一天游览芜湖市区，过镜湖、鸠兹广场，游滨江公园，后参观芜湖天主教堂。第二天游玩方特欢乐世界。第三天游览丫山花海石林。

徽风皖韵文化之旅

第一天参观有“小九华”之称的地藏王菩萨道场广济寺和徽商博物馆。第二天游览国家4A级旅游区马仁奇峰。

广济寺

山水之旅

上午乘车赴丫山花海石林，游牡丹园（江南唯一的万亩牡丹基地）、百兽园、鹰嘴石、九龙壁、珠帘瀑布、九龙洞等景点。下午回市区游览镜湖。

为何去

芜湖半城山水，清秀怡人，是中国优秀旅游城市、中国十佳休闲城市。赭山、神山、天门山，山山俊秀；长江、青弋江、水阳江，浩浩汤汤；镜湖、奎湖、龙窝湖，水韵悠悠。芜湖自然风光和人文景观交相辉映，是理想的观光休闲胜地。

镜湖

何时去

四季皆宜，春秋最佳。春秋季适宜游览山水自然风光，且恰逢凤凰美食节及黄浒赛龙舟；夏季适宜到方特游玩，6、7月梅雨季要注意防雨。

大浦乡村世界

区域解读

区号：0553
面积：约6026km²
人口：369.6万人

地理 GEOGRAPHY

区划

芜湖下辖4个区（镜湖区、弋江区、鸠江区、三山区）、4个县（芜湖县、繁昌县、南陵县、无为县）。

地形

芜湖位于安徽省东南部，长江与青弋江的交汇处。南倚皖南山系，北望江淮平原。北与合肥、马鞍山毗邻，南与宣城、池州接壤，东与马鞍山、宣城相连，西与铜陵、安庆交界。

地势西南高东北低，平原丘陵皆备，河湖水网密布。

青弋江发源于黄山，自南向北汇入长江，入芜湖境内形成青山河、扁担河、荆山河等南北向支流。

气候

芜湖市属于亚热带湿润季风气候，气候特点是：光照充足，雨量充沛，四季分明。最热为7—8月，最冷为1月。芜湖年内降水分布不均，主要集中在春季、梅雨季节和初冬。

历史 HISTORY

历史大事记

●先秦时期

繁昌柯家村古窑址、平铺乡“万牛墩”和南陵吴越土墩墓等遗址的陆续发现，证明了约在距今200万至250万年之间，已经有人类生活在今芜湖境内，并且开始制作使用石器、骨器。

春秋时，名鸠兹（一种水鸟），属于吴国，为当时重要的青铜冶炼中心。

战国时，周元王三年（前473），吴国被越国战灭，鸠兹归属越国。

周赧王九年（前306）楚灭越，归属楚国，名鸠兹。

●秦至宋朝

秦始皇统一六国后，实行郡县制全国分为三十六郡，芜湖属鄣郡。

西汉时，汉武帝元封二年（前109）改鄣郡为丹阳郡并设置芜湖县，因多湖泊、芜藻而名芜湖。此名一直沿用至今。

三国时，东吴黄武二年（223），芜湖县城由鸠兹迁至今市区东南鸡毛山一带，虽几经废设，历经历朝各代，一直建城至今，再无迁徙。

响水涧水库

唐朝时，将全中国分为十道后又改分十五道，芜湖一直为当涂县的一个镇，只是属道州有变动。著名大诗人李白曾云游芜湖，在天门山、南陵留下大量知名诗篇。

宋朝时，宋太祖开宝八年（975）占领江南，芜湖属宣州。北宋时期，芜湖有“龙窑制瓷之都”之美誉。

●明至近代

明朝时，明洪武元年（1368）建都金陵，芜湖属中书省太平府。从明开始，芜湖纺织业已形成相当规模，有“织造尚淞江，浆染尚芜湖”的记载。芜湖逐渐发展成为长江下游地区的重要商埠。

清朝时，清世祖顺治二年（1645）定江南，改南京为江南省，芜湖属江南布政使司太平府；康熙六年（1667）安徽省正式成立，芜湖属安徽省太平府。

清康熙二十六年（1687），芜湖民间铁匠汤鹏（字天池）首创独树一帜的芜湖铁画，并逐渐发展成为芜湖的名片之一。

1876年，中英《烟台条约》签订，芜湖被辟为通商口岸，使芜湖成为长江中下游地区近代工商业的发祥地之一。

1877年，李鸿章奏准朝廷，将镇江米市迁移到芜湖。因此芜湖与九江、无锡、长沙并称为全国四大米市。

1903年，陈独秀在芜湖主编《安徽俗话报》半月刊，传播新文化、新思潮，冲击旧文化、旧思想，对辛亥革命及“五·四”新文化运动做出了积极贡献。

1912年10月30日，孙中山抵达芜湖，向广大民众发表了著名的《群策群力尽心国事》的演讲。现建有孙中山立姿雕像和演讲纪念碑。

1949年5月10日，成立芜湖市人民政府，从此芜湖市、县分置。

2011年8月，国务院批复安徽省撤销地级巢湖市，将无为县划归芜湖市管辖。

如今芜湖发展迅速，现为安徽省第二大城市，国务院批准的沿江重点开放城市、安徽省三大旅游中心城市之一。

芜湖风光

芜湖对外开放之路——贸易通商口岸

历史上芜湖的农业、手工业、商业颇为发达。清代时，芜湖形成了广大的米业市场，与无锡、长沙、九江并称为全国四大米市。

1876年，中英签订的《烟台条约》将芜湖、温州等四个城市辟为通商口岸，不平等条约的签订在给芜湖民族经济带来了巨大冲击并造成畸形发展的同时，也打开了芜湖对外开放的大门。

芜湖开放通商口岸后，大量西洋商品经过芜湖销往内地，大批外国洋行、公司进入芜湖的同时，先进科学技术的传播也刺激了芜湖近代工业的发展。安徽省最早的一批民族工业在芜湖建立。1883年芜湖架设了有线电报线路，为全省第一个使用电报的城市；1897年投产的益新（机磨）米面公司，规模居当时全国同类工厂首位；30年代还曾开通民航，飞上海和武汉两市。步入20世纪后，芜湖工商业发展到百余种，五六千家，成为安徽现代工业的发祥地，长江流域经济中心之一。

改革开放初期，芜湖的"傻子瓜子"曾被邓小平先生三次提及，被誉为中国民营经济的"报春花"。20世纪90年代，芜湖市成为国家沿江开放城市，拥有知名民族自主汽车品牌——奇瑞。

文化 CULTURE

艺术瑰宝——芜湖铁画

铁画又名"铁花"，相传系明末清初铁匠汤鹏所创造，是芜湖特有的工艺美术品，为中国独具风格的工艺品之一。

铁画吸取了我国传统国画的构图法及金银首饰、剪纸、雕塑等工艺技法，以低碳钢做原料，以铁代墨，以锤代笔，经过出稿、剪、砸、烧打、上漆蜡、上框等工序和"打活""钻活"等工艺，精制成山水、人物、花卉、虫鱼、飞禽、走兽等各种艺术品，形式有立体和半立体，品种主要分为尺幅小景、灯彩、屏风三类。它将民间剪纸、雕刻、镶嵌等各种艺术技法融为一体，采用中国画章法，黑白对比、虚实结合，别有一番趣味。

游客云集的广济寺庙会

广济寺位于芜湖市赭山西南麓。殿宇依山构筑，自下而上有天王殿、药师殿、大雄宝殿、地藏殿、广济寺塔，共有88级台阶，四重殿宇从山脚下一直延伸到半山腰，后殿比前殿高出数十米。

芜湖广济寺与九华山有密不可分的关系，相传唐朝时新罗国王子金乔觉落发为僧，渡海来中国修行，先在广济寺修持讲学，而后去九华山开辟道场。唐朝皇帝曾赐给寺庙一块金印。后来，凡到九华山朝拜的信徒，先到广济寺随身香袋上盖上这枚印，再去九华山。因此，广济寺又被称为"小九华"。

每年农历七月三十（月小为廿九），四方信徒、香客云集广济寺进香朝拜，民间艺人献艺，寺庙举行隆重仪式，诵《地藏菩萨本愿经》，守地藏肉身塔，历时共七天。

广济寺

景点推荐

芜湖市区景点

方特欢乐世界 AAAAA

中国最大的第四代主题公园

芜湖市鸠江区银湖北路80号

欢乐世界、梦幻王国、东方神画成人票均220元，儿童票均160元

平日9：30～17：00，周末、节假日9：00～17：30

0553-2295211

方特欢乐世界由新天地、太空世界、神秘河谷、维苏威火山、悟空归来、海螺湾、嘟噜嘟比农庄、儿童王国、火流星等14个主题项目区组成，主题项目、游乐项目、休闲及景观项目共计300多个。

玩家 攻略

夏季是最佳游玩季节，可玩部分水上项目。节假日游客较多，热门项目需要排队等候，建议游玩一天。园内有餐饮店铺，价格比市场价格稍高，也可自带食物饮料。

玩家 解说

欢乐世界具有国际一流的高空飞翔体验项目“飞越极限”，大型动感太空飞行体验项目“星际航班”，亚洲第一座大型多水幕交互历险项目“失落帝国”，中国首创的大型火山探险项目“维苏威火山”，世界最大的玛雅主题大型室内漂流“神秘河谷”，目前世界最先进的大型恐龙复活灾难体验“恐龙危机”，再现蒲松龄笔下凄美人鬼爱情故事的大型魔幻剧“聊斋”，色彩斑斓、如梦如幻的“海螺湾”，神奇的互动卡通脱口秀“嘟噜嘟比农庄”，童话般浪漫的“儿童王国”等。

方特梦幻王国 AAAAA

芜湖方特主题公园二期

芜湖市鸠江区赤铸山东路华强文化科技产业园

4、42、45、游1路公交车可到达

4001660006

方特梦幻王国由魔法城堡、水漫金山、

方特欢乐世界

生命之光、猴王、盘丝洞等10多个项目区组成。公园包含主题项目、游乐项目、休闲及景观项目200余项。

采用高科技演绎特色主题，将动漫卡通、电影特技等国际时尚娱乐元素和中国传统文化符号精妙融合，创造充满幻想和创意的神奇天地。

方特水上乐园 AAAAA

华东地区最大的水上主题公园

芜湖市赤铸山路与经三路交叉口

全价200元，优惠价150元 9：00~20：00

5、23、30、32路公交至方特欢乐世界北站下，再乘坐4、42、45路公交可到达

4001660006

方特水上乐园主要分为八大区域：儿童区、造浪区、大喇叭区、合家欢区、超级互动水寨区、疾速滑道区、巨蟒区、竞赛滑道区。以水上项目为主，适合夏季游玩。

方特东方神画 AAAAA

充满传奇故事的大型高科技主题公园

芜湖市鸠江区赤铸山东路

成人280元，儿童210元

5、6、9、10月：平日9：30~17：30，周末9：00~18：00；7、8月： 9：00~18：00；1、2、3、4、11、12月： 平日9：30~17：00，周末9：00~17：30；节假日：9：00~18：00

4、42、45、游1路公交可到达

方特东方神画是一个充满传奇故事的大型高科技主题公园，包含八大分区：综合项目区、传说区、民间戏曲区、经典爱情传奇区、神秘文化区、杂技与竞技区、民间节庆区、民间手工艺区。其中“丛林飞龙”是华东最大的木质过山车，它是过山车的鼻祖，源自北美，除基础部位外全由木头拼接而成，全程1060米，时速91千米/小时。

玩家攻略

选择非节假日、天气凉爽时节游玩，排队游客较少且人体舒适度较高；每个项目具有固定开放时间，进园前在检票口取张游览图及时间表；园区内食物价格较贵，可自行携带饮料零食；水上项目可自带雨衣，也可园内购买五元一件的雨衣。

赭山风景区 AAAA

江城“雄山” 芜湖象征

芜湖市镜湖区九华路345号

景区免费，园内动物园8元

4：30~21：30 4路公交可到达

赭山历来是人们登高远眺的理想之处。古人称赞赭山是江城的“雄山”，历来享有

赭山公园

"玉峰""百尺浮屠"之美誉，被视为芜湖的象征。

赭山兀立于市中心的西北角，有大小两座山峰，其中大赭山海拔84.8米，小赭山海拔67.9米。满山树木葱茏，芳菲萋萋，因山石呈赭色而得名。

链接

赭山由来传说

相传战国时代，楚国铸剑名匠干将曾在离赭山一里许的赤铸山锻制宝剑，锻剑的熊熊炉火，竟把赭山的山石都烤红成了赭色，至今还可见到山上遍地殷红色的石头和泥土，有的石头竟红得如同玛瑙一般，光彩夺目。元代文学家欧阳玄曾《登赭山》一诗中描绘其景色和气势："涌出沧溟外，孤高色更佳。气通丹穴雾，光映赤城霞。"

王稼祥纪念园 AAAA

红色旅游经典景区

芜湖市中山北路23号 8：30～16：30

2路公交到"王稼祥纪念园"站下

王稼祥纪念园坐落在风景秀丽的狮子山，始建于1986年，王稼祥同志80周年诞辰之际。园区由生平陈列馆、综合馆、藏馆等组成，纪念广场有铜像和浮雕。王稼祥生平陈列馆设有6个展厅，分别介绍了王稼祥同志在中国革命各个历史时期的重大贡献和丰功伟绩。

链接

王稼祥小传

王稼祥（1906—1974），原名嘉祥，又名稼蔷，安徽宣城泾县厚岸村人。是杰出的无产阶级革命家，中国共产党和新中国对外工作的开拓者之一。曾参加红军长征，遵义会议后，王稼祥与毛泽东、周恩来组成中央三人军事指挥小组，指挥全军。后曾任中共驻共产国际代表。1943年，他在《中国共产党与中国民族解放的道路》一文中，首次提出"毛泽东思想"这一科学概念。在"文化大革命"中，王稼祥受尽迫害，1974年1月25日在北京逝世。1979年2月，得到平反。

鸠兹风景区 AAAA

综合性城市中心旅游胜地

芜湖市镜湖区北京西路

6、16、31路公交到"鸠兹广场"站下

鸠兹风景区位于芜湖市中心，由鸠兹广场、大镜湖、小镜湖、中山路步行街等组成，是集观光、休闲、购物、娱乐等于一身的城市中心旅游胜地。

玩家解说

鸠兹广场是景区的核心，依山面水，地理位置优越，环境优美，承载了芜湖市悠久的历史文化内涵，是芜湖市中心的一颗璀璨的明珠。广场总面积6.78万平方米，空间结构多变，分为中心主广场区、音乐水幕活动区、文化艺术展览区、螺旋环状浏览休闲步道以及临大、小镜湖的两条临水休闲带，是市民良好的休闲文化场所。

中山路步行街是首批全国"购物放心一条街""中国十大著名商业街区""全国二十条先进示范街区"，曾与北京王府井步行街、上海南京路步行街并称为"全国三大步行街"。

鸠兹广场

镜湖公园是芜湖市最早的一座开放式公园，由大小镜湖组成，风光优美，景色宜人。

天门山

因李白名篇《望天门山》而得名

芜湖市经济技术开发区龙山街道办东梁社区境内

乘坐204、214、游5路即可

天门山风景区分为长江大堤“堤外”和“堤内”两部分。天门山山体位于中段，面临长江，山顶海拔为82.12米，山脚下是颇负盛名的“铜佛寺”。围绕堤外东梁山内设9个景区：沙滩休憩区、垂钓区、寺庙书院区、山体游乐区、水上游乐园、脚踏游船、烧烤休闲、农家采摘园（草莓、葡萄、提子）、花卉基地。

玩家攻略

最佳游玩季节为3-5月、9-11月。春天气候温和，秋天神清气爽，适宜出游，可以烧烤或是脱光脚踩在软绵绵的沙滩上。夏季天气炎热，初冬是降水季节，不适宜出游。

芜湖烈士陵园

较早的革命纪念建筑物

芜湖市弋江北路神山大道

20、88、228路可到达　0553-2868819

芜湖烈士陵园坐落在市区东麓，与风景秀丽的神山森林公园相毗邻，占地4.4万平方米，共划分为纪念碑陵墓凭吊区、烈士事迹纪念馆、中心广场、接待管理办公四个主要功能区。

馆内通过展板和实物（遗物），集中展示了从党的创立时期到新中国建立后，牺牲在芜湖和牺牲在外地的芜湖籍烈士的事迹。

中江塔

芜湖地域位置的标志

芜湖市镜湖区滨江北路

全天开放　2路、13路

中江塔位于青弋江与长江交汇处的江堤上，系芜湖市重点文物保护单位。楼阁式

临江桥与中江塔

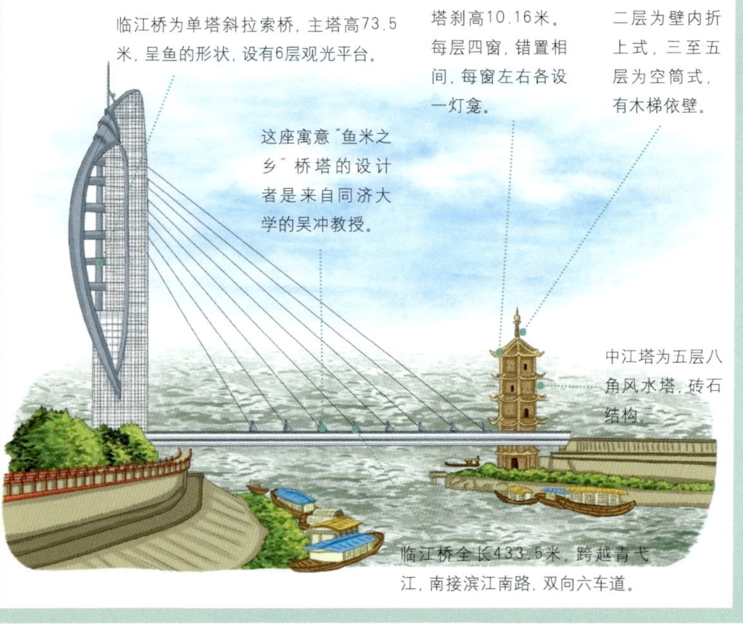

砖木结构风水宝塔，八角五层，每层四窗，错置相间，每窗左右各设一灯龛。古时，人们把长江从九江至镇江的一段，称为中江，因而称芜湖为中江，中江塔因此得名。

安徽文化名人藏馆

安徽省第一家名人藏馆

芜湖市镜湖路烟雨墩上

免费

8: 30～17: 30

18路公交可到达

烟雨墩绿柳垂丝、红楼掩映、湖光岛影、幽美宁静。传说中这里是南宋著名词人张孝祥的读书地，1987年芜湖市政府在此设立了安徽第一名人藏馆。馆内分别设有阿英、王莹、洪镕藏书资料陈列室。

玩家解说

阿英是现代著名的文学家、戏剧家、文学史家和藏书家，王莹是中国话剧、电影表演艺术家、作家，洪镕是我国近代著名教育家、藏书家，是我国高等教育的启蒙人。

徽商博物馆

展现徽商繁荣历史

芜湖市九华中路169-2号赭山公园东大门北侧

40元　4、6路公交可到达

徽商博物馆馆内设有“徽州古民居”“主体展馆”“随园”三个展区。数以万件计藏品，皆为芜湖民间收藏人士捐献，以“徽州三雕”（石雕、砖雕、木雕）为主。除藏品外，还有多处体现古徽州及芜湖古城繁华商业景象的雕塑，生动再现了当年的豆腐店、茶庄、中药铺的繁荣景象。

玩家解说

明清以来，芜湖既是徽商走向全国各地的门户，更是徽商植根兴业的沃土。尤其是芜湖开埠通商以后，徽商人数众多，经营门类更广。徽商博物馆以仿真场景雕塑展现了古徽州及芜湖古城繁华的商业景象。

徽商博物馆

振元堂老街

集历史人文和旅游观光于一身的商业街区

芜湖市黄山中路

振元堂老街形成于明末年间，古代街内曾有本地名医开设振元堂，故名振元堂老街。老街秉承芜湖文化之本，完整保留了600多米的芜湖传统街巷，再现百年来芜湖人经商交易、日常生活的人文气息。

玩家解说

雍正年间，黄村街西设顺天府南路厅，并在街南修建关帝庙，此后每逢庙会及赶集的日子，此地都人头攒动，两庙香火旺盛，附近医铺云集，振元堂也因之被称为“鸠兹福地”。中华人民共和国成立后，街道得到改建，街两侧仍保留了少量芜湖古建筑。

白马禅寺

芜湖古八景之一

芜湖市弋江区白马镇

免费　218路公交可到达

0553-8311121

白马禅寺坐落在南郊白马山上，现成为芜湖市新区区划后的南大门。白马寺始建于南朝宋孝武帝刘骏大明七年（464），明朝初年被敕改为“护明寺”。

链接

白马山的传说

关于白马山有一段传说，据传二祖慧可大师驾白马驮经书，追赶达摩祖师，途经白马山时在洞中小

天主教堂

憩，此山便成了白马山，此洞也成了白马洞。在白马驮经的地方人们建起白马寺。从此，白马山、白马洞、白马寺就成了芜湖的古八景之一。

芜湖天主教堂

华东第二大（中国第五大）天主教堂

芜湖市镜湖区长江中路90号

2、18、22、36路公交至天主教堂站下

芜湖天主教堂是1887年由法国人设计监造，教堂为砖木石混结构，平面呈拉丁"十"字形，建筑式样为罗马风格，正面左右两座钟楼高约18米，钟楼之间是教堂的顶端，竖立着耶稣圣像。教堂承载了一段中西方文化交流的典范，堪称东西方文化结合的建筑艺术经典。

陆和村茶艺博物馆

华东地区最大的综合性茶艺博物馆

芜湖市九华中路211号

10路公交可到达

陆和村茶艺博物馆始建于2004年，是以中国茶文化为主题，以中国古代艺术藏品为背景的大型茶艺馆，它是目前安徽省内及华东地区最大的融品茗休闲、旅游观光为一体的综合性茶艺博物馆。

"陆和村"三层主楼以徽州建筑风格为主要基调，门楼和馆内的廊、桥、亭、照壁等均由徽州古建筑村落整体搬迁后在馆内重新复原而成。

陆和村茶馆

景点推荐 芜湖西南景点

马仁奇峰 AAAA

幽、险、秀、奇四大特色景观

芜湖市繁昌县孙村镇

90元

8：00～17：30

从芜湖出发到达繁昌后乘5路公交可到达

0553-7216888

马仁奇峰是省级森林公园，地处长江南岸的繁昌、铜陵、南陵三县交界处。

马仁奇峰山体南北走向，山脊线呈W形，景区自然风光绝佳，人文蕴藏丰厚。自然风光以奇峰、奇壁、奇柱、奇洞、奇屋、奇树为代表，人文蕴藏表现为远古文化、历史名人文化、佛教文化、红色文化、自然生态文化等五大特色文化。景区分门楼、马仁寺、太阳山、月亮山、楠木林等五个景段。山势突兀，峰石俊秀，素有“皖南张家界，江滨小黄山”之称。

天下第一香炉

在月亮湖畔、马仁山主峰之下，有一座雄伟的“天下第一香炉”，是为纪念国家级文物保护单位“人字洞”古人类活动遗址发掘10周年而建，旨在为人类美好的未来祈福。“天下第一香炉”由香港建筑师学会规划及地政委员会主席蒋匡文先生亲自设计，高9.9米，重99吨，高度、重量、体积、创意均为世界之最，堪称天下第一。香炉内展厅约48平方米，陈列有“人字洞”出土的石、骨器工具、动物化石以及全国9大寺庙住持开光的9

座小香炉。远古文化和现代文明在这里和谐共生，融为一体。

马仁寺

位于马仁竹海之中的马仁古寺为高士王翀霄于唐贞元十一年（795）所建，与建于宋代的处于龙首峰西南峡谷中的乌霞寺遥遥相对，素有“南洞北寺”之称。几经兴衰，至今已有1000多年历史。

马仁奇峰红色收藏馆

马仁奇峰红色收藏馆占地面积约800平方米，为徽派建筑。馆内收藏全国著名毛泽东像章收藏家、芜湖市十佳收藏人物龚世林先生40年来潜心收藏的近万枚精品毛泽东像章。其中有套章、对章、单枚章等，由金、银、铜、铁、铝、瓷、竹、玉、骨、红木、玻璃、塑料、夜光、泡沫、不锈钢等23种材料精制而成。此外，还陈列了介绍老一辈无产阶级革命家的书籍和画像，再现了中国革命的光辉历史和革命家的丰功伟绩，该馆为安徽省目前规模最大、最具特色的红色收藏馆。

泊山洞风景区

古老石灰溶洞

芜湖市无为县蜀山镇

8: 00~17: 00

从芜湖乘汽车到达无为后转当地大巴到达

泊山洞风景区奇景秀色，鬼斧神工，被誉为“江淮独秀”。泊山洞因洞中的泊山大佛而得名，据考证，泊山洞形成于2亿4千万年前的古老的石灰岩溶洞，洞内景观形成则有

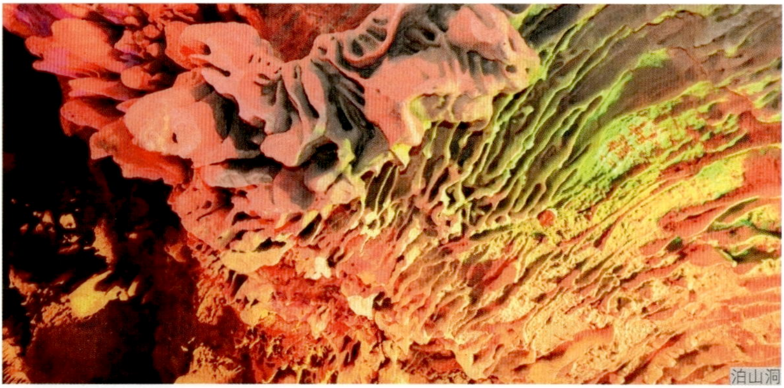

泊山洞

50多万年。

泊山洞分上中下3层，总面积4000平方米，洞深500多米，洞中有洞、有山有水，洞道高低起伏，幽邃曲折。

新四军第七师纪念馆

展现地区人民革命的光辉业绩

芜湖市无为县红庙镇三水涧村

从芜湖乘汽车到达无为后转当地大巴到达

0553-6305085

新四军第七师纪念馆充分利用档案、党史等最新研究成果，以新四军第七师发展壮大为主线，展现皖江地区人民进行革命斗争的光辉业绩。其中革命文物200余件，文字资料约10万字，各种图表、图片500余幅，可容纳数千人参观瞻仰。

板子矶景区

长江二十四矶之首

芜湖市繁昌县荻港镇镇北

从芜湖乘汽车到达繁昌后转当地大巴到达

0553-7352788

板子矶占地约0.13平方千米，位于荻港镇镇北，兀立江滨，地势险要，历为兵家必争之地，素有“吴楚关锁”之称，又是历史上的“繁昌十景”之一。板子矶又名鹊起矶，因位置险要，《中国名胜辞典》将其列为“长江二十四矶之首”。矶在此指水边突出的岩石。

景区主要由渡江战役纪念馆、“百万雄师渡江第一船登陆点”纪念碑、风帆雕塑、“黄公阁”、江滨观景鱼馆等景点组成。

繁昌县烈士陵园

爱国主义教育基地

芜湖市繁昌县繁阳镇城南

从芜湖乘汽车到达繁昌后乘坐1、2路公交可到达

0553-7874773

繁昌县烈士陵园建于1984年，位于繁昌县城南峨山头。陵园占地0.13平方千米，由烈士纪念碑、纪念塔、烈士公墓、凭吊台等组成。革命烈士事迹陈列馆为一幢两层楼房，陈列着各个革命时期的繁昌乃至皖南革命斗争史料、烈士遗像、生平事迹介绍和部分遗物等。

繁昌窑遗址

以烧民间生活实用瓷为主的宋代窑址

芜湖市繁昌县城南郊和西郊的山地丘陵地带

8：00~18：00

繁昌窑遗址位于繁昌县南郊的柯家村，窑址面积最大，是繁昌窑的主要生产区域。其窑主要烧造青白釉瓷器，其次烧白釉瓷器。种类多为壶、碗、碟、杯等民间日常生活用器，釉面莹润，制作工艺精细。

青釉陶瓷

景点推荐 芜湖东南景点

丫山花海石林 AAAA

华东地区面积最大的喀斯特地貌景观

芜湖市南陵县何湾镇

100元

8: 00~17: 00

丫山由花海石林景区、天坑园区、南山寺、龙山四个景区组成，景区属典型的喀斯特地貌。区内石林、溶洞、瀑布、峡谷、山顶湖等景观融为一体，景色秀丽。有象形奇峰60余座，灵石奇景，惟妙惟肖。相传山顶南陵湖是于1976唐山大地震时一夜成湖，堪称奇景一绝。

玩家 解说

丫山是著名的“牡丹之乡”。每当清明前后，盛开的牡丹点缀在山石峰岩之间，花与石相映成趣，美不胜收，面积达20平方千米，为江南一大奇观。

诗仙李白曾寓居于此，并写下了脍炙人口的《南陵别儿童入京》一诗。韦应物、王安石、汤显祖、梅鼎柞等历代名流也曾在此留下名迹。

丫山花海石林旅游区旅游资源类型丰富，山、水、古迹、民俗、购物等资源一应俱全，自然景观秀美，文化底蕴深厚。

自然景观方面，景区内具有华东地区最大的喀斯特地貌景观，融石林、溶洞、天坑、峰林、瀑布、湖泊、暗河、奇花异草、飞鸟走兽为一体，同时牡丹花海也是丫山一大特色，每到春季，漫山遍野的牡丹花依山层叠而上，花团锦簇，美不胜收。

历史遗迹方面，丫山地区历史文化景观众多，有革命烈士纪念碑、李白南陵遗踪、孙权练兵处、二乔避难处、南山寺、成华寺遗址、各式宗祠、古民居等景点。

民俗文化方面，景区斥巨资建立了民俗文化博物馆，收录了明清至民国时期民俗展品六千余件，在同类展馆中，本展馆的展品较齐全，极具地方传统特色的文化风范和艺术风范。

农家乐方面，旅游区地处遍布名山秀水的皖南山区，这里民风淳朴，餐饮富有特色，开展农家乐项目具有得天独厚的优势。目前在大元村和小元村已经开展部分农家乐项目。除此之外，景区还定期和不定期开展各类活动，如牡丹节、溶洞避暑节、民俗文化节、CS真人对抗赛、征文大赛、摄影大赛等。

陶辛水韵景区 AAAA

水乡田园风光

芜湖市芜湖县陶辛镇陶辛圩

成人60元　8：00~18：00

从芜湖市区乘中巴车直达

0553-8452228

景区面积33.2平方千米，距芜湖市东南20余千米，长江支流青弋江绕境而过。

区内气候温和，四季分明，盛产粮油、莲藕、鱼、虾、蟹等，素有“鱼米之乡”的美誉。境内河沟纵横交错，碧水环绕，村村相通，家家有船，一派江南水乡风光，有“水上迷宫”之称。实验区稠密的河道、水塘、堤岸、岛屿及丰富的水体生物、农林植被共同构成了陶辛水韵独特的生态湿地景观。

大浦乡村世界 AAAA

中国首个灾难旅游“海啸体验馆”

芜湖市南陵县许镇大浦乡

50元　8：00~16：30

从芜湖乘汽车到南陵后转当地大巴到达

0553-2362159

景区占地约16平方千米，景区以高科技农业观光、海啸文化体验、传统文化展示、生态美食为特色，拥有中国唯一以海啸为主题的农业自然灾害教育体验主题公园、现代农业博览园、生态餐厅等十多个园区。游客可观光特色农业、品尝生态美食、感受传统农艺文化，是理想的旅游休闲度假区。

大浦乡村世界

玩家 攻略

门票当天有效，出园后入园需再次购票。如果遇暴雨、雷电等天气，为保证游客安全，景区可能暂停营业，建议出行前查看当地天气预报。

怡龙生态园

休闲旅游生态景区

芜湖市芜湖县红杨镇

300元

9：00~17：00

从芜湖乘汽车到达芜湖县后转当地大巴到达

0553-8137111

生态园占地0.66平方千米，拥有保存完好的江南丘陵地貌和广阔的山塘湖面，依托“田园、山水、森林”等资源，以“吃农家饭、干农家活、住农家院”为特色，是一处融园林观光、农家体验、田园度假、康体养生、户外运动、商务会议为一体的生态休闲旅游区。

乌霞风景区

典型的火山流纹岩地貌

芜湖市南陵县工山镇

10元

6：00~15：00

从芜湖乘汽车到达南陵县后转当地大巴到达

乌霞风景区位于马仁山上，总面积12平

方千米。景区保存有较完整的地壳表层物质组织，变质齐全，是安徽省重要的火山地质研究地。景区内奇峰陡峭，怪石嶙峋，有犀牛望月、童子拜佛、乌龟观天、五马盘槽等40余处自然景观。

链接

乌霞寺和乌霞洞

景区中有一座两进寺庙，名乌霞寺，建于北宋，屡毁屡建，现为省级重点保护寺庙。庙后有乌霞洞，又名五霞洞，处群峰环抱之中，悬崖峭壁之下，天然成景。洞内有5洞相连，曲径幽雅，冬暖夏凉。北宋著名林学家陈翥（982—1062）曾隐居于此，潜心著书立说。

小格里森林公园

同纬度保存完好的原始次生林

芜湖市南陵县烟墩镇

8：00~18：00

从芜湖乘汽车到达南陵县后转当地大巴到达

小格里森林公园距南陵县城35千米处，是地球同纬度保存最完好的原始次生林，有“天然氧舱”“安徽香格里拉”之称。林中有獐、狐、麂、鹿、羊和白鹇、杜鹃、画眉、长尾雉鸡等珍禽异兽。诗仙李白曾慕居于此，留有《山中问答》名诗一首，“别有天地非人间”为李白称赞此地之句。特色景点有“五连池”、大小“天池”“九龙宫”等。

奎潭湖

芜湖最大的湖泊

芜湖市南陵县

从芜湖乘汽车到达南陵县后转当地大巴到达

奎潭湖紧依205国道，距芜湖市仅16千米，总面积近7平方千米，湖中分布7个岛屿，是芜湖最大的湖泊。

奎潭湖集自然景观和人文景观于一身，风光绚丽素有“鱼米之乡”之称。“三国”时期，奎潭湖曾是南陵首任县令周瑜训练水师的重要场所，且东吴名将黄盖之墓位于湖侧，人文景观较丰富。此外，闻名遐迩的洋河藕与奎湖糯曾是清代朝廷贡品。

珩琅山

青弋江环绕而过

芜湖市芜湖县西河镇

从芜湖乘汽车到达芜湖县后转当地大巴到达

珩琅山位于芜湖县最南端，南北走向，主峰海拔301.4米，是芜湖县最高峰，有“小九华”之美誉和“九华佛觉出珩琅”之说。近处有弹乡山，东边有白马寺，南边有兴云寺、白云池和代明湖。景区寺庙多达67处，如十王殿、法云寺、光佛洞、观音庵、二圣殿等。珩琅佛教早在北宋英宗年代就十分盛行，每年有数万计的游客来此朝拜游览。

小格里森林公园

攻略资讯

- 交通
- 住宿
- 美食
- 购物
- 娱乐

芜湖长江大桥

交通

火车

芜湖境内有芜宁、芜铜、皖赣、淮南、宣杭5条普速铁路和宁安高铁、商合杭客运专线、京福高铁等高铁干线交会连接，可通达国内各地。

芜湖站：芜湖火车站位于市中心，10、20、28、88路公交均可到达。电话：12306。

汽车

芜湖已有芜合、宁芜、沪渝、溧芜等多条高速公路穿越境内，可通往省内外重要地区。

芜湖市汽车站：位于火车站附近北京东路，主要开往周边省市，有发往上海、南京、深圳等市的长途车，10、20、32、38、88路公交可到达。

芜湖市汽车南站：位于镜湖区九华南路，主要开往省区各市县，10、45、20路公交可到达。

住宿

来芜湖可选择住在鸠兹广场及火车站周边。芜湖市区面积不大，但住宿选择比较多，拥有从豪华星级饭店到经济型宾馆各个档次的旅店。一般标间价格在一百多至两百左右。要想住得便宜些，可选择青年旅馆或连锁的经济酒店。

●芜湖侨鸿皇冠假日酒店

芜湖侨鸿皇冠假日酒店位于芜湖市CBD商务中心位置，紧连本市顶级写字楼、高档购物中心及凤凰美食街。✉ 芜湖市中山北路77号 ☎ 0553-3888999

芜湖侨鸿皇冠假日酒店

●芜湖海螺国际大酒店

芜湖海螺国际大酒店北临两站广场（距火车站、长途汽车站仅800米），南眺繁华闹市。芜湖市文化路39号 0553-3118188

●芜湖中央城大酒店

芜湖中央城大酒店目前是城南地区最大的酒店之一。它把芜湖国际会展中心和中央城财富街商业项目完整有机地衔接起来，提供了芜湖城南休闲旅游和商业消费相结合的全新商业环境。芜湖市弋江区大工山路38号 0553-2711666

●芜湖方特酒店

芜湖方特酒店坐落于鸠江经济开发区，是由深圳华强文化科技集团投资建设的三星级酒店，下设方特酒店、宽席内府酒楼。距离方特梦幻王国和东方神画较近。芜湖市赤铸山东路华强文化科技产业园 0553-2295666

●芜湖马仁山庄

芜湖马仁山庄坐落在风景秀丽的马仁奇峰森林旅游区内，总面积近20000平方米。山庄依山而建，错落有致，以徽派建筑风格为主要元素，融现代设计理念和中国传统建筑艺术为一体。芜湖市繁昌县马仁奇峰森林旅游区 0553-7217888

芜湖海螺国际大酒店

●更多住宿去处

芜湖天都快捷商务酒店/芜湖市鸠江区齐落山路88号/0553-5775666

芜湖望天门大酒店/芜湖经济开发区天门山景区/0553-5895555

美食

芜湖本地餐饮体现的是沿江菜系的特色，以烹调河鲜、家禽见长，讲究刀工，注重形、色，善用糖调味。烹调手法包括煎、煨、炸、炖、糖醋、溜丝等。传统美食有蟹黄包子、虾籽面、小笼汤包等，街头小吃有铜锅藕稀饭、赤豆糊、桂花酒酿元宵、五香螺蛳等。其中极负盛名的“芜湖三鲜”，即盛产于芜湖段江面的刀鱼、时鱼、螃蟹。

美食小吃

●虾籽面

虾籽面是采用长江中青虾的籽，配以多种佐料制成膏汤，再加手工揉制的小刀面煮制而成。面有韧性，味极鲜美，营养价值高。因入选央视《舌尖上的中国》第二季节目被更多的人熟知，为芜湖美食的代表。

推荐商家：芜湖耿福兴 芜湖市镜湖区凤凰美食街54号 0553-3385242

虾籽面

●酥烧饼

酥烧饼以香、酥、脆的风味特色远近驰名，誉满长江沿岸。成品的酥烧饼两面如蟹壳黄，形美味香，里外均酥脆爽口。咸的腰型边呈椭圆、油葱香浓，油而不腻。甜的圆而饱满，甜润爽口。

推荐商家：丁师傅传统酥烧饼 芜湖市镜湖区红光支路附近

酥烧饼

●芜湖臭干子

由豆腐、卤水、辣椒等原料经过一系列加工而成。闻起来臭，吃起来香，外焦微脆，内软味鲜。卤水中放有鲜冬笋、浏阳豆豉、香菇、上等白酒等多种上乘原料，故味道鲜香。

推荐商家：陆和村茶馆 芜湖市镜湖区九华中路209号 0553-3837777

臭干子

●腰子饼

炸过的饼色泽金黄，藕香四溢，形如腰子，外香脆内松软。

推荐商家：四季春大酒店 芜湖市镜湖区凤凰美食街 0553-3879788

腰子饼

●芜湖小笼汤包

历数众多民间小吃中的“翘楚”，小笼汤包可谓拔得头筹。蒸好的小笼包，晶莹剔透，皮薄馅大，汤多汁美，味浓不腻。

推荐商家：金隆兴餐饮 芜湖市镜湖区镜湖路7号 0553-5113777

小笼汤包

●渣肉蒸饭

渣肉蒸饭是芜湖地区汉族传统小吃。以糯米为饭，猪肉切开用调味料腌渍后蘸上渣粉，放糯米饭上蒸熟而成。是一种味美香咸、有饭有菜、经济实惠的小吃。

推荐商家：三好渣肉蒸饭 芜湖市镜湖区二街北门公交站台旁

●煮干丝

在清乾隆时称“九丝汤”，是芜湖著名的传统早茶菜点，也是有80多年淮扬风味老店“耿福兴菜馆”的看家名馔。干丝绵软肥鲜，配料色彩鲜明，汤汁乳白味浓，入口清爽开胃。

推荐商家：耿福兴菜馆 芜湖市镜湖区银湖北路华强城市广场 0553-5889007

煮干丝

美食去处

全长666米的凤凰美食街是一条融旅

游、休闲、购物为一体以饮食为主的特色商业街。在此不仅可以品尝到正宗的芜湖本邦菜，还能享用其他全国知名的菜系，如巴将军的火锅、毛家菜馆、洞庭人家的湘菜等。此外还有虾子面、酥烧饼、鱼丝饼、小笼汤包、牛肉锅贴等各色美味小吃。乘1、8、26、108、110路公交可到达。

安徽师范大学赭山校区小圆门是受高校学生欢迎的小吃街，古朴的圆门飘来美食的香味，各类小吃应有尽有，物美价廉，不容错过。

购物

芜湖襟江带水，土地肥沃，是我国历史上有名的四大米市之一，稻米、棉花、油料、刀鱼、螃蟹是芜湖丰富的物产资源代表。另外，芜湖还被誉为“瓜子城”，有名的“傻子瓜子”备受人们喜爱。还有创制于清代的芜湖铁画，也是受旅游者青睐的手信。

芜湖特产

●三刀三画

三刀指剪刀、菜刀、剃刀，为芜湖市的传统产品，全国有名的张小泉剪刀就是由芜湖的剪刀发展起来的。三画指铁画、堆漆画、通草画，堆漆画和通草画市面上已现存较少。

芜湖铁画

●傻子瓜子

“傻子瓜子”是年广久创立的著名瓜子品牌，也是芜湖特产之一。“傻子瓜子”因邓小平多次在高层提及年广久并收入《邓小平文选》而闻名全国，号称“中国第一商贩”。

●无为板鸭

又称“无为熏鸭”，是无为县传统清真名食，已有100多年历史。以巢湖麻鸭为原料，配以八角、花椒、丁香、小茴香等约30种中药和调料，先熏后卤，色泽金黄油亮，肉质鲜嫩，醇香味美，闻名全国。

无为板鸭

●木榨油

榨油工艺是手工艺时代产物，距今已有千年历史，是人工通过木榨设备将食用籽榨成的油料。由于工艺复杂、不添加任何化学原料，油香味浓，口感好，耐贮藏。

芜湖购物场所

芜湖中山路步行街是全国三大步行街之一（另两条是北京王府井步行街、上海南京路步行街），与镜湖风景区、鸠兹广场融为一体。市内乘1、4、8、31、106路到融汇中江广场站下车即到。

娱乐

休闲娱乐活动

●芜湖鱼沟钩农庄

芜湖鱼沟钩农庄是融客房、餐饮、会务、

休闲、娱乐、健身、拓展、垂钓为一体，内设游泳馆、乒乓球馆、羽毛球馆、健身房、棋牌室等五星级综合园林式休闲场所。

芜湖县陶辛镇水韵村　18955397799

●长江游轮

旅游观光游船靠泊码头设在滨江公园一期，目前已开通滨江公园—芜湖长江大桥、滨江公园—中江塔—滨江公园二期等多条精品路线。白天及夜晚都有长江游玩项目。

滨江公园长江观光游船码头芜湖大剧院南60米

0553-3809000

●奇瑞SMS日月星龙山房车露营地

位于芜湖市龙山脚下，凤鸣湖畔，属区域枢纽式综合型城市露营地。园区包括自驾房车、营地房车及可移动生态木屋，可同时供约600人露营休闲、旅游度假。

芜湖市凤鸣湖北路18号　0553-6888887

节日和重大活动

●凤凰美食节

时间：每年10—11月间

地点：凤凰美食街

主要内容：风味小吃展、文化论坛、民族音乐会。

芜湖风光

●广济寺庙会

时间：每年农历七月三十（月小为廿九）

地点：广济寺

主要内容：民间传统习俗，四方信徒、香客云集进香朝拜，民间艺人献艺，寺庙举行隆重仪式，诵《地藏菩萨本愿经》、守地藏肉身塔，历时七天。

●官陡庙会

时间：每年正月十五

地点：官陡门街道

主要内容：明清以来传承至今，主要活动有舞长龙、耍狮子、跑旱船、敲腰鼓、折子戏等。

官陡庙会舞龙舞狮

发现者旅行指南

马鞍山

概览

亮点

采石风景区

历史悠久，文化丰富，作为“长江三矶之首”的自然景观代表采石矶和以“诗仙长眠之地”闻名的人文景观在国内均具有代表性。

采石矶太白楼

大青山旅游区

大青山鸟道迂回，林木葱郁，众多文人墨客散步其中，尤其诗仙李白在此魂归青山，使之声名大噪。区内李白墓、太白祠、太白生态园等景点众多，宛如诗仙文化的博览会。

线路

马鞍山山水诗歌两日游

第一天上午游采石古镇，下午乘车前往李白墓园吊祭，傍晚返回市区，去节庆广场欣赏夜景。第二天上午在雨山公园放松休闲，下午去濮塘风景区游玩。

采石矶

为何去

马鞍山横跨长江、紧靠南京，是长三角的桥头堡、安徽的东大门、南京的后花园。马鞍山“九山环一湖，翠螺出大江”，千百年来，无数文人墨客在此吟咏，为这个花园城市注入了灵魂。来到这座充满江南风韵的山水园林城市，无人不留恋这里的山水之美、人情之醇。

采石矶风光

何时去

3月—5月和9月—11月是游览马鞍山的最佳季节。此间，马鞍山天高气爽，景致最为迷人。每年10月会举办缤纷多彩的中国李白诗歌节，届时众多诗歌爱好者齐聚一堂，奉上一场令人赞叹的诗城文化盛宴。

采石矶春景

区域解读

区号：0555

面积：约4049km²

人口：230.2万人

地理 GEOGRAPHY

区划

马鞍山下辖3个区（博望区、花山区、雨山区）、3个县（当涂县、含山县、和县）。

地形

马鞍山市的地形，大致分为东、中、西三大部分，可以概括为“九山环一湖，翠螺出大江”。东部为丘陵地区，海拔100~200米，自北而南有桐子山、娘娘山、笔架山、仙人山、烤山、马山、大象山、董耳山等，其中苏皖交界处的大王山海拔276米，是市区东部的最高峰。中部为冲积扇平原，平均海拔10米左右，平原上河渠纵横、湖塘密布，佳山、雨山分布在雨山湖东西两侧。西部为带状丘陵带，丘陵沿江岸分布，在丘陵与长江之间是一条狭窄的阶地、河漫滩和沙洲。

气候

马鞍山属北亚热带湿润性季风气候，气候温暖湿润，雨热同季，季风明显，四季分明。马鞍山最冷为1月，平均温度3℃；最热为7月，平均温度在28℃左右。马鞍山市降水量年际变化大，并且梅雨显著，夏雨集中。7月是一年中降雨量最多的月份，一般6-7月间为梅雨期。

历史 HISTORY

历史大事记

●汉至唐朝

东汉兴平二年（195），孙策自历阳（今和县）渡江，攻占下扬州刺史刘繇的牛渚营，转而北攻秣陵（今江宁秣陵关）。刘繇遣将樊能于麋袭夺牛渚，被孙策击败。自此孙氏始据江东，奠定了与魏、蜀争霸的基础。

隋开皇九年（589）正月初一，隋庐州总管韩擒虎率五百精兵自横江浦夜渡长江，趁元旦酒会突袭采石，是隋统一中国过程中的一次重要战役。同年，将侨置于皖南一带的当涂县徙至姑孰城（今当涂城关镇），并延续至今。

唐开元十五年（727），诗人李白溯江西上观云梦途中，泊舟采石，作《夜泊牛渚怀古》诗一首。此后曾十多次驻足马鞍山，做诗文60多首。晚年，李白病逝当涂。白居易、刘禹锡、沈括、梅尧臣、苏轼、陆游、辛弃疾、文天祥等也常到采石矶寻幽探胜、借古凭吊。

●宋元时期

南宋绍兴三十一年（1161）十一月，金主完颜亮大举南侵，宋中书舍人虞允文临危不惧，亲自督战，智获全胜，使南宋转危为安，

雨山湖

并延续百年之久。这次战役是中国历史上著名的以少胜多的战役。

元至正十五年（1355）六月二日，红巾军郭子兴部左副元帅朱元璋率军自历阳渡江，进攻牛渚矶，攻克太平（今当涂县城）。本次战役是朱元璋领导的农民起义军转危为安，进而扫平群雄，建立明朝的关键一仗。

●民国时期

1916年，徐国安主办的福利民铁矿公司获准开采当涂境内小姑山、凹山、梅子山、代山、栲栳山、扇面山等铁矿。5月，公司取得南山矿权，并领得北京政府农商部重新核发的采矿执照。9月，北京政府国务总理段祺瑞与日本兴亚公司秘密签押借款合同，即所谓《太平山矿约》，拱手让出当涂、繁昌铁矿主权。当涂等地爱国人士成立"公民保矿会"，掀起"保矿运动"。11月，段祺瑞慑于国人舆论，被迫废除借款合同。

文化 CULTURE

当涂民歌

当涂民歌是流行于皖东长江两岸的各类民歌的统称。早在六朝时期（220—589）就有当涂民歌的记载，刘宋皇帝刘裕主持的著名的"白歌舞"即是当涂民歌演唱之一脉。长期生活在当涂的北宋词人李之仪的二十多首《田夫踏歌》和"我住长江头，君住长江尾"的吟唱都属于民歌范畴。清代当涂人黄钺以当地风俗民情为主要内容创作的五十多首《于湖竹枝词》代表了当时当涂民歌的极高艺术水平。

新中国成立以后，当涂人民创作民歌、传唱民歌形成了热潮，到20世纪50年代末期，发展至鼎盛阶段。

当涂民歌语言丰富，结构完整，曲调多样，唱法独特，代表曲目有《打麦歌》《放牛歌》和《姐在田里薅豆棵》等。

国际民歌艺术节

“诗歌圣地”采石矶

“大江绕绝壁，草圣伴诗仙”，采石矶为“长江三矶之首”，此处也是诗仙李白的长眠之地，人文景观和自然景观在这里完美结合。采石矶突兀江流，峭壁千寻，山水清绝，风姿绰约，素有“千古一秀”之称。翠螺山高不过百丈，采石矶也只有约方圆一千米，千百年来却让骚人墨客顶礼膜拜，留下了极其丰富的歌赋诗文。

谢尚在采石江边初识袁宏，温峤在采石矶下燃犀照妖，李白身着宫锦酒醉捉月……这一个个美丽的传说，成就了采石矶，尤其是李白，成了采石矶的山水之魂。“采石山水甲江南”，李白曾多次登临吟咏，在这里写下了《横江词》《望天门山》等脍炙人口的诗篇50余首，最终长眠于附近的青山。民间还广为流传他身披宫锦袍、泛舟赏月、跳江捉月、骑鲸升天的神话故事。之后有许多文人墨客来此凭吊，寻幽探胜。从谢朓咏采石矶华章、陆游写《入蜀记》、黄仲则太白楼赋诗，到现代文学家郁达夫的《采石矶》小说、郭沫若的《水调歌头·游泳》……一千多年中，采石矶的美丽景物，紧紧与文学艺术相连，流传下了大量不朽的作品。

1985年以来，每年农历九月初九重阳节，太白楼都会举办“马鞍山中国国际吟诗节”，吸引众多热爱李白的中外人士云集于此，吟咏唱和，把酒抒怀，这一活动已成为具有国际影响的文化盛事。

太白碑林

景点推荐

马鞍山旅游区

采石风景区 AAAA

诗仙长眠之地

雨山区采石镇唐贤街1号

68元

6：00~18：00　0555-2100674

采石风景名胜区历史悠久，文化丰富，作为“长江三矶之首”的自然景观代表采石矶和以“诗仙长眠之地”闻名的人文景观，在国内均具有代表性。

景区由采石矶片区（以“大江绕绝壁，草圣伴诗仙”为特色）、濮塘片区（以竹文化欣赏休闲为特色）、青山片区（以“白水绕青山，诗仙忆谢公”为特色）和横山片区（以访古探幽、登高览胜为特色）组成，山水相映、人物相倚、古今相融、情景相辉。

采石风景区也有着丰富的宗教文化，在历史上先后建造了许多著名寺庙，有“采石虽小，七十二庙”之说。广济寺初建于三国时赤乌三年（240），是我国最早的佛寺之一，小九华山上的地藏王庙也曾盛极一时。

玩家攻略

采石风景区距马鞍山市5千米，游1路、4路公交旅游专线车往返于市火车站与风景区，26路公交车往返于旅游汽车站与风景区。

景区有索道、游船可供选择。采石矶索道位于翠螺山中，自翠螺轩饭店至山顶三台阁可坐索道。游船码头在三元洞下，可乘长江游船观赏采石矶。

景区有长江观光游船、翠螺山观光索道、锁溪河水上游乐等休闲娱乐项目，节庆活动有锁溪河龙舟竞赛、多米诺骨牌运动、小九华庙会等。风景区紧邻长江，以“长江鱼宴”为代表的地方特色餐饮文化也已渐成气候。

三台阁·三元洞

三台阁始建于明崇祯十五年（1642），清朝时被毁。如今重建的三台阁分六层，高31米，飞檐翘角，雕梁画栋，气势宏伟地耸立在翠螺山巅。站在三台阁，西眺大江奔流，南望天门中断，东览新城风光，江山娇娆，景色宜人。

三元洞依山傍水，是采石风景区五座天然石洞中最大的一座。三元洞建筑风貌依旧，飞檐峭壁，雕梁画栋，琉璃屋顶，光彩熠熠。三元洞洞中有洞，别有洞天，石壁东侧有一小洞，下通长江，俯身就可以触到江水。

玩家 解说

三元洞又称三官洞、三观殿。“三官”传说为道教供奉的神，即天官、地官、水官，天官赐福、地官赦罪、水官解厄。据乾隆十五年《当涂县志》中记载：此洞系康熙年间僧人定如在原来基础上稍加整理，并在洞中置石床、石灶、石几、石凳和石龛，并供奉天、地、水三元神位以祀之，三元洞由此得名。

关于三元洞，民间还有一个传说，说湖南有三个秀才赴京会考，经过采石忽然碰到了狂风暴雨，恰遇此洞避难，大难不死的三个秀才在随后的殿试中包揽三甲，做了高官。为了感谢神灵护佑之恩，特在此营建庙宇奉祀，故名“三元洞”，又叫“三官洞”。

太白楼

太白楼素有“风月江天贮一楼”的美誉，它与湖南岳阳楼、湖北黄鹤楼、江西滕王阁并称为长江著名的“三楼一阁”。

太白楼高18米，三层两进，前楼后阁，左右回廊，飞檐翘角，蔚为壮观。祠堂正厅供奉楠木雕李白站像，背负双手，昂首挺胸，神态潇洒飘逸，十分传神地再现了诗仙风韵。

玩家 攻略

太白楼是纪念李白的圣地，面对浩瀚长江背依翠螺山，阳光下一片金碧辉煌。每当登楼远眺，千里江流，万顷沃野尽收眼底，着实令人领略到“风月江天贮一楼”的风韵。太白楼东侧

太白楼

的李白纪念馆珍存和展出有各种版本的李白诗集，四壁悬挂的众多书画、廊柱上镌刻的楹联，以及庭院两侧长廊不同笔体的碑刻诗词，给这座中外驰名的太白楼增添了新的光彩。

雨山湖

清新秀丽的城市明珠

雨山区湖南路中段29号

火车站乘10路公交车可环湖游览。市内乘2、6、28、127路等公交车即可到达

雨山湖娟秀妩媚，周围有9座山峰，远近错落，环湖而立，素有“九峰环一湖”之美称。其因湖而开辟的公园，景色秀美、风光旖旎。雨山湖及南湖、北湖公园绿草如茵，装点着各种乔木和灌木，形态各异的小桥、回廊和亭阁引导游人时而凌波赏荷，时而隔岸观景。大湖中一个人工堆筑的小岛成为大雁、鸥鹭和鸳鸯等候鸟每年必来居留的宿营地。

玩家 解说

雨山湖环湖皆路、环湖皆树、环湖皆楼，其中湖北路程和红旗桥的临湖一带，是游人观赏湖光山色的园外之园；湖西路有依湖而建的具有明清建筑风格的富园贸易市场和近2万平方米的绿色游园；湖南路则是柳岸花堤，有近万平方米的小游区，天水一色，是人们休闲憩息的佳处。

朱然陈列馆 ㊫

展示三国东吴历史文化特色的专题性博物馆

✉ 雨山区雨山乡安民村林场内（朱然路3号）

🚌 乘坐106路车可以抵达

🕒 上午8：30～11：30，下午14：30～17：30（夏）、14：30～17：00（冬）

朱然陈列馆为一座汉代风格的仿古建筑，是展示三国东吴历史文化特色的专题性博物馆，以朱然墓为基础，古朴凝重。目前有朱然墓室陈列厅、出土文物陈列厅、朱然生平浮雕长廊、仿古兵器馆、朱然家族墓陈列厅、望楼钟鼓等场馆对外开放。馆内大厅中央是墓穴，穴中置棺木一尊，四周陈列有墓中出土的文物和相关史料。游客参观此馆，可以领略到1700多年前三国时代的社会风貌。

链接

朱然

朱然（182—249），字义封，汉丹阳故鄣（今浙江安吉县西北）人，出身东吴豪族。本姓施，13岁过继给舅父朱治为子，少时曾为孙权同窗好友。三国争雄，朱然北抗曹魏，西拒蜀汉，一生屡立战功。建安二十四年（219），朱然与潘璋在临沮生擒关羽。黄武元年（222），朱然率五千人马与陆逊一起抗击刘备，取得了“火烧连营七百里”的辉煌战绩。此后，朱然镇守荆州重镇江陵，打败了曹魏连续半年的围困和进攻，威名远扬。65岁时，朱然官拜吴左大司马右军师，成为统领东吴全军的重要将领。吴赤乌十二年（249）春三月卒，终年68岁。

小九华

山水幽奇的佛教圣地

✉ 雨山区采石镇宋山村

🕒 8：30～18：00

位于马鞍山采石镇西北二里处，是从马鞍山驱车至采石（古镇）风景区的必经之地。小九华是临江而立的断崖山丘，高达百丈。由于山峦秀美，香火极盛，酷似百里外的青阳九华山，所以人称“小九华”。这里建有地藏王殿，恢宏壮观，每逢农历正月十五、七月三十，进香者络绎不绝。

小九华寺

濮塘 AAAA

马鞍山市的“东方明珠”

✉ 花山区濮塘镇 ¥ 60元

🚌 市内乘坐16路公交车可达

📞 0555-8888636

濮塘自然风景区层峦叠嶂、沟壑纵横、林木绢绣，泉水叮咚，环境幽雅，野趣盎然，为休闲度假的胜地。竹海、古树、清泉、钟鼓并称濮塘“四绝”，这里竹海苍茫，一碧万顷，古银杏历经千载沧桑，仍虬枝铁干，浓荫如盖，数处清泉，终年流水不枯，钟鼓地踏地而闻钟鼓声，奇异而谲怪。

玩家 解说

黄庄景区位于濮塘东北部，此区山高谷深，竹翠树密，空间封闭，环境幽雅，主要特色是幽谷和清泉，有篁林古道、九龙戏珠、幽谷古庵、龙泉寿树、星湖山村等景点。剑湖景区位于濮塘西南面，此区空间开阔、山水相连、景观奇特，主要特色是湖光、山色和鸟语，有剑湖画舫、绣帘鸟语、钟鼓奇观、龙尖览胜等景点。陵园景区是进入黄庄景区门户，该区主要有供人瞻仰、凭吊的烈士塔、烈士墓和展览馆。

节庆广场

集防洪与休闲于一身的城市广场

✉ 马鞍山市区以南

🚌 122、202路公交车可到达

西至湖西南路，东到湖东南路，是马鞍山市面积最大、最时尚的广场。两岸的木栈道和景观桥连为一体，形成以水面为中心的多层次的滨河亲水空间。华美的建筑、宽阔的水面，给人雄伟壮丽之感。入夜，华灯初放，这里成了色彩的天堂，五颜六色的光柱在这里交会，实在是休闲的好去处。

陋室公园
因《陋室铭》而名闻天下

和县城内半边街

陋室公园依托陋室兴建，因唐代著名文学家刘禹锡任和州刺史时写下的千古绝唱《陋室铭》而名闻天下。陋室3幢9间呈品状，依山傍水、风光秀丽，整体布局典雅庄重，古朴生辉。主室斗拱飞檐，古雅别致，内有刘禹锡塑像。偏屋白墙黑瓦，简朴小巧，石铺小院，绿茵遍地。

玩家 攻略

陋室公园距离和县汽车站很近，步行不到10分钟，可从各地坐汽车到和县汽车站，再步行前往。

陋室公园

和县猿人遗址 文
中国江淮地区的旧石器时代早期人类化石洞穴遗址

和县县城西北45千米的陶店乡汪家山北坡龙潭洞

1980年11月4日，考古学家在龙潭洞成功发掘出一具完整的距今三四十万年的古猿人头盖骨化石，取名为“和县猿人”，证明了长江流域也是华夏文明的摇篮。1980和1981年两次发掘，发现相当丰富的直立人化石，对研究人类的起源和进化具有重要意义。

“和县人”作为学术词条载入历史教科书，龙潭洞遗址现被列为国家级文物保护单位，和县猿人头盖骨（复制品）作为安徽馆镇馆之宝，在上海世博会安徽馆展出。

玩家 解说

龙潭洞海拔23米、洞穴古老、泉溪清澈、大旱不干涸，故名“龙潭洞”。1973年，因修水利炸山开渠，大量化石露出地表，群众称其为“龙骨”。龙潭洞东西长9米，南北宽3~4米，深5米，洞穴堆积分5层。古人类化石和脊椎动物化石出自第4层。

霸王祠
为纪念西楚霸王项羽自刎于乌江而建

和县乌江镇东南1千米凤凰山上　¥ 35元

和县有到乌江镇的车

前202年，项羽兵败自刎于此，后人立祠祀之。霸王祠原有建筑99间半，传说帝王方可建祠百间，项羽未成帝业，只得少建半间。祠前联云：“司马迁乃汉臣，本纪一篇，不信史官无曲笔；杜师雄真豪士，灵祠大哭，至今草木有余悲。”祠后为墓区，墓成椭圆状，四周有仿白玉栏杆，中立“西楚霸王衣冠冢”碑石一方。

玩家 攻略

每逢农历初一和十五，霸王祠里项羽的雕像前总是香烟缭绕，四乡八镇的村民们都赶来参加小型庙会，人们或以物易物、或说唱游乐，在喧嚣中，伫立着的项羽似乎也多了几分欢愉，少了些许严肃。

鸡笼山 AAAA

“道家第四十二福地”

和县西北约20千米处　20元

8: 00～18: 00

鸡笼山旧名亭山，因群山环拱、一峰独雄、状若鸡笼而得名，素有“江北第一名山”之誉。鸡笼山国家森林公园内林深如海，迂回于山间小道，目不见天，宛如置身碧海。园内地貌为典型的喀斯特地貌，峡谷溪涧和高山平川构成连绵起伏的峰峦翠岗，奇岩怪石遍布，大小溶洞众多，且多暗河流泉。

玩家攻略

鸡笼山上有凤林禅寺，每逢正月十五和六月初一，数万人朝山礼佛，场面宏大。这一传统庙会吸引各地游人和广大信众，成为和县重要庙会之一。

镇淮楼

古淮安的地标建筑

和县城内，县人民政府对面

又称“鼓楼”，建于北宋时期，后经多次重修。楼高11米，宽21米，平台长55米，内筑土、外砌砖，形成高楼。楼下正中拱形门洞宛如城门。平台中央建有一座两层楼阁，四周为12根朱红木柱所环抱，楼上两层八角飞翘，勾指蓝天。明太祖朱元璋驻师和阳（今和城）时，曾与诸将登镇淮楼，饮酒作诗，以抒其志。

文昌塔

斗拱挑檐砖木塔

和县县城小南门外的横江河北岸

为明万历二十八年（1600）和州知州郭继芳所建。后人有说此塔是为纪念中唐和州诗人张籍而建的。文昌塔7层，砖木结构，高30余米，外呈六角形，内正方形，塔门朝南。塔门上方嵌有砖雕人物像及鲤鱼跳龙门等图案。塔顶上扣一覆钵（俗称铁锅），顶下砖砌圆锥形脊式，脊下铺以小瓦。一层底部设木梯，可旋梯而上，直登第七层顶部。

万寿塔

饱含孝心的祝寿塔

和县历阳镇高庄村，距县城5千米

又名念徐塔，相传初为三国时期孙权、孙策为其母亲做寿所建，砖木结构，七级，高28米，外正六方形，以石铺基。塔门东南向，在第一级内南壁有一人宽砖砌阶梯斜穿第二级外檐，再绕外檐六分之一，又有阶梯穿至三级外檐，依次可直登其上。现第一级塔砖被拆除一部分，每级外檐也遭毁，第五级以上因久经风雨剥蚀而残缺不全，另有一洞是当年日本人炮轰造成，今人无法直登其上。

大青山旅游区 AAAA 文

诗仙文化的博览会

当涂县太白镇太白村前，市区东南20千米处的青山脚下　30元

市区乘大巴至太白镇途经此地，下车即可

8: 00～17: 30

大青山因李白多次来此停留游览，亦名为李家山。山高372米，山上鸟道迂回，林木葱郁。青山文物古迹丰富，主峰有始建于宋

李白墓

代的云雾禅林寺庙，北麓有著名的晋墓群及明代琉璃瓦窑址。景区主要包括李白墓、桃花村、太白生态园等景区景点。

李白墓坐北朝南，枕山面水。园内左侧有“青莲池”，杨柳依依，绿水泱泱，拱形“化鹤桥”横跨池上，连着“十咏亭”。十咏亭左侧为太白祠，祠内青砖铺地，飞檐耸脊，雕梁画栋，正庭门楣上悬林散之手书“太白祠”横匾。厅内迎面耸立一尊高2.47米的汉白玉李白塑像。

太湖山

秀峰林立

含山县南部，距县城30千米　¥ 20元

8：00~17：00

太湖山以湖名山，如今山旁并无湖。风景区主要包括波光潋滟的月亮湖、妙趣天成的奇石异洞、香火兴盛的太湖禅寺以及太湖山鹿苑等景点。太湖山有20座秀峰，主峰高约450米，周围拥立着9座秀峰，壁立秀挺，逶迤曲折，恰如9条龙奔腾飞跃，古称“九龙戏珠”。

玩家解说

太湖山主要以石灰岩为主，在深谷密林处，分布着大小不同的溶洞，有的似迷宫一般洞中有洞，有的深不见底、神秘莫测。太湖山的山石形状奇特、形态各异、活灵活现。区内有许多奇形怪石，如碓窝石、石猴戏天蛙、象鼻石、情侣石、神马石、箭鱼石，等等，宛如一处石林。

褒禅山·华阳洞

钟灵毓秀的寻幽之地

含山县城北7.5千米处　¥ 70元

县城乘专线可直接抵达风景区

褒禅山旧名华山，是几座山的统称。东为灵芝山，树木参天，古以盛产木灵芝得名；中为起云峰，高耸挺拔，“天欲雨，山则云遮雾障”；西有鳌鱼岭，传说有一罗汉出生于此，饮食后投碗于岭上，至今仍可见其坐卧痕迹，因此又称碗儿岭。

褒禅山最为诱人的去处当为华阳洞，已探明的洞群长5000多米，有天洞、碑洞、门洞、地洞4处溶洞，其中碑洞名扬四海，亦即王安石游记中所记“华阳洞”。碑洞环空经丈，左折如楼，石罅流泉，淙淙可闻。

褒禅山

攻略资讯

- 交通
- 住宿
- 美食
- 购物
- 娱乐

广济寺

交通

火车

马鞍山站地址为花山区红旗北路103号，市内3、5、10、20、105、127路等公交车均可直达。

马鞍山东站位于花山区天宝路，1、4、7路等公交车均可直达

汽车

宁芜高速和常合高速穿境而过，往来南京、合肥、上海等地。马鞍山有2个主要汽车站，每天有发往南京、上海、杭州、合肥、青岛等大中城市及省内、市内各地的大巴。

长途汽车站：火车站南侧红旗北路。

旅游汽车站：马鞍山市雨山东路123号。电话：0555-2323400。

住宿

随着旅游业的发展，马鞍山的宾馆酒店业发展很快，如今已有数十个高、中档，上百个低档宾馆或旅馆、招待所，档次齐全，大多服务良好，能够满足不同层次的需要。雨山区雨山湖南侧是马鞍山酒店分布最集中的区域，有多家星级酒店及快捷酒店。

●海兴国际酒店

海兴国际酒店邻近市政府，位置十分优越，方便前往南湖公园、雨山湖公园等景点，附近餐饮、休闲、购物等设施一应俱全。

花山区重阳路6号　0555-8219999

●清沐宾馆

清沐宾馆（雨山西路店）毗邻马鞍山市政府，靠近市政公园、朱然公园、南湖公园、

雨山湖

雨山，山水相依，风景秀丽。✉ 马鞍山雨山西路497号 ✆ 0555-3159999

●更多住宿去处

南湖宾馆/花山区艳阳路49号/0555-2363999

田园饭店/雨山区湖南西路588号/0555-2620000

宝龙大酒店/花山区雨山中路1号/0555-2339555

雅兰广场酒店/花山区红旗北路99号/0555-2469988

盛德轩国际会议中心/雨山区马向路大学城东600米/0555-2752000

金瑞商务酒店/雨山区雨山东路118号/0555-8216666

美食

马鞍山的饮食品种很丰富，南北佳肴均汇聚于此，长江鱼宴是游客所必尝的。此外，马鞍山口袋鸭、采石矶茶干、黄池酱菜也是当地极受欢迎的特色小吃。

●马鞍山口袋鸭

“口袋鸭”味型为咸鲜味。其主料均选用农家土老鸭和鲜嫩土猪肚，配当归、党参、沙参、枸杞等十多种名贵药材精制而成，营养丰富、味道醇正、开胃健脾、滋阴补肾、活血养颜、四季皆宜。

推荐店铺：口袋鸭（湖南路店） ✉ 花山区湖南东路500号伊锦都广场4楼 ✆ 0555-8212777

口袋鸭

●当涂河蟹

当涂河蟹个大肉厚，营养丰富，是水产珍品。金秋时节的河蟹蟹黄丰满、肉质鲜美，是品尝的最好时机。

当涂河蟹

●鲥鱼

鲥鱼体扁鳞白、极其娇贵，出水即死。做法以清蒸为最佳，鱼鳞软脆滑溜、肉质肥嫩鲜美。每年的春夏之交是鲥鱼的上市季节，也是品尝鲥鱼的最佳时机。

清蒸鲥鱼

购物

马鞍山是富庶的鱼米之乡，长江鲥鱼、当涂河蟹、金脚红毛蟹、采石矶茶干、黄池酱菜等备受国内外游客的青睐。另外，东华绿松石饰品、洪滨丝画、海狮巾被等也是个人收藏、馈赠亲友的不错选择。

马鞍山特产

●东华绿松石

马鞍山绿松石以世上独一无二的柱状

形态令世人惊叹，质地纯净，从蓝绿到海蓝，色泽艳丽丰富。春秋时代的稀世珍宝“和氏璧”就是由绿松石雕琢而成的。它特有的蓝色光泽代表着温馨和生命，是吉祥、永恒和成功的同义词。

绿松石狮子

●洪滨丝画

洪滨丝画系纯手工制作，极为讲究用色，其作画用的天然丝棉材料经过特殊复杂的高温染色加工，使画面鲜艳夺目，并且能够防霉、永不褪色。洪滨丝画可制成微型摆件，也可做成大型壁画；既可作为楼室厅馆的高雅装饰，也可作为馈赠亲朋好友珍贵的礼品。

洪滨丝画

马鞍山购物场所

马鞍山目前没有较有特色的商业街，雨山湖北面的解放路算是商店较为集中的地方。另外，采石矶风景区内有旅游纪念品一条街“开元坊”，采石茶干、黄池酱菜、洪滨丝绵画等纪念品都能在此买到。

娱乐

节日和重大活动

节日	地点	时间
中国李白诗歌节	马鞍山市区	重阳节前后
霸王祠庙会	和县	农历初一和十五
凤林禅寺庙会	和县	正月十五和六月初一

李白纪念堂

发现者 旅行指南

宣城

概览

亮点

龙川古村

整个村落呈船形，山环水绕，景色秀丽。村内的江南第一祠胡氏宗祠被誉为木雕艺术殿堂，胡宗宪尚书府是古徽州最具有代表性的官宦豪宅。

徽杭古道

中国十大徒步线路之一，西起安徽省宣城市绩溪县伏岭镇，是古时联系徽州与杭州的重要纽带。周边重要景点有清凉峰江南第一关等。

江村

村内牌坊、老街、宗祠、民居风韵依旧。周围有聚秀湖、黄峰晓日、天都耸翠等自然景观。

桃花潭

因李白诗“桃花潭水深千尺，不及汪伦送我情”而名闻天下，桃潭烟波使人沉醉。至今还保留了规模庞大的古建筑群，最著名的是被称为“中华第一祠”的翟氏宗祠。

古徽州马头墙

查济古村

保存较为完整的古建筑群，有元、明、清三代古民居100余幢。依山造屋、傍水结村，布局巧妙。古朴的徽式建筑结构精致，雕刻细腻。

线路

宣城登高怀古一日游

上午游览“江南诗山”敬亭山，登广教寺塔和太白独坐楼参观，下午游览“江南四大名楼”之谢朓楼，随后参观开元塔，然后去中国鳄鱼湖看鳄鱼表演。

宣城寻古探幽三日游

这是感受古徽州文化的徒步线路。第一天重走徽杭古道，晚上在风景如画的蓝天凹扎营。第二天登清凉峰览胜，然后返回蓝天凹。第三天穿越障山大峡谷，欣赏奇险幽丽的峡谷景色。

王稼祥故居

为何去

宣城风光

宣城是文房四宝之乡，历史悠久、人文荟萃。“宣城自古诗人地”，李白、谢朓、杜牧等著名诗人在此留下大量脍炙人口的诗歌，使宣城赢得“上江人文之盛首”的赞辞。宣城是环太湖旅游区和安徽两山一湖（黄山、九华山、太平湖）的重要组成部分，有天下四绝之一的太极洞、江南诗山敬亭山等清幽的自然美景和众多的名胜古迹，是登高览胜、寻古探幽的绝佳去处。

何时去

桃花马头墙

春秋季节是去宣城游玩的最佳时间。春天春暖花开、秋季秋高气爽，温度和雨量适宜。春夏之交是敬亭山、桃花潭等景色最美的时节。

区域解读

区号：0563

面积：约12 340km²

人口：约261.4万人

地理 GEOGRAPHY

区划

宣城下辖1个区（宣州区）、1个县级市（宁国市）、5个县（郎溪县、广德县、泾县、绩溪县、旌德县）。

地形

宣城地处东南丘陵与长江中下游平原的过渡地带，地势东南高西北低，分属黄山山脉、九华山山脉和西天目山山脉，属中低山区。南部海拔1000米以上的山峰有60余座，最高峰清凉峰海拔1787.4米；中部和北部为丘陵和平原，海拔一般在10~100米。

辖区内河系分属长江水系和钱塘江水系，主要河流有青弋江、水阳江、郎川河、徽水河、华阳河、东津河、中津河、西津河、杨之河等。天然湖泊有南漪河及固城湖，总面积约200平方千米。

气候

宣城属亚热带湿润季风气候，季风明显，四季分明，可概括为春暖、夏热、秋爽、冬寒。一年中夏冬季较长，春秋季较短，夏季盛行来自海洋的偏南风，高温多雨；冬季盛行来自内陆的偏北风，寒冷少雨。夏雨集中，梅雨显著，每年约在6月中旬至7月上旬为梅雨时节，约25天。

历史 HISTORY

历史大事记

●先秦时期

1957年在安徽寿县邱家花园出土了一件国宝级的文物——“鄂君启节”，它是战国时期楚怀王颁发给鄂君启的免税通行凭证，上书错金篆书“逾江，庚彭蠡，庚松阳，入浍江，庚爰陵”。经历史地理学家论证，“爰陵”就是今天的宣城。

●秦汉至唐宋

汉元封二年（前109），置丹阳郡，治宛陵（今宣城市）。

南朝宋元嘉元年（424），范晔出任宣城郡太守，于任期内撰就史学名著《后汉书》。

南齐建武年间（494—496），谢朓出守宣城郡，首作《游敬亭山》诗，使敬亭山声誉渐扬。

唐天宝十四年（755），李白应泾县汪伦之邀赴泾县，溯青弋江而上，一路咏景作诗，留诗20余首。天宝十二年（753）至宝应元年（762），李白先后寓居宣城六次，留有《秋登

桃花潭

谢朓北楼》《敬亭山独坐》《赠汪伦》等诗作数十首。

唐建中二年（781），韩愈随嫂郑氏寓居宣城北郊，专于讲习，时近7年。今敬亭山南麓有“昌黎别业”遗址。

唐贞元十五年（799），白居易随其兄白幼文寓居宣城，翌年参加宣州试，并由宣州使选赴京试登进士。寓居宣城期间，曾作有《紫毫笔》《红线毯》等著名诗篇。

唐大和四年（830），杜牧作为宣歙观察使沈传师幕僚居于宣城，时近3年。开成二年（837）又随宣歙观察使崔郸复来宣州任团练判官一年多。先后留有《题宣州》《开元寺水阁》及《自宣城赴官上京》等诗篇。

宋咸淳四年（1268），文天祥出任宁国府知府，离任时特作《劝农歌》，勉励乡农子弟勤于农桑事务。

●明清时期

明嘉靖九年（1530），泰州学派的大儒罗汝芳任宁国知府，改建了泾县水西书院，“岁会以时，讲席常满”。十三年（1534）八月，提学御史耿定向、知府罗汝芳共建志学书院于府城。万历十七年（1589）志学书院迁址到南门鳌峰文昌台，名待学书院。乾隆八年（1743）改名敬亭书院，一直延续至清末。

清康熙四十四年（1705）夏，康熙帝南巡，于德州舟中三次召见宣城人梅文鼎。梅氏面进著作《三角法举要》，康熙亲书“绩学参微”赠归。

清宣统二年（1910）四月，泾县小岭曹义发鸿记和曹洪昌熙记出品之宣纸，在南洋第一次劝业会上展出，被评为最优级和优级。同年七月，分别获清廷农工商部、南洋劝业会颁发的超等文凭和优等文凭证书。

●近现代

1915年，广德砖桥乡五花岩山等地所产云雾茶，在美国旧金山举办的巴拿马万国博览会上获金牌奖；泾县泾铜公司所产石炭及铜矿石获巴拿马万国博览会金牌奖。

1920年夏初，安徽省立第四师范学校（简称宣城四师）学生为毕业生参观经费问题爆发学潮，学生驱逐校长张和声，殴伤督学朱似愚。斗争获胜之后，又一再抗拒新委校长杭克俨就职，成为震惊省内外的“宣城四师学潮”。

1930年3月，共产党员王金林和邓国安等人发动并领导广德崑出塘一带农民开展分粮斗争，揭开了广德农民暴动序幕，成立广德皖南红军游击队。7月，皖南红军游击队扩编为皖南红军独立团，在团长王金林、政委邱宏毅率领下，取得了第一次反“清剿”的重大胜利。

1941年元月6日，皖南事变爆发。新四军军部及所属部队9000余人奉命北移，至泾县茂林地区遭国民党军突袭，军长叶挺被俘，副军长项英、副参谋长周子昆、政治部主任袁国平遇难，除少数人突围外，大部壮烈牺牲或被俘。

皖南事变——“千古奇冤，同室操戈”

“千古奇冤，江南一叶，同室操戈，相煎何急！”这是皖南事变时周恩来在《新华日报》上刊登的亲笔题词。

1940年10月19日，蒋介石发出“皓电”令黄河以南新四军撤到黄河以北。中共中央为顾全大局，将皖南的新四军撤到长江以北。1941年1月4日，项英率新四军军部共9000余人北移，6日到达泾县茂林地区时，遭国民党军队7个师8万余人的突袭，新四军英勇抗击，浴血奋战7昼夜，但终因众寡悬殊，弹尽粮绝。除傅秋涛率领2000余人分散突围外，少数被俘，大部壮烈牺牲。军长叶挺谈判被扣，政治部主任袁国平牺牲，副军长项英、参谋长周子昆在突围中遇难。

皖南事变烈士陵园

事变发生后，周恩来等根据党中央指示，向国民党提出强烈抗议，并在新华日报上刊登题词。1941年1月20日，中共中央军委发布重建新四军军部的命令，任命陈毅为新四军代理军长，刘少奇为政治委员，继续领导新四军坚持长江南北敌后抗日斗争。1月22日，毛泽东发表谈话，指出皖南事变是国民党蓄谋已久的罪行，号召全国人民起来斗争。以周恩来为书记的中共中央南方局，利用一切机会揭露皖南事变的真相，终于打退了国民党顽固派发动的第二次反共高潮。

文化 CULTURE

宣纸

宣纸有“纸中之王、纸寿千年”之誉，易于保存，经久不脆，不会褪色，20世纪在巴拿马国际纸张比赛会上曾获得金牌。宣纸是中国古代用于书写和绘画的纸，闻名于唐代。宋代时期，徽州、池州、宣州等地的造纸业逐渐转移集中于泾县，均属宣州府管辖，故被称为“宣纸”，也有人称泾县纸。

宣纸“韧而能润、光而不滑、洁白稠密、纹理纯净、搓折无损、润墨性强”，并有独特的渗透、润滑性能。写字则骨神兼备，作画则神采飞扬，成为最能体现中国艺术风格的书画纸。

宣纸的生产原料以皖南山区特产的青檀树为主，配以部分稻草，经过长期的浸泡、灰腌、蒸煮、洗净、漂白、打浆、水捞、加胶、贴烘等十八道工序，一百多道操作过程，历时一年多，方能制造出优质宣纸。制成的宣纸按原料分为绵料、皮料、特净三大类，“特种净皮”是宣纸中的精品，韧力强、泼墨性能好，“薄似蝉翼白似雪，抖似细绸不闻声”，为广大书画家所喜爱。

链接

宣纸的来历

民间传说，东汉安帝建光元年（121）蔡伦死后，弟子孔丹在皖南造纸，他很想造出一种洁白的纸，好为老师画像，以表缅怀之情。后在一峡谷溪边，偶见一棵古老的青檀树，横卧溪上，由于经流水终年冲洗，树皮腐烂变白，露出缕缕长而洁白的纤维，孔丹欣喜若狂，取以造纸，经反复试验，终于成功，这就是后来的宣纸。据清乾隆年间重修《小岭曹氏族谱》序言，宋末争攘之际，曹氏钟公八世孙曹大三为避乱来到小岭，因田地稀少无法耕种，“因贻蔡伦术为业，以维生计”。曹大三继承了前人的造纸技术，经过实践，逐步提高，终于造出了洁白纯净的好纸，因纸的集散地多在州治宣城，故名宣纸。

徽墨

“天下墨业在绩溪。”清代徽墨四大家，绩溪就有其二——汪近圣、胡开文，尤以胡开文名冠海内外，久传不衰。他的地球墨在1915年巴拿马国际博览会获得金质奖章，并获南京劝业会优质奖状。

徽墨因产于古徽州府而得名，创始人为南唐制墨名人奚超、奚廷珪父子。其制的墨“拈来轻、嗅来馨、磨来清”，南唐后主李煜十分赏识，特召奚廷珪担任墨务实官，并赐国姓“李”，后有“黄金易得，李墨难求”的说法。

徽墨以松烟为基本原料，掺入20多种其他原料，经点烟、和料、压磨、晾干、挫边、描金、装盒等工序精制而成，成品具有色泽黑润、坚而有光、入纸不晕、舔笔不胶、经久不褪、馨香浓郁、防蛀等特点。

现在绩溪的几家墨厂大量生产书画用墨，还恢复了一些优秀的传统产品，如“苍天珍品”“廷珪遗法”“玉蝉墨”“潇湘八景”“八宝奇珍”“十二生肖”“宝剑”“月精”“金龟”“十八罗汉”等，都是实用价值和欣赏价值并存的佳品。

宣笔

据韩愈《毛颖传》记载：前23年，秦将军蒙恬南下时途经中山（安徽省泾县一带山

徽墨

区）发现这里兔肥毫长，便以竹为管，在原始的竹笔基础上制成改良毛笔，即紫毫笔，是今天宣笔的祖先，所以蒙恬也被后人尊称为制笔的祖师。

宣笔产于泾县，因古时泾县隶属于宣州府，故称“宣笔”。宣笔选料严格，制作精巧，具有装潢雅致，毛纯耐用，刚柔得中，形成尖、圆、齐、健四德俱全的独特风格。特别是宣笔中的兔毫（即紫毫），极受书画名家喜爱。

从魏晋到唐宋，宣笔一直被列为贡品。当代张苏为宣笔制作技艺传承人、一代宣笔制作大师，以其名注册的宣笔，“万毫齐力，四德俱全”，享誉海内外。

如今宣笔厂所产之笔多达三百余种，选料严格，工艺考究，精益求精，不仅畅销国内各省市，还远销日本、东南亚及欧美各国。

链接

当今的宣笔名品

近几年来，许多宣笔名品接连面世：以画鸡出名的画家陈大羽设计的“安吴遗制”笔，采用了清代书法家包世臣创制的“安吴遗制”的笔法，用鬃为芯，羊毛为被，具有“刚柔相济”的特点；国画家亚明设计的北尾合毛斗笔，用几种名贵的兽毛组合而制成，具有“锐而健、健而韧”的特点；书画家赖少其设计的“古法胎毫笔”，笔毫用特细特嫩的山羊毛为柱，婴儿胎发为被，具有“圆润耐久”的特殊功效，若以象

宣笔

牙、玉等为管，又可与宣纸，歙砚比寿；当代书法家林散之设计的鹤颈、长颈鹿，是从山羊毛中精选的细、嫩、圆、直、长的细尖锋改的，这种笔写草书最宜。

徽文化的发源地之一——绩溪

绩溪县是旧徽州六县之一，也是徽州文化的发源地之一，被称为“徽厨之乡”。绩溪建置于唐大历二年（767），隶属歙州。宋宣和三年（1121），歙州改名徽州。2007年3月18日，绩溪被国务院评为国家历史文化名城。

绩溪是徽文化的核心地带，徽文化中充满了熠熠闪光的“绩溪元素”。走进绩溪，村落阡巷古风习习，马头墙下岁月悠悠。恢宏的古祠，斑驳的古墙，寂静的乡野，处处都散发出历史的气息。从某种意义上说，徽文化是一种商人文化，而绩商是徽商中的一支劲旅。宋代绩商已颇具实力，以经营徽墨、茶叶、菜馆、国药、土杂山货等为主，足迹遍布大江南北，明清时最是鼎盛。绩溪“出贾既多，土地不重”，行贾四方，远涉东南亚欧美。绩溪人凭着踏踏实实的作风小本经营，最终使江南商埠有了“无绩不成街”的说法。

绩溪古色古香，可谓是一座诱人的徽州民俗博物馆。这里明清古迹甚多，原汁原味，成为研究中国封建后儒社会的宝库。受朱子理学影响，绩溪婚丧嫁娶、尽孝守礼遵循旧时礼制，充满了儒礼气息。如男女分席，嫡庶有别；分家析产，“长子不离灶，幼子不离窖”；调节邻里，多奉“让人不为损”。

1987年12月，绩溪划属宣城地区管辖，但与徽州内在文化联系并不因此而割断。2010年10月12日，中国轻工业联合会正式授予宣城市绩溪县“中国徽墨之乡”荣誉称号。

绩溪太极湖村

景点推荐 宣城市区景点

敬亭山 AAAA

江南诗山

宣城市宣州区北郊5千米的水阳江畔

旺季50元，淡季30元

乘坐1、3、4路等公交车都可以到敬亭山东大门

8：00~18：00 0563-2515815

敬亭山原名昭亭山，晋初为避帝讳，改名敬亭山，属黄山支脉，东西绵亘十余里。有大小山峰60座，主峰名“一峰”，海拔317米。“相看两不厌，唯有敬亭山。”自南齐谢朓《游敬亭山》和唐李白《独坐敬亭山》诗篇传诵后，敬亭山声名鹊起。谢李之后，白居易、杜牧、韩愈、刘禹锡、梅尧臣、汤显祖、施闰章、梅清、梅庚等慕名登临，吟诗作赋、绘画写记，历代吟诵敬亭山的诗、文、画达千数，敬亭山遂被称为“江南诗山”，饮誉海内外。

山上景观主要有山门坊、古昭亭坊、昭亭、一峰庵、太白楼、先贤祠、翠云庵、绿雪茶社、广教寺、昭亭湖等大小景点24处。宣城老百姓也流传着“三月三日爬敬亭山”的习俗。

链接

广教寺双塔

广教寺塔位于敬亭山下，俗称双塔。塔建于北宋绍圣三年（1096），是一对比肩而立的方形古塔，是唐代遗风的宋代砖塔，反映了宋代建筑的特征和风格。

塔高20多米，各有七层，平面皆四方形，中间设有塔心柱，外观为仿木结构式。整个塔身大部用佛像砌成，每层每面用圆柱砖条分成三间，中间是圆拱门，有阑额，转角为圆形，角柱有“卷杀”“侧角”，檐为华拱出跳。墙面饰有宝相花，呈现着佛教特有的庄严静穆气氛。塔内面积较小，原有楼板，可援梯而上。双塔对峙，直线距离26.90米。东塔稍大，每边2.65米，西塔每边2.35米。

因建造年代久远，双塔顶已毁，残存七层。为保存古建筑和我国佛教文化，广教寺双塔被列为全国重点文物保护单位，被载入《中国名胜词典》。

谢朓楼

江南四大名楼之一

宣城市宣州区陵阳山巅　免费

乘1路公交车在府山广场站下

谢朓楼始建于南齐，是著名诗人谢朓任宣城太守时所建，后人在其旧址上新建一楼，登楼可眺望敬亭山。该楼古色古香，周围有亭阁及历代诗文碑刻和修楼碑记。历代都有文人名士慕名而来，登楼观赏者络绎不绝。

链接

谢朓

谢朓（464—499年），字玄晖，陈郡阳夏（今河南太康县）人。南朝齐著名诗人，与谢灵运同族，时与谢灵运对举，亦称“小谢”。现存谢朓诗二百多首，其中山水诗的成就很高，描写传神，诗风清新细腻。

谢朓楼

中国鳄鱼湖

世界上唯一的扬子鳄自然保护区

宣城市宣州区南郊5千米夏渡林场内

30元

5路旅游公交线可直达中国鳄鱼湖

7: 00～18: 30　0563-3042699

中国鳄鱼湖是世界上唯一的扬子鳄自然保护区，现有扬子鳄近万条，有令人惊叹的鳄鱼表演。这里是一处岗峦起伏的丘陵，境内有高大乔木和灌木丛林，泽边草丛荆棘，植被覆盖良好。沟壑、池塘、山洼、水库贯穿其间，连成水网，是一处适宜扬子鳄栖息繁衍的理想生态环境。

中国鳄鱼湖不仅是国家级自然保护区和科研基地，也是一处风景优美的旅游观光胜地。现开辟有熊池、猴岛、鹿园、竹楼、跑马场、垂钓区、鳄鱼表演、儿童乐园等20多个景点。展览厅运用声光手段对旅游观光者进行生态、环保等科普知识和美学教育。

链接

扬子鳄

扬子鳄是中国特有的物种、国家一级保护动物，与恐龙同时，历经几次“大灭绝”而奇迹般繁衍至今，在地球上已生存了2.3亿年，有“活化石”之称。扬子鳄的名字是根据它的栖息地——长江（扬子江）来命名的。

扬子鳄是两栖动物，肉食，主要食物是鱼、螺、蚌、虾、鸡、鸭、鹅等。扬子鳄每年有近半年的蛰伏休眠期，从11月起开始冬眠，长期过着穴居生活。鳄鱼卵没有性别之分，扬子鳄的性别是由孵化温度来决定的。为使雌雄比例保持平衡，它们的窝巢有的建在向阳的山坡，有的筑于山凹浓荫的潮湿之地。

柏枧山

探幽寻胜的胜地

宣城市宣州区东南黄渡乡（原杨林乡）境内，距市区35千米

8: 00～18: 00　0563-3631098

柏枧山名由来，《宣城县志》载：古有僧

柏枧山

以柏皮为枧（注：水槽）引水入厨，故名。俗称百尖山，其最胜者为飞桥，宋时依崖跨瀑架设，古人有“两山壁立跨飞虹”之句，“柏枧飞桥”为宣城十景之一。1978年改木结构为钢筋水泥结构桥，桥身升高3米。主峰天台海拔近千米，悬峰峭壁，飞瀑长泻。柏枧瑶池、钟鼓潭、棋盘石、水阳江漂流、皖南大草原跑马等，都是人们探幽寻胜的佳地。

白马山庄 AAAA

山地湖景型的休闲度假高尔夫会所

宣城市宣州区狸桥镇

www.bmsz-golf.com

0563-3492666

白马高尔夫球会由马来西亚著名设计师陈川源先生精心设计，是融打球、赛事、餐饮、客房、旅游、商务为一体的山地湖景型休闲度假球会。

球会依山傍水，徽风皖韵，风景优美，气候宜人。球场占地面积2.2平方千米，有极富挑战与特色的18洞高尔夫球场、国际水准的五星级配套会所、一流的餐饮娱乐服务，以及专业水准的管理和服务团队，是享受高尔夫运动和休闲旅游度假的理想乐园。

玩家 攻略

球会5000平方米的会所，按标准五星级布局，颇具现代艺术气息。线条流畅，尊贵典雅，气度不凡。内设高级客房、中西餐厅、咖啡厅、健身室、桑拿室、天然温泉浴池、豪华KTV包厢、大型停车场等。

宣酒文化园 AAAA

宣酒文化的博物馆

宣城市宣州区安徽宣酒集团工业区

0563-2711619

宣酒文化园由景观花园、主题陈列馆和酒道馆三个部分组成。其中主题陈列馆展线总长度1000多米，分为宣酒的由来、老春酒店、江南第一坊、中国酒的起源与文化、酒的科普知识、宣酒的发展与文化等展厅。

金梅岭军事度假中心

华东最大的原始军事生态区

宣城市宣州区金坝梅岭部队 0563-3766680

金梅岭军事旅游景区原隶属军用弹药储备、销毁军事禁区，是当前华东唯一以军事旅游、军事体验、探险探秘、游乐休闲、军事拓展、野战特训、吃住玩一体的全新休闲旅游度假基地。

水东老街

明清古建筑一条街

宣城市宣州区水东镇 免费

明清建筑风格的一条老街，很古朴，一

水东老街十八踏

半是各种商店，一半是破旧的民居，可以感受到历史的沧桑。游览水东老街，“十八踏”不可错过。十八踏是古水东人在位于高处的商业及居住区与水阳江码头相连处建造的十八道石阶，向人们述说着老街当年的繁华景象。

三雕博物馆

明清文物博物馆、石雕艺术厅

宣城市宣州区西大街曹家井路35号　免费

坐落在城内西大街，馆址为周氏宗祠，始建于明代嘉靖年间，距今已有450年。整座宗祠由影壁、门楼、廊庑、庭院、享堂及奉先楼六大部分组成，外朴内华。外表为白灰马头墙、开砖小青瓦，内则雕梁画栋，玲珑剔透，尤其是祠中的石雕艺术构件尤为珍贵，享有“石雕艺术厅”之美称，有极高的艺术观赏价值。馆藏文物以明、清时期为主，有明代工部尚书胡松和明大中大夫云南参政胡淳墓道上的石人、石马、石狮、石羊等神像；民间流传的明、清的镂空砖雕散件有戏文人物、花鸟百兽、古民居门罩等；木雕有明、清为主的镂空戏文人物、床匾、额枋、雀替、斜撑。此外，还有宗祠原有的雕刻精湛的石雕、木雕。

龙泉洞

人文荟萃的溶洞

宣城市宣州区水东镇　65元

在市区东门林工商车站乘到水东镇的车可到

8：00～17：00

又称窑头洞，系灰岩溶洞，早在七百年前就有览胜者至此游赏。洞壁有南宋至清乾隆年间古人之题诗二十多处。洞内盘旋曲折、壮丽非凡，钟乳、石笋、石柱比比皆是。怪石高台，形象多变，栩栩如生。洞内有七个大厅，最大的达千余平方米，小的也有二、三百平方米。洞内游程达3200米，分7厅2殿1河，共五百余处景点。

龙泉洞

景点推荐

泾县周边景点

皖南事变烈士陵园 AAAA

全国爱国主义教育基地

泾县城关镇水西山　免费

乘车到泾县，包车或打车前往

皖南事变烈士陵园是1990年初，安徽省委、省政府为纪念皖南事变新四军将士殉难五十周年而修建，占地15公顷，建筑面积7000平方米。整个陵园由入口纪念碑、主题广场、主碑纪念广场和无名英雄烈士墓四个纪念性空间和皖南事变史料陈列室组成。陵园以邓小平亲笔题写的“皖南事变死难烈士永垂不朽”纪念碑为中心，结合山形地势，将各建筑组成为一个完整有序、庄严肃穆的整体。

水西双塔是指大观塔和小方塔，为全国重点文物保护单位。大观塔始建于北宋，分7层8面，内12层，平面呈八边形。小方塔为正方形，底层边长3.5米。

新四军军部旧址纪念馆 AAAA

中国革命的活化石

泾县云岭乡，县城西25千米处

免费

乘车到泾县，包车或打车前往。

1938年7月至1941年1月，新四军军部由歙县岩寺移驻于此地，军部各机关分布在云岭与四顾山之间的13个自然村里。军司令部设在罗里村，旧址原为两座地主庄园，一座叫“种墨园”，一座叫“大夫第”，由七十一间民房、一座楼房和一座小花园组成。叶挺、项英、周子昆均住在此处，周恩来副主席来

新四军军部旧址

云岭视察时，也下榻“种墨园”。中共中央东南局设在云岭山麓丁家山村，居址是一幢三间两厢的住宅，如今旧址保存完好。

新四军军部旧址包括司令部、大会堂和政治部3部分，有修械所、战地服务团俱乐部、中共中央东南局、叶挺桥等景点，收藏文物资料6200多件。

军部大礼堂

军部大礼堂设在罗里村西一千米外的陈氏宗祠，建筑面积达2900平方米，前厅有木架舞台，是军部召开各种大型会议和演出节目的场所。周恩来副主席曾在这里作《目前形势和新四军的任务》重要报告。现为新四军军部纪念馆革命文物陈列室。

军部修械所

军部修械所设在距罗里村西一千米处的关帝庙内。该庙造型美观，屋舍宽敞，大殿前有雕刻精美的花戏楼，墙上多处留有抗日标语。

叶挺桥

叶挺桥在距罗里村一二百米的叶子河上。原本为村民用几根木料临时搭起的小木桥，行人极不安全。新四军军部驻此后，叶挺军长亲自指挥设计建造了一座崭新的平板桥。村民们深感叶军长关心民疾的情怀，将桥名改为“叶挺桥”。

桃花潭 AAAA

因李白诗而名闻天下

泾县桃花潭镇太平湖畔，县城以西40千米处

70元

由泾县汽车站乘汽车可到桃花潭，票价10元。打车约120元

因李白诗“桃花潭水深千尺，不及汪伦送我情”而名闻天下，至今还保留了规模庞大密集的古建筑群。有垒玉墩、踏歌岸阁、梦潭轩、汪伦墓、谪仙楼、书板石、彩虹岗等景点，还有一百多幢画龙雕凤的古民居，最著名的是被称为“中华第一祠”的翟氏宗祠。

翟氏宗祠规模宏大，木石雕刻精美，为省级保护文物。踏歌岸阁乃因李白《赠汪伦》诗中“忽闻岸上踏歌声”之句而得名，据说是汪伦当年踏歌为李白送行之地。梦潭轩紧邻踏歌岸阁，是后人为纪念李白与汪伦之间的情谊而建的纪念馆，馆内现保存着文物、图片以及唐代石刻《踏歌送行图》。

玩家攻略

镇上的天竹居、假日酒店（三星）都还不错，客房设施较完备，唯一的缺点是有点不隔音。房型主要有标准间、单人间、商务间/单间、套房等。

玩家解说

据袁枚《随园诗话》所记，桃花潭豪士汪伦邀请李白的信云：“此地有十里桃花，万家酒店。”李白欣然应邀，却不见桃花酒店，汪伦解释说：“十里桃花是指十里处有桃花渡，万家酒店是说潭边有姓万的酒肆”。李白听罢，大笑不已。主人盛情款待，客人开情畅饮。李白甚感汪伦的诚意，临别作诗《赠汪伦》：“李白乘舟将欲行，忽闻岸上踏歌声。桃花潭水深千尺，不及汪伦送我情。”千古传唱，桃花潭也随之扬名。

链接

文昌阁

按清朝旧制，一族出二十位举人之后方可建造文昌阁。而水东翟氏为皖南旺族，清初翟氏共出二十三位举人，被乾隆恩准建造文昌阁。

文昌阁位于桃花潭东岸，文昌阁占地十余亩，外围有院墙，内有花径、松岗、竹林、水池；阁后为广阔的田野，登阁远眺，远山近水尽收眼底。阁基高一丈，阁高三层，共计24.25米。阁平面呈八角形，三层八角均系风铃，最上层为铁铃，下面两层为铜铃，微风吹拂，铃声朗朗，十里可闻。三层屋面逐层加陡，八角翘向天空，翘角处瓦转九十度铺盖，造型典雅，别具特色，为皖南地区所罕有。

文昌阁底层正面悬“盛世文明”横匾，二层屏风上方有“文光射斗”四字，三层有“共登云梯”竖匾，并塑有文昌菩萨。龛上有“直冲云霄”匾额。这些匾额都铭刻着昔日翟氏宗族文化的辉煌与荣耀。

查济古村 AAAA 文

保存较为完整的古建筑群

泾县厚岸乡查济村，距泾县县城60千米

旺季70元；淡季55元

泾县长途汽车站右转不远便是泾县短途汽车站，乘坐到厚岸的巴士，约1小时到达。从厚岸到查济3千米，可乘三轮车前往

查济村四面环山，周围有四门（钟秀门、平岭门、巴山门、石门），二塔（青山塔、如松塔），三水（岑河、许河、石河），跨河架有平桥、拱桥、洞桥若干。还有元、明、清三代古民居100余幢。

查济村原有108座桥梁，100座祠堂、108座庙宇。现尚有古代建筑140余处，其中桥梁40余座，祠堂30座，庙宇4座。

元代建造的“德公厅屋”位于村中水郎巷，三层门楼，厅内前檐较低，檐柱楠木质，粗矮浑圆，柱础为覆盘式，无雕琢。

明代的“涌清堂”“进士门”雕刻细腻，结构精致。

由于位置偏僻，交通不便，查济村是目前保存较为完整的古建筑群。

玩家 攻略

附近有农家乐旅馆众多，价位及设施条件不等。查济村许溪路40号有许溪农家乐客栈、查济街道有培元桥酒家，另外查济小学附近还有查济古风客栈、徽乡浓客栈、瑞凝客栈、福泽源山庄等。

从查济翻越几座山，就能到九华山附近。整条穿越路线全长21千米，快的话5、6个小时就可走完，慢的话7、8个小时也足够了。全程有村落住户，也有泉水和溪水补给，只需自备干粮就可以。徒步路线如下：

查济村—（约2千米）灵芝桥—（先走约500米，坡度很大；再走都是向上攀登的石板路）五里岭—八朋村—（约2千米的平路）上汲村—（村口右拐，穿过一座石桥向右走）佛如山—（山路较为荒凉）黄龙岭—（在山口处，下山路较陡，雨天很滑）保命佛—方家村—（从这里可直接走到

查济民居

九华山，不过需事先问好路）竹汲村—东堡镇—九华山（青阳方向）或太平湖（太平镇）。

吊栋阁
独具特色的“江南千条腿”

泾县章渡镇

吊栋阁俗称“江南千条腿”，是一处独具特色的古民居建筑群，为瓦房木板结构，前店后宅。房屋一面临江，用木柱悬空支架在青弋江上，河水从其下潺潺流过，极富江南水乡情调。由于此建筑一户接一户，绵延一、二华里，所用木柱逾千根，故称“千条腿”。隔河相望，青瓦木屋沿河摊成了长长的一片。恰似一张大木排顺流而下，入夜灯明，灯光倒映河中，水上水下“万家灯火”，相互辉映，十分壮观。独看一家一户，又似一盏盏吊在灯杆上的灯笼，故又称“吊灯阁”。由于宅房主要梁架是用木柱支撑在空中，故又有了第三个名称“吊栋阁”。

玩家 解说

章渡镇始建于何时无确切资料可考。早在唐朝李白游泾县时来章渡就题写了“西来第一镇”，可见其历史之悠久。由于背山临水，地理环境十分优越，青弋江又是当时泾县最繁荣的交通要道，中国传统的“依山造屋、傍水结村”的选址观念，使章渡镇人口迅速增长，很快走向繁荣，成为泾县当时第二大商埠（第一大商埠为码头，今琴溪镇境内）。

如今，重建的吊栋阁街道不难看出其当时的繁华风貌，集镇上的民居、木板店门面、作坊鳞次栉比，顺河沿而立，依水面而筑，曲折延伸，古色古香。街道居民“开门上街，推窗见河”，人与自然是那样的和谐统一，使这里的集镇极具诱人魅力。

赤滩古镇
青弋江航道上古老的水运重镇

泾县琴溪镇青弋江东岸，县城东北7.5千米处

联票112元，含皖南第一漂、江南大草原、赤滩古镇

赤滩古镇是青弋江航道上古老的水运重镇，曾是多部电视连续剧的外景拍摄地。这里青山秀水环绕，清静幽雅，集自然景观、人文景观、佛教文化、民俗文化、影视文化于一身。赤滩古镇有明清老街古建筑、民俗文化陈列馆、岩龙禅寺、佛教文化陈列馆、舍利子馆、江南大草原、琴高山、摩崖石刻群、皖南第一漂、马头矶等景观。

玩家 行程

上午到皖南第一漂即琴鱼谷漂流点进行漂流，欣赏沿途的琴高山雄姿、摩崖石刻群、白杨林海、琴溪秀色及田园风光等，聆听当地美妙动人的琴鱼传说，感受冲浪的快乐。

中午在当地特色徽菜风味的农家院用午餐，再去观赏徽派建筑特色老街古店铺、古民居、琳琅满目的古代民俗实物、明清服饰、广钦大和尚舍利子和千年古刹佛事活动。然后，游览江南大草原，感受蓝天白云下“风吹草低见牛羊”的草原

自然风光，骑上骏马，挽弓射箭，参与篝火、宿营、自助烧烤等活动，体验牧民生活的乐趣。

江南第一漂
不褪色的山水画廊

泾县乌溪乡姚村

竹筏128元；皮筏110元。

江南第一漂位于徽水河流经泾县的最后一段，上起乌溪乡姚村，下止黄村镇，景区全长约20千米。景区内河道蜿蜒曲折，水流湍急，两岸层峦叠翠风光绮丽。

徽水河漂流起筏地叫龙潭，滩长浪急。"早雾山"景区终日云雾缭绕，而水平浪稳；下端河道突转急弯，形成"刁潭"，岸边巨石上的"潭古印"形象地记录了昔日放筏工艰难的岁月。"胡老湾冲浪"一弯三折，滩中有垄、垄中有滩。溪西山山高水秀，常有云雾缭绕，村舍依山俯傍水而筑，是地道的农家风光。沿流停筏，小扣柴扉，你能喝到顶级的绿茶"溪西山毛峰"。五雀岭景区，这里有鸡公石、马影石、木鱼墩、百亩草坪、高滩晚钓、断桥绿水等景点，人称"江南小漓江"。

玩家 攻略

漂流分两种，竹筏和皮筏。竹筏可以十几个人一个；皮筏2~3人一个。竹筏漂流过程约2小时，有专人划；皮筏需要自己划，上面有船桨，不限时。

竹筏从大门往下游漂，沿途经过5大景区，到达终点后车辆免费接回；皮筏先乘坐车辆到上游，再漂回起点。

乘坐竹筏漂流需要准备好鞋套，如果没有可以在景区购买，皮筏则完全没有必要。景区会有人盯着游客卖一次性雨衣，记住千万不要购买，因为漂流途中身上基本不会溅到水，而且穿着雨衣漂流很不方便。

水墨汀溪 AAAA
水墨丹青的绿色净土

泾县汀溪乡大南坑村　0563-5481777　50元

景区内群山逶迤、层峦叠嶂、流水潺潺、茶园滴翠、鸟语花香，生态环境清新雅致，并有江淮大地仅存的原始林区。水墨汀溪呈峡谷分布，包含大南坑景区、马家岭景区、桃岭景区等，是不可多得的休闲、度假、避暑、探幽的好去处。雨后的山林、雾气缭绕、如梦如幻，恍若人间仙境。

水墨汀

黄田景区 AAAA 文
外形酷似轮船的建筑群

泾县榔桥镇黄田村　50元

洋船屋外形酷似轮船，设计精巧、结构别致，是清道光年间在沪经商的朱氏父子回乡所建，展示了皖南清代建筑的特色，是古代"孝"的象征。洋船屋现有20余幢房屋及附属建筑，占地4200平方米。园内房屋错落有致，巷道纵横幽静，花园布局精巧，曲折多变。山池花木，疏朗宜人；亭台楼阁，古色古香。

玩家 解说

洋船屋因孝而建。清道光年间，当时的黄田盐商朱一乔、朱宗怀父子在沪经商，接触到很多新事物。每每回到家中，便向家人讲述外面的风土人情和奇闻轶事。朱一乔的母亲和妻子在听到"洋火轮"的情形后，产生了想见一见的愿望，因交通落后加之缠足致行动不便，终未如愿。禀性孝顺的朱一乔为圆母亲夙愿，遂与儿子商议修建一座外形酷似大轮船的建筑——洋船屋。

景点推荐

绩溪周边景点

胡雪岩纪念馆

为纪念胡雪岩而建

绩溪县城适之街

20元，导游讲解费20元/次

乘车到绩溪，坐小面包车过去，3元左右

0563-8155544

胡雪岩纪念馆占地约800平方米，包括两个庭院，原址为建于明代的文昌殿。纪念馆用大量的图片、书籍和实物再现了胡雪岩沉浮于商界宦海的一生。据悉，纪念馆已经收集了近千件胡雪岩生前使用过的各种工具和生活用品，目前已经整理展出一百多件。纪念馆还专门仿照“胡庆余堂”国药号开辟了“药局”，提供上千种中成药，并聘请中医专家坐堂为参观者提供服务。

链接

胡雪岩

胡雪岩（1823—1885），生于绩溪县湖里村，是清朝著名的亦商亦官的“红顶商人”，也是徽商代表人物。他事业鼎盛时期拥有的“阜康钱庄”在全国各地分店达20多处，资金达2000万两白银，拥有田地上万亩。胡雪岩曾协助清朝著名大臣左宗棠开办洋务，兴办工业。清朝同治年间，胡雪岩在杭州筹备设立了“胡庆余堂”国药号，后来发展成为与北京“同仁堂”并列的南北两大中药业巨头。晚年开办蚕丝厂，惹怒外商，最终破产，被清廷革职治罪。

清凉峰

被誉为“自然博物馆”

绩溪县境东南部　48元

乘车到障山大峡谷，穿越峡谷到蓝天凹进山

清凉峰自然保护区以石门、断崖、云海、

虬松四胜著称。主峰清凉峰海拔1787米，为华东第二高峰。主峰北坡的野猪说是一处尾呈三叉形、海拔1450米、南北端水平差为2.5米的山中小平原，面积2万平方米。其中有一条长1千米，均宽约2.5米的小山溪潺潺而过，溪水清澈见底、光澈照人。溪中水潭碧如翡翠，常年不涸。

玩家解说

从主峰到北隅的石柱峰一带，层峦叠嶂、群峰竞秀，海拔1000米以上的山峰有30多座。这些山峰怪石嶙峋、呈奇献巧、各具天姿。有名的有野猪说、奇松岗、笆篱岗、鲫鱼岭、庖刀背、戏台顶等。这里还有造型奇特的怪石，如合掌石、飞来石、仙人遗墨、和尚背尼姑、金龟望天门等。从野猪说至黄口崖一带是成片的黄山松，形状各异、千姿百态。在奇松岗上，苍松的姿态更为优美，有金伞松、护石松、卧龙松、蕊龙松、姐妹松、舞女松等。

鄣山大峡谷 AAAA

以奇石、丽水、珍稀物种闻名

绩溪县北村乡大鄣山中　54元

县城有发往鄣山班车

0563-8152583

鄣山大峡谷又称伟人谷，是清凉峰的南大门，位于皖南绩溪县以东的大鄣山中。远古时代，轩辕黄帝携容成子、浮丘公在此山中采药炼丹，今山中仍有天子墓、丞相坟等遗迹。因此，大鄣山古称三天子都、三王山、障峰。春秋吴越以此为界，秦代设立障郡，以山命名。

这里生态原始，是一座天然的大氧吧，以奇石、丽水、珍稀物种闻名，有百丈岩、葫芦潭、“天子神像”、龙观潭等50多个景点。百丈岩高460米，宽180米，为垂直85度的单体巨石，岩面光滑如镜，如巨钟覆地，高入云天。雨后光泽艳丽，佛光乍现，堪称一绝。

湖村古村

徽州古文化的活化石

绩溪县北村乡湖村，绩溪城东18千米处

60元，与胡宗宪尚书府的联票是110元

绩溪县内乘车在湖村路口下，徒步约1千米可到

0563-8160999

湖村古村是一个“狮象把门”、园林锁口的古村落。这里是徽杭古道的必经之路，村中仍保留着千年古树、宋代古墓、古桥、古亭，还有古民居、古门楼群、古祠堂等。村中有一条明代的水街，为巧妙地利用地势建造的古建筑群，依山而筑，逶迤伸展，宛如一幅立体的山水画卷。湖村集徽州古村落之大成，故有专家称其为“徽州古文化的活化石”。

龙川古村 AAAAA

船形的古村落

绩溪县瀛洲乡大坑口村东　75元

绩溪6路公交车

8:30～17:00

龙川现称大坑口，为胡姓聚族而居的古村落，它历史悠久，而且山环水绕，景色秀

龙川胡氏宗祠

丽。龙川整个村落呈船形，村内的江南第一祠胡氏宗祠被誉为木雕艺术殿堂。省级保护文物奕世尚书坊建于明，3门4柱5楼，石雕异常精美。还有胡炳衡故居、灵山庵等景。

村东的龙须山，因盛产造纸原料龙须草而得名。山中多奇松怪石、珍禽异兽，山岭陡峭，古道崎岖，飞瀑流泉。上有龙台悬岩、石门洞天、仙人石屋、云崖石梯，西峰山腰有龙峰禅院、古樵庵，西麓有山间庵、宗宪墓、胡富墓等遗址。

链接

奕世尚书坊

奕世尚书坊位于龙川村龙川溪南岸，建于明嘉靖三十年（1551），具有典型的明代徽派风格。奕世尚书坊四柱三门五楼式构造，坊高10米，面宽9米，进深3米，以花岗石为构架，整个框架稍稍向内倾斜，给人以稳重端庄之感。大额枋上镂刻着“双狮滚球”“双龙戏珠”“麋鹿相谐”“鲲鹏展翅”等鸟兽形状，雕刻精细，形象逼真，栩栩如生，并配以云纹、如意纹等雕饰，更显得威武传神。小额枋上镂刻着楼台亭榭、人物掌故和吉祥戏文，刀法精细，具有较高的雕刻水平。这里的胡氏一族在明代先后出了两个尚书——户部尚书胡富、兵部尚书胡宗宪。胡富、胡宗宪生活相隔60年，按照中国古老的习惯，60年为一花甲子，亦即60年为一转之意，奕世系累世之谓，也就是一代接一代的意思，故称两胡尚书为奕世尚书。

胡宗宪尚书府

古徽州官宦豪宅的代表

绩溪龙川村中央，瀛洲乡大坑口村东

¥50元 8：00～17：00

胡宗宪尚书府是整个古徽州迄今发现的保存最为完美、气势最为雄伟、结构最为复杂的明代建筑群，同时是古徽州最具有代表性的官宦豪宅。占地3000平方米，建于明代，至今已有500多年的历史。

走进尚书府，就仿佛走进了一座古镇。

这里有从善堂、文昌阁、佛堂、徽戏园等众多庭院。

链接

胡宗宪

胡宗宪（1512—1565），字汝贞，号梅林，嘉靖十七年进士。任杭州知府时，修整西湖，扩建岳坟。倭寇骚扰东南沿海时，胡宗宪召徐渭、文徵明、戚继光等抗倭，弭平倭患，以此战功获得殊荣，官至太子太保、兵部尚书。历史学家称“没有胡宗宪，就没有戚家军”。胡宗宪著有《筹海图编》十三卷，书中收入浙江沿海地形、防务、战具、战事甚详，是将钓鱼岛划归中国版图的第一本文献。

为光宗耀祖，胡宗宪在家乡修建了这座府第，府第建筑精巧，布局独特，设计巧妙，尤以“门阙多、马头墙多、古巷多”而著称于世。该府第自胡宗宪至胡永源、胡树铭及胡锦涛祖父胡炳衡止，共有十二代人居住在尚书府。胡锦涛恰好是胡宗宪的第十四代孙。

胡氏宗祠 ⓧ

明代户部尚书胡富、兵部尚书胡宗宪等的族祠

绩溪县瀛洲乡大坑口村东，距离县城11千米

58元　绩溪县城有公交直达，票价2元

胡氏宗祠为明代户部尚书胡富、兵部尚书胡宗宪等的族祠，始建于明代嘉靖年间，坐北朝南，三进七开间，建筑面积1146平方米。隔河有照壁，门楼原悬明代文征明手书“龙川胡氏宗祠”匾额，正厅原悬光泽王（嘉靖帝叔父）题“宗祠”匾额。

祠堂前进是座22米宽的高大门楼，分前后两向，各有六根石柱、五根月梁和四根方梁。中进为祠堂正厅，是举行祭典的地方，由14根银杏圆柱架着大小19根冬瓜梁构成。后进是寝室，分上下两档。门窗上雕有花瓶，采用浮雕和浅刻相结合的技法制成。

上庄古村

迷宫般的村庄，有胡适故居

绩溪县上庄乡上庄村　50元

绩溪汽车站有车到上庄

上庄是近代文豪胡适的故乡。整个村庄万山环抱，襟山带水，古时有八景，村里古民居众多。该村像迷宫一样，转过来是田字形，走过去是回字形，建筑一律使用黑瓦白壁封火墙。村里的胡适故居就是一座典型的晚清徽派建筑，前后两进，陈列品丰富。徽墨祖师胡开文的纪念馆内馆藏墨宝极为丰富。

玩家解说

上庄村民大多姓胡，但其胡姓却是由李姓所改，绩溪人称其为“假胡”。据《上川明经胡氏宗谱》载：“唐昭宗时，朱温叛乱，唐室遭殃。昭宗为了保护新生幼子李昌翼，便将他托付给朝廷官员胡清。胡清将李昌翼带回徽州老家，为避斩草除根之祸，就让李昌翼改姓胡。昌翼后来考取后唐同光三年（925）明经进士，不任仕宦，开设学堂，以宣讲经学为己任。他的子孙从此也就姓胡了。为了区别于其他胡姓，遂冠以‘明经’二字，于是成为‘明经胡’。昌翼之长子廷政于北宋开宝年末（968—975）任绩溪县令，为政有声，被敕封为‘中王’，并举家迁往绩溪的胡里镇居住。至元代末年，延政之后裔胡七二公来到上庄定居，因此有了上庄胡氏。”如此说来，著名学者胡适也就成了李唐的后裔了。

胡适故居

胡适故居在上庄村内，清光绪二十三年（1897）建。正屋南向，砖木结构，二进三间两厢，“回”形通转楼。占地200平方米，建筑面积350平方米。门面二柱单门一楼式，上嵌砖雕等。门前黑底金字“胡适故居”横额，下

胡适铜像

胡开文纪念馆

挂胡适中年画像，两旁对联：“身行万里半天下，眼高四海空无人”。故居还陈列胡适各时期照片，胡适手书范缜《神灭论》立轴，张之洞赠胡铁花帽筒，胡铁花七星剑、诰命箱及从台湾带回的海螺。

胡开文纪念馆

胡开文纪念馆坐落在村口水圳边，占地400平方米，原为胡开文长房胡恒德祖屋。属“通转楼”式古建筑，分别陈列胡开文祖居各种名墨复制品及荣获巴拿马万国赛会金牌奖的“地球墨”及其奖状、奖章复印件、照片等。

太平天国壁画

太平天国的写照

绩溪县上庄乡旺川村曹氏支祠内

太平天国壁画绘于旺川曹姓人的一个支祠内，名为“九思堂”，是曹立恒于清代咸丰年间所建。据说“九思堂”竣工不久，就成为太平天国将士的宿营地。“九思堂”内的壁画就是当时太平天国将士在这块土地上的写照。

这组壁画共有七幅，内容为攻城、进军、神怪故事、俚歌、题字等，从不同角度讴歌了太平天国伟大的农民战争，强烈表现出革命战争的正义和战斗力。这组国内罕见的壁画具有较高的艺术与历史价值。

链接

《攻城胜利图》

《攻城胜利图》壁画如实地再现了旌德县城的特点：城西北两面负山，北门外有七级浮屠，城内有孔庙、文昌阁、城隍庙。东门有屋，挂着清军团练局的招牌。攻城军旅自左向右挺进，以旌旗为先导，旗上边有“太平天国”“粤东同义”“护天义”等字。太平军以两云梯攻城，城头两军厮杀，城下飞旗传令。后北门大开，清朝官员长跪乞降，城内百姓蜂拥出城，投奔太平军，显示了太平军攻克旌德县城的战斗情景，也表现了太平军战士攻无不克、战无不胜的威力。

石家古村

棋盘式布局

绩溪县上庄乡石家村，距离县城34千米

石家棋盘村中的石氏宗族是北宋开国功臣石守信的后裔。该村建于明初，始祖石荣禄为安葬其父，求访风水之地。后经此地见风水颇佳，于是葬父庐墓于此，后来逐渐形成颇具规模的村落，村子背倚旺山，面朝桃花溪，坐南向北。村子里遍植石榴树，取其“石”字来纪念祖先。

全村为棋盘式布局，巷道整齐方正，纵横相交，笔直对称，形似棋格。村前有一小亭名叫魁星阁，与石桥共同形成了石家村优美的水口景观。水口与石山对峙，形成“狮象守门”。村中道路纵横规整，如同棋盘。

冯村古村

绩溪最古老的村落之一

绩溪县西部浩寨乡冯村，距离县城32千米

冯村地处群山环抱之中，东南西北四隅钟灵，平均海拔400米以上；槐溪水由西向东穿村而过，将整个村庄分割成南北相望的水街。石桥横卧、两岸相连，活脱脱一幅小桥、流水、人家风光图。冯村古村有大夫第、协政第、刺史第、州牧第、华表、恩荣百岁坊、大夫坊、古民居等遗迹，还有龙门桥等13座古桥。

皇赐名门府第

冯村历史上有皇赐名门府第8幢，依次排列在槐溪两岸。它们是：大夫第、协政第、刺史第、旌封第、州牧第、五马第、进士第、州司马第等，这些府第的建筑规格都比较高，用材、做工都比较讲究。

古牌坊

冯村的牌坊共有5座，它们是登庸坊、进士第坊、大夫坊、百岁坊和贞烈坊。其中，大夫坊位于村首，为知州冯兰而立。该坊四柱三门五楼，通体用花岗岩雕刻而成。

古民居

冯村的古民居为清一色的白墙黛瓦马头墙。其建筑规模较大，做工也比较讲究，追求的是居室的美观、实用和文化品位。

徽杭古道 AAAA

当年徽商古道的重要关隘

绩溪县伏岭镇东部伏岭村

搭乘往“胡家”方向的中巴，到“鱼川”下。沿徽杭古道步行约1小时可到

江南第一关位于绩溪县伏岭镇，海拔424米，是当年徽商古道的重要关隘。关脚有岩口亭，依山傍水，景致清幽，亭门上书“径通江浙”四个魏体大字。出亭后拾级而上，高峰巨岩，南北夹峙，怪石嶙峋，峭壁峻立；北岩的石壁之中，用人工凿开横档，嵌入长约2米的花岗石板，筑成栈道。石栈宛若天梯，向上伸展，直插白云生处。天梯顶端，一孔云天，即为江南第一关隘口。从关脚到顶端，有石阶1400级，可见其关之险要。关口垒石为门，楣石东刻“徽杭锁钥”，西刻“江南第一关”。

玩家 攻略

江南第一关不收门票，但徽杭古道的蓝田凹要38元的门票。

徽杭古道“下雪堂”处有农家客栈，多人间，包食宿，每晚50元左右。另有单间及其他服务。

链接

徽杭古道

徽杭古道有“中国十大徒步古道”“华东第一徒步线路”之称。古道西起安徽省绩溪县伏岭镇渔川村，东至浙江省杭州市临安区马啸乡浙基田村，全长五十余里，是古时联系徽州与杭州的重要纽带。保存最完整的一段古道是绩溪县境内的盘山青石板小道，长度大约5华里，这是徽杭古道的精华所在。沿途风景秀丽，移步换景，有峡谷、沟壑，潺潺水流在身旁静静地流淌。

太极湖村 AAAA

世界非物质文化遗产重要传承区

绩溪县太极湖村太极湖景区

60元　8：30~17：00

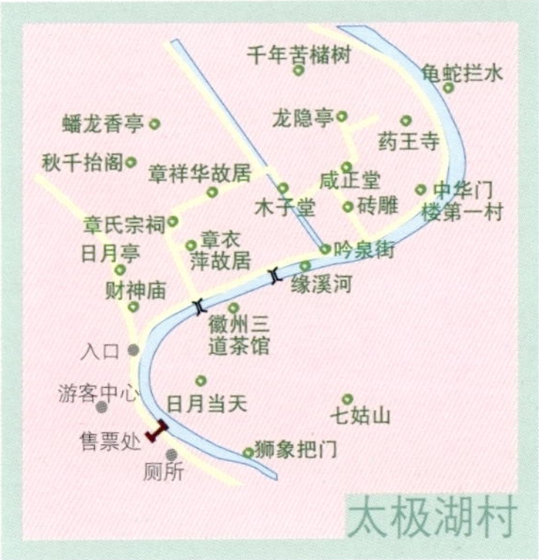

拥有八百多年历史的古村落，诸多古桥、古亭、古民居、古祠堂、古寺、千年古树、明代吟泉街、大型砖雕门楼群等，依山而筑，逶迤伸展，宛如一幅立体的山水画卷。还保留众多名人故居（徽菜馆业创始人章祥华、作家章衣萍等），地域绝活秋千抬阁，绝奇药王石等，是一座徽州古建筑、古文化的活化石。

仁里景区

东方徽文化的缩影

绩溪县瀛洲镇仁里村仁里社区，距县城3千米

45元　8：00~17：00

千年仁里是个典型的徽州古村落，539年建村，至今有1400多年的历史，村里还保留着大量的元、明及清代的建筑。仁里依山傍水，文化积淀深厚，是古徽州名副其实的“程朱阙里”，素有“小小绩溪县，大大仁里村”之说。古民居、古石板路、古牌坊、古村、古桥、古祠堂、古驿道、名人故居与青山绿水融为一体，到处显现出迷人的场态。

劳模徽菜文化园 AAAA

徽菜文化的代表

绩溪建卫海桥1号

绩溪是中国徽厨之乡、中国徽菜之乡，劳模徽菜文化园以徽菜文化为主题，“以菜为媒、以文为魂、以节会友、以农为本”，从绩溪徽菜的生态环境，历史渊源，徽菜、徽厨、徽馆、徽菜逸事，民俗风情、传承发展和精点徽菜、农特产品加工及旅游产品等方面进行系统的展示。园区共分“徽菜文化展示区”“休闲体验区”“生产加工展示区”“徽菜和农特产品展示区”“美食品尝区”等五个功能区。

父子进士坊

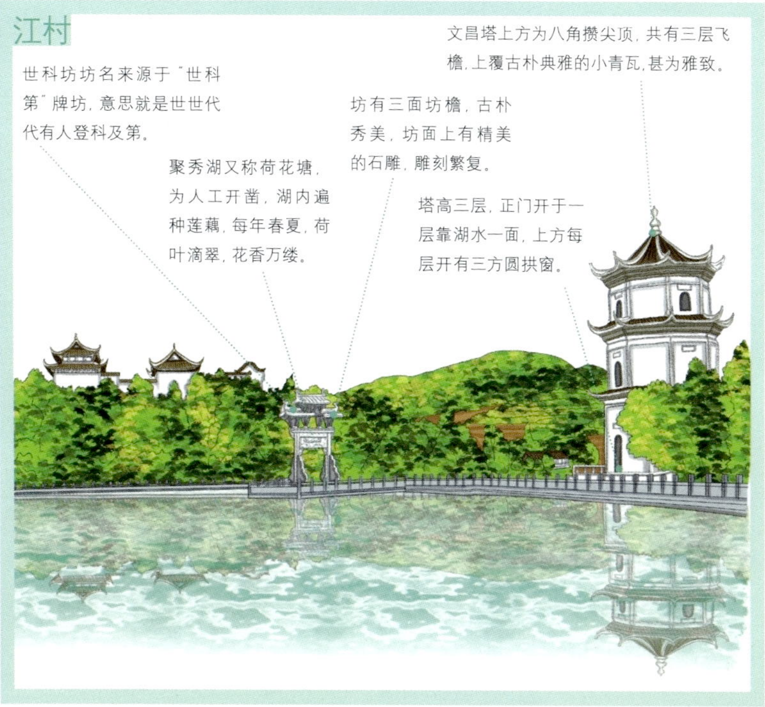

江村风景区 ⓧAAAA

江泽民同志的祖居地

✉ 旌德县白地乡江村

¥ 50元

🚌 在宣城市汽车站乘坐到旌德县的班车，再转乘当地出租车或三轮车到达景区

江村别名金鳌村，建于隋末唐初（600年左右），有1300多年历史。这里古祠巍峨、牌楼高耸，有明清时代的徽派古建筑多处，如溥公祠（六分祠）、明孝子文昌公祠、父子进士坊等。村内牌坊、老街、宗祠、民居风韵依旧。周围有聚秀湖、黄峰晓日、天都耸翠等自然景观。

江村自古人杰地灵、文风淳厚、英才辈出。在海内外颇有名声的有：清代发明"人痘接种法"的医学家江希舜、翰林院编修江志伊、中国社会党领袖江亢虎（绍铨）、著名数学家江泽涵、胡适夫人江冬秀等。据《安徽百科全书》记载，江村也是江泽民同志的祖籍，保存完整的江氏族谱，具有极高的文化研究和历史价值。

仙人谷

幽静的后花园

✉ 旌德县蔡家桥镇高溪村，距205国道仅百米之隔

仙人谷森林公园以幽谷、奇峰、天然森林等自然风光和珍禽异兽著称。相传李白在天宝十二年游历皖南时曾途经此地，曾留诗一首："石壁望松廖，宛然在碧霄，安得五彩虹，架天做长桥，仙人若爱我，举手来相招。""仙人谷"便由此而得名。森林公园内不仅有拔树、五谷树等珍奇树种，还有麋鹿、白尾山鸡等国家级保护动物可供游人观赏。

景点推荐 宣城东部景点

太极洞 AAAA

东南第一洞

广德县城东北苏、浙、皖三省交界处的新杭乡石龙山中　旺季75元，淡季65元

广德县城有很多面包车可到

8:00~16:30　0563-6850446

太极洞又名长乐洞、大洞，是历史悠久的旅游岩洞。它分干洞和水洞，干洞为阳，水洞为阴，因而称太极洞。明代冯梦龙把“广德埋藏（太极洞）、钱塘江潮、雷州换鼓、海市蜃楼”称之为天下四绝。

太极洞洞体规模宏大，总面积15万平方米，洞深几十里，大洞套小洞，洞洞相通，忽狭忽敞、时高时低、忽温忽凉、忽陆忽水、给人变幻莫测之感。进洞先要乘船走750米迷幻水洞，里面有大小景点五百多处。上洞由山顶洞口而入，山脚洞口而出。下洞规模大，景观多，洞内盛夏时节也异常清凉。

玩家攻略

从后洞口出来，再向前走约1千米，还有一个壶天宫。该地小巧紧凑，里面的“玉蝶双飞”景观尤为有名，这是一块上下衔接起来的钟乳石，在灯光映射下犹如一对展翅欲飞、色泽晶莹的蝴蝶，仰望上去令人惊叹。

上车前一定要说清楚，让司机送到景区门口，有的司机只把人送到向景区拐弯的岔路口就不管了，剩下的路得自己走过去。景区大门很好辨认，亭台楼阁，有山有水。

太极洞很大，分旱路和水路，整个参观约需一个半小时。景点门口有卖手电筒，不过没什么必要，亮点之处都有灯光照射。

景区内有太极山庄可供住宿。

桃姑迷宫

有流云、怪石、奇门、幽峡四绝

广德县独山镇东崖山中，距县城28千米

40元

县城内乘小巴或者打车前往

8：00～16：30

桃姑迷宫历史悠久，汉唐便招徕了无数文人墨客，成为旅游胜地。苏轼、岳飞在此留有石刻遗迹，明太祖朱元璋称这里是“灵秀甲天下”。桃姑迷宫有流云、怪石、奇门、幽峡四绝，构成了独特的自然景观，充满着神奇的色彩。洞内游览路线1800米，怪石嶙峋，幽深迷离，集古、灵、秀、怪于一身，似太幻虚境，引人入胜。

芦湖竹海

著名的“三峰叠翠”景观

广德县芦村镇

芦湖竹海风景区由芦湖、笋山、甘溪漫无边际的竹林组成。芦湖水库湖面2平方千米，坝高30余米，长千余米，巍峨壮观，如长龙横卧，气势慑人。甘溪和庐山竹构成了一个庞大幽深的竹海，青竹密布，绿浪起伏，称为“三峰叠翠”。

景区主要有小灵山和画屏山两处重要景观。小灵山又称“响铃山”，位于湖之大坝西侧，一年四季披青戴翠，野花遍山。画屏山位于芦湖中央，四周环水，山上松柏滴翠，山花烂漫，并建有张渤治水亭，表彰其治水功绩。

横山

累受敕封的城郊名山

广德县桃州镇

横山因远望如山横卧而得名，又名次祠山，因治水历史功臣张渤葬于此而出名。山虽不高，但景色秀丽，自古以来不仅是文人墨客郊游吟咏之地，也是城镇居民清明时节踏青和重阳登高的好去处。横山古为广德十景之一，登山远眺，但见田野布绿，河渠如带，古塔巍然，新楼错落，古城新貌，尽收眼底。

石佛山

山上有著名的十大石景

郎溪县姚村乡 30元

石佛山又称石佛岭，主峰353米，山势峻峭，白云缭绕，山巅有三巨石，高三丈许，形似石佛。北坡悬崖陡峭，南坡平缓易登，山顶有一块平地。山上苍松翠柏绿竹成林，怪石、危石嶙峋，千姿百态，构成奇观。世人概括为十大石景：“撑云石”“和尚石”“活佛石”“蟾鸣石”“金龟石”“木鱼石”“墙壁石”“七丈石”“蟠桃石”“箱柜石”。另外还有慧明禅寺、古戏台、古银杏等景点。

恩龙木屋村

观光旅游和休闲度假的集大成者

宁国市宁港路，市区北郊8千米处

90元。导游服务费50元/团，青龙湖游船30元/人

0563-4959999

恩龙世界木屋村毗邻长三角旅游圈和安徽“两山一湖”旅游区，占地1.5平方千米，是一处融观光旅游、休闲度假、商务洽谈为一

恩龙木屋别墅群

恩龙木屋村

体的生态旅游度假区，度假区内建有大门景观、千亩银杏园、特色林果园、水上乐园、木屋别墅群、恩龙民俗风情园等主要景点。

玩家 攻略

恩龙世界木屋村内的民族风情园，分布着蒙、苗、佤、傣、摩梭人家等民族村寨和异国风情表演区。在区内可欣赏到别具特色的蒙古摔跤、苗族绣球舞、芦笙舞、傣族泼水、佤族剽牛、摩梭民歌等民族歌舞。游客可参与的互动性节目有苗族抢婚、苗族竹竿舞、蒙古射箭、高空溜索等。其中风情园最具特色的项目有蜚声东南亚的泰国红艺人表演、飞车走壁、广西融水斗马、苗族上刀山下火海、斗牛表演、四川变脸喷火术等。

另外，景区内可以住宿，有单人间、双人间木屋及三人间、四人间别墅可供选择，提供免费宽带和早餐。

板桥自然保护区
有大片天然甜槠林

宁国市青龙乡板桥村　¥5元

从宁国市坐中巴车可直接到达，一天只有三班，上午一次，下午两次。另外，在安徽省泾县汽车站也有汽车直达板桥自然保护区

8: 00~19: 30

板桥自然保护区面积63平方千米，保存着五万多亩郁郁葱葱的天然甜槠林，它是亚热带东北部边缘保存最好、林相最完整的唯一一片原始森林。保护区内有国家级保护植物10多种及国家一、二级保护动物近三十种，省级保护动物近千种，拥有多种珍稀植物及云豹、麋鹿、金钱豹、娃娃鱼、环颈雉等珍稀动物，专家称之为“动植物的王国”“生物多样性的殿堂和基因库”“可贵的净土”。

区内景观丰富，主峰海拔1153米，以高峰十景为代表，融峰、水、石、洞、花、树、鸟、兽为一体，还有原始森林、石柱山、高峰山、板桥古溶洞群等景观。这里自然环境优美、景色宜人，负氧离子浓度极高，非常适合生态旅游、观光度假。

玩家 攻略

板桥村周围景点众多，有时间不妨多留几天。在各村中都可以找到农家小旅社，包吃15~30元，不仅价格便宜，而且别有风味。汽车站附近也有不少的旅社可供选择。

青龙湾
依托大型水库而建

宁国市青龙乡，市区西郊10余千米处

市内可乘坐出租车或包车前往景区

青龙湾生态旅游区依托国家级大型水库港口湾水库而建设，旅游区面积数百平方千米，主要景观有青龙湖、世外桃源影视旅游度假村、惠云禅寺等。其间湖水秀美，山川怡人，青林翠竹，四季常青；狭谷水溪，游鱼奇珍，高峰如云，峭壁林立，万亩甜槠，蔚为壮观。尤以丽质天成的山水风光、自然原始的生

港口湾水库

态环境和宁静质朴的田园风情最为突出。

夏霖风景区 AAAA

有皖南第一大瀑布群的美誉

宁国市中溪镇境内，距市区仅29千米

68元

从宁国市出发走104省道过中溪镇约5千米，乡道左转即到夏林风景区，路北侧能看到一座写着“九天银瀑”的门楼

0563-4701555

夏霖风景区面积17.4平方千米，为天目山山脉和黄山山脉的交会带。景区奇峰幽洞无数，孤壁绝崖万千；沟壑峡谷险峻，飞瀑流泉密布；野藤古树参天，竹海松涛共鸣。夏霖以飞瀑、神潭、深涧、怪石、险峡独具特色的景观，被誉为“五绝天下景”；又以星罗棋布，各具千秋的大小瀑布，被誉为“东南第一瀑布群”。

玩家攻略

从门楼进入，沿着乡村小路走约2.5千米才能到景区售票处。

山里时常有运竹子的卡车停留，会车时会有点小麻烦，要注意安全。

过了大龙潭，需驱车约1.5千米，穿过村庄才能到达石门景区。徒步来的游客可选择坐景区内的交通车。这里还要检票，所以在进景区后门票不要丢弃。

山上有住宿的木屋，里面有热水器、电视，餐饮也不贵。木屋别墅背靠峭壁，面朝石门，是夏季消暑纳凉的绝佳之地。

东津河漂流

东津河漂流“五美”

宁国市梅林镇

东津河漂流全长6千米，游程大约1小时，置身其中，到处青山隐隐、竹海悠悠，正所谓“筏在河上走，人在画中游”。

东津河漂流有“五美”：一美是欣赏心旷神怡的美景，二美是感受淳朴自然的民风，三美是聆听凄美离奇的故事，四美是参与情深意绵的对歌，五美是进行惊险刺激的漂流。

石柱山

皖南张家界

宁国市霞西镇　65元

石柱山风景区地处西天目山脉西部，植被葱郁、森林茂密、石峰耸立、瀑布飞溅、古树参天，气候宜人。在典型的江南特色之上，集山石之奇幻、峡谷之险深、林木之高古等诸多妙处于一身。畅游景区，翠竹、苍松、榧林四处掩隐；小溪、溶洞、飞瀑随意点缀；日出、晨雾、暮霭、晚风、夕照、雨洒、雪落、月光在葱郁的山林间变幻万端。一年四季，石柱山上绿色飞逸，石柱山脚鸡犬相闻，大自然的千古灵秀，在这里造化出一个不染丝毫尘俗、自由自在的桃源世界。

夏霖风景区

攻略资讯

- 交通
- 住宿
- 美食
- 购物
- 娱乐

交通

火车

宣城火车站位于宣城市宣州区东门外叠嶂东路50号，乘火车到南京或杭州，几个小时车程即到。火车多为过路车，可到达合肥、黄山、杭州、上海、北京等沿线各大城市。市内乘坐8、10路、夜班线等公交车可到达宣城火车站。

汽车

宣城汽车站有发往周边大城市及市内各县的众多班车，距合肥225千米，约需3小时车程。公交2、8、10路可到宣城汽车站，附近还有个老汽车站。

宣城汽车站：位于宣州区城南梅溪路75号，主要有发往上海、合肥、南京、杭州、苏州等城市的长途客车。电话0563-3024152。

宣城客运东站：位于宣州区阳德西路，主要是发往省区、市内的长途车。电话0563-2820740。

住宿

宣城内住宿的地方比较多，市区及景区都有不同档次的住宿地，可根据需要来选择。火车站及汽车站附近有很多小旅馆，价格比较实惠，几十元一晚。

●宁国盛唐大酒店

酒店离市区繁华地段很近，步行七八分钟就可以到市区，到汽车站的打车起步价即可。酒店干净卫生，有宽带，服务态度好，价位还算合理。另外，提供的早饭也不错。

宁国市宁城南路1号 0563-4017188

●圣世豪都商务宾馆

宾馆处在宣城开发区马路边上，前台服务不错，房间卫生和设施都挺好，配备有电脑。提供的早餐品种虽不多，但环境和卫生还是可以的。总体来说，是一个值得推荐的高性价比经济型酒店。 宣城市宣州区梅溪路87号（金领公馆） 0563-2712222

●更多住宿去处

宣城宾馆/宣城市宣州区状元南路88号/0563-3022957

穆斯林宾馆/宣城市宣州区状元北路274号

双乐宾馆/宣城市宣州区叠嶂东路73号

海城宾馆/宣城市宣州区叠嶂中路56号

宣城府山宾馆/宣城市宣州区叠嶂中路府山广场

彩螺招待所/宣城市宣州区宣湖路17号

查济村

COCO假日酒店/宣城市宣州区宣湖路火车站附近

中运宾馆/宣城市宣州区梅溪路73号

美食

宣城的绩溪县素有“中国徽菜之乡”的称号，无论是风味小吃，还是宴会大菜都清新雅致，鲜嫩可口。宣城的饮食以皖南徽菜为主，讲求保持原料的真味，常用火腿、冰糖提味。宣城的地理条件优越，地产丰富，品质优良，如笄山笋、宣木瓜、琴鱼、南湖蟹、南湖银鱼等名优特产，让宣城的菜更有特色。用笄山笋做成的火烧冬笋、用南湖蟹做成的徽州醉蟹等，让人想起来就情不自禁地咽口水。

在宣城的街头巷尾，你还可以品尝到不同种类独具徽菜特色的传统名品小吃，如味甜质酥的麻酥糖、甜而不腻的伏岭玫瑰酥、口味独特的绩溪菜糕、柔韧爽滑的徽州炒面，等等，这些数不胜数的小吃会让你享受到前所未有的饕餮体验。

●麻酥糖

麻酥糖从南宋流传至今为传统名品。它是用炒熟的芝麻研粉和糖加料制成，用一张小红纸包成长方形，小红纸上印有店家的招牌，其味香甜、质感松软，进嘴甜酥，满口喷香，不粘牙不粘纸，老幼皆宜。

徽州习俗，过年时家家都把小红纸包糖装在果子盒里招待客人，到亲戚家去拜年一定要送上麻酥糖。徽州民谚曰：“拜年不带麻酥糖，请君不要进厅堂”。

●伏岭玫瑰酥

伏岭玫瑰酥是久负盛名的传统糕点，产于绩溪县伏岭村，因其用玫瑰花作为辅料，具有玫瑰花香而得名。

伏岭玫瑰酥是将芝麻手工脱壳，炒熟磨成粉加入白糖，和饴糖、面粉搅拌，分层卷起，切块，再辅以玫瑰花、青梅、橘饼、红绿丝等配料而成。外观洁白如玉，丝丝点点的玫瑰花、橘饼、青梅等若隐若现，宛如翡翠玛瑙嵌于白玉之中。

推荐店铺：逍遥人家 绩溪县伏岭镇下雪堂 0563-8490883

麻酥糖

●火烧冬笋

火烧冬笋系山区传统风味。将冬笋连壳埋入木柴火灰中，烧焖至手按觉微软时拨灰取出，去壳、根，用菜刀的后部插入笋肉中向外撬成一块块的如劈柴状的条块。另用番茄酱、甜面酱、辣酱、芝麻油、酱油、葱姜汁等调味，可根据个人喜好选用。

推荐店铺：臭鳜鱼山庄 绩溪县扬之南路 0563-8165530

火烧冬笋

●绩溪菜糕

绩溪菜糕香气扑鼻，松软可口，口味独特。食时将糯米粉盛放在木盆内，加入适量水和微量酒酿，然后搅拌成糨糊状，让其发酵，并保持一定的温度。当糯米粉糊发酵成蜂窝状时，即可按甜、咸两种蒸糕味道配料。配好料后上笼蒸熟即可。

推荐店铺：龙川食府 绩溪县龙川大道龙川大桥西侧 0563-8166777

●徽州炒面

徽州炒面采用徽式传统的座杠刀切面，比机器压面味道好，皮质柔润、爽滑、韧性大。配以半瘦肉、熟冬笋、开洋、水发香菇、精盐、味精、酱油、猪油、黄酒、蒜叶等佐料。炒成后，色泽翠黄，金丝缕缕，鲜香扑鼻，柔软润滑。既是宴席上的点心，又能随菜上桌。

推荐店铺：世平酒家 泾县桃花潭镇桃花潭风景区玉屏路47号 0563-5870183

●敬亭美食街

位于宣城市敬亭路，离敬亭山很近，有各种各样的本土美食小吃，可任意挑选。

购物

宣城是安徽省的东南门户，自古便是以交通畅达、商品齐全著称的江南通都大邑，而今天的宣城毫不逊色于当年。在宣城购买特产有很多选择，宣笔和宣纸对于爱好书法绘画的朋友是馈赠的佳品；而“大红袍”板栗、笄山笋、宣木瓜、猕猴桃、山核桃等土特产值得带回家慢慢品味。

宣城商厦（商之都）位于宣城市区状元南路，乘公交1、4路可抵达。正达商城位于宣州区状元中路。九州市场为大型的小商品批发市场，公交2路可达。

宣城特产

●宣纸

红星牌宣纸是传统工艺产品，具有质地绵韧、光洁如玉、不蛀不腐、墨韵万变等特点，享有“千年寿纸”的美誉，它是书法、绘画的珍品，也是印制经典著作、高级档案、中外文件的高级用纸。

●宣笔

近年来宣笔制造业发扬传统工艺，多方求教书画名家，继承创新，现在宣笔的品

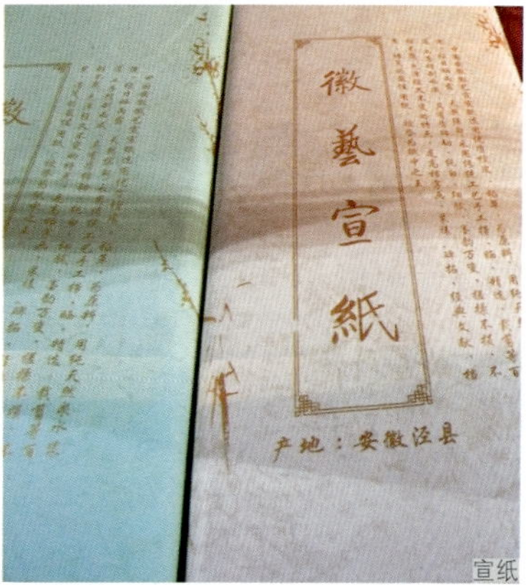

宣纸

种已多达三百余种，选料严格、工艺考究，精益求精。有名家设计的“鹤颈”“古法胎毫”“莲蓬斗笔”“北尾合毛”，都达到了尖、圆、齐、健的四法要求。它不仅畅销国内各省、市，还远销日本、东南亚、欧、美各国。

玩家 攻略

购买宣笔一定要到正规的书法绘画专营商店，那里的种类较多，产品优良，便于挑选。

根据所临摹的书法体例来选择合适的毛笔，主要区分质地、软硬等许多因素。如多临欧体，建议购买兼毫。

如果是初学者，购买毛笔的时候可以把笔头用水化开一部分，用手压平，笔毫在一条直线上，即可购买。笔身要圆正光滑、长短适度、正直无偏移，笔杆上的篆刻清晰。

凡是满足尖、圆、齐、健这四大特点的毛笔就是上品。

●板栗

“宣州板栗”历史悠久，品质优良，1602年苏颂著《图经本草》记载“栗处处有之，而兖州、宣州者最佳”。主要品种有广德县的“处暑红”“大红袍”“大油栗”“小油栗”“九月寒”和宁国市的“乌早”“软刺早”“二新早”等。

●高山绿茶

宣城市古溪镇地处皖东南，高山起伏，雨量充沛，土地肥沃，气候宜人，独特的地理环境孕育出了丰富的山区农副产品。古溪镇自古盛产名茶，有系列高山绿茶珍品：塔泉云雾、天竺云牙、狮峰银钩、黄花云尖、天竺云牙、溪口金片。皖南高山茶雪峰山精制茶厂还继承传统手工艺、精选高山天然无污染优质茶叶，生产高档云芽、瓜片、云尖等系列产品。

●水东蜜枣

水东蜜枣被誉为“金丝琥珀”，以宣州水东镇青枣为原料糖渍干制而成，是安徽省著名特产果品之一。它有琥珀的色泽、透明的质感、匀称的个体，风味独特、枣香清雅、甜蜜可口、酥脆而又细软，入口微嚼即化。

水东蜜枣

宣城购物场所

宣城有众多购物的好去处，有宣城商厦、正达商城等大型综合性的商场；也有各种专营性的市场，如花鸟虫市场、九州市场（主营水果、副食品）等。

娱乐

在宣城，时下流行的娱乐场所，如KTV、咖啡屋、酒吧、水吧等主要分布在宣州区状元路和芜屯路等道路附近。

宣城最具特色的休闲场所要算是广场和公园。火车站前的彩螺广场是宣城最大的，景色优美，碧波绿水绕着广场，附近的曲曲幽径，伴着黄昏落日，也是难得的美景。鳌峰公园是仿照旧时景观重建，既有亭台楼阁，又有碧水蓝天，在湖边徐徐踱步，静静欣赏美景，也不失为娱乐休闲的上选。

节日和重大活动

节日	地点	时间
中国宣城美食文化节	宣城市区彩螺广场	11月19日—27日
中国（宣城）文房四宝文化旅游节	宣城市区	11月18日—22日

发现者
旅行指南

黄山

概览

亮点

■ **黄山风景区**

黄山自古以来就是中国的名山之一，古人有“五岳归来不看山，黄山归来不看岳”的说法。奇松、怪石、云海、温泉、冬雪被称为黄山的“五绝”。

■ **宏村**

徽派民居中最具代表性的村子，融自然景观和人文景观为一体，被誉为“中国画里的乡村”。奥斯卡最佳外语片《卧虎藏龙》曾在此取景拍摄。

■ **西递**

已有近千年历史。2000年被列为世界文化遗产，素有“世界上最美的村庄”“古民居建筑的宝库”“中国明清民居博物馆”之美誉。

■ **徽州古城**

历史文化名城歙县的核心，景区内古民居群布局典雅，古桥、古塔、古街、古巷、古坝、古牌坊展现着古朴的风采，犹如一座气势恢宏的历史博物馆。

■ **棠樾**

古村的牌坊群最有名，是天然的影视基地，还有当今中国最大、最美、最具特色的徽商庄园——鲍家花园。

■ **必逛街道**

屯溪老街：距今已有数百年历史，是目前中国保存最完整的、具有宋、明、清时代建筑风格的步行商业街。老街两旁店家鳞次栉比，多为双层砖木结构，清一色的徽派建筑风格。街上有不少百年名店，徽墨、歙砚、当地茶叶，“徽州四雕”、徽派国画、版画、碑帖、金石、盆景、根雕等在这里都能买得到。

线路

■ **黄山精华两日游**

第一天早上到达黄山景区，乘索道上山，然后游览始信峰、猴子观海、梦笔生花、清凉台、光明顶等北海景区精华点，夜宿玉屏景区。第二天早起观日出，然后游览迎客松、百步云梯、一线天等玉屏景区精华点。

■ **最美乡村两日游**

第一天早起出发游中国画里乡村——宏村，赏南湖秀色、徽派古民居，中餐品尝徽州农家餐，下午游览西递，游胡文光牌楼、瑞玉庭等明清民居古建，游览完后返回市区住宿。第二天一早乘车前往歙县，沿途览徽州山水田园风光，然后游览棠樾牌坊群、鲍家花园景区。

■ **屯溪一日游**

上午游览程氏三宅、程大位故居，中午在老街吃特色徽州小吃，下午先游览戴震纪念馆，然后闲逛老街直到夜幕降临，欣赏老街白天和晚上截然不同的景致。

为何去

黄山市有丰富的旅游资源，既有以世界自然和文化双遗产、世界地质公园黄山为代表的自然景观资源，又有以宏村、西递、徽州古城等古村落、古建筑群为代表的徽文化旅游资源。除此之外，黄山有着丰富的文化底蕴，是了解徽文化的不二之选。

黄山飞来石

何时去

4月—11月是黄山旅游佳季。其中春季油菜花盛开之时是游览黄山古村落的最好时节，而夏秋两季比较适宜游览黄山，但若追寻云海奇景，则冬季较为合适，此时黄山门票价格也较低。

碧山村塔

区域解读

区号：0559

面积：约9807km²

人口：138.4万人

地理 GEOGRAPHY

区划

黄山市下辖3个区（屯溪区、黄山区、徽州区）、4个县（歙县、休宁县、黟县、祁门县）。

地形

黄山市是一个“八山一水一分田”的山区，东西长166千米，南北长120千米，海拔一般在250~1000米。黄山莲花峰高达1860米，是皖南山区的最高峰。

黄山境内有呈东北至西南走向的黄山山脉，天目山、白际山山脉以及北部青阳、贵池境内的九华山山脉等三列山脉，这些山脉中间形成了两个盆地。这两个盆地又由于众多高丘、低丘的分割，形成了复杂多样的河谷平原和山间盆地。市境内丘陵山地由于河流下切和流水侵蚀作用强烈，峡谷发育，坡陡峰高，相对高差大。

黄山市共有河流600多条，其中长度在10千米以上的有108条。黄山山脉横贯全市，将黄山市分为南、北两坡，南坡流域面积大于北坡流域面积，南坡有流向钱塘江流域的新安江水系和流向鄱阳湖流域的昌江水系、乐安江水系；北坡有直接汇入长江的青弋江、秋浦河两大水系。青弋江上游有太平湖，波光潋滟，明丽动人。

气候

黄山市地处皖南山区，属亚热带季风湿润气候，温和多雨，四季分明，春秋短、夏冬长，大部分地区冬无严寒。境内降雨年内分布极不均匀，多集中于5—8月，水热资源十分丰富，是全国有名的暴雨中心之一。

历史 HISTORY

历史大事记

●先秦时期

黄山市历史文化的源头可以追溯到距今5000多年前。从歙县、祁门等地出土的文物表明，今黄山市一带早在旧石器时期就已有先民生活。而在新石器时代，这里的先民们已创造原始土著文化。

春秋战国时期，这片地域先属吴，吴亡属越，越亡属楚。直至秦王嬴政二十四年（前223）灭楚。但这些都只是地域上的归属，并非实质性的管辖，当时这片地区仍属相对独立的古越土著的势力范围。

秦王嬴政二十六年（前221），秦始皇推行郡县制，这一带隶属于会稽郡。秦始皇三

黄山

十七年（前210）正月，始皇帝嬴政为加强对东南地区的统治，将原越国的百姓迁徙至新安江上游一带，设立黝（宋以后称黟）、歙二县，属鄣郡。这是黄山市地域最早的行政区划建置。

● 两汉隋唐

汉建安十三年（208），吴主孙权派兵征服此地山越部落后，分歙县东乡地置始新县，南乡地置新定县，西乡地置黎阳、休阳县，加黟、歙共六县建新都郡。这是黄山市地域州郡一级行政设置的开始，从此这里成为相对独立的行政区划。

唐大历五年（770），废北野县入歙，废归德县入休宁，歙州辖歙、休宁、黝、绩溪、婺源、祁门县，从此形成延续至清末的“一府（州）六县”格局。

● 宋元明清

宋宣和三年（1121），平歙州人方腊起义，改歙州为徽州。从此，直到清宣统三年（1911）的790年间，徽州这一名称一直作为州府名。

● 近现代

1934年，国民政府将婺源县从安徽省割离出来，划归江西省管辖后又回归皖辖。

1987年11月，国务院撤销徽州地区、屯溪市和县级黄山市，设立地级黄山市。原属徽州地区的石台县划属池州地区，绩溪、旌德2县划属宣城地区。

名单 黄山历史名人

- 活字印刷术创始人毕
- 北宋末年农民起义军领袖方腊
- 南宋著名思想家、教育家朱熹
- 明代珠算大师程大位
- 新安画派创始人渐江
- 清代思想家、“乾嘉学派”代表人物戴震
- “张小泉剪刀”的发明者张小泉
- 清代财政学家王茂荫
- 清末交际花赛金花
- 中国铁路事业创始人詹天佑
- 近代画家、绘画理论家黄宾虹
- 现代平民教育家陶行知
- 现代著名学者、社会活动家胡适

文化 CULTURE

技艺精湛的徽州三雕

徽州三雕是古徽州人民聪明才智的艺术结晶，是博大精深的徽州文化的组成部分。

徽州三雕是指在古徽州一府六县（今安徽省的黟县、歙县、祁门、休宁、太平、绩溪和江西省的婺源县）的区域内，具有徽派风

格的木雕、石雕、砖雕三种民间雕刻工艺。三雕历史悠久、技艺精湛、世代相传，有完整的工艺流程，在国内外享有很高的声誉，被列入第一批国家级非物质文化遗产名录。

●木雕

木雕在旧属徽州各县分布极广，宅院内的屏风、窗楹、栏柱，日常使用的床、桌、椅、案和文房用具均可见。

明代初年，徽派木雕已初具规模，雕风雅拙粗犷，以平面浅浮雕手法为主。明中叶以后，木雕艺术逐渐向精雕细刻过渡，多层透雕取代平面浅雕成为主流。入清以后，木雕装饰涂金透镂，穷极华丽，极为精工但反失于烦琐。

今天，在原徽州辖县内木雕精品仍然随处可见，如绩溪县龙川胡氏宗祠内，有80余扇工雕屏门隔扇，雕工极为精美。正厅10扇荷花图、22扇鹿嬉图千姿百态，无一雷同，惟妙惟肖；前门楼两根门柱，前一根为“九狮滚球遍地锦”，后一根为“九龙戏珠满天星”，整柱满雕，气势磅礴，堪称现存明代木雕的代表作品。徽州木雕艺术历代名工辈出，刘铁笔、汪晟、汪老五、黄异人、张立夫诸人在方志中均有记载。

●石雕

徽州石雕题材受雕刻材料本身限制，不及木雕与砖雕复杂，主要是动植物形象，博古纹样和法书，人物故事与山水较为少见。在雕刻风格上，浮雕以浅层透雕与平面雕为主，刀法融精致于古朴大方，没有清代部分木雕与砖雕那样细腻烦琐。

石雕

石雕精品比较常见的是宅居的门罩、院墙的漏窗和各种石牌坊。如西递村“西园”中有一对漏窗，左为松石图案，奇松从嶙峋怪石上斜向伸出，造型刚劲凝重；右为竹梅图案，弯竹顶劲风，古梅枝婆娑，造型婀娜多姿。刻工精美至极，是石雕艺术珍品。历代石雕艺人佚名者很多，留有名姓的仅有黄鼎、朱云亮、余香等数人。

●砖雕

砖雕堪称民间艺术的一朵奇葩，艺人在见方尺余、厚不及寸的砖坯上雕出多层镂空、情节复杂的画面，精妙无比。

砖雕艺术始于明代，由窑匠鲍四首创，制作过程分为三步：首先精选精筛纯细无滓之土烧成青砖，其次由砖雕艺人构思图案，凿出大形状和立体层次（俗称打坯），最后由助手精心刻修，局部“出细”。砖雕图案具有浓郁的民间色彩，较为常见的是戏曲故事和花草动物。砖雕在歙县、黟县、婺源、休宁、屯溪诸地随处可见，歙县博物馆藏有一块灶神庙砖雕，仅一尺见方的砖面上，雕刻着头戴金盔、身披甲胄、手握钢锏的圆雕菩萨，据考证，这块精巧绝伦的砖雕使用了1200个匠工，堪称徽州砖雕艺术的经典作品。

链接

徽州竹雕

徽州的“三雕”木雕、石雕、砖雕以及竹雕艺术善于处理原材料本色，被称为“徽雕四绝”，它们融于建筑艺术整体之中，典雅精致，为古色古香的建筑增添了无尽的魅力。

竹雕即徽州的竹刻艺术，竹刻大体分两类。一类为竹面雕，如香筒、笔筒、臂搁、扇骨等。竹面雕刻可分阴文、阳文，二者又各有深刻、浅刻，如阴文有毛雕、线刻、深刻、陷地深刻，阳文有留青、薄地阳文、浅浮雕、高浮雕、透雕。一类为立体圆雕，即竹根，所制为人物鸟兽等立体形象之物。

中国四大名砚之一——歙砚

歙砚因产于古歙州（今江西婺源、安徽省歙县、黟县、休宁等地）而名，为中国四大名砚之一，与端砚齐名。2006年5月20日，歙砚制作技艺列入第一批国家级非物质文化遗产名录。2007年6月5日，安徽省歙县的曹阶铭为该文化遗产项目代表性传承人，并被列入第一批国家级非物质文化遗产项目226名代表性传承人名单。

歙砚有“坚、润、柔、健、细、腻、洁、美”八德，质嫩而坚，砚材纹理细密，兼具坚、润之质，有涩不留笔、滑不拒墨的特点，扣之有声、抚之若肤、磨之如锋、宜于发墨。即使长久使用，砚上残墨陈垢，入水一濯即莹洁，焕然一新。有“石冠群山”“砚国名珠”之誉。

歙砚以婺源（今属江西）龙尾山下溪涧中的石材所制最优，故歙砚又称龙尾砚。唐开元年间已有生产，南唐时形成一定规模。歙砚按天然纹样可分为：眉子、螺纹、金星、金晕、鱼子、玉带等石品。

歙砚雕刻始于唐代，历代砚式风格各异，唐砚多箕形，宋砚多抄手形，均以朴拙务实见长。明清两代渐趋精雕细琢，造型变化丰富多彩，但仍保持着简洁大方的本色，主要有玉堂式和大冠式两大类别。现代以来，除传统几大砚式继续存在，自然就形式和仿古式逐渐成为中高档砚的主流形式。砚雕是绘画、书法和石雕技艺的综汇，要求图案布局得当，整体造型形神兼美，砚铭得体含气韵，刀法刚柔相济，能掩疵显美，不露刀痕。歙砚雕刻名品甚多，如宋代米芾36峰砚，尺余长的砚石上精刻36座山峰，绕砚池分布延伸，砚堂一泓碧水荡漾，令人叹为观止。民间砚雕大师佚名较多，史籍可查者仅李少微、

歙砚

叶壤、汪复庆、张纯、胡子良等寥寥数人。

徽州人丰富内在情怀的体现——徽州民歌民谣

徽州民歌民谣展现着徽州人丰富的内在情怀，是璀璨多彩的徽文化的重要组成部分。

徽州民谣从地域上来分，有歙县民谣、绩溪民谣、休宁民谣、黟县民谣和祁门民谣等，并因方言不同有各自的特点；从内容上来分，有徽商民谣、生活民谣、劳动民谣、爱情民谣、时政民谣和游戏民谣等。徽州民歌有号子、山歌、小调及佛教、道教歌曲等。小调中又有不少民俗、歌舞。

有些民谣在徽州境内广泛流传，但在不同县境有不同的流传“版本”。如徽商民谣中的“前世不修，生在徽州。十三四岁，往外一丢”，就有歙县、绩溪和祁门的3个“版本”。徽商民谣，曾对徽商的形成和发展产生过积极的影响，是徽商历史的形象写照。有些民谣在流传的过程中，随着时代社会的变迁而发展。像流传于黟县的《黟县妇女实苦怜》就有了现代版《黟县妇女生活甜》。有些类型的民谣密切反映社会生活，如时政民谣中的《鸦片害人真不轻》《抓壮丁》等。

早在20世纪80年代初，屯溪民歌《小石桥》、歙县民歌《牧牛花鼓》《猜谜对歌》《十二月花》等由中国唱片总公司录制成唱片向国内外发行，安徽人民广播电台将屯溪民歌《小石桥》作为听众欣赏节目播放。1994年中国国际广播电台向国外播放屯溪民歌《小石桥》、歙县民歌《十二月花》，2005年屯溪民歌《小石桥》被列入中学生音乐教材。

民歌民谣一般用方言传诵传唱，其押韵特征体现在方言之中。它们是徽州人民创作、吟诵、口传心记的民间口头艺术，反映了徽州人的劳动、生活、习俗和思想感情，是博大精深的徽州文化宝库中独具特色的珍宝。

黄山画派

明末清初，一群艺术大师开始发掘黄山这块艺术瑰宝，他们将“天造的仙境”绘成纸上丹青传播民间，对当时的画坛和后来的山水画都产生了深刻的影响，是为“黄山画派”。

被后人称为黄山画派“三巨子”的石涛、梅瞿山、渐江，是黄山画派最著名的奠基人。他们不受古法束缚，在写出黄山胜景的同时，不断求新，不断探索。虽同属一个流派，却都有鲜明的个性和艺术风格——“石涛得黄山之灵，梅瞿山得黄山之影，渐江得黄山之质”。和石涛、渐江并称为“三高僧”的石溪，虽是“金陵画派”的代表人物，却也在1658年至1659年间，游历黄山一年多，陶醉于黄山云海的松云变幻，给后世留下了不少精彩的黄山画卷。

近代画家黄宾虹是黄山画派的又一位艺术大家，他把黄山画推到了一个新的高度。他一生曾九上黄山，自称“黄山山中人”。他继承了黄山画派师法自然的传统，同时又博采众长，融会中西。其作品功力独到，既擅长用笔，又擅长用墨，晚年风格从淡恬清雅变为浑厚凝重，达到了物我两忘、随意自如的境界。他还十分重视黄山画派的研究，亲手编辑了《黄山画家源流考》一书。无论是在绘画艺术上，还是在学术研究的成果上，黄宾虹都进一步丰富和发展了黄山画派，是近代黄山画派中功绩卓著的画家。

汪采白是民国时期的一位山水画家，他对黄山画派亦深有研究。他常常深入黄山写生，擅长画黄山的青山绿水，格调清新明快，有《黄海卧游集》画册，颇具现代山水画的特点。他的黄山作品，曾在巴黎国际艺展会获一等奖。著名的中国画大师张大千曾数上黄山，记下了不少黄山景观，出版了《张大千黄山画册》。他对黄山留有深刻的印象，刻有“黄海归来”“二到黄山绝顶人”等印章。

无徽不成商

徽商是中国十大商帮之一，徽商又称新安商人、徽州商人、“徽帮”，它是旧徽州府

古代山水画卷

徽杭古道

籍商人集团之总称。徽商始于南宋（1127—1279），发展于元末（1271—1368）明初（1368—1644），形成于明代中叶，盛于清代（1644—1840）中前期，至中晚期日趋衰败，前后达六百余年，称雄三百年，在中国商业史上占有重要地位。

古徽州处“吴头楚尾”，属边缘地带，山高林密，地形多变，开发较晚。汉代以前人口不多，而晋末、宋末、唐末及中国历史上三次移民潮，给皖南徽州带来了大量人口，人口众多，山多地少，怎么办？出外经商是一条出路。

一代代的徽州人靠贩运盐、茶、山货，经营文房四宝，走出一条如今教科书中也能查阅到的贸易路线：东进苏杭无锡常，抢滩芜湖商道，掌控长淮水运口，南达湘、蜀、云、贵、川，往来京、晋、冀、鲁、豫间，远涉西北、东三省。最后，西进赣、湘，沿东南达闽、粤两省，直至扬帆入海与日本进行贸易。此时的徽商达到鼎盛时期，“无徽不成商”一语流传天下。

徽商与其他商帮的最大不同，就在于“儒”字，贾而好儒为徽州商帮的一大特色。徽州素称“礼让之国”，尤其在宋代新安理学兴盛之后，崇儒重学的风气日益浓厚，这样的社会环境致使徽商潜移默化地受到影响，加上徽商中许多人自幼就接受比较良好的儒学教育，孔孟儒家的思想说教、伦理道德，自然就成为他们立身行事、从商业贾奉守不渝的指南。

明、清时，徽州名臣学者辈出，仅仅五个小县城的进士就有2018人，而歙县一地，明、清即有43人列入诗林、文苑，出现过“连科三殿，十里四翰林”、父子同为“尚书”、兄弟同为“丞相”的逸事，造就了诗书礼仪之风，培育了竞相怒放的徽学之花，给后人留下了异彩纷呈的人文景观和历史景观。

景点推荐

黄山风景区 AAAAA

黄山自古以来就是中国的名山之一。黄山原名黟山，因峰岩青黑，遥望苍黛而得名。传说轩辕黄帝曾在此采药炼丹，得道成仙。唐玄宗笃信道教，遂于天宝六年（747）诏改黟山为黄山，于是黄山之名一直沿用至今。

黄山地貌独特，山顶有众多的峰林怪石，中间点缀着形态各异的奇松，而且山间经常出现云海，景色壮阔秀丽。奇松、怪石、云海、温泉也被称为黄山的“四绝”。除此之外，黄山上还能观赏到雾凇、雪景、日出等美丽的景色，古人有“五岳归来不看山，黄山归来不看岳”的说法。

黄山不仅自然景观奇特，而且文化底蕴深厚。主要包括宗教文化、古代建筑、摩崖石刻、名人游踪和大量以诗、词、歌、赋、画、影像为主要内容的文学艺术等。另外，黄山还是明末清初黄山画派的发祥地。

黄山市黄山区汤口镇　淡季190元，旺季230元

淡季7: 30~16: 00，旺季6: 00~17: 00

玩家 行程

要到达黄山风景区，可乘火车或汽车先到黄山市区（一般为“屯溪”），然后在这里乘车到前往风景区脚下的汤口镇，乘坐换乘中心的景区交通车（新国线）到达黄山风景区。

玩家 攻略

游览黄山以春、夏、秋三季最佳，春天有杜鹃和各种花卉在山顶开放，夏天有郁郁葱葱的树林，秋天时山顶有红黄鲜艳的树叶可以观看。每年冬天，景区内包括西海大峡谷在内的很多景点会封闭，各条索道也会在冬季时偶尔关闭，不过此时游山可以看到美丽的雪景和雾凇。

黄山上面的食物都是挑夫挑上去的，所以价格相对比较昂贵，一瓶纯净水可能要卖到5~10元，有时候甚至12元，一根黄瓜3~5元。黄山酒店餐厅的用餐也很贵，一般一盘炒青菜就

要35~50元，西红柿鸡蛋汤也要40元左右，一个荤菜便宜的也要60元以上，贵的要上百元。自助晚餐120元，早餐60元。如果不打算在山上用餐的话，要提前做好准备，在山脚下把需要的东西都准备好。

黄山上气候多变，山上山下往往天气反差很大，游玩时建议准备雨衣，另外山顶的温度低于山下，要多备衣物御寒。爬山前要注意精简行李，可以把大件物品寄存在镇上，背一个双肩包上山即可，步行爬山可以准备一支登山杖。

黄山日出

黄山温泉景区

古称桃源仙境

温泉景区古称桃源仙境，因左侧桃花峰上桃花遍岭而名。景区位于桃花峰与紫石峰、清潭峰之间，山清水秀，石巧泉奇。该景区主要是温泉加瀑布的景观。现也已发展成为黄山游览接待中心，这里别墅成群，楼阁遍布，黄山宾馆、桃源宾馆隔溪相对。

温泉景区是通往南大门及山中各景区

黄山住宿

● 山下住宿

黄山下一般选择住在汤口镇，或者黄山市的屯溪区。汤口镇离黄山风景区最近，去景区必须要坐的新国线也从镇上发车，适合自助游客。屯溪酒店很多，又有屯溪老街可以购物、吃美食，但距汤口镇和黄山风景区尚有60多千米，更适合有车一族。

● 山上宾馆

黄山的住宿基本集中在山中间的开阔地带和山下的温泉景区。价格普遍很贵，条件则是两极分化。酒店基本都设置有多人间，价格较实惠、但住宿环境相对较差。光明顶、白鹅岭、排云楼三处的宾馆可以就近看日出，其他的宾馆需要步行一段时间。

需要注意的是，山上宾馆不多，接待能力有限，如果打算留下看日出，则最好不要嫌弃房间贵，或是条件不好，否则可能面临找不到住处的境地。

1.黄山北海宾馆：位于北海景区，住起来较为舒适，缺点是看日出不是很方便。电话：0559-5581125

2.黄山狮林大酒店：位于北海景区，离狮子峰和清凉台很近，可以看日出和日落。有很多针对黄山摄影的服务。电话：0559-5584040

3.黄山西海饭店：位于西海景区，是黄山上最好的酒店之一，去排云亭看日落最为方便。电话：0559-5588199

4.最佳西方温泉度假酒店：位于温泉景区，从酒店可步行前往温泉区。电话：0559-5585102

5.白云宾馆：位于北海景区，离光明顶较近。电话：0559-5582708

6.光明顶山庄：位于光明顶，看日出很方便。电话：0559-2347766

7.玉屏楼宾馆：位于玉屏景区，边上就是迎客松，设施较为陈旧，服务还不错。电话：0559-5582288

除此之外，还有白鹅山庄（光明顶）、排云楼宾馆（北海景区）、黄山汤泉大酒店（汤口镇）、黄山徽商故里大酒店（屯溪区）都是不错的选择。

● 山上露营

如果体力好的话，可以选择背帐篷上山露营，可以设置帐篷的地方包括北海、天海、西海、玉屏四个区域。山上的部分酒店也提供帐篷出租服务。

黄山观景佳地

1.观日出最佳地点：清凉台、曙光亭、狮子峰、始信峰、丹霞峰、光明顶、鳌鱼峰、玉屏楼等。日出时间：春季5：30~6：00；夏季4：40~5：20；秋季4：50~5：20；冬季5：30~7：00。

2.看日落、晚霞最佳地点：排云亭、丹霞峰、飞来石、光明顶、狮子峰、鳌鱼峰、西海瑶台等。

3.看云海最佳地点：玉屏楼观前海、清凉台观后海、白鹅岭观东海、排云亭看西海、光明顶看天海。

4.看雪景最佳地点：北海、西海、天海、玉屏楼、松谷、云谷和温泉等。

5.看佛光最佳地点：天都峰、莲花峰、光明顶、始信峰、丹霞峰、棋时峰、白俄峰、玉屏楼旁、清凉台上、天海凤凰松旁、芙蓉峰、翠微峰等处。一般都在海拔1600米以上。

的交通枢纽。主要景点有览胜桥、翼然亭、温泉、观瀑亭、白龙潭、鸣弦泉、三叠泉、慈光阁、人字瀑、百丈泉、冰川遗迹、醉石、丹井等。

玩家 攻略

前往黄山温泉，可在汤口镇上两个换乘中心的任何一个乘坐新国线的班车，也可叫温泉酒店的车来接。温泉包含30余个多种功能和特色的池子，温度不一，冬季前往记得选个温度高点的小池子。

由此到通常所说的前山（慈光阁）登山口，公路里程为1500米，步行仅需25分钟，到后山（云谷寺）登山口，公路里程为7千米，均有班车可以抵达。

黄山温泉

黄山温泉又称汤池、汤泉，是黄山“四绝”之一，古名朱砂泉，位于黄山紫云峰下，已有千年历史，自古享誉九州。黄山温泉水质以含重碳酸为主，泉水异常清澈，无色无味，可饮可浴，具有一定的医疗价值，对消化、神经、心血管、运动等系统的某些疾病，有一定的治疗和保健效果。

黄山温泉

玩家 解说

唐大历间，歙州刺史薛邕浴黄山温泉治愈时疫，在此立庐舍，于是名声大振。古诗云：“五岳若与黄山并，犹欠灵砂一道泉。”泉边石壁有明万历年间游人所题“天下名泉”等巨字石刻，另有邓小平所题“天下名泉”刻石。

玉屏景区

黄山上最重要的景区之一

玉屏景区是黄山上最重要的景区之一，通常人们所说的前山，就是指的这一景区。景区以玉屏楼为中心、莲花峰和天都峰为主体，沿途有迎客松、送客松、蓬莱三岛、百步云梯、一线天、新一线天、鳌鱼洞等奇妙景观。

玩家 攻略

玉屏索道下起温泉景区观瀑楼，上至玉屏楼。索道旺季90元，淡季75元。

黄山有前后山之分，人们习惯上把温泉、玉屏楼、天海景区一带称为前山，把北海、始信峰、松谷庵一带称为后山。前山雄伟、险峻，后山奇特、秀丽，都是游客必到之处。游客从前山登山步行要经过约3个小时的艰苦跋涉才能到达精华景区，乘坐玉屏索道只需6~10分钟，就能到达迎客松等精华景区，可使游客保留充沛体力游览黄山其他景点。

玉屏楼

玉屏楼是黄山上最不可错过的景点，原因是玉屏楼上可全方位赏尽黄山美景：左有迎客松，右有送客松，楼前有陪客松、文殊台，楼后是玉屏峰，著名的“玉屏卧佛”就位于峰顶。在迎客松的石崖上还可看到我国历任领导人留下的无数墨宝。

玩家攻略

迎客松有专门收费拍照的地方，20元一次。其实在收费拍照地方的下面有能拍到全景的地方，在一处楼梯的拐角，角度刚好，可以留意一下。

天都峰

天都峰位于玉屏峰南，相距一千米，与莲花峰、光明顶并称为黄山三大主峰。它是黄山三大主峰中最为险峻之处，海拔1830米。

天都峰顶有“登峰造极”石刻，使人有“海到尽处天是岸，山登绝顶我为峰”之感。峰内还有鲫鱼背、天桥、百丈云梯、松鼠跳天都、天上玉屏、童子拜观音、金鸡叫天门、二僧朝佛、“仙人把洞门”“天都仙桃”等景点。

玩家解说

百步云梯几乎是直上直下的，要四肢并用才能爬上去。最惊险的是鲫鱼背：10多米长，1米宽，两侧都是万丈悬崖，自上而下呈85度。

莲花峰

莲花峰位于玉屏楼的上方，是黄山第一高峰，海拔1864米。峻峭高耸，气势雄伟，宛如初绽的莲花，因而得名。玉屏楼至莲花峰路上有飞龙松、倒挂松等名松。此外，莲花峰的绝顶四周的铁索上挂满了各式各样的锁，也是黄山一景。

玩家攻略

莲花峰和天都峰两座山峰是轮流开放的，轮换周期为5年。

黄山远眺

黄山云海

鳌鱼峰

从莲花峰下山，过龟蛇二石、百步云梯，穿过莲花洞，便来到鳌鱼峰。峰前有数石，远望似螺蛳，峰背有一龟形大巧石，近卧几个蛋形小石，构成鳌鱼驮金龟、老鳌下蛋等景。

玩家 攻略

鳌鱼峰有两条路供上下，一条走鳌鱼洞，另一条走一线天，均为单行道。鳌鱼峰平坦开阔，可以作为休息点。

北海景区
奇松怪石云集

北海景区位于黄山景区中心，是黄山上一个非常重要的景区。景区最大的特色是奇松怪石云集，不仅有多座海拔1800米以上的高峰，如狮子峰、始信峰等，还有多棵名松，如黑虎松、连理松、龙爪松等。

此外，著名的景观猴子观海、仙人指路、梦笔生花、飞来石等景观都分布在北海景区内。

玩家 解说

北海散花坞左侧，有一孤立石峰，形同笔尖朝上的毛笔，峰顶巧生奇松如花，故名“梦笔生花”。

传说，有年春天，诗人李白来到黄山，见到北海山峰竞秀，景色奇美，禁不住诗兴大发，便

飞来石

昂首向天，高声吟道：“黄山四千仞，三十二莲峰；丹崖夹石柱，菡萏金芙蓉……”这声音惊动了狮子林禅院的长老。得知这位不凡之客原来是“长安市上酒家眠，天子呼来不上船”的诗仙李翰林，长老急忙吩咐小和尚抬来用清泉酿制的米酒，还拿来一些文房四宝。长老盛满一杯酒，双手捧上，敬给李白。李白慌忙还礼，双手接过，一饮而尽。二人席地而坐，纵谈诗文，开怀畅饮。

李白深感长老待人诚恳，意欲草书诗作相赠，以作答谢之礼。长老大喜，小和尚们忙着研墨的研墨，铺纸的铺纸。李白趁着酒兴，奋笔疾书。长老及小和尚们分别站两旁，目睹那遒劲的大字，赞叹不已。李白写毕，还有三分酒意，便将毛笔顺手一掷，那毛笔翻翻摇摇，从空中落下插入土中。之后，李白告辞长老而去。长老送走李白，回过头来，不禁大吃一惊，刚才李白掷下的毛笔已化成一座笔峰，笔尖化成了一棵松树，矗立在散花坞中。这就是如今见到的“梦笔生花”。

狮子峰

狮子峰因酷似一只俯卧的雄狮而得名。狮子的腰部是清凉台，是观云海日出的最佳处，另有众多惟妙惟肖的巧石，如“猪八戒吃西瓜”“十八罗汉朝南海”“观音飘海”等，故有“黄山第一台”之称；“狮子”的尾部是曙光亭，可看日出、云海。而狮子张嘴的地方是狮林精舍，附近有很多奇松怪石。

始信峰

始信峰虽不如天都、莲花峰高，也不在36大峰之列，但雄踞险壑，竖立如削，三面临壑视野特别开阔，古有“黄山之雄甲宇内，幽秀灵齐聚后海”之句，更有“始信黄山天下奇”之誉。

玩家 攻略

始信峰是黄山拍摄日出、云海的热门地点之一，需要在日出两三个小时之前到达抢占位置。

白云景区
古桥、隧洞较多

黄山白云景区由黄山西大门内的钓桥庵

沿白云溪向东，经石人峰、石柱峰、石床峰，长达15里的新铺阶梯通过谷底，一直延伸到天海中海亭，上下高差1000余米。

白云景区的特色是古桥、隧洞比较多，并有飞瀑流泉相伴，独具黄山山水之胜。白云溪水流充沛，瀑潭相接，溪畔有悬瀑10余处，潺潺流水，如同琴音。雨后水涌，急流奔腾，声震山谷，山水迸泻，形成飞瀑，悬垂如练，溅珠喷玉。

光明顶

光明顶是白云景区的核心景点。光明顶海拔1860米。这里高旷开阔，日光照射久长，故名。明代普门和尚曾在顶上创建大悲院，现在其遗址上建有华东地区海拔最高的气象站——黄山气象站，游人可于气象站处览胜，这里是黄山看日出、观云海的最佳地点之一。

玩家 解说

光明顶上平坦而高旷，可观东海奇景、西海群峰，天都、莲花、玉屏、鳌鱼诸峰尽收眼底。所谓黄山三十六峰，光明顶并不在其中，是因为古人将光明顶视为群峰之冠，故列位于三十六峰名之上。

钓桥庵

钓桥庵位于石人峰下，白云、白门两溪汇合处，海拔610米，钓桥庵又名白云庵，明前为道院，清康熙间改为佛庵，后沿用地名至今。庵周围景致清幽，峰峦叠峙，松石争奇，层竹铺翠，溪流环绕。

松谷景区

山谷合称

松谷景区地处松谷景区，位于黄山北坡，是狮子峰、骆驼峰、书箱峰、宝塔峰与之间山谷的合称。

游览松谷景区可以观赏芙蓉峰、丹霞峰、松林峰、双笋峰等著名的山峰，仙人观

黄山风光

海、仙人铺路、老虎驮羊、关公挡曹、卧虎石等怪石巧石，翡翠池、五龙潭等水景，芙蓉居、松谷禅林等古建筑。

玩家 攻略

登临松谷景区，有山径和索道两种选择。一般坐索道的为多。索道起点是丹霞站，终点是松谷站。旺季单程80元，淡季单程65元。

松谷景区摩崖石刻值得赏玩，梅雨季节游览此景区，更有"松谷听涛"著名景观。

翡翠池

翡翠池位于芙蓉峰麓1千米处，是黄山著名水景，池长15米，宽8米，深10米，天设地造，环池皆石，松谷溪水直注池中。碧波荡漾，山形树影，映入池内，阳光反射，绚丽多姿。池侧有巨岩，镌有一个径3米的“佛”字，此外还有“福”“寿”“南无阿弥陀佛”等摩崖石刻。

云谷景区

地势开阔的谷地

云谷景区位于黄山东南部，海拔高度仅890米，是一处地势较低、略显开阔的谷地。

黄山云谷寺

主要景点集中在云谷寺一带。云谷寺旁边有三棵古树，还有云谷山庄相伴，这里的奇石很多，基本都有石刻。

玩家 攻略

云谷景区是云谷索道的起点，后山上山的山路也从这里出发。云谷索道起点位于现在云谷索道线路北侧的另一个山谷中，终点位于白鹅岭东北侧的山坳处。旺季单程85元，淡季单程65元。

西海大峡谷景区

黄山最秀丽深邃的部分

为将白云景区、松谷景区和北海景区联为一体，黄山管委会组织开发了新景区——西海大峡谷。它是黄山风景区中最秀丽深邃的部分，又被称为梦幻景区。这里风景秀丽，尤其是淹没在群峰中的西海大峡谷，常常是云烟浩渺，风景如梦如幻。

景区主体是西海大峡谷，大峡谷整个地理位置呈一个“U”字形，有两个出入口，分别是排云亭北入口和天海南入口，谷底在景区的中间。

玩家 攻略

进入大峡谷后经过一环、二环进入到谷底，大峡谷内都有指示牌，可以按照上面的路线走，步行的话可能需要2小时左右。

从谷底到达天海南入口的这段路较长一些，路程占整个大峡谷的五分之三，如果徒步的话会经过大峡谷服务站，穿越3个山洞后到达栈道，然后再到步仙桥，就是天海南入口。整个行程花费时间大约在3个小时左右，当然现在已经有从谷底直达天海的观光缆车了，全程只需要5分钟。如果当天还参观其他景点的话建议搭乘缆车，既可节约时间又可节省体力。全程徒步的话，走完整个峡谷需5小时左右。

黄山西海大峡谷

景点推荐 黄山风景区周边景点

东黄山 AAAA

"安徽小上海"

黄山市黄山区谭家桥，近黄山东大门

在黄山汽车客运总站乘坐屯溪—太平的班车（约20分钟一班）在谭家桥镇下车，然后乘坐出租车5分钟即可到达

免费

全天开放

东黄山旅游度假区坐落于环境优美宁静的黄山景区东大门，距黄山景区南大门入口处22千米。它的前身是上海市黄山茶林场，有许多上海知青曾在此上山下乡，如今改造成度假区后，依然保持着洋气的海派风格，一幢幢红顶欧式别墅与这一带传统的徽派建筑形成鲜明对比。

度假区内自然、人文历史资源丰富，注重旅游文化品牌的打造，主要以海派文化、知青文化和茶文化三大文化为中心，现已初步建成知心小镇海派风情区、农耕文化景区和知青部落怀旧景区。

玩家攻略

白天可以参与度假区的各项拓展活动，玩一玩真人CS（128元），参加素质拓展训练（168元），在团队活动中结识新朋友。晚上就可以和这些朋友们在篝火晚会（88元）上载歌载舞，或者自助烧烤（108元）大吃一顿。

如果喜欢安静一点的活动，白天不妨欣赏茶园风光，到躬耕园示范农庄体验原汁原味的农家乐。躬耕园围着篱笆，有自己的菜园，还养着土鸡、猪等家禽家畜，田园归隐般的生活令人身心得到洗涤。在这里吃一顿农家菜，你可以品尝到自己从菜园里摘来的新鲜蔬菜。晚上可以到东黄山国际青年旅舍后面的火车头咖啡厅，点上一杯咖啡，看会儿电影。

链接

徒步徽青古道

东黄山有一条徽青古道可以徒步穿越。

徽青古道始建于隋朝，由皖南徽州府至青阳县，制高点箬岭关口海拔约950米，为1至2米的石板官道，千年前可算高速公路了。由于中华人民共和国成立后现代公路建设的影响，徽青古道现存比较完好的青石板路，主要集中在谭家桥镇至许村这一段上，全长约30千米。这一段徒步下来强度不大，是一天悠闲体验凄凄古道回归大自然的不二之选。

谭家桥镇的交通比较方便，位于205国道和103省道的交叉路口，一般徒步者都喜欢从这里出发步行，当晚住茶林场，次日上箬岭关，在茶坦村午餐，再下到茅舍村，搭三轮农用车到达许村，游览后去屯溪换乘火车或飞机。

翡翠谷 AAAA

《卧虎藏龙》拍摄地

✉ 黄山市黄山区汤口镇山岔村（距黄山景区南大门6千米） 🚌 在汤口镇包车 ¥ 90元

🕗 8：00～17：30 ☎ 0559-5577655

翡翠谷又名情人谷，是著名电影《卧虎藏龙》的拍摄地。翡翠谷是黄山东海最长的一条峡谷，纵深约20千米。翡翠谷中怪岩耸立，流水潺潺，气势非凡。环顾四周，皆削岩峭壁，古树茂密，怪石与洞穴棋布错落，狮头岩、海蚌滩、观天洞、玉叠岩、嬉戏岩、匍匐洞、鹤舞石等景观惟妙惟肖，物状逼真。

最引人注目的是翡翠谷中那100多个大小不一的潭池，这些潭池水色各异、五彩纷呈、趣味无穷，游客无不流连忘返。此外，谷中还有瀑布、竹海，绿竹与飞水交相辉映，别有一种奇异的神韵。

玩家 攻略

娱：在景区门口有一个翡翠谷爱情邮局，是全国第一家、也是唯一一家景区爱情主题邮局。邮文化与爱情文化融合，有信封、邮折、邮册、爱情护照及独有的证明爱情时间的邮政日戳和系列爱情纪念品。情侣们只要贴上结婚照，每年都可以到爱情邮局免费盖一个纪念邮戳，而按照纸婚、玻璃婚、银婚、金婚、钻石婚等不同婚龄，邮戳的图案和寓意也各不相同，还可以指定日期邮寄，很是有趣。此外，别忘了在“爱字石”

合影，摸一摸能带来桃花运的“炼丹台”，一路上找一找写有字体不同的99个“爱”字的石碑。

食：景区入口售票处有一个商场，检票处有小卖部，可以买食物、饮料，景区内没有小卖部，不过游览翡翠谷所需时间不长，也可不备干粮。

宿：翡翠谷大门外有翡翠人家，由一幢幢可以住宿的小别墅组成，适合自驾的游客入住。自驾的游客也可以回黄山市住，这样晚上还可以逛一下屯溪老街。非自驾的游客若想第二天有更充裕的时间玩黄山，建议住到汤口镇，因为翡翠谷和黄山市区都没有直达黄山风景区的班车，必须到汤口的黄山风景区换乘中心坐新国线。

链接

为什么翡翠谷又称情人谷？

翡翠谷也叫“情人谷”。1988年上海有36位青年男女到黄山游玩，邂逅于这条峡谷中。当时，此景区尚未开发，道路坎坷，甚至无路可走，他们只能相互鼓励，相互搀扶，克服了许多困难才能以脱险。他们回到上海后，有10对结成了终身伴侣，其中有不少人还是在翡翠谷内相识的，因此，有人提议将此谷改称

"情人谷"。这里是一块未被污染的净土，一切都显得那么纯净，让人变得更加纯真，很多人都在这里邂逅爱情。

九龙瀑 AAAA

黄山三大名瀑之一

黄山市黄山区汤口镇苦竹溪村　85元

九龙瀑风景区是丞相源和苦竹溪之间、香炉峰与罗汉峰之间的大峡谷，传说是轩辕黄帝养龙的地方。景区内许多经典名字都带有"龙"字，有龙女潭、牧龙池、龙禅院、九龙瀑、龙盘岛等。景区内物种丰富，有黄山天然植物园之称，人文资源荟萃，留有黄山胜境坊、乾隆御道、梅林书屋等文化景观。

九龙瀑是整个景区最壮丽的景观，是黄山的主要景观之一，为天下第一奇瀑。

玩家攻略

游玩九龙瀑最好在春夏季的雨后，瀑布气势恢宏，若逢冬季枯水季，则瀑布只是细流，以看山景为主。此外，景区内的观瀑亭是观看瀑布的最佳地点。

链接

九龙瀑"三奇"

一奇：瀑长600米，垂直落差360米，一瀑九折，一折一瀑，一顿一潭，盘旋飞挂撑天峭壁之上，宛如九条白龙穿云破雾，凌空而降，气势雄伟。大雨之后，山洪暴发，激流翻腾，吼声震天，溅珠飞雨，瀑潭不分，幻似一条接天及地的巨龙，飞舞在青峰翠峦之间。若久旱不雨，九龙瀑仍流水不竭，潭瀑分明，潭面水色五彩缤纷，幻化万千，艳丽迷人。

二奇：地质结构奇特，冰川遗迹神秘。九龙瀑是U形谷，瀑边潭中更有众多大小冰臼，组成冰臼群奇观。

三奇：黄山之松石峰云水诸奇都在九龙瀑周边，别具风采。站在瀑边，可望天都、香炉、罗汉珠峰，飘浮云烟之上；瀑洲原始森林茂密，瀑边崖上奇松遍布，山花烂漫，灵猴戏耍，飞禽鸣趣，构成了九龙瀑的整体美。

太平湖 AAAA

"未经雕琢的翡翠"

黄山市黄山区太平湖镇

黄山太平客运中心有车直达太平湖景区

65元　0559-8561515

太平湖在黄山区的北部，是青弋江上游一座人工大水库，有"黄山情侣""东方日内瓦""未经雕琢的翡翠"之美誉。太平湖宽处烟波浩渺，似洞庭之坦荡；狭处曲径通幽，赛漓江之奇美。崇峦起伏，翠岗连绵，山环水绕，微波潋滟。湖内秀岛错落，星星点点；岛

上林木葱茏，鸟语花香。环境清幽静谧，空气清新宜人。

整个太平湖共分为共幸、广阳、黄荆、龙门、三门等五大景区，主要景点有西山观鱼、平龙山采茶、三峡水趣、桂林小景、鳄鱼戏水、蘑菇松、眉毛峰及樵山神仙洞等自然景区和新建的白鹭洲乐园、黄金岛植物园、猴岛、鹿岛、蛇岛及金盆湾旅游度假区。

玩家 攻略

游览太平湖，一般是乘坐游船游玩湖中小岛，常规线路分别为中心湖区、太平湾、黄金岛。其中热门线路是到中心湖区途中游览猴岛和龙窑寨。猴岛上可看黄山短尾猴；龙窑寨上可观龙窑旧貌、赏千年古陶瓷，还可以付费自制陶瓷作品。

如果你喜欢另辟蹊径，那么可以去湖东部的三门景区，太平湖在那变得狭窄，曲曲折折形成河道，有“小三峡”之称。不过一般游客玩太平湖都是在旅游码头坐船，玩过几座小岛后就结束行程，去东部的小三峡交通不是太方便。

船费不包含在门票里，参考价大船70元/人；快艇700元/船的可以坐7人，900元/船的可以坐9人。冬季游船运营时间大致在8：00~15：00，夏季会延长运营时间。

不坐船，在周边走走看看也是不错的选择。沿着码头外的公路继续向前有水上活动，牵引飞伞、水上游泳池，蝴蝶艇，水上自行车等都能让你找到乐趣。自驾车的话可以绕湖开一圈，

太平湖

大约需要两三个小时，冬季在和平村一带能欣赏河床上盛开的紫色花海。

太平湖畔及附近有秀湖山庄、绿竹山庄、江南书院、太平湖宾馆、丁香花园酒店等比较高档的住宿地，还可品尝到太平湖的各种水鲜。太平湖码头附近也有一些私人旅社可供选择。

芙蓉谷 AAAA

水景幻境

黄山市黄山区耿城镇（近黄山风景区北门）

在北海南路康乐便利店前坐新国线可达

¥ 80元

芙蓉谷位于黄山北大门，它是黄山北麓一道神秘的大峡谷。谷中群峰嵯峨、怪石嶙峋，大小潭池上百个，构成美妙的水景幻境，充满着青春神韵，故又称“春之谷”。

行至谷中，但见许多硕大如星的冰川潭砾交错溪中。每隔数米、数十米远便有一彩色池潭。池潭直径十米左右，深约五、六米。波光丽影、斑斓纷呈，娇艳如盛开的芙蓉。潭中或有巨石，半露水面，形似奇禽异兽；或有小瀑垂悬，流玉飞珠。

玩家 攻略

除了自然景色外，芙蓉谷还有野人及人体彩绘表演。一般要等游客达到一定数量，才会进行野人表演；而人体彩绘在冬季会停演。

黄山虎林园 AAAA

中国最大的东北虎养殖和观光景区之一

黄山市黄山区金鼎大道（距黄山风景区北大门5千米） ¥ 158元

黄山虎林园占地0.33平方千米有余，野生放养着50余只东北虎，是中国最大的东北虎养殖和观光景区之一。

黄山虎林园以观赏老虎为主题，以休闲娱乐、餐饮购物、强身健体为辅的综合性旅游假区，同时二期工程设有大型自驾游基地和高档别墅度假区。虎林园的建成，填补了安徽及华东地区没有大型放养老虎的生态

动物园林的空白，丰富了黄山旅游产品的内涵，为大、中、小学生提供了最佳的户外科普教育基地。

玩家 攻略

游览黄山虎林园有两种方式，可交替进行。一般是先乘坐景区观光车，一边聆听车上播放的有关东北虎的介绍，一边观看东北虎，在固定地点还会停车让游客拍照。然后进入室内观景区，观景区是一条长廊，铁栅栏和玻璃将老虎们挡在外面，或者说是把你关起来，不知是人在笼子里看老虎,还是老虎在笼子里看人，可近距离感受百兽之王的霸气，惊险刺激，趣味无穷。

此外，园林里有餐厅供游客就餐，比较特别的是餐厅也是透明的，可一边品尝美食一边看幼虎们嬉戏。

石门峡

充满天然野趣的游山玩水胜地

黄山市黄山区谭家桥镇　¥38元

石门峡是黄山东部的一道神秘的大峡谷，因峡谷口两峰夹峙，峭壁如门，故而得名"石门峡"。景区是以登山观景、探幽寻趣、攀岩戏水为主题的自然旅游风景区。

石门峡谷纵深10千米，谷中群峰竞秀、怪石罗列，潭池瀑布密布，原始森林茂密，山花烂漫、四季飘香，珍禽异兽栖息其间，是充满天然野趣的游山玩水胜地。

玩家 攻略

石门峡附近有红军北上抗日先遣队纪念馆，可以顺便游览。

普仁滩漂流

黄山东海第一漂

黄山市黄山区谭家桥镇

普仁滩是一处以皮筏、竹筏漂流为主的旅游景区。景区融观光、娱乐、休闲为一体，清澈湍急的河水与雄伟奇特的黄山互为衬托，登山涉水，相映成趣，堪称皖南一绝。景区境内花香鸟语，秀色宜人，两岸群峰壁立，茂林修竹，峡谷幽深。坐在筏上，看两岸青山竞走，观浅底鱼虾相逐，一番"返璞归真，回归自然"的情趣自会油然而生。

玩家 攻略

漫步百乐园、品尝农家饭、欣赏民俗歌舞表演、体验刺激性的攀爬、荡秋千、独木桥等挑战人体极限的旅游活动，让你置身于仙界的画图中。景区内还有具江南风格的楼群女儿庄、农家乐式茶楼、老妈烧烤楼，还有民族歌舞表演、篝火晚会等极具参与性的游乐活动，不容错过。

肖黄山

奇松、怪石、玉泉

肖黄山是黄山的余脉，它像黄山一样集奇松、怪石、玉泉等自然景观于一身。山上有

秀水凉亭、牧龙池、金蟾望月、神仙锯板、神仙房、边鼓石、奇石、飞渡关、砚台石、钟鼓楼等景点；山腰泉水清澈甜美，含有多种益身矿物质（已建有矿泉水厂），且终年不竭，源远流长。

黄山民间艺术馆

地地道道的民间博物馆

黄山区103省道近仙源路西

太平客运中心站有车可达艺术馆

由当地民间艺术家丁仍芳创办的黄山民间艺术馆是一个具有较大规模和较高品位的民间艺术展览馆。

黄山民间艺术馆为典型的黄山徽派建筑，占地2000平方米。馆藏内容丰富、涉及面广，分为名人字画，明、清家具，古玩、古物，徽州三雕，文房四宝，玉器、珍珠、水晶饰物及工艺品、旅游纪念品等展区。

玩家 解说

艺术馆内藏有新石器时代、商、周、汉魏六朝，下至明、清、民国各个时代的具有一定代表性的实物，有新石器时代的石器，三代及春秋战国时期的青铜器；温润无瑕的古玉，碧绿通体的翡翠；琳琅满目的古陶瓷；朴实高雅的紫砂；大批古今名人字画，明、清时期的古家具；各种金石、古钱币，以及神奇的木、石、竹、砖、根雕。

黄山野生猴谷

黄山天然动物园

黄山市汤口镇寨西村浮溪

40元　9：00～17：00

黄山野生猴谷位于黄山浮丘峰和云门峰之间的峡谷内，这里瀑布飞泻，溪水流淌，黄山猴被迁到这里安家落户，野生猴谷由此得名。

这里珍禽异兽繁多，植被物种丰富，故又被称之为华东地区物种基因库。这里的猴子是黄山短尾猴，为国家二级保护动物，《动物世界》在这里拍摄过专题片。

玩家 解说

在每天相隔3小时的投食之时，驯养员一声呼唤，群猴立即从山林中尖叫着攀石壁而下，迅速群集于瀑布下的谷底投食地，翻动石块，争食着撒在乱石滩上的玉米粒。

饱食之后，猴群或在溪边嬉戏，或在石上理毛，或向游人龇牙挑逗，这比在动物园看猴子生动、有趣得多。置身于这天然猴园，能真切地体味到大自然的原始魅力，令人乐不可支。

凤凰源

亲水胜地

黄山市黄山区乌泥关

98元

凤凰源，又名黄山东海大峡谷、香姑源，是黄山东海仙都峰和布水峰之间的一条大峡谷，纵深10余千米。这里传说是轩辕黄帝爱妻嫘祖放养凤凰的地方，是凤凰的故乡；又因仙都峰上有一奇石，形状像凤凰，昂首欲飞，大有出源之势，故名凤凰源。

凤凰源内至今保持着原始生态景观，

凤凰源

源内山花烂漫、奇峰秀出、怪石罗列、翠水长流、森林茂密、野趣十足。凤凰源在黄山众多峡谷中极具个性色彩，情景交融，魅力无穷，今人有诗赞道：凤舞九天，凰鸣四海；相约情人谷，情归凤凰源。

玩家 解说

凤凰源谷口有一个关隘，叫乌泥关，建于明代，距今已有400多年的历史，是古时进入徽州、黄山的重要关口，也是兵家必争之地。据《歙县志》记载，历史上这里有南宋侠女香姑夫妇协助岳飞抗金的动人故事；现代有方志敏烈士率红军北上抗日先遣队与国民党反动派激战的壮烈场面。

乌石湿地公园

"太平湖畔小九华"

黄山市黄山区乌石乡

乌石国家湿地公园是太平湖湿地公园的核心区，是观景、观鸟的最佳地点。这里山水多娇，风景如画，湖光山色与田园风光美不胜收。这里湖水涌岸，天蓝水阔，白鹭翩翔，水草丰美，牛闲羊欢，颇有"风吹草低见牛羊"的藏南风情。

玩家 攻略

当地设置了专门的观鸟台，有相应的指示牌详细介绍太平湖鸟类。观鸟时间一般在4月下旬到10月下旬之间。另外，冬季湖泊水位下降后，河床上会有很多盛开的紫色小花，堪称胜景，花期一般在10月底至11月上旬。

樵山神仙洞

黄山区境内的第三大胜景

黄山市黄山区新明乡樵山村

88元

8：00~17：00

樵山神仙洞是黄山区境内的第三大胜景，也是黄山地区一个天然形成的地下钟乳石溶洞。据《中国名胜词典》记载："游人步入洞内，雾霭袅袅，幻觉顿生，如入仙境，故名"神仙洞"。

神仙洞风景区是以溶洞景观为主体、融洞外自然风光、人文景观为一体的综合性风景名胜区。

玩家 解说

樵山神仙洞有南北两个洞口，全长3200米，目前已开发1200米，整个游览线走向呈"S"形。洞体分天洞、中洞、地洞、地下暗河结构，洞中有洞，洞中有河、洞洞相通、纵横交错，地势高低不等、宽窄不一，溪水蜿蜒曲折、层层相叠，游览线曲折回环，如入迷宫。

金珠源大峡谷

探野寻幽的好去处

黄山区耿城镇沟村金珠源

免费

金珠源是黄山北麓九龙峰与五老峰之间的一道大峡谷，是寻找野趣的不错选择。金珠源本身是一片示范林，以竹林为主。谷口自然竹标达1.33平方千米，一片绿色的竹的世界。除了竹林，谷内原始森林覆盖，野草山花争奇斗艳，珍奇鸟类齐鸣山涧，时有黄山猴蹿上跳下。

景点推荐

徽州区景点

唐模古村 AAAAA

中国水口园林第一村

黄山市徽州区潜口镇唐模村　黄山客运总站有直达唐模的班车　80元

唐模是徽州历史悠久，人文积淀深厚的文明古村。唐模村始建于唐，发展于宋元，盛于明清。为徽州汪氏与许氏的主要聚居地之一。历史上因经济活跃、民风淳朴，而被誉为“唐朝模范村”。

该村位于黄山之口，毗邻歙县棠樾牌坊群。檀干溪穿村而过，全村夹岸而居，两岸分布着近百幢徽派民居，还有40余米的避雨长廊，廊下临河设有“美人靠”，供人歇息聊天之用。村内有千年古樟之茂，中街流水之美，因“十桥九貌”之胜及“一村三翰林”之誉而闻名中外。村庄东水口檀干园是徽州园林的经典，唐

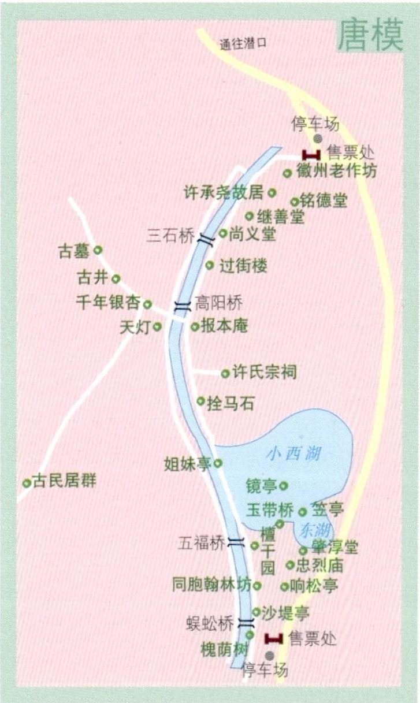

模村因此被称为“中国水口园林第一村”。

玩家 攻略

细长的村子依附着一条清澈的河，游览时只要顺着河岸直行即可。

玩家 解说

檀干园边有一棵“天下第一媒树”的老樟树，已有400年历史。因为在电视剧《天仙配》里“客串”了为牛郎织女牵线的老槐树，因而有情人们纷纷在树上挂上许愿的红带，寄托着爱情圆满的美好愿望。

潜口民宅 AAAAA

徽州古建筑博物馆

黄山市徽州区潜口镇潜口村

黄山客运中心乘坐旅游2号线可直达景区

潜口民宅采取原拆原建的方法，将散落在附近的10座典型的明代建筑集中一处，形成了今天独具风格徽州古建筑群。民宅建在山坡上，环境优美、种类齐全。可谓是徽州古建筑群博物馆。

这十余座明代古建筑有荫秀桥、石牌坊、善化亭、乐善堂、曹门厅、方观田宅、司谏第、吴建华宅、方文泰宅、苏雪痕宅等。

玩家 攻略

景区常年向游客表演徽州地方民俗、歌舞等，游客可参与其间进行互动表演。还有徽派雕刻工艺，有木雕、竹雕工艺大师进行现场雕刻展示，宣传徽派雕刻工艺的现场展示。

玩家 解说

在一个小山峦上展示出各类不同古民居风貌，颇具匠心，首先，潜口民宅很注意它的代表性。从建筑类型看，有洞社、宅第，也有小桥、路亭、牌坊；在时间跨度上，从明弘治八年延续到明中晚期。其次，潜口民宅颇具典型性。这里有雕饰精美、能体现徽雕技艺的方文泰宅，有江南现存明代最早砖木结构建筑之一的司谏第，亦有保留了元代营造手法的吴建华宅。再次，潜口民宅有统一的艺术风格。布局上参照了徽州古村落的固有特点，内部陈设以明代家具和其他生活用品为主，再现了徽州古村落的历史文化风貌。

呈坎 AAAAA

古老神秘的八卦村

黄山市徽州区呈坎镇呈坎村

黄山客运总站有直达呈坎的班车 ¥107元

呈坎古名“龙溪”，始建于东汉三国时期，已有1800多年的历史。呈坎村是按《易经》中“阴（坎）阳（呈）二气统一，天人合一”的八卦理论选址布局的，是皖南最古老、最神秘的八卦村。早在宋代就被理学家朱熹誉为“呈坎双贤里，江南第一村”。

呈坎众川河自北向南成“S”形穿村而过，自然形成了罗盘八卦中的阴阳鱼的黑、白分界线。村北、村南又以众川河为起点，向村外发射八条街巷，把整个村庄分割成大小八块，街巷相通，巷巷相通，使村落形成二圳三街九十九巷，成为一个完整的九宫内八卦。

呈坎现拥有宋、元、明、清等古建筑130多处，国家级重点保护文物二十二处，“一村双国宝”全国罕见。它是中国独一无二、保存最完整的明代古村落。又被称之为中国国宝最多的乡村。

值得一提的是湖南卫视热播综艺节目《偶像来了》曾来此拍摄。

玩家 攻略

呈坎街巷四通八达，进村后如入八卦迷阵。不过现在呈坎已经开发得相当成熟，景区精心开辟了一条线路，把10个主要景点串联了起来，依照景区的指示牌，很容易就能走遍所有景

呈坎八卦村全景

呈坎宝伦阁

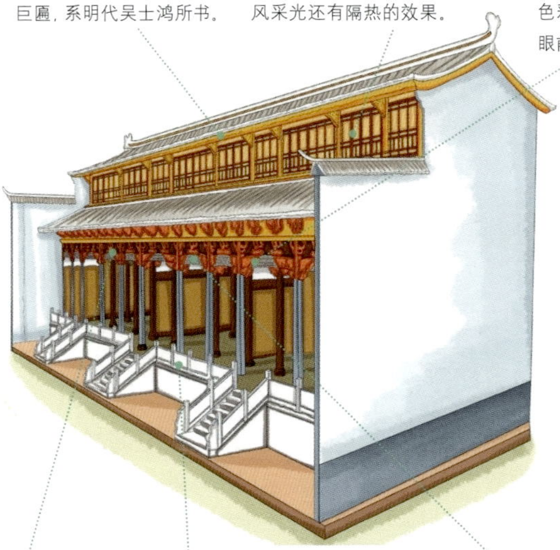

点，不用担心迷路的问题。

游览线路一般遵循从西到东的顺序，建议在景区门口请个导游，30元讲解一次，在宛若迷宫的村中不至于错过重要景点，像八卦、风水之类的名堂，也要有人讲解才能懂。由于导游数量有限，村中当地人会自荐当“野导”，一些重要建筑很有可能野导进不去，只能在门口讲解几句，有些当地人只会讲土话，记得找会讲普通话的并谈好价钱，以免产生不愉快。

若是想看精美的建筑，明代的宝纶阁是必游的。它坐落在村子东北边，是一座三进祠堂，第一进为仪门；第二进为大厅，堂上匾额为董其昌所书，堂里的几根金丝楠木柱子价值连城；第三进便是宝纶阁，进入后一定要抬头看屋顶，房梁的两端雕着花，多数梁上有彩绘图案，绝妙的是有些连颜色还依稀可辨，美不胜收。

丰乐湖 AAAA

“黄山天池”

黄山市徽州区呈坎镇老梁上

丰乐湖为黄山诸水汇聚，由桃花溪绵延而下，水质清澈，一碧万顷，其精华部分长约7.5千米，水域面积4.67平方千米。湖区生态环境十分优美，景色变化丰富，被誉为“黄山天池”。

湖中岛屿、半岛众多，形态大小各异，高低错落，与绿水青山和粉墙黛瓦的民居相映衬，形成各具特色的长潭问茶、关公义岛、车门画境、独钓溪潭、露伴荷花、龙舌生津、幽居龙盘、容成仙台、金牛沐浴和醉倚湖心这“丰乐十景”。

新四军军部旧址 AAAA

抗战旧址

黄山市徽州区岩寺镇滨河南路

岩寺新四军军部旧址位于岩寺镇荫山巷的金家大院，丰乐河从大院前流过。大院白墙黑瓦，是一组清末徽派古民居建筑群，包括四幢三间两层的砖木结构楼房及前后院落。

在老宅子内部开放式的展厅里，你可

以了解到新四军将领的事迹，还可以参观叶挺、项英住处。新建的岩寺新四军军部旧址纪念馆则介绍了新四军在岩寺集结抗日的历史。

玩家 解说

1937年"七·七"卢沟桥事变后，国共两党进行第二次合作，将南方八省红军游击队改编为国民革命军新编第四军。1938年2月军长叶挺，副军长项英及陈毅、张云逸等率领7000余官兵在皖岩寺集中整编。军部及政治处设在岩寺后街的金家大院内，新四军在这里点燃了东进抗日的燎原之火。这一革命旧址是历史教育、爱国主义教育、革命传统教育、国防教育基地，这里留下了新四军、周恩来、叶挺、陈毅等革命家的光辉足迹。

徽州文化园

综合性文化旅游园

黄山市徽州区岩寺镇

徽州文化园集中展现了徽州文化所代表的中国明清四百年历史文化精华，是融民俗风情、山水风光和历史古迹为一体；集旅游观光、度假休闲、学术交流、文化考察于一身的大型综合性文化旅游园区。

徽州文化园由徽派园林、碑廊、牌坊群、徽派盆景园、紫阳书院、新安画苑、古徽四宝斋、新安药堂、徽商纪念馆、徽戏楼、徽茶品茗阁、徽菜馆、文昌阁、五凤楼等部分组成。

西溪南

生态休闲旅游地

黄山市徽州区西部

西溪南镇旅游资源得天独厚，是发展生态休闲旅游的绝佳之处。西溪南古称丰溪、丰南，形成于唐，历经宋元，鼎盛于明清，当时商者足迹遍布扬州、南京、杭州及沿淮一带，以盐商为主，兼营茶、木材、典当等行业，成为历史上徽商的重要组成部分。

西溪南古村落保存较完好，村中拥有国家级重点文物保护单位老屋阁、绿绕亭，以及大量的明清古建筑，"丰溪八景""溪南十园"等遗迹依稀可见。千年银杏树、五百年桂花树、二百年罗汉松生长旺盛，独具观赏价值。坑上二坝水面1平方千米，两岸植被完好，自然风光秀丽。

西溪南老屋阁

景点推荐

屯溪区景点

花山谜窟 AAAA

规模宏大的人工石窟

黄山市屯溪区屯光镇浯村　在屯溪火车站的公交车站台上等屯溪到王村的班车,中途到花山谜窟下车即到　78元　0559-2359888

花山谜窟位于屯溪区与歙县交界处的新安江畔,原名古徽州石窟群,融青山、绿水、田园景致、千年谜窟、奇峰怪石、摩崖石刻、庙宇、古建筑等自然景观和人文景观为一体。石窟在古代已有,但具体何人开凿、用途、石料去向都是不解之谜。

花山谜窟其核心景区现已探明的石窟有36处,初步开发的主要有2号、24号、33号、34号、35号等,石窟形态殊异,但它非同于国内诸多著名天然溶洞,而是古代巧夺天工开凿而成的怪异石窟古迹,如此规模之恢宏、气势之壮观、分布之密集、特色之鲜明、国内罕见,堪称中华一绝,被誉为“北纬30度神秘线上的第九大奇观”。

玩家解说

2号石窟最特别,口小洞大,走到引洞口,眼前豁然开朗。洞内有几十根石柱昂然挺立,组成长80米,宽1.5米、高4米的地下长廊。

24号石窟是水上石窟,只有一层的6根石柱露出水面,其实水下还有如此三层,总计24根石柱。洞内一片汪洋,深不见底,乘船而入,碧波荡漾。

35号石窟又称清凉宫,总面积12 600平方米,属目前全国最大的人工石窟。洞深170米,上下落差25米,最低处低于新安江水面以下2米。石窟内最高处有18米高,如同现在普通建筑六到七层楼,石柱呈一字排列,将石窟内部分割成36间石房,环绕大殿,气势恢宏,又称“地下宫殿”。

新安江滨水旅游区

乘船休闲旅游区

黄山市屯溪区滨江东路新安江沿岸

市区乘坐9路公交车在观光索桥站下车可到

新安江滨水旅游景区泛指从黄山市区到花山谜窟的长约10千米的新安江，在景区范围内，游客游览的其实主要是黄山市区内的那段新安江，可以坐游船、自驾或者徒步游览。

宁静的新安江水与远处秀丽的青山构成了不错的风景，徽州照壁、湖边古村、屯浦归帆广场、林廊清影长廊等沿途景点，都是现代的仿古建筑。

玩家 攻略

乘船游览的话，在滨江东路的屯溪码头上船，船票120元，行程约50分钟。船自东向西行驶，经世纪广场，到达水利枢纽（黄山市临江花卉市场附近），再返回屯溪码头。船上专门为各个景点配备了解说。

若选择晚上游览，旅游区内所有的景致都会打上灯光，变幻出与白天完全不同的样子。

程大位故居

明末著名数学家故居

黄山屯溪区柏树街东里巷内

乘5、8路公交车在新园路口站下车，步行即到

程大位，明末著名数学家，因著书《算法统宗》，被推崇为中国“珠算鼻祖”。故居建于明正德年间，距今已490余年历史。坐北朝南，两进三间砖木结构二层楼房，马头墙、小青瓦，典型的明代徽州民居建筑。

故居的大门为内外门楼，上饰精美的徽州砖雕，门内为天井，晴天可望蓝天白云，雨季可观屋檐雨水流汇，四水归堂。故居为两层，一脊二党三开间，东西厢房列两边，建筑面积五百多平方米。

故居内展示有周恩来、苏步青等人的题词、古今中外各式算具及程大位著作、程氏宗谱及各种珠算资料、图片。

玩家 解说

在众多展品中，最令人瞩目的是形状各异的算盘，大者有81档，1.75米长，小者如戒指算盘，仅2厘米长，具有较高的观赏价值和文物价值。

新安江风景

国内外珠算专家和珠算爱好者、研究者纷纷前来参观游览。程大位故居为珠算研究的中心，也是安徽省重点文物保护单位。

植物大观园

绿色仓库基地

黄山市屯溪区奕棋镇朱村

黄山植物大观园，种植苗木1.53平方千米有余，300多个品种，300余万株苗木，分别建成黄山名贵树木园，香樟园，桂花园，石榴园和龙柏园。同时开辟盘山观光路4.28千米，浇筑水泥大道1.94千米，园区初步建成集苗木培植、储备和观赏于一身的绿色仓库基地和旅游休闲景点。

戴震纪念馆

“皖派宗师”纪念馆

黄山市屯溪区

戴震纪念馆是一幢清代民居建筑，称为“摇碧楼”。馆中分四个部分，分别收藏了9000余册戴震藏书和后世文人学者研究戴震的理论书籍。还精心保存了20多部戴震著作，均为民国时期版本，这也是目前国内现存最早的戴震著作。

链接

戴震

戴震（1724—1777），字东原，安徽屯溪人。他既是

乾嘉考据学久负盛名的"皖派宗师"，又是在儒学内部最早批判"以理杀人"的思想家。其视个体为真实、批判程朱理学的思想，作为中国文化现代转型的本土资源，对晚清以来的学术思潮产生了深远影响。戴震本人也被梁启超、胡适称为中国近代"科学界的先驱者"。

黎阳in巷 AAAA

屯溪最新的休闲地标

📧 黄山市屯溪区黎阳老街

黎阳in巷是在黎阳镇的老街上重建的休闲旅游区，是古朴徽派建筑与现代建筑的完美融合，也是屯溪最新的休闲地标。古街上保留了一些原本的老房子，剩下的建筑则大部分都是新建的仿古建筑，甚至还带着哥特式风格。

社区里小路纵横，内有咖啡馆、小吃店、酒吧、电影院等。

玩家攻略

黎阳in巷可以和屯溪老街、老大桥串成一条线路来游览。老街往西走到头，过老大桥，再直行20米就是黎阳in巷。

屯溪老街

中国历史文化名街

📧 黄山市屯溪区新安江上游三江口

🚌 乘公交1、2、5、8、12、18路在一马路站下车可到

屯溪老街古时是由三江汇流处的码头

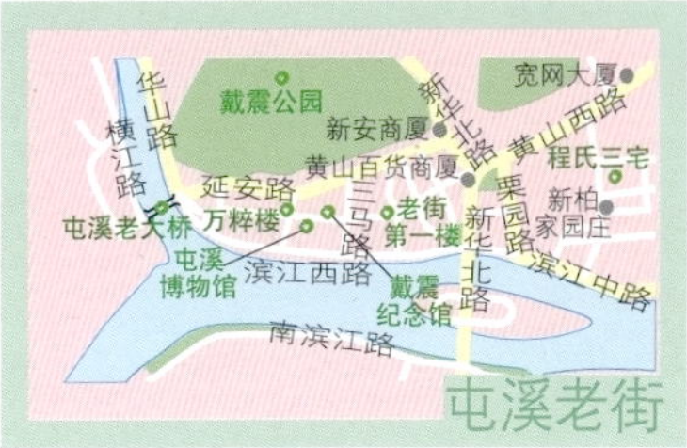

发展起来的，繁荣于明清，距今已有数百年历史，是目前中国保存最完整，具有宋、明、清时代建筑风格的步行商业街，为全国重点文物保护单位、中国历史文化名街。

屯溪老街现在是黄山市有名的小吃街、商业街。主街老街东西走向，全长853米，东端有一块牌坊和写有《屯溪老街记》的照壁，西至横江、率水、新安江汇流处的老大桥（镇海桥）。老街不宽，铺着青石板路，两侧林立着一幢幢徽派建筑，店铺便开在临街的屋子里，出售的也都是徽州特产。

玩家攻略

游览时间：白天来屯溪老街，可以清晰地看到徽派建筑上精美的砖雕、木雕、石雕，并且参观一些景点。但晚上的老街要比白天更热闹些，店铺开了灯，一串串红灯笼与白墙黑瓦相映，带个三脚架，吃饭、逛街之余可以拍拍夜景。

购物：若要购物，街边的铺子主要卖的是徽墨、歙砚、当地茶叶，"徽州四雕"、徽派国

屯溪夜景

屯溪老街

画、版画、碑帖、金石、盆景、根雕等，记得猛砍价。一些百年老店不要错过，比如开设于清同治二年（1863），依然保持着老中药店模样的同德仁（老街206号）；店堂内挂着很多国家领导人来访照片、卖精品歙砚的三百砚斋（老街173号）。大多店铺到21：00就关门了，购物需控制好时间。

食：靠近老街东端牌坊处的老街第一楼（老街247号）最有名，它隔壁的美食人家价格稍微便宜一些，新苏老徽馆（老街151号）也很有名气。沿街有许多卖小吃的，买上臭豆腐、烧饼、徽墨酥、毛豆腐、臭鳜鱼边吃边逛也是不错的选择，像徽墨酥买回家还能送朋友。

住：屯溪老街上有住宿，比如东端的老街国际青年旅舍，西端的老街口客栈，都不贵，不过若不是非常喜欢老街的氛围，也不用特意住在这里，黄山市住宿的地方还是很多的。

万粹楼

中国首家古建筑型私人博物馆

屯溪老街143号　50元

万粹楼是中国首家古建筑形私人博物馆，面积2000多平方米。此楼建于1996年，楼高四层，采用明清时代古建筑遗存的石雕、砖雕、木雕等旧构件中的精品，按徽派建筑的风格重新组合而成，糅合了徽派民居、园林、府第、商铺的风格。馆内陈列着主人收藏的大批文物，以及500多件当代名人字画、900方珍贵砚台。

玩家 攻略

万粹楼有专门的解说员陪同解说，在楼顶的楼台上能俯瞰老街风貌，不要错过。

屯溪老街社区博物馆

展示屯溪老街历史变迁

屯溪老街168号　免费

周二至周日8：30～12：00，14：30～18：00

0559-2538024

屯溪老街社区博物馆根据屯溪博物馆建设、老街文化遗产保护现状与老街居民生活的实际情况相结合，采取“一个中心馆，七个展示区”的馆群模式展开，将老街范围内景具有特色的人文、生态资源纳入展示范围，将原文化生态、社会生态等各方面较好地融合，系统地展示了屯溪老街的过去、现在和未来。

屯溪博物馆

徽州文化博物馆

安徽省第二大综合性博物馆

黄山市屯溪迎宾大道50号　可乘出租车前往

免费

周二至周日，9：00～11：30，13：30～16：30

0559-2574222

安徽中国徽州文化博物馆为安徽省第二大综合性博物馆，也是国内唯一全面体现徽州文化主题的博物馆。博物馆展出面积6000平方米，集中展示了徽州灿烂的文化。

馆舍建筑是以徽州文化为基本内容、徽州地理山水为背景、徽州建筑风格为基调的一组多功能综合建筑及徽派风景园林。馆舍地域开阔，周围龙山平缓环绕，高低层次错落有致。草木葱茏，环境优美，水景小品，点缀其间，人文景观与自然景观相映成趣。

胡开文墨厂

参观传统制墨工艺

徽城镇城东路19号

胡开文墨厂创建于清代乾隆三十年（1765），已有两百多年历史。这里集中了名家制作徽墨的全部技术设备和家传秘方，拥有明清以来历代名家创作雕刻的珍贵墨模七千八百多个品种。

工厂依着后山而建，设有雕模、点烟、制墨、晾墨、打磨、描金等十多个生产工序和一个设备齐全的墨锭理化检测中心。踏过石阶上到二楼就可以看到制墨的传统工艺。

玩家 攻略

墨场的直营店可以买到墨和歙砚，价格比老街便宜，而且品质有保证。

程氏三宅

“明代民居之瑰宝”

黄山市屯溪区柏树东里巷6号、7号、28号

乘坐15路公交车在老六中下　30元

程氏三宅为明代成化年间礼部右侍郎程敏政所建。因三处住宅皆为明代建筑，户主又皆姓程，故俗称“程氏三宅”。程氏三宅具有很高的科研价值和观赏价值，被北京故宫博物院古建筑专家傅熹年教授誉为“明代民居之瑰宝”。

三宅均为五开间二层穿斗式楼房，前后厢房，中央天井，类似三合院。三宅结构严谨，装饰精美，古朴素雅。

玩家 解说

三宅中以程梦周宅为典型。该宅五开间，二层楼房。进深16.1米，开间13.6米。两侧带厢房，中为院落。平面呈不明显凹字形。五架梁面上均施有图案彩画，色彩有明代风格，为徽州明代住宅中所罕见。楼上前檐垂莲柱装置飞来椅靠背，柱的断面四方抹角，柱侧上端插拱二挑，托住檐檩。屋顶形式为硬山，封火山墙高低错落，显得宅深院静。

胡开文墨厂徽墨制作

景点推荐

黟县旅游区

宏村 AAAAA

"中国画里的乡村"

黄山市黟县宏村镇　在黄山汽车站乘至黟县的汽车，黟县汽车站坐到宏村的汽车，约20分钟

104元　全天开放　0559-5541158

宏村始建于南宋绍兴年间（1131—1162），取名"弘村"，清乾隆年间避帝讳改为"宏村"，取宏广发达之意，至今已有800多年的历史，为汪姓聚居之地。

宏村是徽派民居中最具代表性的村子，村中数百幢古民居鳞次栉比。宏村背倚黄山余脉羊栈岭、雷岗山等，地势较高，常常云蒸霞蔚，时而如泼墨重彩，时而如淡抹写意，恰似山水长卷，融自然景观和人文景观为一体，被誉为"中国画里的乡村"。奥斯卡最佳外语片《卧虎藏龙》曾在此取景拍摄。

玩家解说

宏村的一大特色是采用仿生学的"牛"形布局。宏村形如卧牛，村北的雷岗山是"牛头"，山上高耸的参天古树是"牛角"，村中的月沼、南湖是"牛胃"和"牛肚"，引清泉为"牛肠"，盘桓在南湖边的长堤是"牛尾"，村内鳞次栉比的老房子就组成了"牛身"。美丽而恬静的"卧牛"村内，人们过着安详、富足的田园生活。

古人智慧别出心裁且实用备至，不仅为村民们解决了用水，且调节了气温。宏村依山背水而建，村后以青山为屏、地势高爽，既无山洪暴发冲击之危机，又有仰视山色之乐，这也正是它比其他徽派建筑更具魅力的原因。

南湖

南湖位于宏村南首，宏村村落经永乐年间到万历年间，楼舍连栋，高低错落，人口繁衍，光靠月塘蓄水已不够用，又在万历年丁未

承志堂为砖木结构，全屋有木柱136根，大小天井9个，7处楼层，大小60间，门60个，占地面积2100平方米，建筑面积3000平方米。承志堂木雕，大多层次繁复，人物众多，且人不同面，面不同神，有较高艺术价值。

南湖书院

明末，宏村人在南湖北畔修建了六所私塾，又称“依湖六院”。在清嘉庆十九年（1814），此六院被合并，取名“以文家塾”，又称“南湖书院”。

将村南百亩良田，凿深数丈，周围四旁砌石立岸，仿西湖平湖秋月式样，建成南湖。

湖呈大弓形，半湖绿荷，湖畔柳枝婀娜，湖中画桥，横跨南北，将湖水分隔东西，湖周进出鳞次栉比的古民居及远处的群山倒映水中，雅致、清新。古今许多诗人画家游南湖后做了不少诗篇、图画，清代诗人汪彤雯曾写道：“无边细雨湿春泥，隔雾时闻水鸟啼，杨柳含颦桃带笑，一边吟过画桥西。”

月沼

月沼位于宏村村落中央，状如半月，老百姓称其为月塘。月沼建于明永乐年间（1403—1424），常年碧绿，塘面水平如镜。塘沼四周青石铺展，蓝天白云跌落水中。夜色朦胧时，月沼边一排灯笼亮起，分外美丽。不少经典大片都于此取景。

承志堂

承志堂位于村中上水圳，建成于清咸丰五年（1855），是清末宏村大盐商汪定贵的住宅，整幢建筑精雕细刻、朱柱金梁，有“民间故宫”之称。

南湖书院是座具有传统徽派风格的古书院，占地约6000平方米。书院由志道堂、文昌阁、会文阁、启蒙阁、望湖楼及祗园六部分组成。一湖碧水位于书院前，连栋楼舍接着书院，书院黛瓦粉墙，与碧水蓝天交相辉映。

乐叙堂

乐叙堂为汪氏宗祠。坐落于村中“月沼”北侧最突出位置，建于明永乐年间（1403）。祠堂由门楼厅、前院、议事厅、享堂等组成。整座祠堂建在村子中心地带，位

宏村

置突出，景色优美，祠堂空间的序列设计和背山面水的环境，给人增添了一份灵气与神秘，让人有庄重、肃穆之感。

玩家 攻略

摄影：村中各户皆有水道相连，汩汩清泉从各户潺潺流过，层楼叠院与湖光山色交相辉映，处处是景，步步入画。闲庭兴步其间，悠然之情浓烈得让人心醉。要想拍到宏村的美景，早上5：00左右是最佳时间。这时，村里的景点尚未被游人所包围。走在小巷中，清幽宁静得可以听到自己走路的声音，是拍照取景的好时机。

食：宏村商业化程度很高，几乎每家每户都开成了农家乐，也有挑着担子在街边卖小吃的，在这些地方你可以品尝到当地特色美食，有霉干菜扣肉烧饼、烤鸡腿、竹笋、电视节目《舌尖上的中国》里介绍过的毛豆腐、臭鳜鱼等。

住：宏村村口有数家旅店，但常被写生的学生住满，较为嘈杂。入住村内的最佳地点为古民居客栈，入住雕花鼓楼之中，木墙、木窗、木雕古床尽显浓厚的历史韵味，仿佛沉淀于历史之中。与主人同吃同住，颇有一种回家的亲切感。口碑不错的有：聚善堂、树人堂、松鹤堂。

西递 AAAAA

古民居建筑的宝库

黄山市黟县西递村 先坐车到黟县，到达黟县后再转车去西递十分方便 104元

景区全天开放，售票时间为：8：00~18：00

0559-5154030

西递古村始建于北宋皇祐年间（1049—1054），至今已有近千年历史。2000年被列

西递胡文光牌坊

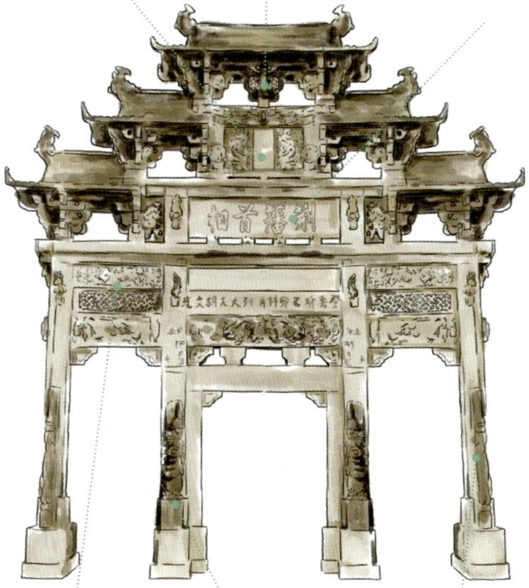

檐下斗拱两侧，雕有圆形镂空花翅32个，寓意着花团锦簇。

正楼匾上镌有“恩荣”两个字，两旁衬以盘龙浮雕。

中间坊板用双钩楷体镌刻着“荆藩首相”四字。

牌坊两侧均有石雕漏窗，周围附有凤凰、麒麟、梅花鹿等雕刻。

石柱下设有长方形石墩，中间二柱下方有石狮雕刻。

牌楼通体用质地坚实的“黟县青”石料砌成，为三间四柱五楼单体仿木结构。

为世界文化遗产，素有“世界上最美的村庄”“古民居建筑的宝库”“中国明清民居博物馆”之美誉。

宏村看水，而西递则看建筑，西递的徽派建筑是徽派村落中的精华。这里保留有数百幢明清古民居，建筑和路面都用大理石铺砌，两条清泉穿村而过，99条高墙深巷使游客如置身迷宫。村中各家各户的富丽宅院、精巧的花园、黑色大理石制作的门框、漏窗，石雕的奇花异卉、飞禽走兽，砖雕的楼台亭阁、人物戏文，以及精美的木雕，绚丽的彩绘、壁画，都体现了中国古代艺术之精华。

胡文光牌楼

明朝万历六年（1578），明神宗恩准胡文光的家乡竖立了这座牌楼，以示光宗耀祖。胡文光牌楼为三间四柱五楼的仿木式单体结构，高12.3米，宽9.95米，通体用西递附近山上质地坚实、纹理细腻的“黟县青”大理石砌成，雕琢精绝，巍峨高耸，神采各异，寓意深刻，为我国石筑单体牌坊中的瑰宝。

瑞玉庭

瑞玉庭是一座具有代表性的徽商住宅，建于清咸丰年间。里面最有意思的是一副副对联，比如全是走之的字组成的对联“迎送远近通达道，进退迟速游逍遥”，再如“快乐每从辛苦得，便宜多自吃亏来”，讲述经商道理的同时，也蕴藏着处世哲学。

西递

大夫第

古宅“大夫第”建于清康熙三十年（1691），原用于观景，楼额悬有“桃花源里人家”六个大字，门额下还有“作退一步想”的题字，语意双关，耐人寻味。有趣的是，近人多将此楼当作古装戏中小姐择婿“抛绣球”之所在，现已成为西递村举办此项民俗活动的场所。

玩家 攻略

最佳时间：西递村冬夏季节长，春秋季节短，四季分明，适合春秋前往，最好避开6月中旬至7月中旬的“梅雨”期。而4月份来西递可以看到白墙黑瓦与油菜花相互衬托的美景。

摄影：最适合留影的地方是牌坊外的湖边，在这里可以把牌坊、民居、花卉、树林等都带入镜头。

购：古村主要游览线路上有不少小店，这些店主要售卖竹制品、刺绣、三雕产品、茶叶和酒等，感兴趣的话可以购买。

食：西递美食有牛肉脯、烤山芋、石鸡、石墨茶、腊八豆腐等。

宿：古村内有大量住宿点，各种档次的都有，可根据需要进行选择。其中大部分是古宅改的民居。在景区内住宿，平时价格在100至200元之间，节假日翻倍，景区外的价格要便宜些。若住在村外，记得在入口处登记，方便申请多次进入。

卢村木雕楼

徽州木雕第一楼

黄山市黟县宏村镇卢村

50元

卢村是宏村附近另一个小村庄，因拥有稀世木雕楼而闻名全国。卢村木雕楼是由七家民居组成的木雕楼群，主要包括志诚堂、思济堂、思成堂、玻璃厅等宅院。这些木雕楼雕刻技艺精湛，图案栩栩如生，堪称一座雕刻艺术的博物馆，折射出古代徽州艺人娴熟的技巧和超凡的智慧。

玩家 解说

曾经引起很大反响的黄梅剧《徽州女人》就是以木雕楼为场景而搬上舞台。2002年，著名电影演员斯琴高娃因主演《走出蓝水河》而来到卢村，并成为卢村“荣誉村民”。

塔川

秋季摄影胜地

黄山市黟县宏村镇塔川村

从宏村沿宏泗公路步行大约半小时可达

40元

塔川又名塔上，是一座徽派小村，因古民居依山而建，层层叠叠形如宝塔，又有溪流穿村而过而得名。3、4月的油菜花，秋天的菊花，深秋的红叶都值得一看，其中以“塔川秋色”最为出名，漫山遍野的乌桕树呈现绿、黄、红的斑斓色彩，田地里白墙黑瓦的小村升起袅袅炊烟，犹如一幅油画，吸引了无数摄影爱好者。

玩家攻略

塔川红叶经过霜降，由绿变黄，由黄变红，中间呈七彩颜色，是摄影的最佳素材，观赏的最佳时间为10—11月下旬。从宏村到塔川最好选择徒步，102乡道是大众徒步路线，沿乡道步行有几个不错的拍摄点。如果你有更多的时间，可以绕道走宏村—丰登—协里—塔川—宏村环线，沿途是一派田园风光。

协里

宁静美丽的古村

安徽省黄山黟县协里　从宏村步行即到

协里位于宏村东面5千米处，就在宏村的对面，穿过公路即到。协里是一个更加宁静的古村，但景色与塔川比起来毫不逊色，春季可以行走在油菜花与桃花交织的美景中，秋季则可以看到红绿黄三色织成的画卷。山上还有观光带，可以远眺宏村。

木坑竹海

皖南大竹海

黄山市黟县宏村木坑　40元

木坑竹海距宏村4千米，木坑方圆数十里均为大毛竹，茫茫竹海、阵阵绿波衬托着数十间白墙黑瓦的徽派楼舍是这里最美的景致。

木坑竹海

看过《卧虎藏龙》的朋友都知道其中一幕“竹林斗剑”的场景，这幕场景的取景地就是木坑竹海。走进它，竹海翻涌出怡人心脾的清凉，叫人无法忘却。

玩家攻略

木坑竹海的游览路线通常是一条环线，分西海、木坑村、南海三段。旅行者通常从西海出发，登顶观景台，遥望竹海中的木坑，然后下山来到木坑村。

南海村山谷里有一个“竹怪城”，里面有很多竹子做的怪物或许会吓你一跳，木坑还有猎户，可以跟他们前去打猎。

南屏 AAAA

中国影视村

黄山市黟县碧阳镇南屏村　在黟县汽车站乘坐直达南屏的中巴　43元

南屏是典型的徽派古村，村落规模宏大，古建筑保存得极好。因《菊豆》《卧虎藏龙》等多部著名影片在此拍摄，被称为中国影视村，一举成为黟县地区除宏村、西递之外知名度较高的古村。

南屏全村有近三百多座明清古建筑，村中有36眼井，72条巷，从村头到村尾二百多

南屏叶氏宗祠

米的一条中轴线上，至今保留这八个大小祠堂，这种祠堂群在全省也是仅此一家。

玩家 攻略

初入南屏时，很容易会在村里错综复杂的小巷里迷路，每走几步就有一条小岔道，一不小心又会转回来，所以初来此地有个导游带领是很明智的选择。

村里有几个好的拍照点：一是村口，有大片的农田，可以把田地、徽派村庄、远处的青山一同纳入镜头，4月油菜花开时，总在第一眼就让游客对南屏印象深刻；二是万松林，大片百年树林枝叶参天，清晨有较好的拍摄效果，林中晨雾如梦似幻；三是村中有些民居的屋顶、阳台被设置成了观景台，能俯拍村庄，但需付费，可以和当地人讨价还价。

玩家 解说

村中央的叶氏宗祠（叙秩堂）是南屏最重要的景点，始建于明成化年间，张艺谋的《菊豆》有80%的镜头都在此取景，现仍保持着当时拍摄时的原貌。电影里的“老杨家染坊”横匾悬挂在大门上，祠堂中几条彩色的染布从高处垂到地面，周围的墙上贴着《菊豆》剧照。村南的“菊豆”药铺，也是《菊豆》的取景地。距叶氏宗祠不远的叶氏支祠（奎光堂），是《卧虎藏龙》里章子怡和杨紫琼比武的地方。

赛金花故居 AAAA

了解一代名妓传奇

黄山市黟县龙江乡218省道　可乘黟县到归园的班车直达景区　50元

赛金花故居又名归园，是运用传统的徽州园林造园方法打造的大型建筑群。除了园林景观外，这里还有赛金花故居、赛金花故居资料陈列馆。

陈列馆内展示了从国内外收购的大量历史资料、赛金花不同时期的照片，以及刘半农、鲁迅、夏衍等名人对赛金花的评价。在这里你可以了解到清末艺妓赛金花在国际王公贵族间受到的青睐，在八国联军侵华时做出的护国贡献，以及凄苦的晚年。

链接

赛金花

赛金花，清末侠妓，16岁嫁于状元洪均，17岁以公使夫人的身份随夫出使德、俄、荷、奥四国。她以会说洋文的小脚女人形象惊艳洋邦，并成为德国皇后和宰相的座上客。光绪二十六年，她以流利的德语与德国故交八国联军统帅瓦德西斡旋，为保护老北京城立下了汗马功劳，被京城百姓奉为“护国娘娘”“平康女侠”。

美溪打鼓岭 AAAA

避暑寻幽的好去处

黄山市黟县美溪乡　50元

打鼓岭位于安徽省黟县美溪、宏潭、洪星三乡交界处，是黟县少有的以自然风光为主的景点，有美丽、清秀的山林和瀑布。这里山峦重叠，林木繁茂，涧流飞泻；空气湿润，土壤肥沃，植物资源颇丰。

景区内有不少瀑布，大的瀑布有三条，每条瀑布都会形成水潭。实在是夏季避暑的好去处。

龙池湾

体验农耕文化

黄山市宏村黄山龙池湾景区　30元

龙池湾与宏村仅一河之隔，交通非常方便，为全国农业旅游示范点。龙池湾景区自然环境优美，田园风光秀丽，农耕文化深厚，民俗活动独特。宏村古水系的源头水——羊栈河贯穿整个景区，使景区更具灵气。

玩家攻略

龙池湾是一个不大的景点，这里主要展示一些农耕的生活场景，有潦车（筒车）、水碓、磨坊、油坊、豆腐坊、牛车和木制茶机、织布机等，你可以参观舂米，制茶等农耕过程，也可亲自参与车水、舂米、磨面、榨油、制茶、做豆腐等农家活动，感受其中的无限乐趣。还可到跑马场骑马，到竹楼茶室喝茶、观鱼，到放生池边放生。上览秋亭观景，到田间石子路上散步，随你所愿。

五里村

四季瓜果遍地

黄山市黟县五里村

五里村紧邻世界文化遗产地和全国十大魅力名镇西递、宏村，总面积1.6平方千米，该村四个村民组，近500人口。全村桃园面积0.73平方千米，是一个以种桃为主的水果专业村。

五里村多丘陵岗地，这里林木成片，四季瓜果遍地，鸟语花香，空气清新，一座座现代农民住户闪现在绿色树丛中，村中古道、钟山水库映衬出五里更加秀丽的田园风光。这里建有农业观光旅游景区、生态农业示范区。

深冲村

盛产优质茶叶

黄山黟县深冲村

深冲村因有得天独厚的地理环境和土壤条件，是一个以茶叶、水果生产为主的农业生态村。所产的茶叶因色美、香浓、味甘、汁馥被广大游客所赞誉，促成了融餐饮、观光、娱乐为一体的“农家乐”旅游在深冲村的全面兴起。

奇墅湖

湖泊度假区

黄山市黟县宏村西南方向3千米处

奇墅湖是在离宏村不远处开发的一个湖泊度假区。奇墅湖虽名气不大，风景却美得让人心醉。度假区湖光山色、潋滟碧波、有如处子，烟雨濛绕。尤其当秋季时，湖边逐渐长出大片的粉色小花，把湖边河滩染成一片惹眼的粉红，犹如一场视觉的盛宴。水库水位较低的年份，露出的河床上会布满青草和野花，绝美异常。

玩家攻略

沿湖建有大批别墅度假村，你可以在度假村里随便逛逛，若遇保安，可以住宿或消费为理由消除麻烦，去湖边走走也是不错的选择。

梓路寺

修禅胜地

黄山市黟县宏村西南方向5千米的梓岭山湾里

免费

梓路寺临近奇墅湖，原建于唐会昌三年（843），规模宏大，寺庙环境清爽深幽。当年曾经香火旺盛，信众如云。后因年久失修，陆续倒塌，又于2003年重建。

新建梓路寺保留唐风徽韵，古朴恢宏，是一处不错的修禅胜地。重建项目分为宗教生活区、修禅区和学苑区三部分。

玩家 攻略

周末和假日梓路寺会举办修禅活动，这期间信徒可以住在寺庙里。具体可关注官网，留意具体活动信息。

秀里影视村

处处皆美景

黄山市黟县宏村镇龙川乡秀里影视村　黟县汽车站或宏村汽车站有车前往秀丽影视村

¥ 60元

秀里影视村多年来受海内外众多电影电视制作人及诸多导演的青睐，成为闻名遐迩的天然影视拍摄基地。影视村是人造的景点，建造者把别处搜集来的徽派建筑按照设计思路集中在一起。

秀里影视村内有徽派老式商业街、符合影视拍摄要求的园林、河道、徽派仿古民居。秀里影视村依托黟县优美的生态环境和自然景观，将徽州地表古村落、古商业街、古水口园林三大板块，精妙地组合在一起，达到保护古建筑、展示和传承徽文化的目的。处处皆美景是所有参观者对秀里影视村的最好评价。

玩家 解说

作为徽州的影视基地，这里拍摄过不少作品。2008年7月，电影《苏乞儿》首度在该基地开机拍摄，而最有名的要数《武林外传》了，剧中的同福客栈至今还存在。

屏山 AAAA

小桥流水的唯美风韵

黄山市黟县屏山村　¥ 50元

屏山村距今已有1100多年的历史，居民多姓舒。村内现存有明清民居200余幢，光裕堂、成道堂等7座祠堂。其中舒庆余堂是中国皖南极为少见的明代宗族祠堂。

屏山村村中房舍沿溪流两岸建造，为了方便两岸住户的往来，明朝成化年间，在小溪上建了八座石拱桥，俗称为“长宁八古桥”。沿溪而建的民宅、古朴的石桥、桥下潺潺的溪水，构成了典型的“小桥、流水、人家”的山乡风韵。

柯村

赏油菜花

黄山市黟县西北部

柯村规模很小，但大片大片的油菜花还是让其在油菜花盛开的季节大展美姿。这里的村民依照几百年来传承下来的劳作方式，无意中把田地变成了一块块无规则的几何图案，它们和小村庄一起形成了一幅美妙的油画。

玩家 攻略

最佳旅游时间是每年的3月中旬至4月中上旬，最好的观赏方式是爬上山头俯瞰。

屏山村远眺

景点推荐

歙县旅游区

徽州古城 AAAAA

历史文化名城歙县的核心

黄山市歙县徽城镇徽州路 黄山市汽车客运总站乘坐到歙县的汽车，车次很多，下车后步行即到 80元

徽州古城位于歙县的练江北岸，始建于秦朝，唐代以后成为古徽州府治所在地。今婺源、黟县等地，在古代都归其管辖。汤显祖的一句"一生痴绝梦，无梦到徽州"使无数人对它魂牵梦绕。

景区内古民居群布局典雅，古桥、古塔、古街、古巷、古坝、古牌坊交织着古朴的风采，犹如一座气势恢宏的历史博物馆。古城内的主要景点有许国石坊、新安碑园、太白楼、斗山街、渔梁坝、徽园以及陶行知纪念馆。

玩家攻略

古镇不是封闭的，想省门票的话可以很方便地从任何一条街巷进入古镇，去逛逛那些无须门票的景点，比如著名的许国牌坊。

在复建的徽州衙门里，每天的9：20、10：20、14：30、15：30有县衙办案表演可看，时间为40分钟，周一休息。在渔梁坝的上游可乘当地人的小舟游练江，价钱需要面议。

徽州古城的导游免费，在北边仁和楼附近的徽园或南边翁城外的多景园游客服务中心买了门票后，可以和工作人员提一下想要导游服务，景区会给你安排。

作为古徽州府衙的所在地，无论是酒楼还是土菜馆，都能吃到正宗的徽菜。当地特色美食徽州一品锅，在大锅里铺一层鸡、一层鸭、一层肉、一层油豆腐，点缀着蛋饺，令人食指大动。还有毛豆腐、臭鳜鱼等也值得品尝，要是碰到卖梅菜烧饼的小贩可以买来边逛边吃，味道很香。

许国石坊

许国石坊又名大学士坊，俗称八脚牌楼，是明万历十二年（1584）皇帝为了表彰礼

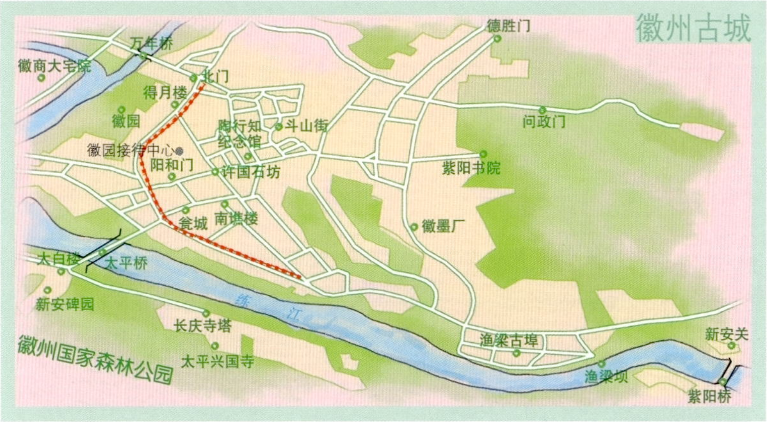

部尚书、武英殿大学士许国而建。

许国石坊由前后两座三间四柱三楼和左右两座单间双柱三楼式的石坊组成。石料全部采用青色茶园石，石料质地坚硬，粗壮厚度。石坊雕饰艺术更是巧夺天工。每一方石柱、每一道梁坊、每一块匾额，每一处斗拱和雀替，都饰以精美的雕刻。12只狮子，前后各四，左右各二，雄踞于石础之上，形态各异，栩栩如生。

许国石坊是徽州石牌坊中最杰出的代表，综合体现了石坊建造技艺的最高水平，其四柱三楼冲天式石坊形制，在石坊建筑史上占有突出地位，全国独一无二。

玩家 解说

许国石坊有三绝：在所有的牌坊中，形式上独一无二为一绝；在许国生前就立牌坊为二绝；在石头上仿木接榫为三绝。

链接

许国

许国（1527—1596），字维祯，明嘉靖四十四年（1565）进士。万历十一年（1583），许国以礼部尚书兼东阁大学士入参机务。万历十二年，因云南平叛决策有功，晋少保兼太子太保、礼部尚书，武英殿大学士，赐建牌坊。卒赠太保，谥文穆。

新安碑园

新安碑园位于城西披云峰下，是一座典型的徽州私家园林式建筑。它依山就势而筑，各式花墙、漏窗、洞门，相互通透，碑廊曲折起伏，蜿蜒二百多米，园内高处立亭，洼处凿池，假山石笋，小桥流水，花草相映，别具一番情趣。碑园内陈列着宋元明清名家书法碑刻二百余块，其中《余清斋帖》和《清鉴堂帖》两套碑刻完好齐全，实为罕见。

链接

《余清斋帖》和《清鉴堂帖》

《余清斋帖》刻自明万历中期，所汇名帖原为明代吴国廷家藏。《歙县志》记载："清大内所藏书画，其尤佳者，半为（吴）廷旧藏，有其印记。"此帖所收的世传珍品，如东晋书法家王右军十七帖，为唐人核定和双钩本，并有明初文学大家宋濂题跋。

《清鉴堂帖》问世稍晚于《余清斋帖》，由明代另一著名收藏家吴桢收藏并汇刻。《歙县志》评价："其目较《余清（斋帖）》为多，钩摹亦精。"它收有从晋代到明代24位名家的31件作品，其中有东晋王羲之《澄清堂主帖》二卷，唐虞世南、褚遂良、欧阳询、怀素，宋黄庭坚、米芾，元赵孟睿，所以历来为书法界所重视。

太白楼

太白楼和新安碑园相依偎，为徽派楼宇式建筑，原为一座酒肆。唐代诗人李白来歙访隐士许宣平时，曾在此饮酒，后人为纪念李白，特将酒肆改名为"太白楼"。此楼始建于唐初隋末，现存房屋乃明清所重建，为二层二进建筑，面积200余平方米。现辟为李白纪念堂，陈列着有关李白生平的书籍和各种古字画、古砚、古墨、古历、古屏风等上千件文物展品。

斗山街

斗山街是歙县保护得最完好的古街，建于明清，现存有典型的徽州民宅汪氏家宅、官宦人家杨家大院、古私塾许家厅、世代商家潘家大院、千年“蛤蟆”古井、罕见的木质牌坊——“叶氏贞节坊”等。它犹如一幅长长的历史画卷，向你娓娓讲述着古老的故事，青石板铺成的路面狭长、悠远，宛如再现戴望舒笔下的“雨巷”。

玩家解说

叶氏贞节坊：传说当年朱元璋为了躲避元兵的追踪，在斗山街江莱蒲家窗下的废墟中躲藏了七天七夜，并得到江妻的给食，得以生还。朱元璋做了皇帝不忘当年救命之恩，派人来接叶氏入宫，无奈叶氏守寡不从。皇帝便赐建这座牌坊以旌表叶氏女子。

蛤蟆井：相传斗山街原来是缺水的，唐朝贞观年间，当地居民从一对蛤蟆藏身的地方打出了两个泉眼，涌出清冽的甘泉来，于是在那里打井，终成这口历经一千多年永不干枯的蛤蟆井。

南谯楼

南谯楼的城门为隋末所建，而城楼是清代复建的。城门洞为很奇怪的倒梯形，左右靠墙立着26根立柱来支撑，这样的“排栅柱”，如今难得一见。

南谯楼

渔梁坝

渔梁坝位于渔梁老街的尽头，建于唐代，全部用清一色的坚石垒砌而成，为我国现存仅有的古代石质滚水坝，被专家誉为“江南都江堰”。

渔梁坝所在的渔梁古埠是古徽州的水路码头，交通要津，称雄明清商家三百余年的徽商就从这里启航。

渔梁老街至今保存完好，沿街皆是典型的徽派民居。现老街上的景点有渔梁坝博物馆、巴道夫运输过塘行、巴慰祖纪念馆和元和堂药铺，需凭票参观。

玩家解说

138米长的渔梁坝横截练江，全部用上吨重的条石垒砌，并且使用了楔形石锁，将相邻的条石互锁，于是构成了牢固的整体，坝体大的中间有凹下去的排水槽。

由于坝的落差较大，加上坝下乱石嶙峋，练水到此，经溢洪道飞流直下，涛声不绝，声震数里，煞是壮观。

徽园

徽园再现了徽州城明清时期的风貌，素有“徽州文化大观园”之称。徽园集牌坊、祠堂、民居“徽州古建三绝”之大成，融砖雕、木雕、石雕“徽州三雕”之精粹，主体建筑有仁和楼、得月楼、茶楼、惠风石坊、徽园第一楼、得意楼、春风楼、过街楼、古戏楼、莲池玉带桥、万金灵龟、九龙九凤壁、东南邹鲁坊等。

陶行知纪念馆

陶行知纪念馆西邻许国石坊，占地面积1700平方米，建筑面积3600平方米，仿徽派建筑。纪念馆大门为东向，用青灰色水磨砖砌。门外两旁置兽环石鼓，门厅正中设陶行知雕像。后进为展厅，陈列陶行知生平介绍和有关文献、实物。

链接

陶行知

陶行知（1891—1946），安徽省徽州歙县人，祖籍绍兴。中国人民教育家、思想家，伟大的民主主义战士，爱国者，中国人民救国会和中国民主同盟的主要领导人之一。

他于1917年从美国学成归国，着力推行平民教育，创办南京晓庄师范学校，推行“生活即教育”“社会即学校”“教学做合一”的生活教育理论，对我国教育的现代化做出了开创性的贡献。

棠樾牌坊群 AAAAA

中国牌坊之乡

黄山歙县郑村镇棠樾村　在歙县坐4路公交，到棠樾牌坊群下车　100元，含棠樾牌坊群、鲍家花园　0559-6750225

棠樾牌坊群位于安徽歙县郑村镇棠樾村东大道上。共七座，明建三座，清建四座。以“忠、孝、节、义”为核心的石牌坊，由两头向中间依次排列，呈半弧形展开，自西向东依次为鲍灿孝行坊、慈孝里坊、鲍文龄妻汪氏节孝坊、乐善好施坊、鲍文渊妻节孝坊、鲍逢昌孝子坊、鲍象贤尚书坊。七座牌坊庄重威严，连成一线。古牌坊周围伴以古祠堂、古民居、古亭居、古亭阁，在广阔的田园风光、秀丽的山光水色映照下，成为一幅气势恢宏的“徽州古建三绝图”。

与牌坊群相谐互生的鲍家花园，是以徽商私家园林为背景，以徽派盆景为主题，汇集徽派盆景艺术之精华，同时荟萃国内各流派盆景的代表作品，是一个品位较高的盆景观赏基地。园内展出盆景近万钵，品类俱全。置身园中，水光潋滟，花木成趣。

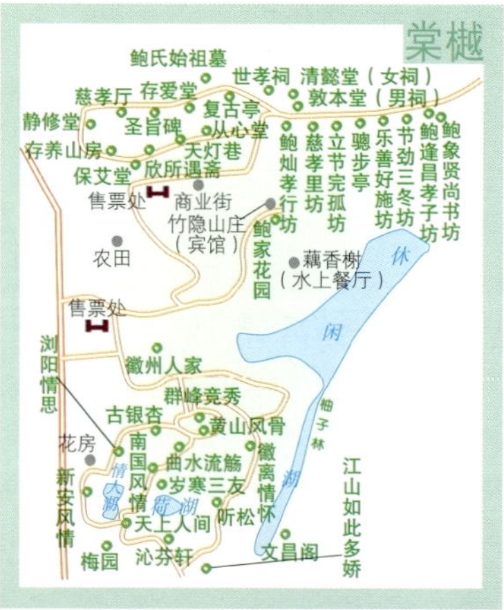

玩家解说

徽州原有牌坊一千多个，现尚存有百余个。其中，棠樾牌坊群雄伟壮观，全国罕见，许多电影、电视剧里面用了这里的外景。棠樾牌坊群的7座牌坊，勾勒出封建社会“忠孝节义”伦理道德的概貌。

其中一座明代牌坊，横匾上镌刻“御制慈孝里”几个大字，是皇帝表彰徽商鲍寿逊父子而建。据史书记载，元代歙县守将李达率部叛乱，烧杀掳掠。棠樾鲍氏父子被乱军所获，并要二人杀一，请他们决定谁死谁生。孰料父子争死，以求他生，感天动地、连乱军也不忍下刀。后朝廷为旌表他们，赐建此坊。清乾隆皇帝也曾为鲍氏宗祠题联曰：“慈孝天下无双里，锦绣江南第一乡。”

棠樾牌坊叙述的故事很多，比如好善乐施、夫妻恩爱长寿、兄弟金榜题名等。一座牌坊就是一个故事、一段历史，每一座牌坊都蕴含着丰富的内涵和象征意义。

新安江山水画廊 AAAA

舟行碧波上，人在画中游

黄山市歙县深渡镇深渡码头

从歙县汽车站乘车到深渡港，每小时对开一班中巴，车程45分钟，票价8元。千岛湖淳航客运码头（新安大街泗渡洲路口）与深渡之间每天有2班客轮对开，航程5小时　268元

新安江是古徽州文明的摇篮，是歙县人民的母亲河。还曾是古徽商的黄金通道，是连接苏州、杭州、扬州这些“天堂”之地的纽带。

新安江山水画廊是指从坑口乡到深渡镇的新安江沿线的山水。这一段两岸生态环境极佳，呈现高山林、山中茶、低山果、水中鱼的立体生态格局，与掩映其间的粉墙黛瓦的古村落、古民居交相辉映，是画里青山，水中乡村，构成一幅美妙的山水国画。

沿江有“三潭”枇杷、“三口蜜橘”“千年古樟”、九砂古村、新扬民居、古老作坊、龙门瀑布、大川岛、凤凰岛等美食及景点，更有观看绵潭徽戏，体验鱼鹰捕鱼，采摘枇杷、柑橘、茶叶，动手养蚕、榨油、磨豆浆等游乐项目的奇妙乐趣。

瀹潭村

瀹潭村地处妹滩之下、瀹水之口。村名在宋朝以前为药潭，南宋初时因方姓迁移至此，且村民多居于瀹水之口，故而改名瀹潭。瀹潭是新安江边的大村子，有近500户人家，1800余口人，逶迤延伸2千米多长，自上而下有上村顶、铺里、铺外、中山、吊前、里门、外门、新屋下等居民点。

漳潭村

漳潭村位于黄山市深渡镇南端，属于新安江山水画廊的核心景区，也是黄山市百佳摄影景点。这里群山蜿蜒，江水清澈透明，两岸生态环境极佳。新安江水从漳潭村前绕过，形成一个大的弧形。从歙县南源口沿江往下或者从深渡镇逆游而上都可到达。

绵潭村

绵潭村位于秀丽的新安江上游，居江之北岸，是新安江畔的文化村。更是新安江中众多深潭中的一潭。《歙县地名录》载：“古村落前潭边有木棉树，故名棉潭，后改棉为绵”。绵潭是著名的“三潭枇杷”的产地之一。

新杨村民居群

离开新安江碧波荡漾，远山如黛，近山滴翠，一排排崭新的徽派民居依山层层而上，白墙灰瓦，翘角飞檐，极为美观，这就是新杨村民居群。国家邮政局发行的中国民居普票，其中安徽民居的图案设计就是以新杨村的建筑为蓝本。

深渡古镇

新安江畔的深渡，位于歙县东部，是黄山——千岛湖黄金旅游线上安徽境内重要的中转站。深渡一直是古徽州通往浙江的水上咽喉，重要的物资集散地，当年的徽商就是从这里下江南，开始他们的经商旅程的。

新安江山水画廊

这里风景秀丽，江面开阔，却又两岸奇峰高耸，青山绿水，让人流连忘返。979年，成都府探花姚支仲及其子治易在歙县任职时，爱其山水，始定居于此。1159年又有湖州府姚氏迁来，遂逐步发展形成徽州明清重镇，有“深渡渡船深渡渡，姚来姚去两边姚（摇）”的千古佳句。

玩家攻略

游览景区的最佳季节是春季，岸边大片的油菜花呼应着果树开的花，黄色、红色、白色的花朵把新安江两岸装点得异常美丽。而夏天前往有“三潭琵琶”，秋天前往有“三口蜜橘”，既可观景，也可享受采摘的乐趣。

游览景区的常规也是最佳方式是乘坐游船在新安江上观赏两岸美景，坐船游江一般20元左右。

绵潭村坐落于新安江山水画廊中间，新安江北岸，是游览新安江山水画廊的必经之地，绵潭有着悠久的历史文化和丰富的民俗文化活动，尤其以“绵戏”最为盛名。在绵潭村的将军埠有由村民组成的戏班，可观看地方味十足的绵潭老戏。还可在江边看渔民撒网捕鱼表演。此外，漳潭有一棵千年树龄的古樟树，不要错过。

冰雪大世界是新安江山水画廊新开发的一个景点，可以在里面打雪仗、坐冰雪滑车、看极具徽派文化特征的冰雕艺术品。

链接

绵戏

相传明朝有一位老家在绵潭村的将军回乡祭祖，为了欢迎将军荣归家乡，当地百姓兴建了一座“将军埠”，同时挑选能歌善唱的村民精心准备了一场戏剧表演，将军回到家乡祭祖后，看完这场精彩的戏，深受感动。于是，绵潭唱戏得以声名远播，并被命名为“绵戏”。据说在绵潭村，无论老少妇幼，随便一个人都能哼上几句。

雄村 AAAA

以教育发达著称的古村落

黄山市歙县雄村　歙县有车可达

80元

雄村是座典型的徽派村落，古名洪村，元末曹姓人迁至此，取《曹全碑》中“枝分叶布，所在为雄”句，改名为雄村，距今已有800多年的久远历史。

新安江山水画廊

雄村竹山书院

雄村青山环抱，竹林荫翳，清碧新安江水傍村流淌，是一块钟灵毓秀、风光旖旎的风水宝地。巍峨壮观的“四世一品坊”“大中丞坊”、竹山书院、慈光庵、桃花坝等古迹沉淀着雄村古老深厚的文化内涵。

玩家 解说

雄村村头是为表彰曹文埴而建造的四世一品坊，进了村中，第一个看点是清乾隆年间由曹景廷、曹景辰兄弟捐资建造的竹山书院，院内回廊上，清旷轩里大石碑上的“山中天”三字为颜真卿真迹。书院前新安江边的桃花坝上有不少桃树，是春天赏桃花的好地方。距书院百米有一座清乾隆年间的大中丞坊，为曹氏家族自明代曹祥到清代曹文埴在内的所有进士而建。慈光庵与竹山书院隔江相望，环境清幽。村中的第二个看点是中美合作所遗迹，里面图文介绍了美军和国民党合作训练特工、交换情报的历史。

雄村教育发达，文风昌盛。竹山书院桂花厅里的50多株桂花树见证了曹氏家族“蟾宫折桂”的荣耀，仅明清两代，雄村就中了举人54人，进士34人，官至军机大臣。

霸王山摇铃秀水
烧烤、垂钓好去处

歙县王村镇

霸王山摇铃秀水景区位于歙县王村镇，区内古树参天，花木茂盛，四季常青，融秀山、澈水、茂林、幽潭为一体，被誉为“人间仙境”。景区名气不大，却是休闲度假、烧烤、垂钓、游玩的好地方。景区有霸王山、霸王石、摇铃石、摇铃湖等景点。

搁船尖
明教总坛遗址

黄山市歙县金川乡境内　¥ 100元

搁船尖海拔1481米，曾经是陈硕真、方腊、朱元璋明教农民起义的原浙西总坛圣地，是世界上唯一仅存的摩尼教（明教）总坛遗址。民间称六甲灵山，有十大天谜，石佛之谜，最著名的是“十门九不锁、天门夜不关”。这里的石门都是自然天成，气势非凡，却都暗合奇门遁甲之数。

搁船尖还拥有高山喀斯特地貌，华东唯一的高山草甸，飞岩流瀑随处可见。著名的有顶谷飞瀑、福泉飞瀑、玉女飞瀑、太古音瀑布、双叠瀑、天泪瀑等。四季水势不减，堪称风水宝地。

玩家 攻略

这里是天然的大氧吧，生态良好、环境优美，富含生命元素“硒”，是自然补硒、养生的宝地。此外，这里还是长三角最大、最原生态的户外徒步基地。而“七夕”的仙姑庙会，每年都会吸引全国各地数万人慕名而来，祈求幸福平安。

上丰花果山

黄山百佳摄影点之一

黄山歙县上丰乡蕃村

上丰花果山景区生态资源丰富，山清水秀、环境优美，一年四季花果飘香，为黄山百佳摄影点之一。景区分为山下的人文景观和山上的自然景观两部分，山上有花、有果、有奇石，山下有古祠堂、有古民居、有古民俗。

山上山下的徽派民居层出不穷，错落有致，漫山遍野花果木成林，仅300岁以上的古梅群就有500余株，粗壮结实，充满生机，千姿百态，引人入胜，实属罕见。还有橘、李、桃、梨和灯笼柿等果园1.2平方千米，果香四季，无穷无尽的茶园和竹林郁郁葱葱置身其间，令人心旷神怡，是个藏在深闺人未识的“世外桃源”。

许村

歙县古建筑群精华聚集地

黄山市歙县许村镇　40元

许村，安徽省歙县的一个古建筑群。唐以前为歙北要冲，曾名“昉溪源”“任公村”，后更名为许村。明清时期，徽商兴盛，村落建设发展迅速，今存有元、明、清及民国时期的古建筑近160座。尤以高阳廊桥、双寿承恩坊、大观亭、五马坊构成的元明建筑群，为国内罕见，堪称古建之精华。在建筑、历史、学术、环境、人类学等方面具有很高的价值。

玩家 解说

许村，古名富资里，源于东汉，距今1800多年。南朝梁时（508），新安太守任昉看中富资山水风光，辞官归隐于此，后人为了纪念这位归隐太守，改名（昉溪）任公村。唐末（907），户部尚书许儒徙居于此，嗣后经济繁荣，人丁兴旺，以许氏为主，南宋时改名为许村。

许村箬岭古道是联结古徽州府和安庆府的重要官道。古道由青石板铺就，自许村直达黄山脚下的谭家桥。是国内保存最长最完整的古官道，古道边沿途设有古凉亭，供行人车马歇脚。古道深处村落隐隐，箬岭关现仍存有屯兵城楼和古汪（华）公庙遗址。

昌溪古村

歙南第一村

黄山市歙县昌溪乡昌溪村

歙县有班车直达昌溪，班次不多

昌溪是古徽州歙县境内的一个历史、文化、生态古村，历来被称为“歙南第一村”。村内分上村和下村，上村为吴氏古村，下村为周氏古村（又叫周邦头）。

昌溪古村落始建于唐，村内拱桥、亭阁、宗祠、水口、书院、古庙和民宅随处可见。村中有池塘20多处，古井更多，民宅鳞次

歙县许村

栉比，扑朔迷离，宛如迷宫。有太湖祠、员公支祠及木牌坊、周氏宗祠、忠烈庙、姚氏贞节石坊、吴承仕故居等景点。

玩家 攻略

古村内迄今仍保存有树龄达几百年乃至千年的古银杏、古樟、古松、古罗汉松、古槠怀樟、古槐、古采椤等名贵树种，很值得一看。

昌溪村有几家村民经营的食宿点可供选择，品一品农家乐（13515597880）、兴达旅舍（0559-6820710）都不错。

瞻淇村
原始古村落

黄山市歙县北岸镇瞻淇村

瞻淇村已有一千三百年的历史，是黄山市目前尚未开发的最大古村落。瞻淇村历史文化底蕴浓厚，文物资源丰富，历代人才辈出。

村内古民居布局基本完好，保存完整的明清古建筑100余幢，其中有精品典范40余幢，即如天心堂（省保）、承荫堂、宁远堂、谷我堂、兰分堂、京兆第、资政第、居然旧宅、存省轩等。民间文化“舞鲤鱼”。青山环绕瞻淇，村口古樟侍卫，大小水库6个，百年老井8口，瞻淇古村落闪烁着徽文化的光辉。

凤凰湾生态农庄
多功能生态农庄

黄山市歙县富咼镇青山村

黄山市凤凰湾生态农庄占地约0.13平方千米（水面约0.03平方千米）。既是一个集垂钓休闲、农家菜、绿色瓜果、跑马场等多功能休闲度假中心，更是一个融农业综合种养殖、农副产品加工销售为一体的生态农庄。

石潭
摄影天堂

黄山市歙县霞坑镇境内

石潭只是一个小村落，一般的旅行者或许不会去，但在摄影者眼中，这里却是天堂。其实石潭只是霞坑镇境内30余个古村中的一个，下汰、北山、狮峰、阳川、棋山、崇头、湖山、柿木汰、大龙湾等30余个村落，或山登绝顶，或隐于山坳。昌源、华源两河环抱，将石潭柔柔地拥入怀中。

这是一块远离城市喧嚣的古朴村落，独特的地理位置形成了独特的自然风光，春有桃花油菜花、夏有绿树浓荫、秋有红叶白菊、冬有山舞银蛇、四季常有云雾奇观，这里天蓝水青、玉带缠腰、云海缥缈，宛如仙国，摄影人无不心驰神往。

玩家 攻略

传统的游览线路是：石潭村—上山—下汰村—湖山村—柿木汰村—北山村—下山—石潭村，走这样一圈一般需要4到5个小时。

春季是最好的旅游时节，可以拍摄这里烂漫的山花及其他美景。可以雇当地村民帮助扛摄影器材上山，大约25元一人。需注意环保，不要在山中乱扔垃圾。另外，山里气候凉要多带衣服。

石潭

景点推荐 休宁旅游区

齐云山 AAAA

"皖南三大名山"之一

黄山市休宁县齐云山镇岩前街018号

黄山市汽车客运总站有直达齐云山的汽车

旺季75元，淡季55元　0559-7560167

齐云山古称白岳，因其"一石插天，与天并齐"，明嘉靖年间改名为齐云山。历史上有"江南小武当""黄山白岳甲江南"之称，与黄山、九华山并称为中国皖南三大名山。清乾隆皇帝曾赞誉为"天下无双胜境，江南第一名山"。

齐云山是道教圣地，与武当山、青城山、龙虎山合为道教四大名山，早在唐乾元年间（758—760），山上就有道教活动，到明代达到鼎盛，现代虽然没落，但是山上还能看到一些道观和壮观的摩崖石刻。此外，全山地质构成层积砂岩，赤如朱砂，灿若红霞，为典型的"丹霞地貌"。

玩家攻略

齐云山的步行登山处在登封桥，与索道下站相距600米，坐车去齐云山时要和司机说明你要在哪里下。

行：徒步上山约走1个多小时可以到达索道上站，建议上山时坐一下索道，单程35元，往返70元，在索道上能饱览山下田园风光。出索道上站到飞云亭，记得回望山下，特别漂亮，"S"形的横江与两岸村落构成了一幅天然"太极图"，横江上的登封桥清晰可见。游览齐云山的最佳时间为4月油菜花开时，金灿灿的花田与白墙黑瓦的徽派村落犹如一幅国画。

娱：景区有竹筏漂流，每人60元，坐竹筏可以一直漂流到登封桥，感兴趣的话可以尝试

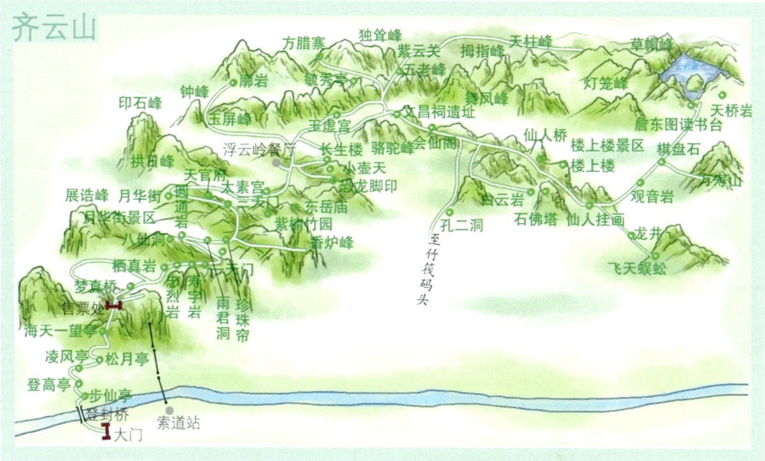

一下。

住：月华街是山腰上的村子，全村有一条石板路贯通，村里全是农家乐，可作为住宿点。

三溪

以“瀑多，潭幽”见长

黄山市休宁县岭南乡三溪村

三溪风景区是由乡村—溪水—瀑布—森林—漂流等构成一个完整的游赏系列旅游区。

风景区内山峦叠翠，瀑美泉灵，尤其以“瀑多，潭幽”见长。八戒潭、桂花潭、熊猫潭、蛙鸣潭、瑶池，它们或是近影沉壁、倒影明晰；或是碧波荡漾、水流潺潺。幽潭之上瀑布高悬，如母子瀑、知秋瀑、玉带瀑、天门瀑、情侣瀑、彩石瀑，瀑瀑飞流直下，水光四射。瀑布、潭水、溪流、谷地、植物等天然景致，形成了良好的水体生态景观。

夹溪河漂流

“黄山第一漂”

黄山市休宁县蓝田镇儒村　黄山市汽车站乘坐到黄山风景区中巴，在蓝田镇儒村（儒村隧道口）下车　120元

夹溪河漂流是黄山唯一的皮筏艇冲浪漂流，被誉为“黄山第一漂”。

夹溪河漂流全程约5千米，乘皮筏顺流而下，两岸风景秀丽，群山环绕，悬崖壁立，林木繁茂，竹海茫茫，茶园连绵。时而险峰、奇石、蓝天、白云倒映、水浅处清澈见底、水深处如翡翠碧玉，鱼虾嬉戏水其中，“荡舟清波上、人在画中游”的美妙遐想会油然而生。

山越民俗风情园

山越民族的人文风情

黄山市休宁县海洋镇盐铺村

从黄山市乘坐屯溪到休宁的公交车，到休宁后改乘出租车到盐铺村即可　118元

山越民俗风情园

在美丽的黄山脚下，有一个新近对游客开放的徽州山越民俗风情园，这个山越民俗风情园充分挖掘了古徽州非物质文化遗产，复原再现了古徽州山越人原始的生产生活方式和山越民族的人文风情，让到这里的每一个人都仿佛置身于远古时代。

玩家 行程

买票后，沿状元湖畔到山越文化广场。了解山越人古老的精神文化——图腾。再经验票口验票到寨心，与山越人一起载歌载舞，参加他们的迎宾仪式。然后沿山路一直往前经过织锦染布区、龙涎台、情歌对唱台，展示屋到达聚艺厅欣赏山越人充满激情的歌舞表演，结束后再沿山路往上，经过酿酒坊，到达厉焰厅欣赏山越男子成人典礼。大概十分钟，又沿山路往下，到达祈福台，感受山越人古老原始的祈福仪式。最后到达状元湖边，从这里我们可以选择乘坐状元湖竹筏出园，也可以选择沿状元湖步行出园，结束山越风情园的游览。

云岩湖

未被开发的世外桃源

黄山市休宁县下坞村

一般需自驾或包车前往

云岩湖位于齐云山之后，是一个还未开发的景区。云岩湖其实是20世纪70年代建造的人工水库，景区内河道纵横，水光涟漪，两岸景点密布，有骆驼峰、灯笼峰、詹东图读书台及众多的摩崖石刻，这里碧水丹山，湖光天色，美不胜收。

古城岩

作为忙碌的城市人，去云岩湖不失为一个上佳的选择。因为不曾被开发，知者甚少，所以那里人烟稀少，整个湖区就如同一个世外桃源，安逸舒适。

玩家 攻略

坐船赏湖是来云岩湖必须做的事，一般30元/人。船家还会充当称职的导游，为你介绍眼前的美景。若想留下住一晚，湖边有农家提供住宿、餐饮服务。

万安古镇

徽州版的“清明上河图”

休宁县万安镇，县城城东4千米处

可以从休宁或屯溪直接坐班车前往

万安镇位于休宁城东郊，曾为徽州四大古镇之一，距今已有1700多年的历史。走进万安，犹如走进徽州版的“清明上河图”，一色的条石纵横铺砌，洁白的粉墙，黛色的屋瓦，飞挑的檐角，鳞次栉比的兽脊斗拱，高低错落、层层昂起的马头墙，绵亘着一幅古镇生生不息、充满活力的历史长卷。在这条狭长的街道上，两侧店铺林立，老字号、老作坊、老铺子，一家挨着一家，南北杂货、日用百货、国药文具、酱园罗经……几乎罗列了徽州大地上的所有物产。

玩家 攻略

万安则被称为“中国罗盘之乡”，到万安古镇，一定要去看看这里的罗盘，靠近钟塘桥的吴鲁衡罗经老店是不错的选择，吴家是所剩无几的将罗盘制作工艺嫡传下来的人家。店铺本身还是一个老宅，宅子里有很多好玩的老古董，后院可观看罗盘制作。

古城岩

明清徽州社会的缩影

黄山市休宁县万安镇东侧　50元

古城岩风景是一个集古老的徽州建筑

（古桥、古塔、古牌坊；古亭、古榭、古作坊；古民居、古戏台、古祠堂）及山水、石窟、田园风光为特色的风景名胜区。

它融自然风光与文化景观为一体，有以“忠、孝、节、义”为序的牌坊群；有一门出过16位进士、2位状元的黄氏宗祠；有历经风雨的明清建筑群；还有著名的徽州故里上海人家即上海老介福的原股东老板汪宽也的祖宅、大厅、西园。毫无夸张地说，这里是古徽州的缩影，是徽文化的大观园，是走进明清社会、体验文化徽州的绝佳去处。

玩家 解说

古城岩风景区还是影视基地，2005年获得艾美奖的影片《为奴隶的母亲》就是在这里拍摄的，4月21日央视CCTV-6频道《流金岁月》栏目做了全面报道。《小花》《走出蓝水河》《历史的天空》《新四军》《双凤楼》《快乐中国》《大清徽商》《大祠堂》等影视剧中都有古城岩秀丽风光的记载。

白际

徽州最原始乡村

黄山市休宁县白际乡

白际地处皖浙边界，平均海拔800米以上，境内青山绿水，瀑布成群，有原始森林，有峡谷、温泉等天然景点。

白际旅游没有开发，没有商业化的景点，没有皖南的粉墙黛瓦，没有旅游者习惯的享受，所以也没有门票，只有原生态的自然景观。在这里你可以领略到原汁原味的山寨风情，你可以尽情享受清澈的溪水、明媚的阳光、漂亮的云海、清新的空气、淳朴的民风。

玩家 攻略

目前游玩白际最热门的方式是徒步，具体线路可参考白际老谢旅游服务中心（http://www.hsbjx.com）。

黄村

“进士村”

黄山市休宁县商山镇黄村

《十二道锋味2》在黄村的开拍，让黄村一跃成为旅游热门之地。黄村是安徽省历史文化名村，距今已有1200多年的历史，环境幽雅，文风昌盛，素有“进士村”之美誉。因一座荫余堂远嫁美国而闻名。

村中古迹众多，有建于明朝嘉靖年间（1531）的“黄村进士第”，有清代康熙年间的“中宪第”，还有创办于1910年的“黄村小学”。小学民国建筑风格明显，现存著名教育家黄炎培亲临视察时的题词“知君所学随所进，许我重游到皖南”以及时任教育部部长朱骍题词“桃李争辉”等墨宝。

玩家 解说

1997年的春天，有座叫“荫余堂”的中国古民居被整体搬迁到了大洋彼岸的美国博物馆，就出自黄村。

景点推荐

祁门旅游区

九龙池

有九个形态各异的池潭

黄山市祁门县安凌镇倪村

因有九个形态各异、深不可测的池潭而得名。景区内自然生态原始，恬静、幽深，古木参天，奇树非凡，被游人誉为“森林浴场”，是旅游休闲的好去处。有祈雨台、学堂基、中华石、坐禅大佛、卧狮、试剑石、三叠瀑布、龙女瑶池等景点。

历溪 AAAA

“云树村边合，人家画里居”

黄山市祁门县历口镇杨村附近　70元

历溪村位于牯牛降山脚下，四周群山环抱，远离尘嚣。村中王姓为王璧后裔，于宋朝迁此定基，聚族而居。这里古木参天，溪流小涧众多，徽派建筑风格的民居和祠堂掩映其间，一派“云树村边合，人家画里居”的景象。村中古树、古桥、古祠、古庙、古墓、古碑，伴随着许多古老而神奇的传说。

玩家 攻略

目连戏是历溪村的一大看点，这是一种以前只在祁门流行过的古戏曲。目前，只有在历溪等少数村子才能看到这种“戏曲活化石”。淡季需提前打电话预约观赏，游客多的时候都能看到。这种戏在田里、地头上演，非常精彩。

古戏台、祠堂、御医馆都是不容错过的老宅。

坑口村

“中国古戏台之乡”

黄山市祁门县闪里镇坑口村

坑口古名竹溪，又名竹源，因地势低洼，呈锅状而得名。坑口村依山而建，房宅呈梯状分布，高低错落有致。村中多小巷，小巷皆清一色石板铺筑，两侧的房屋粉墙黛瓦，多为徽派建筑。

村东西北三面环翠，文闪河呈“S”形绕村而过，下注江西杨春河。两岸古木翠竹，郁郁葱葱，山光树影，倒映水中，村内房屋林立，粉墙黛瓦，古树参天，徜徉在古老的巷道，仿佛置身于古人美丽的画卷。

坑口村被誉为“中国古戏台之乡”。村中的“会源堂”“嘉会堂”“敦典堂”三处古戏台为国家级重点文物保护单位，其中会源堂是目前全国保存最完整的古戏台。令人比较惋惜的是村里最重要的古建筑古戏台群在2013年因火灾化作一片废墟。

渚口村

徽州人聚族而居又融合发展的典型村落

黄山市祁门县渚口乡渚口村

渚口村是徽州人聚族而居又融合发展的典型村落，村落一面靠山，三面环水，村人称铜锣形、腰带水。村前平畴轩敞，古树参天；村内粉墙黛瓦，街巷宛若迷宫。

村内“贞一堂”“一府六县”两处古建筑，极为独特，堪称经典。贞一堂为倪氏宗祠，始建于明初，曾两度遭火灾重建，现存为民国建制。被誉为“徽州民国第一祠”。“一府六县”即倪望重宅，村人称“新屋里”，建于光绪十年（1884）前后。整个建筑包括1个府厅，6个县厅，恰合古徽州一府六县建制。

环砂

目连戏发源地

黄山市祁门县历口镇环砂村

千年古村环砂是古时沥水河四大文明古村之一，“中国戏曲活化石”——《目连戏》的发源地，保存着全国独一无二的双姓古祠——叙伦堂。环砂村有千年水口林，植有数百年乃至千年的银杏、香樟、红豆杉、黄连木等众多珍稀树种。村前河湾于雍正九年所立的“放生池”碑，堪称古徽府治下的“地方森林法”，祠堂院墙上嵌立的“永禁碑”无不体现了环砂人淳朴善良、人文和谐的良好民风。村内的古井、古碑、古池、古树林、古祠堂、古民居等古遗存丰富。

坑口村

攻略资讯

- 交通
- 住宿
- 美食
- 购物
- 娱乐

交通

飞机

黄山市唯一的机场为黄山机场，又称屯溪机场。黄山机场经过多年发展，先后开辟了至北京、上海、广州、深圳、福州、厦门、西安、合肥、昆明、桂林、成都、重庆、武汉、青岛、长沙、大连、太原、海口、呼和浩特等28条国内航线和至韩、日等国的国际定期航班和国际旅游包机。问询电话：0559-2934144。

机场公交：市区至机场可乘18或19路公交。

出租：机场候机楼一楼有出租车，从市区打车前往机场约20元。

火车

黄山有两个火车站，黄山火车站以及黄山火车北站。

黄山火车站：为普快列车停靠站，位于黄山市屯溪区前园北路。有始发合肥、上海、北京、南京、深圳、广州、泰州、厦门、福州、青岛、昆明、鹰潭的列车。乘6、12路公交可达。

黄山火车北站：位于屯溪区西溪南镇，为合福高铁经过站，目前有始发合肥等地的高铁。乘黄山高铁专线可达。

汽车

黄山汽车交通便利，与许多城市均有国道相连。主要高速公路有徽杭高速公路、合肥—铜陵—九华—黄山高速公路、黄山—景德镇高速公路。黄山有两个主要汽车站。

黄山市长途汽车站：又称屯溪汽车站。全国各地到黄山的汽车多停靠在这里。电话0559-2566666。

黄山风景区（汤口）汽车站：此站又称“黄山汤口寨西新国线换乘中心”，位于黄山脚下，因黄山景区交通实行管制，因此上下山都必须在此乘坐“新国线”景区专用交通车进入景区。此外，这里还有直接发往上海、杭州、合肥、南京、九江、九华山、武汉等地的长途班车。电话0559-5572602。

住宿

黄山、宏村、西递是黄山市最热门的旅游景点，也是整个安徽省最精华的景点，很多游客来黄山多是游览这些景点，可以就近选择住宿点。

黄山上大多数酒店都有就近的山峰可以看日出，各家酒店的条件差不多，有标房也有上下铺，并且价格也都较贵。宏村、西递都是商业化程度很高的古村，所以住宿不用担

宏村秋韵

心。最好住在村中由古建筑改造的客栈里，古色古香很有味道，村外的住宿则价格相对便宜。

其次，屯溪是黄山市区所在，很多游客也选择住在这里，若是想就近买当地特产、吃特色美食，可以住在屯溪老街周边。若不追求老街徽派建筑林立的环境，屯溪的住宿条件发达，可供选择的其他酒店也是很多的。

●徽舍

徽舍地处市中心老街的巷弄内，出则繁华，入则幽静，给人真正的“大隐隐于市”的感觉。古宅是利用两栋清代末期的徽州古宅修复而成，尽可能地保留了原有风貌，古典的装修、清末民初的老家具、古徽州的雕花老床，配以现代的洗浴设施和电视及无线网络，整合出11间风格各异的客房，可以体验真正的古徽州之游。屯溪区老街李洪巷3号 0559-2352003

●宏村老房子国际青年旅舍

老房子国际青年旅舍位于宏村景区内，为两幢明末清初的老宅改建，全部为几百年的老木材老门窗，正宗徽派建筑。院子和室内都有较大的公共空间，可以喝茶、聊天、看星星。旅舍可以免费订汽车票、火车票、免费行李寄存。此外，还有酒吧、旅游信息、自助洗衣、冰箱、热水器、图书、24小时热水等设施。宏村上水甽街 0559-5545888

屯溪老街夜景

● 猪栏酒吧乡村客栈西递店

西递猪栏酒吧是一栋明代的三层建筑，只有5间房。在这里，每一间客房的布置都完全不同，床上的床罩、靠垫都是女主人设计并一针一线缝出来的。一楼是一个小酒吧，顶上有怀旧的大吊扇，缓缓转动。铁桌上西式的蜡台、古老的石臼，无处不显出主人的精心。音乐厅在二楼的半层上，许许多多的CD，从欧洲小教堂的圣歌，到肖邦，到巴赫，到披头士，到非洲大陆的灵歌，应有尽有。三楼是敞开式的观景台，可以眺望西递的全景，也能看远山和星星。黟县西递村西递景区内 0559-5154555

● 更多住宿去处

黄山小镇国际青年旅舍/屯溪区三马路11号/0559-2522088

香茗酒店/屯溪区迎宾大道2号/0559-2579999

新安山庄园林酒店/屯溪区华山路29号/0559-2589190

黄山高尔夫酒店/屯溪区迎宾大道78号/0559-2568000

美食

黄山的饮食属于徽州菜系。最著名的莫过于徽州臭鳜鱼、毛豆腐、黄山双石等，徽菜整体口味偏咸，若吃不惯少点些尝尝即可。

美食小吃

● 徽州臭鳜鱼

徽州臭鳜鱼是一道徽州名菜，别有风味。它统称“桶鲜鱼”，又俗称“腌鲜鱼”。所谓“腌鲜”，在徽州土话中就是臭的意思。名为臭，其实香，鳜鱼用作料腌制，再配上碎肉丁一起蒸，撒上泡辣椒，却又不过分红火，滋味浓郁，令人垂涎。推荐店铺：老街第一楼。

臭鳜鱼

● 毛豆腐

毛豆腐也叫霉豆腐，徽州地区汉族传统名菜，是一种表面长有寸许白色茸毛的霉制品。主要做法是将豆腐切成块状，进行发酵，使之长出寸许白毛，然后用油煎得两面略焦，再红烧。在街头遇到走街串巷的货郎，一头挑干柴，一头挑毛豆腐，浇上香油，淋上辣椒糊，就着油锅边吃边聊，既鲜美可口，又独具风味。久居外地的徽州人，一说到毛豆腐，就会激起浓浓的思乡之情。

推荐店铺：呈坎罗氏毛豆腐 屯溪区三马路13号 15212321412

徽州毛豆腐

● 黄山双石

黄山双石是一道以石鸡和石耳为主材料的知名徽菜，石鸡和石耳均是黄山知名山珍，石鸡是栖息在山涧石缝中的一种蛙类动物，乃黄山特产，黄山石耳为地衣植物门植物，拿两味山珍做菜，营养价值极高，有滋补强身养颜之功效。

● 一品锅

一品锅是徽州山区冬季常吃的汉族传统美食，属于火锅类。“一品锅”的烹调比较讲究，在火锅的锅底铺上干笋，第二层铺上肉，第三层是白豆腐或油炸豆腐，第四层是肉圆，第五层盖上粉丝，缀上菠菜或黄花菜，加上调料和适量的水，然后用文火煨熟即成。此菜乡土风味浓，味厚而鲜，诱人食欲。

美食去处

屯溪老街：老街一带集中了各种徽州小吃，从小馄饨到香脆的烧饼，再到舌尖上毛豆腐，应有尽有。此外，老街上有很多餐馆都能吃到黄山各色美食，不过价格稍贵。

购物

黄山特产主要有黄山烧饼、黄山茶叶、文房四宝和黄山石耳。

特产推荐

●黄山烧饼

黄山烧饼又名"蟹壳黄烧饼""救驾烧饼""皇印烧饼"，是徽州特色小吃。其烧饼层多而薄，外形厚、口味香、甜、辣、酥、脆。

黄山烧饼

●黄山茶叶

黄山毛峰、太平猴魁都是黄山的名茶。黄山风景区是黄山毛峰的主产地，因为新制茶叶白毫披身，芽尖锋芒，且鲜叶采自黄山高峰，遂取名为黄山毛峰。而太平猴魁的色、香、味、形独具一格，对慢性咽炎，经常吸烟者具有很好的治疗效果。

●文房四宝

古徽州是文房四宝的重要产地之一，其中徽墨、歙砚又是中国文房四宝中顶尖的两样，可带回儿方做纪念或送礼。

●黄山石耳

黄山石耳为地衣植物门植物，因其形似耳，并生长在悬崖峭壁阴湿石缝中而得名。黄山的石耳被称"黄山三石"之一。石耳含有高蛋白和多种微量元素，是营养价值较高的滋补食品。适合送亲友。

黄山购物去处

汤口镇沿溪街：位于黄山风景区南麓，是一条购物、美食皆发展不错的旅游消费地，黄山上的各种特产在这里都可以找到。

娱乐

来到黄山，除了可以领略独特的自然魅力与旖旎风光外，泡温泉、看演出都是不容错过的玩乐体验。

●泡温泉

黄山可以泡温泉的地方有两个，一个是黄山风景区脚下的飘雪温泉，一个是屯溪区的醉温泉。游玩劳累后泡个温泉，绝对是很舒服的体验。

●看《徽韵》演出

《徽韵》的演出地为黎阳镇的香茗大剧院，距屯溪老街约2千米。演出将一幅古徽州历史画卷徐徐在观众面前展开，第一幕"四季黄山"展示黄山景色；第二幕"天上人间"演出董永与七仙女的故事；第三幕"痴梦徽州"解读徽商400年辉煌；第四幕"徽班进京"讲徽剧发展出了京剧；第五幕"皖风徽韵"里的花鼓戏精彩异常。

黄梅戏

发现者旅行指南

滁州

概览

亮点

明皇陵

■ 琅琊山

琅琊山山水之美著称于世，以洞、碧湖、流泉为主要特色，素有“蓬莱之后无别山”之誉。山上的宋代醉翁亭被誉为“天下第一亭”。

■ 天长博物馆

博物馆藏品丰富，现有各类文物藏品5000余件，展品中心尤以罗炳辉事迹展、天长汉墓文物陈列、汉代茶社等为特色。

■ 明皇陵

明皇陵是明代开国皇帝朱元璋父母葬地，俗称明代第一陵。皇陵虽非帝王之陵，却“宫阙殿宇、壮丽森严”，与南京明孝陵和北京明十三陵等同一制度。

■ 必逛街道

明清古商业街：街道两旁的建筑大都建于明清时代，雕梁斗拱，排山隔扇，浮梁浮柱；古街幽巷，秀树参天，长条石板尤见沧桑。

线路

龙兴寺

■ 滁州二日游

第一天前往琅琊山，山门进入第一站野芳园，过让泉来到百闻不如一见的醉翁亭。接着一路登山前行。中午可在琅琊寺的大雄宝殿北面的积馨斋品尝素斋。

第二天到达凤阳县，首先前往龙兴寺，龙兴寺为明朝皇家寺庙建筑。接着前往明皇陵，明皇陵埋葬的是朱元璋的父母，是朱元璋当上皇帝后，为表孝心而造。

为何去

古往今来，皖东山水留下了无数文人骚客的妙笔华章。欧阳修的《醉翁亭记》、吴敬梓的《儒林外史》是古人留给滁州的名篇巨著。“醉翁之意不在酒”，滁州醉翁亭的亭台景致，也让人沉醉。

醉翁亭

何时去

滁州冬天寒冷，夏天炎热，梅雨季节多为6月中旬到7月上旬，秋天凉爽。因此，春秋季节为到滁州旅游的最佳时间。另外，每年农历正月初八、初九、初十来滁州，还可以赶上滁州琅琊山庙会，每年庙会都热闹非凡。

滁州庙会

区域解读

区号：0550
面积：约13 398km²
人口：约407.6万人

地理 GEOGRAPHY

区划

滁州市设2区（南谯区、琅琊区），管辖4县（全椒县、来安县、定远县、凤阳县），代管2县级市（天长市、明光市）。

地形

滁州地处安徽省最东部，长江三角洲西缘，境内的低山是淮阳山脉的延伸，自西南向东北构成江淮分水岭。位于南谯区境内的北将军岭，海拔399.2米，是滁州市境内最高峰。

滁州市域跨长江、淮河两大流域，滁州市区与来安、全椒县以及天长部分地区属于长江流域，明光市、凤阳等县属于淮河流域。

气候

滁州市地处江淮之间丘陵地带，为北亚热带湿润季风气候，四季分明，温暖湿润。每年农历正月初八、初九、初十来滁州，还可以赶上热闹非凡的滁州琅琊山庙会。春季冷暖多变，夏季炎热多雨，每年6月中旬到7月上旬为梅雨季节，时长近一个月，选择此时出游，伞是重要的旅游装备。

历史 HISTORY

历史大事记

●先秦时期

早在远古时期，先民们就在这片土地上生息繁衍。考古发现如濮家墩、侯家寨等多处新石器时期的文化遗址。

春秋战国时期，滁州是吴楚相争的前沿阵地之一，攻战频繁，这里先属吴，后属楚，故有“吴头楚尾”之称。

●两汉至隋唐

东晋南朝近三百年间，南方政局不稳，战争较多，政权更迭频繁。北方民族不断南侵，南北割据对峙，大体沿淮河为界，处于江淮之间的滁州一带成为战乱的前沿阵地。

●宋元明清

北宋庆历五年（1045），著名文学家、史学家、政治家欧阳修出任滁州知州，宽简施政，寄情山水，寺僧智仙为其建醉翁亭，欧阳修为此写下了流芳百世的散文名篇《醉翁亭记》。

南宋年间，江淮一带成为宋金对垒的前沿，滁州城先后九次被金兵所陷，成为抗金的战场。主战派将领岳飞、韩世忠等人曾在滁州一带给金兵以重创。

南宋乾道八年（1172），著名爱国词人辛

琅琊山深秀湖

弃疾出任滁州知州，简赋舒征，收容流亡，开展屯田，修整街市，使滁州生产、经济得以恢复发展。

明洪武二年(1369)，朱元璋命人在凤阳营造了中国第一都城——"大明中都皇城"，此皇城成为后来南京故宫和北京故宫的蓝本。

●近现代

1978年底，凤阳县小岗生产队的18户农民秘密聚会，"分田包产到户"，揭开中国农村改革序幕。

名单　滁州历史名人

- 三国东吴智囊鲁肃
- 宋代画家崔白
- 《儒林外史》作者吴敬梓
- 明代开国皇帝朱元璋
- 清代著名女数学家王贞仪

明皇龙兴之地

"说凤阳，道凤阳，自从出了个朱皇帝，十年倒有九年荒……"这首广为流传的凤阳花鼓说词直接道出了大明王朝的开创者朱元璋故里乃安徽凤阳县。

朱元璋本名朱重八，自幼贫寒，十余岁的时候，父母兄长均死于瘟疫，孤苦无依。为了生存，他投身当地的于皇寺(凤阳城西门外)做了一名小沙弥，没想到的是，入寺不到两个月，因荒年寺租难收，寺主封仓遣散众僧，朱重八只得离乡出门行脚化缘。小小的朱重八游历各地，饱尝人生疾苦，却也磨砺了其生存的本领。

三年之后，朱重八回到了于皇寺，他努力学习各种佛经和其他书本知识，这也为其以后的阅历提供了支持。又过了几年，恰逢元末乱世，各地农民起义不断，朱重八收到儿时伙伴汤和的信，汤和在信中邀请朱重八参加郭子兴的义军。朱重八一想自己这样待在寺庙里确实也没什么意义，不如去投军，于是投奔了郭子兴的红巾军。

入伍后的朱重八骁勇善战、机智灵活，所以很快得到郭子兴的赏识，除了将朱重八安排重要职位之外，还将自己的养女马氏嫁给了朱重八，马氏也就是后来的大脚马皇后。此后，军中改称他为朱公子。有了身份的朱重八再也不能用从前的小名了，于是就另起了正式名字——朱元璋，意为诛(朱)灭蒙元的璋(璋，古代的一种玉器)。

后来各派农民起义军争权夺利，内部矛盾不断，朱元璋遂决定自己另立门户，招募了很多自己家乡的儿时玩伴入军。后来，郭子兴病逝，朱元璋理所当然地成了起义军的主帅，最终于1368年在南京称帝，国号大明，年号洪武。然后北伐残元势力，正式巩固了大明王朝。就这样，出身贫寒的朱元璋凭借自己的努力最终成了大明王朝的开创者，改变了历史的进程。

朱元璋当上皇帝后，并没有忘记家乡，并有在自己故里建立国都的想法，但是最后因种种原因而放弃。洪武七年（1374），朱元璋罢建中都城，改设中立府，赐名家乡“凤阳”。并用中都余材，再次营建父母之陵，也就是今天我们可以看到的凤阳明皇陵。

洪武十六年（1383），朱元璋将自己曾待过的皇觉寺（原于皇寺）移至凤阳北侧的凤凰山日精峰下重建，赐名“大龙兴寺”，朱元璋亲撰《龙兴寺碑》文，颁赐龙兴寺印，命善杞老师为开山住持，用来纪念龙兴之地，也借以表达希望还乡的意图。

凤阳农村大包干

位于凤阳县东部小溪河镇的小岗村看上去是个极为普通的中国中部农村，但就是这座极为普通的村子里，曾经有着极为不普通的故事。中国农村改革发展的序幕就是从这里拉开的。

1978年，中国正处在历史转折关头，结束“文革”的中国，经济改革仍在坚冰冻土下缓缓涌动。而此时，位于中国中部的安徽省凤阳县梨园公社小岗生产队正在孕育着一场巨变。

小岗村是全公社乃至全县最穷的村子。这年夏天收分麦子，每个劳动力才分到3.5千克。这区区一点粮食怎么能维系每个村民家中的生计呢。当时全队有18户，除去一户教师，一户银行工作者，其余每家都出去讨过饭。

小岗村

1978年11月24日这一天，太阳快要落山的时候，在队长严俊昌的组织下，安徽凤阳县小岗生产队的18户农民秘密聚会，密议“分田包产到户”。

1979年秋收，小岗生产队获得大丰收，粮食总产6万多千克，相当于1955年到1970年15年的粮食产量总和，并向国家交了12488公斤公粮；小岗到处都是粮食，人们幸福地跳起了花鼓，再也不是那个“十年倒有九年荒”了。很快，大包干在滁州地区乃至整个安徽很快推广开了。

1980年5月31日，邓小平同志一锤定音：“‘凤阳花鼓’中唱的那个凤阳县，绝大多数生产队搞了大包干，也是一年翻身，改变面貌。有的同志担心，这样搞会不会影响集体经济。我看这种担心是不必要的。”这样一番话从国家领导人口中说出，这说明国家已经完全接受了农村分田到户的主张，这种新的生产方式也在中华大地上彻底开放。

如今的小岗村已跻身“中国十大名村”，并被授予“安徽省乡村旅游示范点”，每年都会迎接来自全国各地的参观者。

文化 CULTURE

凤阳花鼓

凤阳花鼓又称“花鼓小锣”“双条鼓”，是凤阳传统的民间艺术。早在明朝中叶，凤阳花鼓就在江浙一带流传。在明朝朱元璋做了皇帝以后，做了一次人口大迁徙，除了山西洪洞大槐树那次著名的大迁移之外，朱元璋为了要充实自己的故乡凤阳，还下令把江南富庶地方的苏州、松江、杭州、嘉兴、湖州一带有钱人家十四万户迁移到凤阳，不准他们返回原籍。那些人家不敢违反皇帝的禁令，但又想回乡扫墓探亲，只好在冬季借口年荒，打鼓唱曲卖艺回乡，来年春季再回凤阳。随后相沿成俗，不论丰收灾荒，仍要到江南去唱一番“花鼓”。凤阳花鼓以这种卖艺的形式走遍了四方。

凤阳花鼓最初表现形式为姑嫂二人，一人击鼓，一人敲锣，口唱小调，花鼓小锣作为伴奏乐器穿插期间。花鼓小巧玲珑，鼓面直径三寸左右；鼓条为两根一点五尺左右的细竹根。表演者单手执鼓，另一只手执鼓条敲击鼓面，“双条鼓”由此得名。凤阳花鼓演唱的都是民间小调，所唱曲目最著名的有《凤阳歌》《王三姐赶集》《十杯酒》等。

乾隆年间，有人将二人演唱的凤阳花鼓改编为凤阳花鼓歌舞，在宫廷中为皇帝演出，可谓登上了大台面。乾隆年间编纂的《霓裳续谱》一书中就收录了《花鼓献瑞》《鼓乐呈祥》等歌舞节目。清末，凤阳花鼓流传更广，甚至漂洋过海到东南亚一带。20世纪30年代，凤阳花鼓在唱片中广为流传。上海的“百代”“得胜”“大中华”等唱片公司制作了大批凤阳花鼓唱片。

改革开放后的凤阳在全国率先开始了大包干分田到户，作为与时俱进的娱乐艺术，凤阳花鼓的形式和内容也随之起了很大变化。花鼓演唱在城乡更加普及，遇到喜事、接待宾客，凤阳人总要热情表演一番，表达欢乐。

正月初九赶庙会

每年的农历正月初九，滁州的琅琊山上总是人山人海，热闹非凡。一年一度的琅琊山庙会又开始了。

琅琊山庙会是滁州市富有地方特色的一项传统民俗活动，同时也是皖东地区历史悠久、规模最大、影响最广的民间传统习俗活动，至今已有千百年的历史。

农历正月初九，宗教传说是玉皇大帝的诞辰祭日，滁州远近道士相聚，定期举办道教祭坛活动。道教在琅琊山活动历史悠久，早在东晋时就有道士隐居山中，相继建成玉皇殿、玄帝行宫、三皇古殿、元君殿和二天门、三天门等。明代开国皇帝朱元璋建都南京后，每年都要派太子、大臣回凤阳老家祭拜皇陵，滁州是必经的重要驿站，祭拜队伍也必定要去琅琊山。为了彰显盛世、国泰民安，明朝廷有意支持并认可“琅琊山庙会”这一活动，让广大民众聚会欢娱，后来，该民间自发活动转为官方组织兴办。此后每逢这日，众多善男信女便来到琅琊山，烧香拜神，祈祷平安。渐渐地，这种活动便形成了“琅琊山庙会”的雏形。

新年舞龙

到了现代，随着物质生活水平不断提高和现代文明的影响，传统的庙会也开始不断充实新的内容，民间艺术表演形式多样，丰富多彩。每年赶往滁州参加庙会活动的游人，遍及江淮两岸，还有不少从上海专门赶来的游客。

如今，庙会也改变了以往单一的民俗形式，演变为融旅游、文体健身、商贸、娱乐休闲等为一体的大型综合性节庆活动。琅琊山庙会期间，冬泳表演是少不了的特色节目。当冬泳爱好者跳入深秀湖，在冰冷的湖水中做出各式花样动作时，游客不由自主地驻足观赏，为他们鼓掌叫好。

烧香祈福、看表演、逛地摊、品美食，丰富多彩的庙会活动给人们带来诸多好看、好玩的东西。如果方便，也不妨在年初九去凑个热闹。

景点推荐 琅琊山风景区 AAAA

琅琊山因东晋司马睿任琅琊王时曾寓居于此而得名,这里以山水之美著称于世，以洞、碧湖、流泉为主要特色，素有“蓬莱之后无别山”之誉。琅琊山因宋代欧阳修的《醉翁亭记》而著名，“醉翁之意不在酒，在乎山水之间”里的“山”指的就是琅琊山，人文气息浓郁。

景区内古树名木遍布，琅琊山特有的琅琊榆、醉翁榆苍劲挺拔，琅琊溪淙淙流淌，九洞十八泉处处引人入胜；茂密的森林，清幽的景色不愧为“皖东第一名胜”。

滁州城西约5千米处的群山之中

旺季80元，淡季70元　8：00～17：00

11路车在琅琊山风景区站下车即到

玩家 攻略

每年农历正月初九开始，可以赶上琅琊山庙会，寺里的蜡梅盛开，香气扑鼻，众多的香客信士都赶到琅琊寺烧香拜佛。庙会期间有各种样式的表演，热闹非凡，乘兴而来、尽兴而归。10—11月左右有一年一度的菊花展，山上的树木也呈现出各种不同的颜色，秋高气爽，静静地看山看湖，体会其中的韵味。

玩家 解说

琅琊山不仅以其山水之美而著称于世，更有丰富的人文景观。唐寺、宋亭、南唐古关、幽深古道相映生辉，吸引了宋朝以后历代的文人墨客、达官显贵前来访古探幽，吟诗作赋，造就了琅琊山独有的名山、名林、名泉、名洞、名亭、名寺、名文、名人“八名”胜境。

醉翁亭

“天下第一亭”

醉翁亭位于琅琊山半山腰，为我国四大名亭之一。醉翁亭初建于北宋仁宗庆历年

间，是当时琅琊寺住持智仙和尚专门为欧阳修而建。欧阳修自称“醉翁”，便命亭为醉翁亭，并做了传世不衰的著名散文《醉翁亭记》。

醉翁亭四周的台榭建筑，独具一格，意趣盎然。亭东有一巨石横卧，上刻“醉翁亭”三字，亭西为宝宋斋，刻有苏轼手书的《醉翁亭记》碑两块，为稀世珍宝。其中欧阳修手植梅为全国四大梅寿星之一，亭前的酿泉旁有小溪，终年水声潺潺、清澈见底，再往西行，可观“九曲流觞”胜景。

◘ 二贤堂

二贤堂在醉翁亭的北面有三间劈山而筑的瓦房，隐在绿树之中，肃穆典雅。堂内有王禹偁和欧阳修塑像并陈列有《欧阳文忠公全集》，墙壁上挂有《朋党论》和《醉翁亭记》条屏。

◘ 宝宋斋

出醉翁亭往西有一小室，名曰宝宋斋，斋内的石碑上就镌刻着欧阳修的《醉翁亭记》全文，字为苏东坡手书，斋东侧外檐下嵌有明冯若愚《宝宋斋记》和明代《重修醉翁亭记》碑。

◘ 意在亭

宝宋斋再西就是意在亭，取自欧阳修“醉翁之意不在酒，在乎山水之间”的句意而来，饮着以泉水酿制的醇酒，欣赏令人心旷神怡的琅琊美景，确乎是人生的一大享受。

◘ 影香亭

出意在亭向西拾级而上，有一方池跃入眼帘，池中的石礅上有亭耸然而立，这便是影香亭，亭上一联极为恰切：疏影横斜水清浅，暗香浮动月黄昏。

◘ 古梅亭

在影香亭与古梅亭之间是一株据说为欧阳修亲手栽种的古梅。古人为赏梅在古梅北建有一亭，称古梅亭，尤其是到了冬季，雪映梅花，疏影寒淡，梅花凌寒而放的品格尽显。

◘ 欧公祠

重建的欧公祠内建有醒心斋，斋内有乾隆时期琅琊山的镇山之宝“欧阳修像”，北宋徽宗时的吏户二部尚书孙觌撰写的对联，北宋苏轼、苏辙、王安石、曾巩为欧公所撰写的祭文，明朝时的“滁州十二景”壁画和北宋以来近三十位名人对欧公的评价。

琅琊山醉翁亭

洗心亭

游览完醉翁亭，从醒园出来，迎面便有一亭屹立在琅琊古道旁，这就是洗心亭。绕过小亭见南面的亭壁上嵌有一联：“枕流漱石，游目骋寰”。洗心，即悔过自新的意思。

让泉

醉翁亭前有“让泉”，终年水声潺潺、清澈见底。泉眼周围用石块砌成方池，方池三尺见方，池深不过尺余。方池上方有清康熙四十年（1701）滁州知州王赐魁重立“让泉”二字碑刻。

玩家解说

醉翁亭初建时只有一座亭子，北宋末年，知州唐属在其旁建同醉亭。到了明代，开始兴盛起来。相传当时房屋已建到"数百柱"，可惜后来多次遭到破坏。清代咸丰年间，多个庭园被毁成一片瓦砾。直到光绪七年（1881），全椒观察使薛时雨主持重修，才使醉翁亭恢复了原样。如今，这处千载胜境，更加壮观诱人。

琅琊寺

一片楼台殿宇

葱茏玉秀的古树之中，一片楼台殿宇，这便是古琅琊寺，月洞形山门上书“琅琊胜境”四字。琅琊寺是我国东南名刹，是著名的佛教圣地，终年香火缭绕。建于唐代大历年间，后因山名相沿，称“琅琊寺”。

琅琊寺依山就势，隐于密林之中，寺内吴道子画“观自在菩萨”为稀世珍宝。潺潺泉水绕寺而过，亭台楼阁错落有致，正如宋人诗云：“踏石披云一径通，翠微环合见禅宫。峰峦密郁泉声上，楼殿参差树色中。”

大雄宝殿

大雄宝殿为寺内主要建筑，雄伟壮观，殿前的“大雄宝殿”匾额为原中国佛教协会会长赵朴初所题，殿内塑有释迦牟尼、观音菩萨、十八罗汉等塑像。大雄宝殿后有藏经楼，相传唐高僧玄奘西天取经回来，有一部经书藏在这里。

濯缨泉

在琅琊山琅琊寺大雄宝殿北侧、明月观北院的山脚下，原名“庶子泉”。泉水出自石罅中，晶莹澄澈，甘甜滋人，今仍存前人题书的“庶子泉”三字摩崖于泉侧石壁。

古磨刻

琅琊寺范围内，唐代以来石刻有117方，其中有唐代本幼卿、皇甫曾、明代柳遂等磨刻。尤以唐代画圣吴道子的观音石刻像和《金刚经》碑最为珍贵。

深秀湖

青山环抱，景色秀丽

深秀湖因其青山环抱，景色秀丽，而取欧阳修《醉翁亭记》中“蔚然深秀”之意，故名。湖水上源琅琊溪，下通余家洼水库，四季潺潺，清澈透底。湖面建有湖心桥，桥有九曲，通称九曲桥。桥墩用青石砌成，桥上筑有湖心亭，亭顶盘金黄玻璃瓦，六角置有琉璃禽篱，水榭下为人工青石基础，湖水贯通其下。

南天门

琅琊山最高峰

南天门是琅琊山最高峰，拥有会峰阁、古碧霞宫等建筑群。登上山顶南天门，可远眺长江和江南诸峰的雄姿，近瞰绿荫如盖，云雾缭绕，溪水潺潺，清幽俊秀的琅琊山自然风光，令人陶醉。

会峰阁

琅琊山风景区内最高建筑物，高24米，六面八角都采用古典建筑的飞檐翘角式样，阁顶用黄色琉璃瓦覆盖，雕梁画栋。阁上24个铃角都装有铜铃，山风拂处，金声四起。

古碧霞宫

即碧霞元君殿，是人们为纪念碧霞仙姑使琅琊山变得风景秀美而建造，碧霞宫现由全真华山派传人主持管理。

链接

碧霞仙姑与琅琊山庙会

相传很久以前东岳大帝的女儿碧霞仙姑因嫌天宫冷清寂寥，便想到人间游山玩水，于是驾起云头，飘然而下，恰巧落在琅琊山上。仙姑定睛一看，琅琊山一片荒凉，大失所望。仙姑原想另找一处锦绣山川游玩，但转念一想：现成的景色有何味道？不如自己动手造就一处美景，想造多美就造多美。于是，就决定留下来美化琅琊山。

碧霞仙姑知道天宫里的甘霖能够使花草变香，清泉变甜。她便每天往返于天上人间，取来甘霖，洒在琅琊山上。她一次又一次，一天又一天，不辞劳苦。终于，琅琊山开始长树长花，风景渐渐秀丽起来，如同仙境一般。碧霞仙姑造就了一处人间仙境的消息传到天宫，她的姐妹纷纷要求下来观赏，并约定在每年仙姑的生日正月初九下凡聚会，赐福人间。

久而久之，滁人为了纪念碧霞仙姑和众姐妹，并祈求人间平安，便在琅琊山顶上建造了一座宫殿，这就是碧霞宫。每年正月初九，人们纷纷前来烧香祭祀，这样，逐渐形成了规模盛大、热闹非凡的“琅琊山庙会”。

野芳园

苏州园林建筑风格

野芳园景区为苏州园林建筑风格，曲径

琅琊山野芳园

通幽，景色宜人，四季飘香。碑廊集中收集、整理了与琅琊山、醉翁亭文化有关的珍贵诗文，并征集了名人书法墨宝两百多篇镶刻于此，盆景长廊可陈列数千盆盆景，穿廊而行可通南北各区院，园内配置小桥、池水、假山，植有枫树、桂花、紫荆绣球花木，疏密错落有致，园内四季飘香，景色宜人。

琅琊古道

始建于明嘉靖年间

琅琊古道是人们登山的一条道路，始建于明嘉靖年间，长约1200米，青石铺成，是目前国内保存较完好的古道。古道蜿蜒于山腰，由低渐高，平坦而幽深，两边古树参天，鸟语花香，形成天然棚盖，晴天可以遮阳，雨天可以挡雨。

丰乐亭

欧阳修亲手所建

丰乐亭为北宋欧阳修亲手所建于北宋庆历六年（1046），并撰文《丰乐亭记》以记之。亭中存有许多碑文石刻，其中首推苏东坡所书《丰乐亭记》石刻。其他著名的石刻有明代天启元年（1621）滁州判官尹梦璧所做的“滁州十二景”诗画。丰乐亭为16立柱挑檐翘角的四方亭，堪称我国亭中之秀。

琅琊山林场

玩家解说

北宋庆历五年（1045），欧阳修谪知滁州。第二年，他在丰山附近发现了紫薇泉，便在泉侧建了这座亭院。他在《丰乐亭记》中写道：“修既治滁之明年夏，始饮滁水而甘，问诸滁人，得于州南百步之近。基上丰山耸然而特立，下则幽谷窈然而深藏，中有清泉，翁然而父子同。俯仰左右，顾而乐之，于是疏泉凿石，辟地以为亭，百与滁人往游其间。”他在《与韩忠献王书》中告诉友人：“偶得一泉于（滁）州城之西南丰山之谷中，水味甘冷，因爱其山势回换，构小亭于泉侧。”遂取“岁物丰成”“与民同乐”之意，将亭命名为“丰乐亭”。

同乐园

园内有观瀑亭

同乐园分东西两院，园内有观瀑亭、知针台、乐乐馆等仿古建筑，以亭廊相连，动静相宜；馆名由郭沫若先生亲笔题写，馆内塑有欧阳修塑像和全面介绍欧阳修生平的三十幅壁画，将一代文宗欧阳修的形象再现于游人面前。庭廊两侧镶刻了苏轼、苏唐卿、祝枝山、赵孟頫、文征明、董其昌等历代名家书写的《醉翁亭记》碑刻，置身其中，令人叹为观止。

琅琊山林场

始建于20世纪80年代

琅琊山林场苗圃，始建于20世纪80年代初，经营面积0.18平方千米。林场于2000年成立了琅琊山林木良种基地，基地总面积已达到0.6平方千米，苗木品种50余种，现有200多万株优质苗木可出圃。其中、大规格落叶乔木有几万株，主要品种有三角枫、黄连木、榆树、朴树、青桐、臭椿、乌桕等。

景点推荐 滁州及周边景点

皇甫山公园

华东西双版纳

滁州市南谯区大柳镇 8：00～17：00

皇甫山古称“曲亭山”、北将军山，昔因南唐大将皇甫晖在此屯兵而得名。主峰北将军岭399.2米，为皖东最高峰。景区具有江淮地区保存最完整、面积最大的原始次生森林次生景观带，生长着130多种野生动物。皇甫山还以山水之美著称。山势群峰奔凑，绵延起伏，山下幽谷深邃，溪流潺潺；山间花香鸟语，藤树缠绕。

玩家攻略

1—2月是“新年祈福”时间，有“曲亭钟晓”，可在新的一年里“祈福安康、万事如意”。清明至入夏期间，数十万只鹭纷纷云集于此，是全国罕见的鹭群景观。9—10月气温舒适宜人，植被仍然翠绿，且正值“菊黄蟹肥、栗源果累”之时，是本区域的“黄金旅游季节”。

弥陀寺

建于元朝至正元年的弥陀寺，明朝开国皇帝朱元璋曾经三次幸临。闻名天下的“弥陀贡茶”历经600多年的风雨，堪称国宝。山门进去后是大型影壁，刻题“弥陀古刹”，依山而筑，层层递进。出寺上山建观景台，山腰平坦开旷之处依山地缓坡修建汉白玉石栏相围来比喻众生所居之欲界、色界、无色界的“三界台”。上山石阶修建为参禅天梯，环境清静，古木幽深，悠扬的钟磬声在万籁俱静中回荡，颇有清远出尘之韵味。

烽火台

皇甫山峰顶有南唐建的烽火台，现存遗址上还有一个四层塔形、10余米高的望火楼，可以登高远眺。现在，从皇甫山东边的珠龙桥上清流关，途中的石板大道边，每几里路有一个土墩，发现敌军来犯时，皇甫山上的烽火台点火报警后，这些烽火墩依次燃放烟火，把军情迅速传递到清流关。

将军井

将军井是用石块垒砌而成，据记载此井是皇甫晖屯兵皇甫山时，为解决将士吃水问题，用钢枪挖出了泉水，将军井由此得名。井水明净清澈，常年不枯，水深始终保持在一个刻度上。久旱不雨，不见其水面下降；阴雨连绵，也不见其水面上涨。

金甲池溪

皇甫山的快活岭和弥陀贡茶园有两股山泉，为"仙人泉""弥陀泉"，两泉交汇流至弥陀寺附近，形成一方泉池曰"金甲池"。金甲池往下形成金甲溪，泉水、溪流沿山涧溪道流至景区大门。

玩家解说

后周柴世宗为统一天下，派赵匡胤带兵南下攻打滁州城。当赵匡胤带兵来攻打皇甫山屯兵时，征战将士鞍马劳顿，纷纷解下身上的盔甲战袍，用溪水洗刷铠甲上的血迹，一时间溪涧染红，后来人们就把这条溪流称之为"金甲溪"。

皇甫山

金丝楠木博物馆

独特的馆藏

滁州市上海北路和马鞍山西路交会处

9: 00～11: 00、14: 00～16: 30　乘17、10、21路公交车在"上海站"下往马鞍山西路200米即到

金丝楠木博物馆建于2012年，展馆面积16 000平方米，是以金丝楠木为主题的独具特色的博物馆。馆内现已精心收藏了5000多件明代、清代、民国等不同时期具有代表性的金丝楠系列高档藏品。馆藏金丝楠木家具，每一件都必须有虎皮纹、水波纹，而且在光照的情况下均能移步换景，并散发出金丝楠木淡雅的香气。

白鹭岛 AAAA

云集上万只鹭鸟

滁州市来安县舜山镇复兴村011县道

8: 00～17: 00

白鹭岛生态旅游区空气清新，气候宜人。这里有峰峦叠翠的练子山，洞天明境的练子湖，担竹环绕的大庵寺，香烟弥漫的孔雀寺，鬼斧神工的一线天，古色古香的赏鹭亭，变化奇妙的望日峰，神奇传说中的都堂坟，气势恢宏的抗金古战场，流水潺潺的观音泉，雄居山腰的穆桂英跑马道，五颜六色的奇花异草，品种繁多的珍禽鸟兽以及郁郁葱葱的万亩林海。

白鹭岛生态旅游区围绕着练子湖，沿着湖边的木头栈道散散步，欣赏峰峦叠翠的远山和波光粼粼的湖景。湖边有度假别墅，湖上有游艇和游船，还可以泡温泉。

链接

白鹭岛温泉公园

白鹭岛温泉公园主要分为如意广场、大唐风韵、

龙山寺

日式风情三大区域，园内每个温泉池每天都按序排水、清池、消毒，始终保持泉水的水质和卫生。

温泉公园目前共设有50多个风格各异、大小功能不一的温泉池，错落分布于松林中。连片松林中的露天温泉，一次性可容纳3000多人入浴。

龙山寺

三十六景

全椒县西35千米龙山西麓的管坝境内

龙山寺山峦重叠，苍松翠竹，岩山幽洞，瀑洒千峰，小桥流水，终年不息。殿宇亭榭，清磐悠钟，千古胜地。迎驾桥、放生池、一线天、五龙宫、美人山等三十六景遥相呼应，自然成趣。主峰娘娘顶，远眺长江如带，美景庙宇，浑然一体，置身其间，如入仙境。

玩家 解说

对于龙山寺，明有刘瑜诗云：爱此西山矗矗青，几来马首虬须停，从谁乞得愚公力，移得南窗作画屏。清有吴国缙诗：林深无熟径，树老不知年。瀑洒千峰雪，岩开一线天。

神山森林公园

迷人的自然风光

滁州市全椒县草庵乡境内

神山国家森林公园总面积2200平方千米，最高峰海拔395米左右。山名由来无考，但1000多年前，佛道均在此争建庙宇道场，颇有“神仙气”。神山群山环抱，林深水秀，九座山围绕神山主峰，故称“九龙盘珠”。兼之溪水绕山而过，甘泉破石而出，融秀水、奇石、溶洞、古寺为一体，是一个独特而幽雅的森林公园。

吴敬梓纪念馆

古籍的典藏

全椒县城西北隅　免费

吴敬梓纪念馆始为1984年10月重建，占地5000平方米，建有东西展厅，建筑仿明清风格，雕梁画栋，曲槛回廊。纪念馆大厅前立有一尊吴敬梓铜像，高4.5米，重500千克。馆内收藏有《儒林外史》的各种版本以

吴敬梓纪念馆

及吴敬梓的其他著作，如迄今发现最早的刻本《卧闲草堂本》、民国时期的《增补齐省堂本》以及《文木山房集》《文木山房诗说》，还有其七言古诗手迹《奉题雅雨大公出塞图》的缩小件等。

链接

吴敬梓

吴敬梓（1701—1754），字敏轩，号粒民，清代小说家，安徽全椒人。因家有“文木山房”，所以晚年自称“文木老人”。他幼年的时候就十分聪颖，善记诵。稍微大点的时候，补官学弟子员。尤其精《文选》，赋援笔立成。由于他性格豪迈，不过数年，旧产挥霍俱尽，当时甚至差点绝粮。

雍正十三年，巡抚赵国麟举荐吴敬梓以应“博学鸿词”，但他最终没有去。后来移家金陵，为文坛盟主。他又集同志建先贤祠于雨花山麓，祀泰伯以下二百三十人。由于资金不足，他售所居屋，家里因此愈发贫困。晚年的时候，自号文木老人，客居扬州，更加落拓，后卒于客中。

三塔寺

江淮名刹

全椒县城西北18千米六镇东北侧

三塔寺创建于隋大业年间，北宋徽宗大观元年，在寺前建塔三座，因名“三塔寺”。现有殿宇五进，廊房回曲，规模宏大，是全椒规模最大、佛像最多的寺庙。寺内大悲楼下有千年黄杨一棵和绝世牡丹百余株，每年花开之时，有文人雅士来做“牡丹诗会”。清有白衣道人方定国居此，杭州知府薛时雨有《白衣道人行》行世，三塔寺遂更知名。

链接

全椒的芳名

相传全椒神山乃东方神话系统中男仙领袖东王公和女仙领袖西王母相会之所，全椒所辖东王乡、西王乡乃东王公和西王母住处的简称。又传说西王母的侍女许飞琼在全椒植白花两株，一株植在六镇，人皆不识品种，故以许飞琼之名，称之“琼花”；一株植在六镇镇东王山区，为白色牡丹，全椒自此有“六丈琼花”和“东王牡丹”之芳名。

半塔烈士陵园

烈士长眠之地

来安县半塔镇西北光山山坡上

陵园占地0.16平方千米，中心有一座烈士纪念塔，高10米，为四棱台体。塔顶屹立一尊身背斗笠和大刀、荷枪远视、威武雄壮的新四军战士雕像。塔的正面刻有陈毅题写的“革命烈士永垂不朽”八个大字，背面为著名书法家张恺帆题词。塔的正前方有张云逸于1964年5月1日撰写的《半塔烈士纪念碑记》。

令狐山

佛教圣地

定远县藕塘古镇东南处

令狐山风景区是一块风水宝地，佛教圣地。令狐山巍峨挺拔，草木葱茏。早在汉代，山上就建有寺庙；唐宋年间相继增建子伯祠、碧霞宫、庙宇恢宏、香火颇盛。曾是宋金大战藕塘关的主战场，抗战时期称为“塔山”，亦为新四军的制高据点。令狐子伯与黑奶奶的感人故事，将提升为中华“礼”文化的精髓，感召天下人。

玩家 攻略

每年的农历三月十五日，周边群众会自发到令狐山上烧香许愿，场景十分壮观，成为藕塘的一大亮点，上海、南京、滁州的游人也多慕名而来，观光旅游，焚香祈福。

碧云湖

链接

令狐子伯与黑奶奶

相传在藕塘古镇的锥子山下，住着一位年纪约四十多岁的郝姓民妇，因丈夫被抓去当差而无音讯，内心十分苦闷，她便拼命地干活，长年累月皮肤被晒得黝黑。因此，当地的娃娃们都亲切地称她“黑奶奶”，黑奶奶乐善好施，最喜接济穷人。

一天，一位名叫令狐子伯的公子随逃难的人群路过山下，黑奶奶打来了清泉给大家解渴，令狐公子喝完一碗水后，拿出书本聚精会神地读书，连逃难的人群走了也全然不知。黑奶奶感念兵荒马乱之时竟有如此苦读之人，十分敬佩，便决心将其收养，供其读书。后来令狐公子被举荐为孝廉，送朝廷考官，后来平步青云，官至楚相。

多年后，令狐宰相想起了这位有恩于己的老媪，便带人前来藕塘寻亲。山河依旧，茅屋尚存，但老人早已仙逝。令狐子伯便在锥子山上造一七级浮屠，并在塔的正中供奉黑奶奶桃木根雕塑像。此塔始名“文峰塔”，后人为纪念令狐子伯与这位老人的情缘，将其改名为“令狐塔”。

碧云湖

安徽省十大水库之一

全椒县城西北10千米处

碧云湖整个湖面坐落群山环抱之中，碧水蓝天，一年四季鸟语花香。两岸群峰争秀，郁郁葱葱，湖水清澈透底。由大坝乘游艇游湖，穿过心岛，湖面豁然开朗。碧波万顷，浩渺茫茫，船在水中走，人在画中游，水天一色，令游人心旷神怡。

玩家 解说

传说一仙女下凡到碧云湖杨梅山，为风光所醉并爱上山中一青年。天帝闻之怒派电母雷公到杨梅山缉捕仙女返天庭。两人恩爱不能分离，激怒电母雷公，刹那间雷电交加，一个霹雳打断仙女双脚，仙女不能行走青年便扶住她，双双立于那里，日复一日、年复一年，两人化为两块巨石，每逢农历初一、十五都有青年来此挂丝带、焚香祈福。

女山

安徽省地质公园

明光市女山湖镇郜岗乡山东村

女山古称女儿山，素以保存较为完整的古火山口而闻名，东接山东村，西延女山湖，素有“三村环抱一份水，四月葱茏千亩田”之说。由于地壳运动，约在150万年前自地下40千米处喷发的大量岩浆淤积而成。女山是世界上保存最完整的古火山口，山体呈盆状，从天空鸟瞰恰似一只玉环浮在水面，所以又名玉环山。

链接

女山的传说

女山湖因女山而得名，民间传说女山湖上原有一摆渡老人，因叉鳖百不失一，被称为“鳖爷”。鳖爷有一女儿，名玉女，生得如花似玉，与渔人庞龟相恋。正值两人欲择日成亲之时，恶霸王爷看中了玉女，要娶她做妾。一天，王爷带人上门抢亲，与庞龟打了起来，庞龟力大无比，无人近身，王爷命开弓射箭，当箭穿透庞龟胸膛之际，庞龟也将手中利箭掷出，正中王爷心窝。

王爷死了，庞龟倒在船板上，庞龟的尸体漂到女山湖边的旧县镇西，长出一座山，人称龟山，即现在的凌云圩旁龟头咀。玉女也殉情而死，尸体漂到湖边，长出一座山，便是玉女山，即现在的女山。

景点推荐

天长旅游区

护国寺
袖珍九华

天长市区南端

护国寺始建于清同治年间，全国千座经典寺庙之一，它是一座园林式庙宇，有“袖珍九华”之美誉。全寺分佛事区和休闲区两个部分，佛事区皆为传统庙宇式建筑，飞檐翘角，庄严整肃；休闲区为园林式格局，亭台楼阁相映成趣，荷池花木交相辉映。其中二贤堂是为纪念北宋时期曾任天长县令的包拯，以及著名“二十四孝”之一的天长秦栏人朱寿昌而建。整个寺区布局精巧，结构紧凑，移步即景，钟鼓相闻。

玩家攻略

一年一度的天长护国寺民俗文化旅游节（庙会）于4月20日举行，为期一周。四方游客和佛教信徒纷至沓来，盛况空前。

护国寺的素宴很不错，色、香、味俱全，极具特色，深受游客喜爱，感兴趣的朋友千万不要错过。

草庙山
空气与自然的无限结合

天长市金集镇谕兴社区西部

草庙山海拔最高处为84.8米，此山因古时有一座草庙而得名，古时寺刹碑亭林立，今日山清水秀。面积近2平方千米的草庙山，植被丰厚、林木葱郁、空气清新、景色宜人、人文荟萃。境内有清代“两尚书一将军”三大古墓群，文物众多，规模宏大；明朝大将军常遇春在这里的传说、道人石的传奇令人流连。深厚的文化底蕴，孕育了中国一代名导卜万苍和唱响海外的《好一朵茉莉花》原型《鲜花调》。

釜山卧龙公园

休闲度假的天堂

天长市西大门釜山镇

卧龙公园以浑然天成的自然景观享誉周边地区，远望釜山，深青如黛，恰似一口倒置的铁锅，耸立在缥缈的云雾之中。山上花草繁茂，嶙峋怪石或群聚或独立，形态各异，蔚为壮观，遍地野花野果，密林中多飞禽走兽。探幽径、听鸟语、闻花香、赏怪石、森林沐浴，尽释烦恼。

山顶的“龙王井”井水清冽甘醇，长年不竭，人们传说饮井水可驱寒降暑、祛病、益寿，每天前来此取水之人络绎不绝。此井水富含多种矿物质和微量元素，确属水之珍品。山间龙隐寺始建于唐朝中叶，鼎盛时规模宏大、声名远扬。现重新建的“龙隐寺”大雄宝殿，气宇轩昂，庄严肃穆。

釜山风光

杨捷将军墓

清朝早期古墓群

天长市谕兴乡草庙山东麓

杨将军墓是天长市规模最大，规格最高，且具有一定历史价值的清代早期古墓葬。墓葬群用人工挖土堆积0.02平方千米左右的高大土丘，墓前有长500米，宽30米的神道，实为罕见。墓前石华表、石牌坊、石像生、墓志铭等石刻文物一应俱全，基本保存完好，构思独特、造型优美、雕工精细、形态逼真，被安徽省政府列为省重点文物保护单位。

玩家 解说

杨捷，字符凯，江苏宝应县崇俭乡人，生于明代万历四十六年（1618），卒于清代康熙三十九年（1700）。官至清光禄大夫，昭武将军，少保兼太子太保，督江南总兵。死后追赠少傅太子太傅。历史记载，他戎马一生，曾率兵到蒙古、台湾等地抗击外来侵略，战功卓著。杨将军墓占地16 000平方米，建于康熙乙丑年（1685），气势恢宏，十分壮观。

沃公祠

明代抗倭英雄沃田的纪念祠

天长市市区建设东路，天扬公路南侧

沃公祠是为纪念明代抗倭英雄沃田而建的，这里有正殿五间，陈列大厅五间，以大量的史料，再现了沃田将军的戎马生涯。整个建筑保持了明代建筑风格，采用了青砖小瓦木质结构，歇山花脊，飞檐翘角。祠堂内供有沃公塑像及记载了沃公生平事迹的文献，供游客参观瞻仰。

玩家 解说

沃田，山东登州卫人，世袭指挥佥事，登武进士第，守备江苏仪征。嘉靖三十六年（1557）十月五日，沃公带兵在天长堵截由扬州进犯的倭寇，不幸殉难。

龙岗古镇

千年古镇

✉ 天长市龙岗镇，市区以北30千米的高邮湖畔

龙岗古镇旧称芙蓉冈，镇内明清古民居特色鲜明，保存完好。该镇历史悠久、人文荟萃。镇内民居十分考究，多为青砖小瓦，排山隔扇，浮梁浮柱式建筑。古街、古庙、古楼、古牌匾形成了布局合理、功能完善、古朴典雅、民族特色鲜明的古民居群。清代道光年间曾出过状元戴兰芬，中国人民抗日军政大学第八分校旧址分布于古民居群中，与古民居交相辉映。老一辈无产阶级革命家刘少奇、陈毅、粟裕、郑位三、罗炳辉等曾在这里生活战斗过。

链接

龙岗的来历

传说明朝开国皇帝朱元璋登基不久，站在南京的紫金山上，发现江北离南京不远处常升腾起一股紫气，扶摇直上，数日不息。这股紫气被人称之为“天子气”，预示着又将出一位能人与朱皇帝争夺天下。一天不容二日，朱元璋立派谙熟地理风水，有地仙之称的刘伯温前去破掉这股“天子气”，以绝后患。

刘伯温领旨北巡，不日来到天长境内，发现紫气就是从芙蓉冈上升起的，贵人很可能就在此孕育诞生。于是派人在镇上依八卦之形建了七十二眼砖井，密布于大街小巷和深宅院落之中，宛如七十二根铁钉把地脉牢牢地固定起来，使它不能松动，以期借用天上的七十二地煞星来降服“天子之气”。还把“芙蓉冈”易名为“龙岗”，取意龙不离水，一旦上岗，就必定遭难，从此，芙蓉冈的“冈”字头上加了个“山”字，意在用一座“山”把龙狠狠地压住。

义井

龙岗的七十二眼古井如翡翠明珠一般镶嵌在街头巷尾与院落厅堂之中，最为人津津乐道的是坐落在街东淮南客栈大门外南侧，有“义井”之称的一眼街边井，为所在街道上佴、崇两大姓捐资共建，属于义举行为，专供路边行人及无钱建井的平民百姓使用，故称“义井”。

抗大巷

抗大巷有抗大分校旧址和纪念馆，旧址过去是元代所建真武廊，前后三进，有24间房屋和一间藏经楼，八分校迁入时改为学堂。现尚存的6间房屋还是当年的样子，壁上所置规章制度及教室、宿舍陈设也多是仿照当年复制而来。

龙岗古镇风光

龙岗古镇抗大分校旧址

景点推荐

凤阳旅游区

小岗村 AAAA

中国改革第一村

滁州市凤阳县小溪河镇，由小岗、大严两个自然庄组成

20元 8:00~17:00

小岗村乡村旅游区由两个村民小组组成，小岗人开创了家庭联产承包责任制的先河。20世纪60年代，中国农村实行人民公社，吃喝公有，影响农民的劳动积极性。1978年，小岗村18位农民以“托孤”的方式，冒险在土地承包责任书按下鲜红的手印，实施了“大包干”，自己的田地自己负责，由此揭开了中国农村改革的序幕。1993年，小岗自然村与另外一个自然庄——大严村民组合并在一起成立为小岗村。

村中现有大包干纪念馆，占地2公顷，为江南园林式建筑风格。馆内分为主展厅、多功能厅、附展厅、餐厅等。主展厅由《抉择》《追梦》《关爱》三个展区和大型群雕《十八颗红手印》以及实物展台、展柜组成，真实再现了当年大包干从酝酿到发生、发展的历史过程，其中部分珍贵图片和史料属首次公开。

狼巷迷谷 AAAA

自然风光优美

滁州市凤阳县鹰涧镇

在凤阳长途汽车站坐去狼巷迷谷的车，这趟班车也经过韭山洞

80元 0550-6356029

狼巷迷谷分为古刹礼佛和迷谷探奇两

大主题，整个风景区以佛教文化为背景，区内石芽、石林、石峰等景各显其态，置身其中如入仙境迷谷。狼巷迷谷过去是野狼出没的地方，当地山民称此处为狼巷。

迷谷内石灰岩形成于5.4亿年前的古生代寒武纪，此处地貌为典型的石灰岩溶地，生长在岩石上的树木更具有特色，它们虽历经沧桑，不那么挺拔高大，但歪曲的树干却能经得风霜雪雨，不屈不挠，倔强地生长，显示出顽强的生命力。谷内地形奇特、沟壑纵横、明谷暗涧、沟沟相连、谷谷相通，谷深处抬头望天如一线，谷浅处举目观山如层峦。

禅窟寺

禅窟寺是一座佛家寺庙，传说建成于汉武帝年间，原名桃花寺，后名虎窟寺。至北宋时期，“唐宋八大家”之一、著名书法家、文学家苏轼来此游玩，取“参禅旁窟居”之意，正名禅窟寺，并挥毫题写了寺名，沿用至今。

狼巷迷谷

摩崖石刻

据初步考证，现存石刻十七处，其中唐刻四处，宋刻七处，清刻四处，未署时代的一处，字迹剥蚀的一处。这些石刻多为纪游之作，其书法风格各异，流派纷呈，真、草、隶、篆、魏碑等体应有尽有。石刻中最早的一处为唐元和三年的纪游题名。

明皇陵

明代第一陵

滁州市凤阳县大庙镇

8: 00~17: 00　50元

凤阳是明太祖朱元璋的故乡，因是明朝龙兴之地，在明朝数次作为当时的重要都市，建造了中都城和明皇陵。明皇陵位于凤阳西南十五里，是明代开国皇帝朱元璋父母葬地，俗称明代第一陵。

明皇陵初建于吴王时期元至正二十六年，陵园占地13.33平方千米。当时有城垣三重，周长二十八里，其内“宫阙殿宇，壮丽森严”。享殿、斋宫、官厅数百间。历经600余载，虽经多次兵乱，但陵前神道上的31对石像生和皇陵碑、无字碑及坟丘等保存完整。皇陵碑文为朱元璋亲撰，石像生数量之多、刻工之精美为历代帝王陵之冠。皇陵虽非帝王之陵，却“宫阙殿宇、壮丽森严”，与南京明孝陵和北京明十三陵等同一规格。

玩家解说

明皇陵陵墓是椭圆形覆斗式大平顶，高出周围地面5米。陵墓堆土而成，占地1750平方米。陵前北部的金水桥向北，有长257米、宽6.3米的神道，两旁对称排列着雕琢精美的32对石像生。石像生数量之多，为历代所有帝王皇陵之冠，其艺术风格绝妙，堪称上承宋元，下启明清的大型石雕艺术精品。

皇陵碑位于神道南端西侧，东50米外为无字碑。皇陵碑通高6.87米，碑首四周浮雕六条大螭，刻工精湛。中下部篆书《大明皇陵之碑》，因碑文系朱元璋亲自撰写，又名“御制皇陵碑”。碑文记述了他自己艰辛的身世，戎马生涯和夺取

明中都鼓楼

大明江山的全过程，阐明昌运兴盛的道理，全文1105字，文字通俗易懂，脍炙人口。

明中都城遗址

全国重点文物保护单位

滁州市凤阳县府城镇西北郊　市区乘车至凤阳县，从汽车站下后一路沿西走不远即到

明中都城遗址是明太祖朱元璋在其故乡临濠所建都城的遗址，朱元璋即帝位以后，建都南京，而以临濠为中都，于洪武二年（1369）开始兴建，至洪武八年停建。它在城市规划上的某些布局，包括宫城内的宫殿布局，影响了明北京城的规划。

明中都城是我国历代都城建筑史上的杰作，原有内、中、外3道城，现中都城内外建筑皆毁，仅剩皇城午门、西华门、护城河和至今保存完好的近1100米长的城墙。中都城建在原生土层中，地层未经扰乱，今遗址仍清晰可辨。中都城砖包的城垣地段，土埂壁立，城垣基址宛然。皇城内外殿坛势如山峦，城门高若岗阜，护城河基本保持旧观。

明中都鼓楼

我国最大的鼓楼

滁州市凤阳县城中央　40元

8：00~17：00

县城内步行可到

明中都鼓楼是中都城重要附属建筑，建于明洪武八年（1375），和西边的钟楼相距六里，遥遥对峙于中都城中轴线的两侧。它与其他鼓楼不同，为东西向，门额上有朱元璋亲书的“万世根本”四个楷书大字，在数百米之外也清晰可见。

鼓楼自明代开始就成为凤阳一道亮丽风景，清朝以后，“谯楼归市”更成为凤阳八景之一。鼓楼风景区四周的仿古建筑与新建的鼓楼广场相协调，32棵香樟树绿荫浓浓，更加衬托出鼓楼的雄伟、高大、古朴。鼓楼建成600多年来，几经沧桑，屡废屡建。台基一直保存完好，基上柱础排列整齐。

玩家攻略

朱元璋展览馆建在明中都鼓楼上，分《大明开国皇帝朱元璋》和《朱元璋与凤阳》两大主题，用图片、文物、沙盘和仿制实物翔实介绍了朱元璋的生平，全面展示了朱元璋波澜壮阔的一生。

龙兴寺

朱元璋发迹前为僧的寺院

滁州市凤阳县府城镇凤凰山日精峰下

8：00~17：00　30元

龙兴寺建于洪武十六年（1383），是明太祖朱元璋早年出家的皇觉寺，后成为明朝皇家寺庙。因该寺为明代开国皇帝朱元璋的发祥之地，与整个朱明王朝都有渊源，数百年来一直为国内名刹之一。

寺初建之时，规模宏大，占地0.86平方千米，向有“僧童骑马关山门”之说。龙兴寺经过600余年的风雨沧桑，尚存的部分文物和建筑构件仍可令人窥见其当年的气势和规模。殿外四口硕大的铜锅，传为寺僧做饭所用；殿前东西两侧各有古槐，枝丫纵横；殿内陈列有明代铜鼓和铜铸幽鸣钟，为皇家寺院的见证。东西两廊明清两代名人的诗词题刻琳琅满目。

韭山洞

江北第一洞

滁州市凤阳县鹰涧镇韭山山腹

0550-6720033　50元

8：00~17：00

因山上多野生韭菜，故而叫韭山，而洞在其山腹中，所以洞名便称作韭山洞了。此洞距今已有五亿年的地质历史，为喀斯特溶洞，早在1500多年前郦道元的《水经注》中就有记载。洞内留有多处唐宋题刻，朱元璋初起义兵时也曾据山屯兵，并在洞内外留下众多古迹。

韭山洞东西主洞长1472米，侧洞与北山的蝙蝠洞相通，长约4000多米，被专家誉为江北第一洞，其特点是深、大、险、奇、古。唐代有很多人入洞探奇，据南宋《濠梁志》述：“洞水长流不绝，其石形如器物甚众，左右多唐人诗刻石，深崖中有石观音及石老人像”。

玩家攻略

韭山洞生态环境好，每年6月景区会出现大量的桃花水母。桃花水母又称桃花鱼，是地球上最原始、最低等的生物，距今约6.5亿年，被称为生物进化研究的“活化石”。桃花水母对生存环境要求极高（pH值6.5左右，温度20℃~30℃），活体罕见，极难制成标本，被国家列为世界最高级别的“极危生物”，更有“水中大熊猫”之称。

明清古商业街

明清古商业街与抗大街垂直而立，街道两旁的建筑大都建于明清时代，至今尚可窥见其一斑：雕梁斗拱，排山隔扇，浮梁浮柱可谓衣衫古典；古街幽巷，秀树参天，长条石板犹见容颜沧桑。

韭山洞

攻略资讯

- 交通
- 住宿
- 美食
- 购物
- 娱乐

交通

火车

滁州北站是京沪铁路线上的重要车站，由南京站乘向北的快车到滁州只需40分钟可达，由蚌埠乘向南的列车到滁州2小时。

滁州站南谯区洪武西路198号，是京沪高铁上的车站，有开往北京、上海等方向的高铁列车。

汽车

滁州市区有滁州汽车中心站、滁州扬子汽车站。滁州汽车中心站主要发往辖县及外地城市，市内乘公交车2、4路可到。滁州扬子汽车站主要发往滁州下辖乡镇。

住宿

若在滁州市区住宿，不同档次的酒店、宾馆有很多，可供选择。如滁州君家酒店距火车站、汽车站、琅琊山风景区均只有10分钟车程，出行、游玩都非常方便；琅琊山山脚的城市之家酒店，距火车站、汽车站也不算远。

凤阳龙兴寺

●城市之家酒店（滁州凤阳北路店）

城市之家酒店地处凤阳路与会峰东路交会处，邻近经济技术开发区，酒店的私家小厨主营地方家常菜、煲仔饭等，另外酒店还可免费停车。 滁州市琅琊区凤阳路155号 0550-3901999

●君家酒店

君家酒店坐落于滁州市全椒路，距火车站、汽车站、琅琊山风景名胜区均只有10分钟车程，地理位置优越。酒店为四星级，设施设备齐全。 滁州市全椒路148号 0550-3218888

美食

滁州地处安徽的东部，饮食受到徽菜中沿江风味的影响，以咸为主，多使用“炸”等烹调技法；滁州又靠近南京，饮食也体现出淮扬菜的特点，继承了淮扬菜“炖、焖、烧、焐”的烹调方法，讲究“原汁原味，一物一性，百菜百味”的特点。

●雷官板鸭

雷官板鸭因其产地来安县雷官集而得名，是当地历史悠久的传统特产，自清朝同治年间问世后，以其精细的加工方式和传统

雷官板鸭

风味享誉大江南北。板鸭制作采用宰、卤、晾、煮四道工序，成品外表色泽光洁，呈乳白色，食之肥而不腻，松嫩可口，咸淡适中，味鲜醇香，诱人进食。

●梅白鱼

梅白鱼，定远池河镇至凤阳梅市乡广段池河中的特产。梅市地处定远、凤阳、嘉山三县交界处，因传统集市贸易而称“梅市”，又以“三梅”（梅姓、梅河、梅鱼）而著名。梅鱼，尤以黄梅季节捕捞出水的梅鱼为佳，此时梅鱼会从鳞下流出乳汁般的液体，鱼肉味鲜美无比。

●凤阳酿豆腐

豆腐的滑嫩、肉馅的鲜美、外表的酥脆，构成了这道菜独特的味道。用嫩豆腐为原料切成片，夹入猪肉末、虾仁末等，裹上鸡蛋粉糊下油锅炸至金黄色，再用糖醋勾上芡汁即成。凤阳酿豆腐具有色泽奶黄、外脆

凤阳酿豆腐

里嫩、酸甜可口等特点，可称得上是色香味俱全。

●马厂酥笏牌

笏是古时上朝时，大臣为了避免遗忘重要的事情，而将奏请之事书于其上的物件，类似于今天的记事本。酥笏牌则是因为类似笏，又香酥可口而得名。

●琅琊酥糖

琅琊酥糖是从北宋就流传下来的地方特产，它厚薄均匀，骨薄如纸，剖面层次清晰，呈螺丝体，色泽浮白，入口酥软，细腻而无杂质，美味且营养丰富，老少咸宜，是馈赠亲友之佳品。

琅琊酥糖

购物

在滁州购买特产和旅游商品，滁菊、来安花红、滁州竹篮等具有浓厚当地特色的工艺品和特产都是上选。

●凤阳玉雕

凤阳玉石质地均匀，结构细密，色泽光滑，花纹清新高雅。按其不同的组成和颜色，可分为凤阳玉和大理石。前者近乎汉白玉，产于府城北部凤凰山和东部独山一带；后者酷似云南大理石，产于县南部和西南部的韭山、猴山、窑山等山区。

●凤画

凤画即凤凰画，是凤阳独有的民间绘画艺术，起源于元末明初，距今已有六百多年的历史。凤画造型新颖美观，设色鲜明艳

丽，技法细腻严谨，具有固定的规格和模式。其造型必须是"蛇头、龟背、九尾十八翅，鹰嘴、鸡爪、如意冠"；色彩使用"水墨、素彩、五彩"三法。

凤画

●滁菊

滁菊，俗称白菊、甘菊，为我国四大名菊（滁菊、杭菊、河南菊、安徽毫菊）之一。在滁州有上千年的历史，栽培历史也有200多年。因其清热解毒之功效、既可入药又可做清凉饮料之用途，在清朝被纳为朝廷贡品，故有"滁州贡菊"之称。

●来安花红

来安花红学名"林檎"，是我国最古老的水果品种之一。它皮薄肉脆、汁多味甜、香浓渣少。安徽省来安县盛产花红质地最佳，这里的鲜花红果子不仅好吃，而且还能开胃解暑，泡酒止泻治痢疾。

链接

来安花红的传说

相传，明朝嘉靖年间，来安境内出了一个三品官、东台御史吴棠。他把母亲接到京城去住，谁知母亲却忽然得了痢疾，请遍了京都名医都治不好。吴大人忧心如焚，不得不将希望老死在故土的母亲送回了来安，临时找了个名叫花红的村姑在病榻旁照看老母。花红姑娘心地善良，尽心尽力服侍吴老太太，见老人不吃不喝，便到集上买回新上市的新鲜林檎，让吴老太吃点儿开胃。哪知吴老太只觉酸甜适口，越吃越爱吃。一连几天吃林檎，病也治好了，饭菜也觉得香了。吴家上下皆大欢喜。不久，吴棠之子带了七十多斤林檎进京，将林檎进献仁宗皇帝。仁宗不知何物，只闻到桂花似的清香、红红鲜亮，脱口说出："花红、花红。"吴棠感念花红姑娘，急忙附和："此果就叫花红。"仁宗皇帝大悦，当朝赐名此果为"来安花红"。

●滁州茶叶

据《安徽茶经》介绍，早在宋朝，全椒就盛产"南谯茶"。明代《南京户部志》载，成化三年（1467）南京用滁州茶叶二百斤。民国时期，滁州有"云桑名茶"。可见滁州的茶叶有较悠久的历史。

娱乐

如今，滁州市内的娱乐内容也已经丰富多彩，传统与现代文化在碰撞中各自彰显特色。滁州众多传统娱乐方式中最有特色的是凤阳花鼓和琅琊山风景区热闹非凡的琅琊山庙会。

凤阳花鼓

鼓楼

发现者旅行指南

皖北

（含淮南、蚌埠、阜阳、亳州、淮北、宿州）

概览

亮点

八公山

“八公草木晚离离，仿佛成人似设奇。老气逼云含雾雨，空青拔地镇淮夷”。这里流传着淮南王刘安“一人得道、鸡犬升天”的神话，也是闻名天下的八公山豆腐的发源地。

八里河

1993年5月被联合国环境规划署授予环境保护“全球500佳”。八里河风景区融中西建筑为一体，尽现建筑文化和园林文化的魅力。春夏是最佳游览时间，红花绿柳衬把八里河衬托得更加美丽。

花鼓灯嘉年华

美轮美奂的夜空之眼——花鼓灯嘉年华以奥特莱斯为主题，集室内游乐、旅游购物、特色餐饮、休闲娱乐等多种功能于一身。有歌有舞有戏剧，欢快热烈，富有浓郁的乡土气息。

亳州古城

素有“南黄山，北亳州”之说。亳州是中华古老文明发祥地之一，文化底蕴深厚，历代人才辈出：商朝开国圣君成汤，道家始祖老庄，外科鼻祖华佗，魏武帝曹操，巾帼英雄花木兰……如今古貌依旧的36条老街、72条古上名胜遍布，古韵悠然。

砀山黄河故道

砀山素有“梨都”之称，每年4月，万亩梨园无数梨花吐蕊，雪堆云涌，银波琼浪，景象蔚为壮观。到了秋天，可以品尝又大又甜的酥梨。

线路

皖北经典七日游

从铁路交通枢纽蚌埠开始玩起，去蚌埠的龙子湖畔和淮河文化广场看看，下午去花鼓灯嘉年华，坐一圈摩天轮。第二天前往宿州，到灵璧县参观奇石文化园，在虞姬墓前凭吊霸王别姬的千古绝唱。第三天从宿州抵达淮北，到临涣古茶镇上，品一壶“龙泉棒棒茶”，尝尝地道的农家菜。第四天前往亳州，花两天时间好好看一看古城风貌。第六天乘车到阜阳，游览八里河风景区，最后到淮南八公山，品尝正宗的八公山豆腐。

大鼓书

亳州二日游

第一天游览古城镇，一路参观花戏楼、曹操地下运兵道、华祖庵、曹操纪念馆、曹操祖父曹腾墓、张园汉墓、南京巷钱庄、陈抟庙、江宁会馆、道德中宫等景观。第二天前往涡阳县，参观天静宫、庄子祠，游老庄故里。

为何去

曹操古运兵道

皖北是旅游的冷门地区，要说自然景观，皖北的确无法与皖南相比，但皖北历史悠久，人文厚重。亳州作为曹操、华佗的老家，还保留着古老高大的城门、古朴的街坊；八公山是淝水之战古战场，留下了草木皆兵的典故，淮南王刘安亦在此得道成仙；灵璧发生的垓下之战，留下了霸王别姬的千古绝唱……这些或奇诞、或凄美的历史故事，均发生在皖北大地上。

何时去

砀山梨园

皖北以人文景观为主。理论上一年四季都适宜前往。考虑到夏季比较炎热，建议避开7、8月份，秋季瓜果上市，是品尝砀山酥梨的最好季节。

区域解读

淮南区号：0554
蚌埠区号：0552
阜阳区号：0558
亳州区号：0558
淮北区号：0561
宿州区号：0557
面积：约39 200km²
人口：约2801万人

地理 GEOGRAPHY

区划

淮南市下辖5个区（田家庵区、潘集区、谢家集区、八公山区、大通区）、2个县（寿县、凤台县）。

蚌埠市下辖4个区（龙子湖区、蚌山区、禹会区、淮上区）、3个县（怀远县、五河县、固镇县）。

阜阳市下辖3个区（颍州区、颍泉区、颍东区）、4个县（临泉县、太和县、阜南县、颍上县），代管1个县级市（界首市）。

亳州市下辖1个区（谯城区）、3个县（涡阳县、蒙城县、利辛县）。

淮北市下辖3个区（相山区、杜集区、烈山区）、1个县（濉溪县）。

宿州市下辖1个区（埇桥区）、4个县（砀山县、萧县、灵璧县、泗县）。

地形

皖北地处淮河以北，黄泛区以南，是黄河泛滥和淮河冲积形成的。地势西北高而东南低，自西北向东南略有倾斜，拥有广袤的淮北平原，辖江临海，扼淮控湖。仅东北部有石灰岩残丘分布，其余均属平原地貌，平坦舒展，一望无际。

气候

皖北地区位于暖温带南缘，属暖温带半湿润季风气候。季风明显，四季分明，气候温和，雨量适中。由于皖北地区南临淮河，而淮河以南属北亚热带湿润季风气候，因此皖北地区气候具有以暖温带向北亚热带渐变的过渡带气候特征。

历史 HISTORY

历史大事记

史前时期，今蚌埠地区为淮夷族聚居区。传说大禹治水南下淮泗，在今怀远县境涂山娶涂山氏女为妻，并生启，后启建立夏朝，成为华夏第一代帝王。

公元前16世纪，商汤在古亳州建都，后世称为“南亳”。

秦二世元年（前209）秋，陈胜、吴广发动了中国历史上的第一次大规模平民起义——大泽乡起义（今宿州埇桥区西寺坡镇）。

汉高祖四年（前203），刘邦封英布为淮南王，首置淮南国，都六（今六安），辖九江、庐江、衡山、豫章4郡。

汉高帝五年（前202）十二月，“垓下之战”（今宿州灵璧东南沱河北岸），项羽战败

八公山

自刎，至此，历时四年半之久的楚汉战争终以刘邦的胜利而告终。

汉孝文十六年（前164），淮南国一分为三：淮南、衡山、庐江，分别封给刘长的3个儿子，长子刘安继任淮南王，都寿春。

魏黄初二年（221），曹丕诏封曹魏皇室本籍谯为“陪都”，与许昌、长安、洛阳、邺并称“五都”。

383年，在淮南八公山麓、淝水之滨，前秦与东晋之间发生了一场大战，即著名的以少胜多、以弱胜强的淝水之战。

北魏孝昌三年（527）今阜阳境内始置颍州。

隋大业十一年（615）十二月，亳州城父人朱粲聚众起义，号“可达寒”，自称“楼罗王”。

元至正十五年（1355），刘复通起兵反元，拥韩山童之子朝林儿于亳州称帝，国号大宋，称小明王，以亳州为国都。至此亳州正式成为“三朝”古都之地。

清雍正十三年（1735），颍州更名阜阳，沿用至今。

1947年1月1日，蚌埠正式设市，直属安徽省，为安徽省第一个设市的城市。

1948年11月23日至12月15日的淮海战役双堆集会战中，歼灭国民党精锐部队黄维兵团11万4千余人，生俘该兵团中将司令官黄维、中将副司令官吴绍周。1949年1月18日淮南解放，设立一个独立的行政区——淮南煤矿特别行政区，成为现今淮南市最早的行政建制。

1952年6月，淮南设为省辖地级市。

1960年淮北因煤建市。

1998年2月，亳州市从阜阳市划出，由省直辖。

大禹治水

禹是传说中与尧、舜齐名的贤圣帝王，后人称他为大禹，也就是伟大的禹的意思。大禹最卓著的功绩就是治理了水患。蚌埠市辖下的怀远县境内有座涂山，当地流传这就是当年大禹治水时会诸侯之地，大禹在此娶涂山氏女为妻，并留下“三过家门而不入”的

大禹治水图

千古佳话。

大禹治水治的到底是什么“水”呢？史载，大禹一生治理九条河流，其中有四条属于黄河水系，加上与黄河水系交错的淮河共有五条河，此也说明大禹治水主要区域和业绩都在黄淮流域。待大禹治水功业基本告成之际，他已然成为“部落联盟领袖”，这才有了成功地大会诸侯。另外，据史学家分析，大禹选取地处淮河中游的涂山氏国作为会址还有其政治目的，这样做有团结东部地区各部落的用意。

大泽乡起义

秦二世元年（前209），在蕲县大泽乡（今安徽宿州市西寺坡镇涉放台一带），轰轰烈烈地爆发了中国历史上第一次大规模农民起义。

秦二世元年七月，秦朝廷征发贫苦农民900人去渔阳（今北京密云区）戍边。队伍行进到蕲县大泽乡的时候遇到了大雨，道路不通，他们被迫停留，耽误了朝廷规定的到达渔阳的期限。按照当时大秦的法律，戍卒不按期报到，就要被斩首。于是带队的陈胜吴广就商量，与其被处死，不如拼死一搏。

大泽乡起义年画

他们暗暗在帛书上写上“陈胜王”三个字，藏在鱼腹中，又在深夜到附近丛祠中模仿狐狸的声音，高呼：“大楚兴，陈胜王”，用这种鱼腹丹书、篝火狐鸣的方式，发动群众。因为当时没有兵器，大家就“斩木为兵，揭竿为旗”。陈胜自立为将军，吴广为都尉。就这样，我国历史上第一次农民大起义浩浩荡荡展开了。

不过好景不长，前208年，陈胜起义军在渑池（今河南渑池县）遭到秦朝大将章邯所率领军队的镇压，陈胜部将多战死，吴广被叛徒田臧杀害。陈胜从陈郡败走，在退到城父（今安徽亳州城父集）的时候，被车夫庄贾杀害。

文化 CULTURE

神豆腐

八公山豆腐，又名四季豆腐。它久负盛名，百吃不厌，被称为“十全食品”。八公山豆腐质密细白，既嫩且韧，色味俱佳，以清、净、香、雅著称，四季可食：春季吃豆腐，健脑明目，使人生机勃勃，有“常吃豆腐不求医”之说；夏季吃豆腐，清凉解表，对消化不良、饮食不振有特殊功效；秋季吃豆腐，和胃益气，增强体质，有“宁丢累世宅，不忘吃豆腐”的说法；冬季吃豆腐，宽肠降浊，补身健体。

相传，淮南王刘安和淮南八公在八公山上炼出长生不老的神丹妙药的同时，又发明了豆腐。刘安欣喜若狂，当即把神丹放入豆腐里，搅拌后大口地吃下，顿时身轻如毛，飘然升天成仙。器皿中残余的神丹豆腐被鸡狗吃了，也得道升天成神。“一人得道，鸡犬升天”的典故由此而来。人们听闻刘安和他喂的鸡犬吃了神豆腐得道成仙，都非常惊奇，纷纷称赞八公山豆腐是“神豆腐”。

八公山豆腐

药都亳州

亳州是“神医”华佗的故乡和中医药文化的发祥地之一。自东汉末年，神医华佗开辟第一块“药圃”开始，亳州种植、经营药材之风经久不衰，已有2100多年的历史。

由于一代名医的影响，带动了亳州医药的发展，到明清时期亳州就成为全国四大药都之一。清末，亳州已经成了药商云集，药栈林立，药号巨头密布，经销中药材两千多种的重要“药都”。亳州的中药材种植亦是比较广泛的，清代文学家刘开有诗云：“小黄城外芍药花，十里五里生朝霞，花前花后皆人家，家家种花如桑麻。”可见，在当时的条件下，医药业的发展主要依靠以种植中草药为主，药业的发展，促进了药材业的发展。

亳州药材加工实力雄厚，为四大药都之首。《中国药典》中冠以“亳”字的中药就有亳芍、亳菊、亳花粉、亳桑皮4种。亳州现为全国最大的中药材集散地，有中药资源170科，4000多个品种。亳州当地盛产的中药材有亳芍、亳菊、亳花粉、亳桑皮等20多个品种，亳芍年产量占全国产量的75%左右。中国（亳州）中药材交易中心是目前国内规模最大、档次最高、药品质量最优、服务最好的药材专业市场，日上市量达6000吨，上市品种2600余种，日客流量多达10万人。

皖酒飘香

皖北地区自古以来就有酿酒的传统，古井贡酒是全国十大名酒之一，口子窖、高炉家也是全国知名度较高的品牌。

古井贡酒有着悠久的历史。南北朝时，在亳州的减店集，人们发现有一口古井，井水清冽甜美，人们用此井水酿酒、泡茶，回味无穷。相传，有个将军因作战失利，临死前将所用的兵器投入井里。谁知此后井水比先前更清醇甘冽，所酿之酒，十里飘香，古井名声大噪，人们称之为“天下名井”。

据史书记载，古井贡酒的前身是“九酝春酒”，为曹操令手下人酿造。后曹操将“九酝春酒”及酿酒方法“九酝酒法”献给汉献帝刘协，献帝大加赞赏，作为宫廷用酒。从此，亳州一带酿酒作坊如雨后春笋般发展起来。到了宋代，减店集已成了有名的产酒地，当地百姓至今还有“涡水鳜鱼苏水鲤，胡芹减酒宴贵宾”的说法。明代万历年间，阁老沈鲤在万历帝的庆典上，把“减酒”当作家乡酒进贡朝廷，万历帝饮后连连叫好，钦定此酒为贡品，命其年年进贡，“贡酒”之名由此而得。

景点推荐

淮南旅游区

八公山 AAAA

中国历史文化名山

淮南市八公山区

乘坐公交26、121路八公山站下 ¥40元

八公山山势绵延，一脉四十峰，处处景致迷人，被誉为“八公仙境”“峻极之山”。八公山是一座历史文化名山，1600多年前曾发生过以少胜多的军事奇战——“淝水之战”，2000多年前，淮南王刘安在这里招贤纳士，编著了“天下奇书”《淮南子》，第一次完整地确立了二十四节气，发明了千古美食豆腐。八公山还是一座生命缘起之山，“淮南虫”化石是迄今为止世界上最早的古生物化石，被国际地质学界誉为“蓝色星球”上的生命起源。

汉淮南王宫

淮南王宫是为纪念淮南王刘安而建。其建筑包括淮南王宫殿、刘安及八公塑像，供中外游客瞻仰。周边回廊内镶嵌六十幅砖雕壁画，仿汉画像砖艺术风格，内容主要反映淮南国兴衰、刘安的重要活动、《淮南子》所载科技成果，神话故事等。大殿后山峰上修建反映“一人得道、鸡犬升天”的升仙台，增添景区的神秘气氛，引人入胜。

链接

淮南王刘安

淮南王刘安是汉厉王之子、汉武帝的皇叔。他尚文重才，广招天下贤达饱学之士3000多人，其中最为刘安赏识的八位：左吴、李尚、苏飞、田由、毛被、雷被、伍被、晋昌被封为八公。刘安与门客常在八公山中著书立说，研究天象，编制历法，冶丹炼砂。《太平寰宇记》中记载：“昔淮南王与八公登山埋金于此，白日升天。余药在器，鸡犬舔之，皆仙。其处后皆现人马之迹，犹在，故山以八公为名。”这便是典故“一人得道，鸡犬升天”的出处。

乾隆玉笋

白鹗山是淮南境内最高山峰，海拔241

上窑森林公园

米，山势陡峭险峻，山谷沉静幽深，山中清泉潺潺，经久不息。奇岩怪石林立，千姿百态，各具情趣。山上苍松滴翠，林涛滚滚，五彩山花摇曳，如同画屏竞开。当年清帝乾隆下江南，路过此地，游览山光秀色，见奇岩怪石如同春笋，妙趣万千，随挥笔在一石岩壁上书了“玉笋”二字。

上窑森林公园 AAAA

多功能省级森林公园

淮南市大通区上窑镇　¥ 10元

上窑森林公园是一所融生态旅游、人文景观、宗教信仰、度假休闲、科普教育、娱乐健身为一体的多功能省级森林公园。它依托钟灵毓秀的上窑山水，横卧于美丽富饶的高塘湖之滨。公园内见诸史志记载的上窑八景（奇峰障目、仙人留迹、牵牛巷、银杏参云、仙桃隐雾、仙人洞、桥落长虹、石佛称尊），闻名遐迩，是古今游人乐于盘桓之地，流连忘返之所。

洞山寺

位于洞山怀景区洞山之顶，建于明朝弘治年间，称为“神山古刹”，每年农历二月十九日洞山庙会，游人、香客可达数万人。

古寿州窑遗址

分布于公园南部侧柏林内以及高塘湖畔，是国家重点文物保护单位。寿州窑，创烧于南朝陈，停烧于唐末，前后烧造约400余年。寿州窑为唐代七大瓷窑之一，以烧制黄釉瓷器为特色，烧制风格独特。其器型主要有壶罐、碗、枕、盂、玩具及建筑材料等。

新四军纪念林园区

纪念林位于上窑森林公园花果山上，以树和碑相结合。树多为银杏和苍松翠柏，以银杏为主，象征着先辈们的革命精神万古长青。该林共植银杏树千余棵，是我市目前最大的银杏林。

颂扬新四军精神的纪念碑矗立在山冈的至高处，新四军纪念林周围已建淮化苑、人才林、学子林、夕阳林、人大林、记者林、国税林、地税林、财政林等十多个纪念林，形成了纪念林园区，号称“千亩园林”。

舜耕山

避暑胜地

淮南市田家庵区

舜耕山因上古贤君大舜在此耕耘而得名。山脉横亘在合肥长丰县与淮南市交界处，东西走势，峰谷蜿蜒透迤，连绵十多千

舜耕山

米。森林公园境内林木繁茂，林荫夹道，曲径通幽，是人们野营、避暑的胜地。舜耕山佛教文化积淀深厚。相传过去四十多座山头，山山有庙，老佛洞前的舜王庙更是香火鼎盛，可惜的是大殿早已毁于兵火战乱，如今仅能看到它的遗址。

龙湖公园 AAAA

湖光闪烁景色宜人

淮南市田家庵区人民北路160号

乘坐29路公交可到

龙湖水面0.31平方千米，湖上建有望桥、九曲桥、拱桥、三孔桥、湖心岛。公园景点有“龙湖三绝”和“龙湖八景”，园内还分布着30多个大、中、小型游乐项目，是目前全市开放最早、设施完备的公园。

卧龙山

风光秀丽泉水叮咚

淮南市谢家集区

卧龙山风景区名胜古迹众多，自然和人文景观丰富，有龙窝泉、姐妹泉、元女泉、青石匣、御史碑、圣旨牌坊、千里坂子、跑鱼窝等20多处景点。景区有林木80余种，森林深处有狐狸、山鸡、画眉等珍稀动物。

卧龙湖碧波荡漾，沿湖两岸怪石嶙峋。青桐林位于卧龙湖北面，长山与卧龙山隔湖相望。青石峡位于卧龙湖的东北面。峡宽约3米，长约30米，峭壁阴森，一块块巨石犹如天外飞来，叮咚的泉水不时从崖下滴落，余音绕峡，别有风韵。

茅仙洞

全国最早佛道并存的寺院

淮南市凤台县　10元，入洞20元

茅仙洞风景区位于东淝、西淝入淮交汇处，淮水唯此一段西流，山川不前，三湖依

龙湖公园

茅仙古洞

偎，故称“淝水三湾”。景区自然和人文景观交相辉映，主要景点有茅仙古洞、古香山寺、古寿唐关、淮河第一峡、黑龙潭、淝水之战古战场及春秋时期扁担城遗址等诸多文物古迹，景区历史人文景点达76处，贯穿于淮河文化精华河段上。其中茅仙古洞被誉为华夏第一人文洞府，每年农历二月十九，七月三十两度庙会，香客、游客云集达数万人之多。

玩家 解说

传说西汉时茅盈、茅固、茅衷兄弟三人曾于此幽居修炼，故而得名。后由唐代禅宗高僧道树禅师驻锡于此，首建硖石寺。至明代玉田法师、昭杲大和尚住持达四十余年。至清代道光年间，由莲谷和尚又易名古硖石寺。至清末才由道教全真派住持，是全国最早佛道并存的寺院。1934年改为清天观。

焦岗湖 AAAA

养在深闺人未识

淮南市凤台县焦岗乡

焦岗湖以“水”闻名，东与风景秀丽的八公山，南与历史文化名城寿县，构成独特的山、水、城旅游金三角。该景区环境优美、气候宜人，既有芦苇荡（鸟的天堂）、荷花淀、仙侣湖、渔业观光园、水上人家等水上景观，又有湖畔垂钓、芦荡探幽、荡舟采菱、湖中戏鸟、渔家寻乐、浪遏飞舟等休闲项目，兼有焦湖红心鸭蛋、醇香酒糟鱼、活鱼干吃、水晶贡圆、五香狗肉等特色产品，还有“仙侣下凡”“黑龙遭难”“神猴探宝”“赵匡胤困南唐”等传说，堪称“养在深闺人未识”的生态旅游处女地。

淮河民俗风情园

尽览淮河风情

淮南市凤台县毛集社会发展综合实验区

整个园区占地面积13.27公顷，内有音乐喷泉广场、迷宫、明德寺、桃花岛、功德塔、鸵鸟园、老年公寓、“淮河民俗风情博物馆”等景点。功德塔高52.8米，分九级，登上该塔可饱览毛集小城镇和淮上风光。淮河民俗风情博物馆以壁画与实物结合的形式，展现了千百年来淮河人民生产、生活、文化、风俗、体育等旧时场景。

淮河第一峡

淝水之战古战场

淮南市凤台县

滔滔淮水东流，遇八公山阻挡，在此折回倒流，将硖石劈为两半，夺路而下，这就是淮河第一峡——硖山口。古称硖石口，是大禹治水时开凿的山峡。又是古代据险屯兵之地“淮上津要”，是淝水之战古战场之一。

站立淮水之滨，仰观石壁，却似斧削。宋咸淳年间寿阳夏松题《筑城记》尚可辨认。硖石山岛上，立一凉亭，是清代复建的“慰农亭”，俗称“禹王亭”，亭西一株古皂角树，是硖石景点的象征。

寿县古城墙 AAAA

宋代古城墙

寿县县城

寿县是我国历史文化名城之一，寿春为寿县县城。前241年，楚考烈王自陈迁都寿春。寿春历史上为军事重镇，位于淮南岸的八公山下，肥水绕城而过，至今已有2000多年的历史。寿春古城以其独具魅力的名山、名水、名城、名人，享誉海内外。

寿春古城墙是全国保存最为完好的宋代城墙。现存城墙为北宋熙宁年间重建，石基砖壁，高8.33米，顶宽6～10米，周长7147米，城内面积3.65平方千米。城有四门，门上阴刻其名，东宾阳、南通淝、西定湖、北靖淮。古城墙以瓮城、城门、护城河、吊桥、角楼、警铺以及城垛的望洞和射孔组成一个完整防御体系，在冷兵器时代形容它为“金城汤池”或“固若金汤”，历史上有“铁打寿州城”之说。

玩家解说

千百年来，寿县一直是兵家争夺的军事重镇。因此，历代对其城垣修筑颇为讲究，屡毁屡建，日益坚固。如清末状元孙家鼐所记：“城堞坚厚，楼橹峥嵘，恃水为险。”据光绪《寿州志》记载，今寿县城墙重建于北宋熙宁年间（1068—1077），明清时曾多次修葺，迄今完好。墙原为平砖砌筑，中华人民共和国成立后为了防洪，曾将局部墙垣改用石块垒筑，近年，又陆续用石条进行了加固。

城内原建有涵道，与城外相通。东西涵看墙之上，分别镌有“崇墉障流”“金汤巩固”字样。涵口之上筑有月坝，与城墙等高，既利于城内积水的排出，又能在洪水季节堵阻外水倒灌入城。洪水泛滥时，只要关上城门，滴水不入。同时，通过涵口观察水位，还可以比较城内外水差。这一水利设施，曾被誉为古水利工程的一颗明珠。

链接

寿县古城掌故

寿县地处皖中，控扼淮淝。古为南北要冲，是兵家反复争夺的地方。383年的秦晋淝水之战，就发生在这里。这次战争，再次创造了我国军事史上以少胜多的战例，给后人留下了“投鞭断流”“风声鹤唳、草木皆兵”等历史掌故。五代十国时期，后周与南唐又激战寿春，当时身为后周大将的赵匡胤(后来的宋太祖)随周世宗柴荣亲征，围困寿州，立下了赫赫战功。至今两淮民间还流传着“赵匡胤困南塘”的故事，获得部优奖的寿县传统名细糕点“大救驾”就源于这个故事。

古城也激发来此的诗人大发豪情。王安石至淮上古城，有《寿阳城晚眺》诗：“楚山重叠矗淮渍，堪与王维立画勋。白鸟一行天在水，绿芜千障野平云。”宋人张文潜《题寿阳楼二绝》有句：“渺渺长淮去不休，行人独上寿阳楼。”“长淮不断水悠悠，楼下行人淮上楼。”苏轼过此，作《寿阳岸下》，诗云：“街东街西翠幄成，池南池北绿栈生，幽人独来带残酒，偶听黄鹂第一声。”

寿县博物馆 AAAA

国家重点博物馆

寿县城西大街

免费（凭有效证件进入）

周二—周五8：00～12：00；14：30～18：00；周末9：00～17：00开放。周一闭馆

寿县博物馆以收藏本区域内出土的历史文物为主，侧重收藏楚文化体系文物，同时亦兼藏近、现代传世文物和革命文物为辅的地方综合性博物馆。收藏上自新石器时代，下至近、现代的各类藏品一万多件（套），其中“越王者旨于赐”剑、羊首尊、牺首鼎、楚金币以及金棺和银棺等，都是镇馆之宝，尤其是青铜器和楚金币的收藏是馆藏文物一大特色。

寿县博物馆分7个专题，共设11个展厅，分别为楚都遗珍、晚蔡履迹、楚墓撷宝、汉魏流韵、璀璨文物、淝水之战、翰墨流芳、彩瓷缤纷、古窑之光、宗教艺术，较全面地展示了寿州悠久历史和灿烂文化。

报恩寺

省级重点文物

寿县城内东北隅（西大寺巷尽头）

报恩寺是一座唐朝时期的佛寺，此寺

于唐贞观年间（627—649）玄奘法师主持修建，迄今已有一千三百多年的历史。全寺总面积14 700多平方米，其规模之大，建筑之雄伟，在江淮大地上可谓首屈一指。

飞角流丹的大雄宝殿是报恩寺的主建筑物，建在一米多高的石基上，更显威严庄重。殿门前有长廊，立石质方形廊柱，柱面有花鸟浮雕，门东一柱础上有“石羊抵头”，画面生动逼真，为“寿州内八景”之一景。进入殿门，正中摆放着半人高的铜香炉，寿州人称之为“城里城”，亦为内八景中之一景。

院中有两棵千年银杏遮天蔽日，把金碧辉煌的大雄宝殿和东西廊房掩映在绿荫之中，树龄均在1300年以上，为国家一级文物。

报恩寺

寿县古城北门

景点推荐

蚌埠旅游区

龙子湖 AAAA

坐拥湖光山色

蚌埠市龙子湖区东郊

蚌埠火车南站乘128路到龙湖公园站下

龙湖风景区位于蚌埠市东郊曹山和雪华山之间，呈两山夹一湖的独特风貌。淮河支流龙子河流经此地，水面宽阔，传说明太祖朱元璋少时在此撑船，船篙落水化为龙，故称龙湖。曹山又名双龙山，相传曹操曾在此屯兵。曹山南麓还有明朝大将汤和墓。龙子湖三面环山，山水相依，龙湖水上乐园更是炎热夏季的必去之处。

张公山公园 AAAA

登望淮塔鸟瞰珠城

蚌埠市禹会区张公山路132号

乘坐138、123路到张公山公园南门站下

张公山公园是蚌埠市内最大的公园。公园由张公山和张公湖（原名化陂湖）组成，湖中有半岛。湖岸曲折，遍植垂柳，山坡苍松翠柏，曲径通幽。

山顶建有望淮塔，是蚌埠市标志性建筑之一。塔高35.33米，七层八角，建筑面积820平方米，塔名由已故全国政协副主席、中国佛教协会主席赵朴初先生题写，登塔可鸟瞰珠城全貌，观淮河两岸风景。

玩家解说

张公山系涂山山脉，涂山一带曾是原始社会后期涂山氏居住的地方。涂山脚下的禹会村，传说是当年治水英雄大禹会诸侯之地，作为行政村村名属全国唯一，这里至今流传着大禹治水三过家门而不入的动人故事。据《怀远县志》记载：明朝嘉靖年间此山就叫张公山，山下一湖，名化陂湖，现更名为张公湖。相传，明朝有个张姓战将，解甲归田，隐居山下，由于他德高望重，当地百姓尊称张公，张公山因此得名。

革命烈士陵园

瞻仰革命烈士

蚌埠市龙子湖区胜利东路

市内乘坐108路公交可到

革命烈士陵园位于龙子湖东岸，曹山西坡。这座陵园由烈士纪念碑、瞻仰步道、陈列馆三大建筑组成，占地2200平方米。革命烈士纪念碑高15.85米，碑身由花岗岩砌成，高大挺拔。人们踏上197级的瞻仰步道，在壮观的碑座下，可以看到反映蚌埠地区人民革命斗争的浮雕。

花鼓灯嘉年华 AAAA

皖北最大游乐场

蚌埠市蚌山区燕山路768号

乘坐118、140路公交车在花鼓灯嘉年华下即可

¥ 120元

花鼓灯嘉年华是蚌埠乃至皖北最大的综合性文化旅游区，园区由摩天轮城市广场、花鼓灯文化广场、民俗集市、极速世界、冒险世界、欢乐世界、魔幻世界、童话世界、缤纷水世界、生态园十大主题区域组成，有悬挂式过山车、高空飞翔等近30项挑战极限、惊险刺激的大型游乐项目，其中高达110米的花鼓灯主题摩天轮将成为蚌埠的新地标。推荐项目有大型激光水幕、5D环幕飞行影院、梦幻剧场等，运用高科技将“大禹治水”“楚汉争霸”等历史传奇，巧妙地并融入泗州戏、大鼓书、凤阳花鼓、评书等蚌埠和淮河文化元素。

蚌埠闸水利风景区 AAAA

都市鸟岛

蚌埠市禹会区黑虎山路1号

淮河蚌埠闸水利风景区坐落在淮河中游，是千里淮河的第一大港，蚌埠港坐落于蚌埠闸下游4千米处。该景区由28孔节制闸、12孔节制闸、老船闸、扩建船闸、水电站、分洪道和千亩湿地公园组成，景色优美，山中有水，水中有桥，水光山色浑然一体，各处树木苍郁、静谧幽雅、鸟语花香，既有“都市鸟岛”的美誉，又有“天然氧吧”的美称。

双墩文化遗址

安徽境内最早新石器时代遗址

蚌埠市淮上区双墩村

双墩遗址是安徽境内发现的一处最早的新石器时代遗址，面积约12 000平方米，距今约7300年，比半坡遗址的人类早1000多年，比河姆渡遗址的人类早300多年。遗址中发现了陶俑、大量刻画符以及陶器、石器、蚌器、骨器等珍贵文物，其中双墩刻画符号已被确认为中国文字起源的重要源头之一。

涂山

夏之兴也以涂山

蚌埠市怀远县境内

涂山，亦名当涂山，俗称东山，为古涂山国所在地，据说原来是一座山，大禹治水把山一劈为二，让淮河水改道，变成由南往北流。涂山也是大禹娶妻及第一次大会诸侯的地方。因禹娶涂山氏女生启，他开创了夏王朝，被史学家称为“夏之兴也以涂山”。

双墩遗址

最高峰凤凰顶，海拔338.7米。禹王宫就建于涂山绝顶之上，在涂山对面的荆山上有白乳泉，满山皆石榴，春来芽发，漫山暗红，夏季榴花似火。

禹王宫

公元前195年，因汉高祖过涂山，命立禹庙，镇涂山而建。据此，涂山禹庙已有2200年历史。现存禹王宫是明永乐至万历年间的遗存，曾多次修缮，其规模壮观，雄踞涂山之巅，被称为“皖北第一道观”。

白乳泉

该泉因泉水甘美呈乳白色而驰名。苏东坡曾誉其为“天下第七泉”，泉眼径不过斗，四时不竭，受一株数百年的老山榆树覆罩着。泉水清冽，以之煮茶满杯不溢。泉上建有一亭，泉南有纯阳道院，西有望淮楼，东有双烈祠等景色。

禾泉农庄 AAAA

皖北大型农业生态园

怀远县荆涂风景区涂山园艺场西100米

市区乘坐301路车前往；怀远县乘坐5路车即可到达

目前皖北最大的农业生态园。园区占地0.43平方千米，依山傍水。游人可以在这里吃农家饭、住农家屋、耕农家田、采摘蔬菜瓜果、饲养牲畜家畜、观看原生态土著歌舞小戏，以及骑马、爬山、垂钓、酿酒、制陶、磨面、榨油、牧羊，体验劳作的乐趣。

天井湖

矿产、遗迹、传说三美并存

蚌埠市五河县武桥镇

天井湖湖面芦苇丛生，菱藕飘香，是许多珍稀鸟类重要的越冬或迁徙地。主要有国家一级保护动物白鹤、白枕鹤、黑鹤、大鸨等，国家二级保护动物灰鸳鸯等。金眼圈银鱼天下独有，传说是想龙母哭红眼圈留下了的印记。核心景区是弥陀寺，传说弥陀寺庙台是建在一只神龟的身上，不论天井湖水涨多高，庙台从未被淹过。

香雪度假村

全国农业旅游示范点

蚌埠固镇县新马桥干校内

度假村建造在梨园之中，每年春暖花开之际，茂密的梨花满园绽放，似曼舞的飞雪俏立枝头，如皑皑白雪、袅袅轻烟，漫步于梨花树下，使人欲仙欲醉。为此，度假村被冠以“香雪”美誉。度假村内有标准达三星级的香雪宾馆一座，还兴建有长廊、曲桥、茶舍、水上乐园、生态大棚等旅游设施，是集休闲观光、会议接待、餐饮食宿及农业科研于一身的大型综合性旅游景区。

禾泉农庄大门

梨花

景点推荐

阜阳旅游区

文峰塔

颍州八景之一

阜阳市颍州区颍州路文峰公园内

乘坐9、26、11路在文峰公园站下

据史志记载，因奎星楼不高，文星不太显露，所以当地文风不振，功名不多。康熙三十五年（1796）于此建文峰塔，以振兴阜阳文风。塔为全砖结构，七层八边形，高31.8米。各层有塔心室，一层独为一室，北门为阶梯入口，有盘旋梯道贯顶。

魁星楼

与文峰塔辉映呈“双塔凌云”

阜阳市颍州区临泉路政府后院环岛处

乘公交15路南门站下，步行约150米即到

魁星楼位于阜阳市老城东南城墙交接处，又称拐角楼，原为明万历二年知州赵世相扩建南城所建，清同治九年重修。据传晴日登楼可望霍山，故旧县志又称“望霍楼”。魁星楼全砖结构，三层六边形，通高9.93米，叠涩出檐，起脊翘角，结顶饰铁制舞凤，六角制铁制响铃。凤舞而有容仪，古人以为有瑞应。

玩家 解说

“魁”“壁”“斗”均属二十八宿星座。“魁星”是二十八宿中白虎七宿的首宿，因其“屈曲相钩，似文字之画”，所以《孝经·援神契》有“魁主文章”之说。《春秋元命苞》更认为汉字起源也与魁星有关，说仓颉“仰观魁星圜曲之势，俯察鱼文鸟羽、山川指掌，而创文字”。《历代名画记》说：“魁有芒角，下主辞章”。由于古籍中常把魁星与文字、文章联系在一起，所以历代文人都崇拜魁星，各地为之建楼奉祀，以祈祷本地文人辈出，文风昌盛。

阜阳生态园 AAAA

欧公故居，生态仙境

阜阳市颍州区欧阳修路666号

市内乘坐16、28路公交可到　52元

阜阳生态园坐落在阜阳市城北新区（古颍州西湖遗址），颍州西湖曾与杭州西湖、惠州西湖和扬州西湖并称为中国四大名湖，为众多文人雅士所倾慕。苏东坡盛赞其“大千起灭一尘里，未觉杭颍谁雌雄”，欧阳修感慨“愿将二十桥月，换得西湖十顷秋”。由于历次黄河水的泛滥淤积，古颍州西湖最终破败堙没成为苇草丛生的低洼地。如今的阜阳市生态园已发展为一个以生态农业观光为主线的融“农业示范、科普教育、生态环保、休闲娱乐”为一体的综合类旅游景区。

链接

欧阳修与颍州

欧阳修于皇祐元年（1049）赴颍州做知州，在颍州共待了约一年零四个月。据有关文献记载，由于欧阳修的到来，阜阳文学活动十分活跃。不仅有官员、文士路过或顺道来拜访，也有许多青年才俊慕名专程来向欧阳修求教，同时也有僚属和地方名士汇聚在他周围。欧阳修尤爱颍州西湖风光，曾写《采桑子》十三首，其中连用十个“好”字赞美颍州西湖。

八里河风景区 AAAAA

皖风徽韵，梦里水乡

阜阳市颍上县八里河镇　90元

阜阳汽车站每隔15分钟有一班往颍上县的汽车，到了颍上可坐景区专车前往

八里河实际上是一个内陆湖，处于淮河与颍河交汇处。由于历史上黄河、淮河泛滥，泥沙沉积物覆盖、堆积，滞留积水，而最终形成。

一方面，风景区以微缩西方著名建筑展示世界风情。另一方面，风景区集中华建筑文化之大成，融古典园林艺术于其中。融中西建筑为一体，尽现建筑文化和园林文化的魅力。《淮北明珠八里河》《渔乡新貌》《璀璨明珠誉中华》《风景这边独好》等多部风光片、专题片在美国熊猫电视台、中国中央电视台及主流媒体播放，日本《朝日新闻》曾以《奔腾的中国》为题热情洋溢地称赞八里河。

世界风光

“世界风光”微缩了希腊宙斯神庙、法国雄狮凯旋门、德国柏林众议院、荷兰风

阜阳生态园

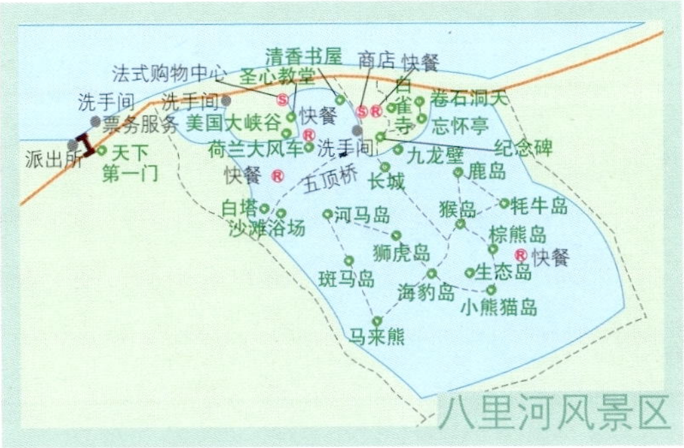

车、巴黎圣心教堂、北海白塔等著名景点。天鹅湖碧波荡漾，鱼欢鸟鸣；湖心书画长廊雕工精细，玲珑剔透；柳堤绿柳飘逸，婀娜多姿，一派江南水乡的旖旎风光。

锦绣中华园

“锦绣中华园”集东方建筑艺术之特色，融中国传统文化之精华。苏式园林，小巧奇绝，古色古香；白雀寺庙殿宇轩昂，古朴厚重；九天瀑布飞帘溅玉，气势磅礴；百龙亭下，绿柳掩映，清莲濯水；人民丰碑，高耸入云，气势雄伟；张公山上，长城逶迤，曲径通幽，登顶望远，景区全貌尽收眼底。

鸟语林

“鸟语林”内有树木假山、曲径水池以

八里河风景区

供鸟儿生息。这里鸟类近百种，其中国家一级保护鸟类有绿孔雀、白鹳、中华秋沙鸭、白尾海雕、丹顶鹤，国家二级保护鸟类有天鹅、鸳鸯、白枕鹤、灰鹤、白鹇、白额雁、秃鹫等。

碧波游览区

在这里，游客可以过长城、走木桥，登湖中群岛，观河马、鳄鱼，逗群猴，看神龟蟒蛇，还可观赏蒙古野驴，新疆野马、蒙古骆驼、海豹、狗熊、长颈鹿、熊狸、黑天鹅等众多世界珍稀野生动物。六十多个木屋和铁皮房，风格迥异，分布在湖中湖柳堤上。汉民俗文化村，截取汉民族在历史文化进程中的片段，集中展现当地汉民族六十年代以前的生产生活画面。

玩家攻略

八里河风景区最佳旅游季节在每年3—5月，这时不仅自然景色优美，还有从南方飞来的大批候鸟可供观赏。另外，这里的鱼风味独特，入口鲜嫩，值得一尝。

迪沟生态旅游区 AAAA

有亚洲地区最大罗汉堂

阜阳市颍上县迪沟镇

颍上县城乘坐18路公交可到

¥ 50元

迪沟生态旅游风景区地处济河、西肥河交汇处，是融生态旅游与佛教文化为一体的旅游风景区，整个风景区由竹音寺、五百罗汉堂和生态园组成。竹音寺大雄宝殿供奉的五百罗汉堂非常完整，且全部由香樟木雕而成。这组大型木雕作品摆脱了佛教传统泥雕千佛一面的模式，把佛教文化和现代艺术相交融，兼顾社会生活。堪称“中国雕塑艺术宝库中的一颗璀璨明珠”，是亚洲地区最大的罗汉堂。

迪沟生态园

新阳城遗址
春秋蔡国属地

界首市城区西北17千米处

俗名尹城子，其城存在于春秋至三国时期，春秋为蔡国属地，时称莘邑，历时达千年之久，因地处中原，是兵家必争之地，屡遭战争洗劫，自成一部兴衰史。新阳城遗址以西与以北不远处，分别有两个大型堆，很可能为汉代所封新阳侯墓葬所在。

柳家花园
临泉荷花甲天下

阜阳市临泉县 0552-6230789

柳家花园的盆栽荷花享誉世界，已通过两项吉尼斯认证：荷花盆栽数量16万盆世界第一；荷花品种数量980种世界第一。放眼望去，大片大片的荷花在夏日里争奇斗艳，美不胜收。

淮河公园
淮河臂弯上的璀璨明珠

阜阳市阜南县城3千米处

阜南淮河公园又称南湖公园、南山公园。相传春秋时期吴国著名将领伍子胥在此垂钓过、三国东吴大将吕蒙在此设立点将台训练兵士。公园大门门楼高耸、古色古香，衬着园内的美丽风光。休闲广场上绿草如茵，羊、鹿等动物石雕守卫一侧，灵璧巨石，仿真仙人球点缀其间，增添异域情调，令人流连忘返。

太和温泉度假村
园林式温泉理疗度假胜地

阜阳市太和县城北郊

太和温泉度假村总占地面积53 000平方米，是目前华东地区占地面积最广的园林式温泉理疗度假胜地。其主打产品为封顶式特色温泉，内设健身房、蒸汽室、桑拿室、酒温泉、香木温泉、花草温泉、咖啡温泉、高低温温泉、石板温泉等，二十多泓特色温泉池，镶嵌在流溢欧陆风情的园林内，组成一幅独具匠心的世界地图，各有不同，各尽其妙。

柳家花园荷花

景点推荐

亳州旅游区

花戏楼 AAAA

旗杆、砖雕、木雕是三绝

亳州市谯城区花戏楼街

市内乘坐1路公交可到

花戏楼景区，是以大关帝庙为主体建筑，由张飞庙、岳飞庙、朱公书院、火神庙和粮坊会馆等组成的古建筑群。

花戏楼有“三绝”：第一绝是大关帝庙山门前耸立的一对铁旗杆，直插云霄，旗杆高16余米，重两万四千斤，构思巧妙、铸造精细；第二绝是山门上镶嵌的立体水磨砖雕，共雕人物115人、禽鸟33只、走兽67只，玲珑剔透，琳琅满目，不仅场面宏大，且雕工细腻；第三绝是与山门紧紧相连的戏台上镶满的大

花戏楼

杨木透雕，共刻有十八出三国戏文题材的木雕作品，里里外外六百多个人物，雕工精湛，色彩绚丽。

曹操运兵道 AAAA

地下长城

✉ 亳州市薛阁办事处人民路南49号市邮政局与亳州二中之间

曹操运兵道，位于亳州市老城区地下，以大隅首为中心，向四面延伸，分别通达城外，全长近八千米。整个地道经纬交织，纵横交错，布局奥妙，规模宏大，是迄今发现历史最早、规模最大的地下军事战道。远远超过地面上保留的一座古老城池的价值，被誉为“地下长城”。

玩家攻略

古运兵道内有灯光设置，但光线不太充足，而且有的地方有地下水渗入，比较滑，参观时要小心。想拍照应带上三脚架和闪光灯。

华祖庵

祭祀华佗的祠庙

✉ 亳州市谯城区永安街12号

🚌 亳州汽车站乘坐小三轮前往

华祖庵是祭祀东汉名医华佗的祠庙，相传为曹操悔恨杀死同乡名医华佗而建。华祖庵由庙祠、故居、古药园三个院落组成，庙祠内外双狮雄踞，古木虬枝盘空，殿宇辉煌，肃穆庄严。其内的神医塑像，热诚慈祥、倔强飘逸，神采奕奕。景区内还有五禽戏、五禽剑术等表演，颇具地方特色。

链接

华佗

华佗，字元化，一名旉，东汉末医学家，亳州人。华佗一生行医各地，声誉颇著，在医学上有多方面的成就，对外科尤为擅长。他精研岐黄，并通数经，不慕利禄，走街串巷、寻求方药，为人闻疾、济世活人。在1800多年前就创用服“麻沸散”施行剖腹手术之法，为外科鼻祖。又创编“五禽戏”以防疾保健，开我国体育医疗的先河。他的医术精湛、医德高尚，后人颂为“神医”。

曹氏宗族墓群

宏伟的地下宫室

亳州市谯城区魏武大道1064号旁

曹操纪念馆10元

曹氏宗族墓群位于曹氏公园东门附近，曹氏公园正门有曹操纪念馆，介绍曹操生平。现已发掘的有董园二号墓和章园一号墓。据考证董园二号墓是曹操的祖父曹藤之墓，章园一号墓为曹操父亲曹嵩之墓，现曹操宗祖墓群已被列为亳州十大建筑之一。

董园村曹藤墓，外形为一高大土丘，内系青石筑砌，墓内长15.3米，宽10.2米，高3米，甬道、前室、中室、后室、南北耳室，东西偏室等组成，共用872块大条石筑成，董园石墓内各室均有壁画如仕女图、游天图、天象图、仙境图等，整个石墓建筑考究，工程浩大，俨然是一座宏伟的地下宫室。

南京巷钱庄 AAAA

保存最完好的古钱庄

亳州市谯城区南京巷19号

南京巷钱庄是目前国内保存最完好的古钱庄建筑，由建于清道光五年的南京巷钱庄和建于道光九年的万泰长两家钱庄组成，现作为钱庄博物馆对外开放，内有亳州钱庄兴起、发展、消亡专题陈列，同时陈列有中国历代钱币展览。

江宁会馆

麻雀虽小五脏俱全

亳州市谯城区古泉路北侧

乘坐7路公交七中站下

江宁会馆是南京药材商人为经商方便，于清嘉庆十二年（1807）在圆觉寺的基础上集资改建的，具有祭祀神灵、交流信息、娱乐休闲等功能。

会馆坐北朝南，青砖灰瓦，现存山门、戏楼、配楼、钟楼、鼓楼、看楼、正殿、偏殿

江宁会馆

等古建筑52间。山门明间正门镶嵌砖刻“江宁会馆”四个大字，东西次间分别镶嵌“钟山”“分秀”碑刻大字，意为将钟山之秀分置到亳州江宁会馆来。与山门相连的为戏楼，戏台前突，台上屏风彩绘“二龙戏珠”图案，上悬“秀接钟山”匾额，整座戏楼集南北建筑风格于一身，秀丽多姿。

古井酒文化博览园 AAAA

华夏第一白酒博物馆

亳州市谯城区古井镇 60元

古井酒文化博览园包括有着“华夏白酒第一馆”之称的古井酒文化博物馆、“天下名井”北魏古井、1000年前的地下宋井、源自明代正德十年的“公兴槽坊”窖池群、每年祭祀曹操的酒神广场、景区圣地“古井园”、古井贡“名人馆”、十二根酒文化巨石柱、古井历史文献陈列档案馆、地下万吨酒库、酿酒体验与休闲区，“中国龙”主题酒廊、“皖北名园”古井山庄等等。其中宋代古井位于地下六米深处，参观窖池时，还可以参观手工酿酒的过程。

链接

古井贡酒的传说

传说与神话更增添了古井这块土地的神秘，正是这块风水宝地孕育了醇厚甘爽的古井贡酒。

一说道教始祖李耳，即今天国内外人们所称赞的老子，两千三百年前在減店以杖划地成沟，因系太上老君仙杖所画，地涌仙泉，故减店之水能酿名酒。如今这条“拄杖沟”距离古井集团二里多远，沟内有

水，清澈可见游鱼。

二说东汉末年曹操在亳州为汉献帝选妃，献帝见一村姑骑在土墙上，不悦。但那村姑原是真人不露相的“清风仙子”，未被献帝选中。“清风仙子”知道献帝昏庸，汉室将倾，遂盛妆现出绝伦美色，微笑着投入古井之中，自此，井水甘美无比。

再传减地一姓陶女子八岁父母双亡，只得跟着哥嫂采桑喂蚕。一天忽听杀声四起，原来有一将军被人追赶，遂把将军用辘轳箩藏在井中。这被救的将军就是后来的减王，他把陶女接到宫中，封为减王后，齐心合力治理国家。再后来，减王死了，陶女的泪水把坟地冲成一口井，这口井里的水清洌可口，后人便取水造酒。

又传一千多年以前，南北朝时期的梁武帝萧衍派大军攻打谯郡，北魏独孤将军奉命出城迎战，两军对垒，厮杀甚烈，独孤将军终因寡不敌众而兵败阵亡。死前，他将金锏长戟投入井中。这一带为盐碱地，水味苦涩，只有投戟之井，水质清洌甘爽，矿物质丰富，用来酿酒，酒体饱满，窖香浓郁。

颐生园

五星级农家乐

亳州市涡阳县义门镇真元南路药材街

颐生园旅游景区是集餐饮、住宿、休闲、垂钓、中药养生、会议及商务活动于一身的度假场所。在餐饮部可以品尝正宗的中草药膳食，原汁原味的皖北农家风味菜肴及面食，清真羊肉汤，义门熏牛肉，义门苔干（贡菜）等特色饮食。景区内的拓展训练基地，是成人挑战极限的好去处，设有大型高度组合攀岩设施。

天静宫 AAAA

老子圣地道教祖庭

亳州市涡阳县闸北镇郑店行政村

俗称老子庙，又名中太清宫。是中国先秦伟大思想家、哲学家、道家学派创始人、道教鼻祖老子的诞生地、道教之祖庭。始建于东汉延熹八年（165），盖因桓帝梦见老子降于殿廷，乃颁旨在此立祠祀奉。唐宋鼎盛时期，规模宏大，海内无匹，号称占地三千亩，食邑数千人。清末战乱频仍，殿宇日趋颓废。如今看到的建筑是在旧址上按北宋时的规制复修而成。

庄子祠

庄子故里

亳州市蒙城县涡河北岸漆园镇

庄子祠始建于宋元丰元年（1078），当时蒙城县令、秘书丞王竞有感于一千多年来，庄子的家乡竟没有给庄子建一个纪念的地方，于是多方筹款，为庄子建祠，并请好友苏轼撰文纪念。苏轼撰写了《庄子祠堂记》，文曰：“庄子蒙人也，尝为蒙漆园吏。没千余岁而蒙未有祠之者，县令、秘书丞竞始作祠，求文以为记……”收在《苏东坡全集》中。全祠由仿汉代祠堂建筑群和东西万树园等景观构成，每年祭祀，从未间断。

白鹭洲

清风徐来水波不兴

亳州市利辛县阚疃闸管所

风景区由茨淮新河、利阚新河、白洋沟、月牙河和利阚新河公路桥、永幸河公路桥等水利工程设施和由几条水系围合而成的三个岛屿共同组成。岛屿上水杉参天挺立，四季松柏常青。环岛有护坡、沙滩。四周水面宽阔，水质优良，清澈见底。

庄子雕塑

景点推荐

淮北旅游区

相山公园 AAAA

大型综合性风景名胜公园

淮北市相山区路1号

市内乘坐21路到相山公园南门站下

相山公园坐落在淮北市相山南麓。相山山脉自徐州蜿蜒而来，主峰为皖北地区制高点，方圆诸山之宗；有奇峰、云洞、林海、苍柏、古寺、汉碑。人文景点有乾隆皇帝题词“惠我南黎”、水牛墓、奏鸣台、饮马池和藏经洞等数十处。四季山花烂漫，特别是春秋两季牡丹花展和菊花展，景色更加迷人。

显通寺

显通寺位于相山龙山、虎山两峰之峪。俗称相山庙，又称显济王庙。三面环山，周围林木葱茏，环境幽美。登寺山门奎楼眺望，市区尽收眼底。寺内至今犹存宋、元、明、清历代庙宇的碑刻22方，其中以乾隆皇帝的御书“惠我南黎”恭摹碑和高晋书“渗水崖”碑刻最引人注目。淮海战役期间，粟裕副司令员曾在此召开高干会议，研究作战方案，制定“华东野战军第十四号命令”。

玩家 攻略

显通寺正殿庭院内按四个方位挺立着四株两人合抱有余的千年松柏(现存三棵，东北角一棵在中华人民共和国成立前遭雷击而死，后补种一棵泡桐，今已90余岁)。当地百姓有进庙闭目摸树的习俗，据说若能蒙上眼睛按方位依次摸到4株古树，即可健康长寿。

每年的农历三月十八为历代沿袭下来的香火庙会，会期一般3天，前后各1天。届时，邻省乃至周边数省的数十万客商、香客及游人云集相城，盛况空前。

万丈碑

在显通寺正北，龙山与虎山两峰山脊线凹交会处，钓鱼台西。原为苏豫皖三省的界碑，毁于“文化大革命”期间。传说石碑原即在此，被山风吹跑，历经数县，行程千里，又被吹回原地。现在附近又树一石碑，上刻“绿化相山”。登立碑处，可俯瞰淮北全景。

钓鱼台

位于相山主峰西侧的山腰处，万丈碑东。乃巉岗山一块突出的飞崖，相传为姜太公钓鱼之台。远古时，这里是一片海洋，唯相山突出海面，姜太公慕名至此，拈髯垂钓。当春夏之季，云雾淹没山体，此台好像伸入大海中的礁石。站在台上，云雾在脚下翻腾，恰似浩瀚汪洋。

刘开渠纪念馆

刘开渠纪念馆是一座具有民族特色的仿古建筑，采用先进的现浇混凝土框架结构，虽非雕梁画栋，却也翘檐陡壁，白色釉砖贴面，黄色琉璃瓦覆顶，茶色玻璃门窗。其造型既有传统民族风格，又不乏现代建筑气息，寓意深蕴。馆内收藏陈列着大师大量的珍贵作品和信件，向人们展示着开渠先生作为杰出的艺术家、美术教育家的辉煌人生。

链接

刘开渠

刘开渠（1904—1993），安徽淮北人。中国现代杰出的人民艺术家，中国雕塑界的泰斗、一代宗师，著名的美术教育家，中国美术馆事业与城市雕塑的开创者。其雕塑具有明显的绘画性和意象性，语言精练。

主要作品有：《王铭章骑马铜像》《川军抗日英雄纪念像》《孙中山先生坐像》《李家钰骑马铜像》、人民英雄纪念碑浮雕之《胜利渡长江，解放全中国》，以及《支援前线》和《欢迎解放军》等。

淮北古茶镇

小镇品茶韵

淮北市相山区临涣镇

临涣镇是淮北地区颇有名气的古茶镇，临涣人饮茶不是仅仅停留在止渴的生理满足上，而是作为生活方式和文化情调糅进了生活的每一个细节。龙须泉水泡制出的小镇特有的“龙泉棒棒茶”，清热解毒、健脾利湿，从大清早喝到掌灯时分，嘴不涩，腹不胀，满口清香，令你不能停杯罢盏。

沿着小镇，一里多长的中心街，十六家茶馆鳞次栉比，你只需花上两角钱，就能买到满满一大壶，望着白玉般的壶流出茶的醇香，一种温馨、惬意的氛围将柔柔地拥抱着你。茶馆里还常常有说书艺人客串演出，袖珍半导体收音机不时附加伴奏，更增添了几分热闹。

塔山

著名的软籽石榴基地

淮北市烈山区新蔡镇

塔山风景区有数万株石榴树，从村边望去，全村宅前屋后、沟旁路边，满眼都是石榴

塔山石榴

树。塔山在明清时期就有石榴栽种的历史，现存明清古石榴园0.47平方千米，具有浓厚的历史韵味。每年6月份，满山遍野火红的石榴花把青山装扮得焕然一新，吸引大量游人前来赏花。除此之外，塔山风景区还有参井、毛驴打滚处、张果老练功洞等景点。

龙脊山

淮北地区最高峰

淮北市烈山区列山镇

龙脊山海拔363米，为淮北地区最高峰。旅游资源独具特色，尤其是自然风光优美的老龙脊，宛如神龙昂首援臂，直冲云天。若然登临，或绿水青山、古刹钟声，或涧壑幽深、飞瀑流泉，或奇峰插天、云洞飘霞，或山巅仙台、奇松拱卫。远眺遐思，令人超然物外，飘飘欲仙，自然资源得天独厚。有龙吟湖、观日台、仙人洞、大方寺、柏栗园、卧牛山等数十处景观。

临涣古城

古代重要商埠

淮北市濉溪县202省道附近

临涣古城建于汉代，早在秦汉时临涣镇已成为集市，隋唐时期成为贸易中心，店铺和商贩分布在城内长达数里、纵横交错的8条街上，成为苏、豫、皖贸易交往的重要商埠。临涣现存有文昌宫、城隍庙、蹇叔墓、传统老街、淮海战役总前委旧址等景点。

蹇叔墓

蹇叔，我国古代著名的政治家、军事家。曾任秦国右相，辅秦穆公为“春秋五霸”之一。

蹇叔墓位于临涣城东周庄西南约50米处，在日伪时期被日军挖掘，殉葬品被劫一空。古墓成十字形，高1.8米，全由石弓山长条石砌成，雕琢工整，精细美观。墓前立石碑一块，刻“蹇叔墓”3字。原碑已没，现碑为1943年临涣地方士绅重修蹇叔墓所立。

淮海战役总前委旧址

淮海战役总前委旧址纪念馆位于临涣镇文昌路北文昌宫，前后三进庭院，合瓦望砖，重梁抱柱，雕花门、方格窗，三级台阶，青砖铺地。1948年11月至1949年1月，刘伯承、陈毅、邓小平等总前委同志在临涣文昌宫及祈集镇小李庄度过50个日夜。北院为总前委指挥部会议室、秘书处及刘陈邓首长住处，东跨院为伙房和后勤处，南院是参谋处、作战处、机要处、通讯处旧址。

老城石板街

濉溪城，俗称“口子”，春秋战国时期为“汴水入濉之口”，金元时，口子又成溪水入濉之口，故称“濉溪口”。明时本地商人富户多汇于此，为防匪乱，濉溪人于居民区四周挖壕设栏，濉溪城遂具雏形。石板街由清末民初绅士周俊哲倡导用青色瓦子石铺设。

老城石板街，东起老濉河西岸，西至关帝庙巷南头，全长1千米，街宽5米。街面青石铺砌，光滑如镜。石板街所留胜迹、传说、名人轶事甚多，如七十二步上天梯、三山夹一井、月牙桥、九道弯、城隍庙、关帝庙、天主

濉溪老街石板街

景点推荐

宿州旅游区

五柳风景区

泉灵稻香

宿州市埇桥区

五柳景区面积35平方千米，以“山青、水秀、洞奇、泉灵、稻香”而闻名，景区南、西、北三面环山，植物种类繁多，气候宜人。景区龙泉湖碧波荡漾，岸边垂柳、龙柏、雪松相托，景色非常秀丽；盆山洞内石笋、石柱千奇百怪，给人以丰富的想象；五柳矿泉丰富，著名的有泄泉、龙泉、珍珠泉等，属优质矿泉水。

链接

辣妹子酒

相传，朱元璋马皇后的先人的马氏酿酒作坊，就建在五柳这处早为沼泽涝为湖泊的一块高地上，据说在沼泽地里酿的酒能吸收沼泽的芳香，别具一格。这个酒作坊所酿的是一种烧酒，作坊还有个特点，不仅酒好，酿酒的和卖酒的全都是泼辣、活泼、会品酒的女人，所以当地人就叫这个酒坊为“辣妹子酒坊”，酒为“辣妹子酒”，也是方圆几十里男人们闲暇时多聚集的地方。可惜马公后继无人，最终走向衰落。

九女坟

东汉晚期画像石墓

宿州市墉桥区褚兰镇夏疃村墓山孜北坡

九女坟是一座东汉晚期的画像石墓。是安徽省迄今发现规模较大，保存比较完好的东汉晚期画像石墓，主要内容为神话故事，并刻有门吏、车骑、宴饮、舞蹈、杂技、百戏、庖厨等人物以及神禽异兽。图案构思富于变化，造型栩栩如生，线条质朴流畅。墓室由双甬道、横前室、双后室和一个耳室组成。前室藻井上，雕刻着环绕伏羲和女娲盛开的莲花，栩栩如生。

奇石文化园

灵璧一石天下奇

宿州市灵璧县凤山南路

30元

灵璧县盛产磬石，是历史悠久举世闻名的磬石之乡。远在三千多年前的殷商时代，即开始采用磬石制作特磬，开创了我国古代“金石之乐”的先声。历代评石家均把磬石誉为中国四大美石之首。

奇石文化园，亭台楼阁错落有致，佳木奇石满园生辉。文化园分为五个部分，中部以水景见长，是全园的精华所在，汴阳楼为奇石园的主要观景建筑，也是灵璧博物馆的所在地。作为“中国观赏石综合基地”，该园区周边设有0.01平方千米的商铺（奇石交易展厅），经营他山之石，实现以园养园。

虞姬墓

独留青冢向黄昏

宿州市灵璧县灵城镇东郊7千米处，宿泗公路南侧

虞姬墓历尽千年，时坏时修。墓侧曾建有虞姬庙，庙内塑有项羽、虞姬像，人物造型极为生动。虞姬柳眉杏眼，明眸皓齿；项羽气宇轩昂，刚强剽悍。

相传，虞姬自刎后，项羽带着她的尸体，向南驰走，不料汉兵追至，项羽无可奈何地丢下了虞姬的尸体。后来这里出现的村庄就叫“霸离铺”意指霸王别姬之处。项羽突围后，虞姬的尸体被来不及突围的楚兵移葬于“霸离铺”东2.5千米处，后来这里出现的村庄就叫“虞姬村”，两处自得名以来，至今沿袭不变。

虞姬墓

大运河遗址

隋唐大运河遗址

宿州市泗县境内

隋唐大运河途经豫、皖、苏三省，在安徽境内有150多千米。当年隋炀帝开凿大运河通济渠出河南后，经安徽淮北、宿州、泗县，在江苏盱眙入淮。安徽境内的隋唐大运河除个别段落被改造使用至今，其余段落已淤塞。目前，唯一“存活”的隋唐大运河遗址处在泗县境内，西起唐河交叉点，横穿泗城后向东北至濉河，全长约25千米的遗址基本保持了隋唐大运河通济渠的原貌。

皇藏峪森林公园 AAAA

幽谷圣地，淮海佳境

宿州市萧县官桥镇

60元

皇藏峪古称黄桑峪，因峪中长满黄桑而得名。后相传汉高祖刘邦曾避难于此而改名为皇藏峪。这里冈峦起伏，林木参天，岭上坡下，繁衍着松柏、黄桑、青檀等146种木本植物、700余种草本植物，并有58种鸟类在此栖息，还生存有珍奇的皮毛兽水獭、黄鼬、狐狸等，是淮北地区唯一能反映历史上生物群落面貌的区域。

皇藏峪共有景点七十二处，有汉高祖刘

皇藏峪山门

邦称帝前为躲避秦追兵藏身皇藏洞；立其巅可览皇藏峪中全景的观景峰；每年阴历三月十六会举行大型庙会的天门寺等。

链接

王二嫂子茶

皇藏峪原始森林里有一种神奇的野生草药，虽然在《本草纲目》上没有记载，但几千年来，它为人们战胜疾病、驱除病魔起了很大作用。这就是安徽宿州市萧县的一种地方草药，俗名“王二嫂子”。在皇藏峪，民间现在还保留着用王二嫂子煮茶的习惯，俗称“王二嫂子茶”。当地流传一句话：“喝了王二嫂子茶，啥病来了都不怕”。

据萧县民间传说，当年刘邦带着一帮人马自芒砀山斩白蛇起义，被秦兵追得无处藏身，跑到皇藏峪里避难。在这里，刘邦与弟兄们休息养伤，生怕走漏风声，不敢下山求医买药，就在山上走访山民如何用草药治疗发炎溃烂的伤口。有山民王二之妻王二嫂子告之：此山中有种神奇的草药，可以治疗恶疮刀伤，大凡高烧不退、恶疮缠人、久治不愈的疑难顽疾，只要用了此草药，可以药到病除。刘邦闻听大喜，以重金相请王二嫂子给受伤的弟兄们治疗。没用多长时间，刘邦的一帮弟兄又生龙活虎起来。为了记住王二嫂子的恩德，他们把山上这种到处生长的草药，就喊成了“王二嫂子”。

黄河故道
千树万树梨花开

宿州市砀山县

砀山素有“梨都”之称，以盛产酥梨闻名于世，近百万亩连片果园年产各类水果15亿千克，堪称世界之最。砀山历史悠久，秦设三十六郡，砀郡居其一。这里是五代梁王朱温故里，又是近代画坛宗师齐白石祖籍，这里有明代大将薛显墓，有留下唐代诗仙李白足迹的宴嬉台，有远近闻名的清真寺，有碧波荡漾的黄河故道。

梨都砀山别具一格的梨乡风光令人叹为观止。这里春天是花的海洋，秋季是果的世界。境内有“乌龙披雪”“鳌头观海”“瑶池烟霞”“武陵胜境”“梨树王”、年过百岁的“老梨树群”，再加上碧清庄园、突山风景区、黄河故道生态旅游带和万亩精品酥梨生态旅游观光园等自然景观，将这块沃土装点得妖娆无比。

梨树王

砀山现存有逾百年梨树6万余株，以其沧桑岁月、绿荫硕果，形成了独特的自然景观。其中一株树龄达200多年，树冠占地260平方米，最高单株年产量2000千克，被誉为“梨树王”。

鳌头观海

砀山县园艺场之东、良梨项范围内残存有故黄河河坝，坝头向前凸现，如鳌头探望，西边，是无边的果园，梨花盛开季节，驻足故道大堤远眺，但见漫漫黄河故道上万顷梨园，银装素裹。一行行、一排排，高低错落，春风指来如波翻浪涌，似白色浪花，从脚下铺开，向天边涌动，云嬉雪舞，横无际涯。有诗赞曰：“昔日黄尘今日花，雪舞云漫无际涯，立马鳌头送目遐，数尽环宇第一家。”

砀山梨树王

攻略资讯

- 交通
- 住宿
- 美食
- 购物
- 娱乐

蚌埠城市风光

交通

火车

淮南东站：位于大通区站前路，是京沪高铁上的一座车站。

淮南站：淮南最大的火车客运中心，位于淮南市舜耕中路。市区多趟公交车可达。

蚌埠站：位于市中心，蚌埠火车站是蚌埠的地标式建筑，地处京沪线和淮南线的交会点，直达全国20多个省、市、自治区，是皖北地区最重要的旅客货物运输枢纽。

蚌埠南站：位于蚌埠市龙子湖区光彩二路与北六路交叉口，为高铁站，到合肥仅需40分钟。

阜阳站：位于颍东区北京东路与向阳北路交叉口，京九铁路纵贯阜阳境内，与漯阜、睢阜、淮阜、商阜铁路一起，使阜阳成为五路交会、八线引入的全国六大路网性铁路枢纽之一，阜阳被誉为大京九枢纽城市。

亳州站：亳州市谯城区芍花路，可到全国众多大、中小城市，交通方便。市内乘公交1路可到亳州火车站。

淮北站：位于淮北市相山区长山北路，现有开往上海、合肥、黄山、威海、徐州、连云港、广州、福州方向。

宿州站：位于宿州市埇桥区宿怀北路298号，市内乘坐13、15、19、20路公交车都可以到达。

宿州东站：位于宿州市埇桥区蒿沟乡两半昌村，可达北京、上海、南京、杭州、济南、青岛、郑州、福州。

汽车

淮南汽车站位于国庆中路，省际省内的班线达到145条，省际的班线多为每天发车1班，省内的班线从每天发车1班到17班不等。

淮南新区风光

蚌埠主要有汽车东站（淮河路东端405号）、汽车南站（光彩大市场）、汽车西站（淮河路西北）。东站靠近火车站，为客运中心。

阜阳有汽车东站、汽车南站、汽车西站、汽车北站。其中南站最大，位于颍州区颍上南路与一道河东路交接处。

亳州汽车站位于谯城区魏武大道在亳州乘坐长途汽车比较便捷，每天从亳州开往皖北其他三市（阜阳、蚌埠、淮北）的客车从每20分钟1班到每1小时1班不等。

淮北汽车站位于相山区古城路78号，有发往合肥、温州、南京、郑州、商丘、济南以及省内各地的长途班车。市内乘坐5路、11路公交车均可到达。

宿州汽车站位于埇桥区汴河中路138号，有发至南京、徐州、温州、宁波、临沂、常熟、郑州、南阳、南通、北京、石家庄等众多大中城市的长途大巴，以及省内各城市和市内各县的大巴。

住宿

●淮南古阳国际大酒店

淮南古阳国际大酒店是老牌酒店，地处繁华的闹市中心，距汽车站1千米，交通便利。但设备略显陈旧，推荐这里的牛肉汤。 淮南市田家庵区国庆中路281号 0554-2191787

●蚌埠新世纪（国际）大酒店

蚌埠新世纪（国际）大酒店位于蚌埠市繁华的淮河路商业中心，距美食蚂虾一条街仅一步之遥。酒店拥有全新设计理念风格的各式客房和43个装饰豪华、欧式风格的中餐包间及多功能宴会厅，同时可容纳1000人就餐，并由广州名厨主理，经营正宗粤菜、海鲜；21层旋转自助餐厅能俯瞰淮河美景和全市风貌。 蚌埠市蚌山区淮河路1028号（新世纪购物中心旁） 0552-2088888

●阜阳天筑豪生大酒店

阜阳天筑豪生大酒店距离文峰公园只有8分钟的车程，是阜阳市第一家五星级酒店，配有带桑拿浴室和按摩服务的SPA中心、全年开放的室内游泳池以及带会议设施的商务中心。豪生阁中餐厅供应各式当地美食和粤式点心；香港美食街提供港式菜肴；豪生西餐厅提供自助餐；樱花雨餐厅亦可供应日式和韩式料理。 阜阳市颍州区淮河路666号（与颍州南路交会处） 0558-2699999

淮南新区风光

淮北穹顶主题酒店

● 亳州新贵都城市酒店

亳州新贵都城市酒店是商务人士和观光游客前往亳州的理想下榻之处。酒店内设洗衣服务、保险箱、餐厅等设施，卫生条件不错。✉ 亳州市谯城区芍花路友阳商业步行街 ☎ 0558-5122666

● 淮北穹顶主题酒店

淮北穹顶主题酒店（原雷克泰主题酒店）是淮北比较有特色的酒店，装修很别致，风格很有特色，提供多种主题风格的客房。✉ 淮北市相山区濉溪北路41号，近人民中路 ☎ 0561-6887777

● 宿州滕王阁大酒店

滕王阁大酒店是融餐饮，住宿，会议，商务为一体的综合型标准酒店。酒店配备完善的客房服务设施，酒店拥有温馨、典雅的宴会大厅及大中小包厢26间，提供各类特色菜肴。✉ 宿州市埇桥区汴河西路758号，近葫芦巷 ☎ 0557-3038888

美食

美食小吃

● 八公山豆腐

八公山泉水澄清味甘，终年不竭，再加上当地人们世代相传的高超技艺，使八公山豆腐独具特色。如今用八公山豆腐制作的“豆腐宴”已经成为淮南地区独具一格的上等宴席。

八公山豆腐

● 淮南牛肉汤

淮南地处淮河南岸，地势平坦，盛养牛羊，当地古沟一带又是回民居住地，牛肉非常受欢迎。当地人对牛肉的加工有独到之处，牛肉汤更是淮上人家早餐的最主要食品，风靡江淮大地。

● 临涣酱培包瓜

久负盛名的临涣酱培包瓜，系濉溪县临涣酱品厂生产的传统名菜，有百余年历史。临涣包瓜在清光绪初年、由南京人潘孝武父子来临涣集开设“园昌斋”酱园店制成的一种酱菜。它以香、脆、嫩以及酱味浓郁等独特风味而闻名。清末有诗人题诗赞曰：“瓜风送香气，蜂蝶乱飞云，食之包瓜后，忘却故乡人。”

临涣包瓜

●牛肉馍

牛肉馍为亳州市谯城区特有的小吃，为清真食品。它以上好的黄牛肉为主料，佐以粉丝、葱及多味中药材配料，色泽金黄、外脆里嫩，是深受市民和游客们喜爱的小吃。可当早餐或主食，具有补气、健脾的功效。

亳州牛肉馍

●符离集烧鸡

符离集烧鸡产自宿州市北14千米的符离镇，正宗的符离集烧鸡色佳味美，香气扑鼻，肉白嫩，肥而不腻，肉烂脱骨，嚼骨而有余香（其中徽香源，刘老二最有特色）。与道口烧鸡、德州扒鸡、沟帮子熏鸡并称为中华四大名鸡。

●格拉条

格拉条起源于20世纪80年代的阜阳，是阜阳特有的一种食物，颇受当地人的喜爱，在大街小巷都能吃到。它的名字来源大概是以下原因：在阜阳“搅拌”的方言是“格拉”，而这种类似面条的食物需要将各种作料均匀搅拌，所以就被称为“格拉条”。

美食去处

蚂虾街：蚂虾街是蚌埠的一个特色美食街，整条街主打的美食就是大蚂虾（小龙虾）。食客自己动手，现挑现卖，再由店主加入特别料汁炸制而成，蚂虾街的蚂虾味道鲜辣，肉质鲜嫩，因为纯粹靠旺火炸制出来，口感特别香，很是美味。

购物

●皖北名酒

亳州所产的国宴用酒“古井贡酒”享誉九州，驰名中外。濉溪也是著名的酒乡，口子酒历时千年，素有“名驰冀北三千里，味占江南第一家”之美誉。

●临泉毛笔

临泉素称“毛笔圣地”“北国笔乡”，临潭毛笔因产于临泉临潭而得名，古称蒙笔，相传为秦朝将军蒙恬所制。最为驰名的有“临潭笔庄”和“文德堂笔庄”两家。临潭笔庄生产的毛笔，以工艺先进、毛纯耐用、刚柔共济等特点誉驰书画界，先后多次被评为国家级优秀产品。

临泉毛笔

●亳州中药材

亳州拥有全国最大的中药材市场，在交易中心上市的药材品种多达2000余种，每年大量的药商云集在此。到亳州，可买点具有保健功效的中药材，烹饪提味或是馈赠亲友都很适宜。

亳州中药材

●灵璧石

灵璧石，产于安徽省灵璧县磬云山，灵璧奇石形成于8亿多年前。也称磬石、八音石，中国四大名石（灵璧石、太湖石、昆石、英石）之一。灵璧石早在战国时期就已作为贡品了。它漆黑如墨，也有灰黑、浅灰、赭绿等色。石质坚硬素雅，色泽美观。更奇的是击之犹如金振玉鸣。灵璧石为古今名人喜爱，至今仍是藏石爱好者搜集的对象。故宫、孔庙保留的编磬都是产自灵璧。

灵璧石

●怀远石榴

怀远石榴品质名列全国各大石榴产区之首，皮薄、粒大、味甘甜，百粒重、可食率高、含糖量高是其显著特点。玉石籽、玛瑙籽核软可食，籽粒晶莹，若珍珠，似宝石，风味醇厚。清凉甘洌，可滋补身体，有益身心，堪称榴中珍品，曾作为贡品进贡皇宫。

●砀山酥梨

砀山酥梨以果大核小、黄亮型美、皮薄多汁、酥脆甘甜而驰名中外。砀山酥梨生、熟食俱佳，老少皆宜。“生食可清六腑之热，熟食可滋五脏之阴”，更兼有较高的药用价值，数百年来受到各阶层人士的青睐。

砀山酥梨

娱乐

●蚌埠花鼓灯嘉年华

花鼓灯嘉年华是皖北最大的综合性文化旅游区，位于蚌埠市陶山西麓。这里不单是大型游乐场，有高达百米的主题摩天轮，大型激光水幕、5D环幕飞行影院、梦幻剧场……还融入了“大禹治水”“楚汉争霸”等历史传奇，以及泗州戏、大鼓书、凤阳花鼓、评书等淮河文化元素。

●逛阜阳灯会

阜阳的传统庙会和民间灯会是一条色彩斑斓的群众文化活动风景线。阜阳游园灯会是皖北春节期间规格最高、规模最大、时间最长、人气最旺的节庆活动之一。灯会上不仅有造型别致的彩灯，还有歌舞表演、特色美食节、烟花表演和篝火晚会等，热闹非凡。

节日和重大活动

节日	地点	时间
八公山旅游节	八公山	9月
怀远涂山庙会	涂山山顶	农历三月二十八
薛阁庙会	亳州市区	农历二月十九
砀山梨花节	砀山县良梨镇	4月2日～10日

索引

A

B

C

D

E

F

Z

我们的理念

做发现者，才能走得更远。发现秀美景色、探寻历史痕迹、体验文化脉络、寻找地理起源等深层次的旅行知识，是我们不停脚步的动力。我们不仅是在做一本旅行指南，能为旅途上的行者做出一部内容丰富、态度严谨、值得边走边读的行囊书，是我们永恒不变的追求。

《发现者旅行指南》编辑部

总 策 划 丁海秀

执行策划 李荣强 安颖侠

项目统筹 周国宝 龚道军

内容编辑 刘 挺 王叶青 方明杨 刘秀红 丁天丰 张文齐 商子微 张亚飞 苏雪莹 沈 皓 魏建飞 张灵燕 许晨晨 杨康健 张 鑫 刘晓璐 刘慧慧 王春雪 刘智勇 李荣强

美术总监 左小文

美术编辑 侯心如 王春晓

图片编辑 朱盼盼 马志鹏

插图绘制 尚祖山 李秋红

排　　版 水长流 赵媛媛

图片提供 微图网 汇图网 中国图库网 全景网 锐景创意 集成图像 站酷海洛 shutterstock fotoe dreamstime 孙西国 马林宏 徐 行 高应胜 薛 冬 西部老马 钱多多

出炉过程

在编辑部成员的共同努力下，这套耗时两年有余的旅行指南终得以付梓。其间，我们亲历景点，翻遍资料，只为确保撰写的内容准确有效；我们实地考察，联系景区，只求绘得一幅精美的景区图；我们花尽心思，几易版式，只为呈现出前所未有的阅读体验。如今，这套精心打造的旅行指南，能放到您的行囊或书架，我们深感荣幸。我们期待与您一起走向远方，重新发现旅行的价值。

联系我们

我们的成长需要您的支持。您对本书的每一条意见我们都会珍视。同时也欢迎您与我们一起分享旅游体验，稿件一旦被采用，您将会获取相应稿酬。您可以将意见和稿件投递到我们的邮箱（tepfx@163.com）。

丛书策划 丁海秀
责任编辑 何 玲

图书在版编目（CIP）数据

安徽 /《发现者旅行指南》编辑部编. -- 北京：旅游教育出版社，2016. 6（2019.8）
（发现者旅行指南）
ISBN 978-7-5637-3383-5

Ⅰ. ①安… Ⅱ. ①发… Ⅲ. ①旅游指南—安徽省 Ⅳ. ①K928.954

中国版本图书馆CIP数据核字（2016）第082721号

安 徽（第2版）
《发现者旅行指南》编辑部 / 编

出版单位 旅游教育出版社
地　　址 北京市朝阳区定福庄南里1号
邮　　编 100024
发行电话 （010）65778403 65728372 65767462（传真）
本社网址 www.tepcb.com
E-mail tepfx@163.com
印刷单位 北京华联印刷有限公司
经销单位 新华书店
开　　本 905毫米×1100毫米 1/32
印　　张 13
字　　数 445千字
版　　次 2019年8月第2版
印　　次 2019年8月第1次印刷
定　　价 78.00元

特别提醒

本书信息在出版前已经认真核实过。但由于现实发展太快，旅游信息随时可能发生变化，我们无法承诺保证本书信息的准确性和完整性，并只能在法律规定范围内承担责任。如因此给读者带来不便，我们深表遗憾。

中国地图

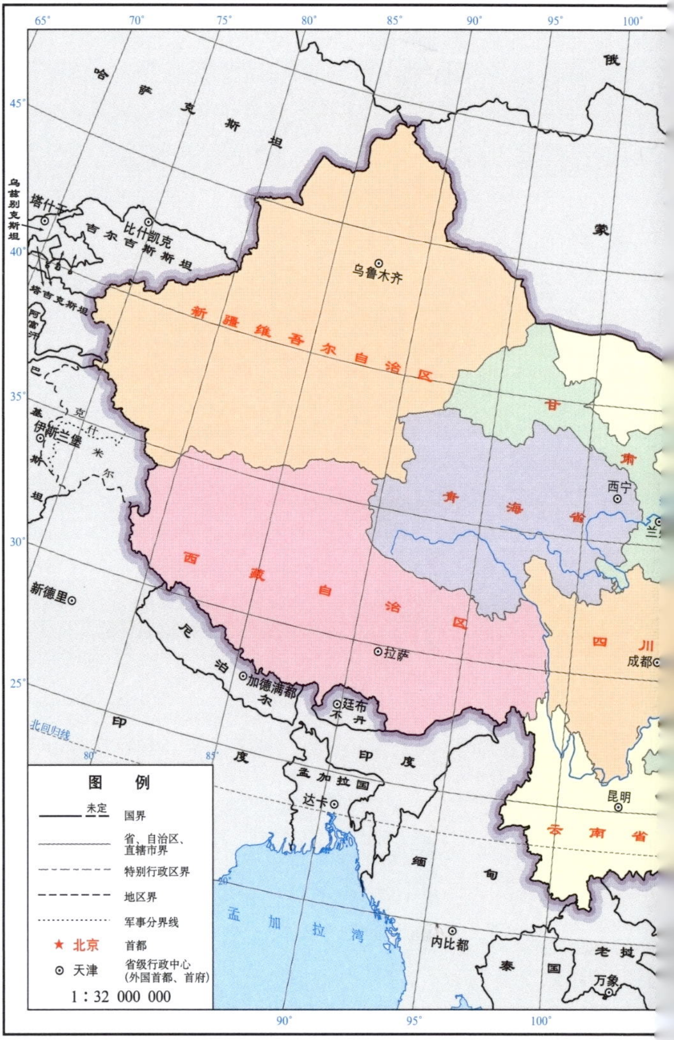

审图号：GS(2016)1582号